Der Zugang zum Fall

Brigitta Michel-Schwartze (Hrsg.)

Der Zugang zum Fall

Beobachtungen, Deutungen, Interventionsansätze

Herausgeber
Brigitta Michel-Schwartze
Husum, Deutschland

ISBN 978-3-658-10969-1   ISBN 978-3-658-10970-7 (eBook)
DOI 10.1007/978-3-658-10970-7

Die Deutsche Nationalbibliothek verzeichnet diese Publikation in der Deutschen Nationalbibliografie; detaillierte bibliografische Daten sind im Internet über http://dnb.d-nb.de abrufbar.

Springer VS
© Springer Fachmedien Wiesbaden 2016
Das Werk einschließlich aller seiner Teile ist urheberrechtlich geschützt. Jede Verwertung, die nicht ausdrücklich vom Urheberrechtsgesetz zugelassen ist, bedarf der vorherigen Zustimmung des Verlags. Das gilt insbesondere für Vervielfältigungen, Bearbeitungen, Übersetzungen, Mikroverfilmungen und die Einspeicherung und Verarbeitung in elektronischen Systemen.
Die Wiedergabe von Gebrauchsnamen, Handelsnamen, Warenbezeichnungen usw. in diesem Werk berechtigt auch ohne besondere Kennzeichnung nicht zu der Annahme, dass solche Namen im Sinne der Warenzeichen- und Markenschutz-Gesetzgebung als frei zu betrachten wären und daher von jedermann benutzt werden dürften.
Der Verlag, die Autoren und die Herausgeber gehen davon aus, dass die Angaben und Informationen in diesem Werk zum Zeitpunkt der Veröffentlichung vollständig und korrekt sind. Weder der Verlag noch die Autoren oder die Herausgeber übernehmen, ausdrücklich oder implizit, Gewähr für den Inhalt des Werkes, etwaige Fehler oder Äußerungen.

Lektorat: Stefanie Laux, Stefanie Loyal

Gedruckt auf säurefreiem und chlorfrei gebleichtem Papier

Springer Fachmedien Wiesbaden ist Teil der Fachverlagsgruppe Springer Science+Business Media
(www.springer.com)

Inhalt

Einleitung: Von der Fachwissenschaft Sozialer Arbeit und ihrer
Relationalität zu Bezugswissenschaften – Skizzen einer Beobachtung
in drei Unterscheidungen 1
Brigitta Michel-Schwartze

Falldarstellung 15

I Disziplinäre bezugswissenschaftliche Perspektiven

Was ist möglich? Eine pädagogische Perspektive auf beengende
Verhältnisse und persönliche Entwicklungsmöglichkeiten 21
Barbara Schäuble

Psychologie als Bezugswissenschaft der Sozialen Arbeit 37
Irmgard Teske

Konflikt als zerfasertes Konkretes – eine verstehenssoziologische
Näherung 63
Lutz Finkeldey

Recht und Recht(e) haben – Ein methodischer Zugang zum Fall
aus juristischer Perspektive 77
Annegret Lorenz

Zugang zum Fall: Ökonomik. Ökonomische Modelle und Erklärungen
für Partizipationshemmnisse 105
Gisela Kubon-Gilke

Politologie/Politikwissenschaft und methodisches Handeln in der
Sozialen Arbeit 119
Günter Rieger

Philosophische Impulse für ein professionelles Sozialarbeitshandeln 135
Thomas Schumacher

„Kein Mensch weiß, wie er wirklich ist." Der Zugang zum „Fall"
aus theologischer Perspektive 153
Andrea Tafferner

II Transdisziplinäre Perspektiven

Die Systemisch-Konstruktivistische Perspektive 177
Dagmar Hosemann

Sozialmedizin und Gesundheitswissenschaften 203
Angela Gosch

Rassismustheoretische Perspektiven auf sozialpädagogische Fallarbeit 229
Iman Attia

Sozialarbeitswissenschaftliche Fallarbeit: Zugänge unter Einbeziehung
bezugswissenschaftlichen Wissens 243
Brigitta Michel-Schwartze

Autorinnen und Autoren 287

Einleitung:
Von der Fachwissenschaft Sozialer Arbeit und ihrer Relationalität zu Bezugswissenschaften – Skizzen einer Beobachtung in drei Unterscheidungen

Brigitta Michel-Schwartze

> *„Die Welt ist alles, was der Fall ist."*
> Ludwig Wittgenstein

Gegenstand dieses Buches sind unterschiedliche disziplinäre Perspektiven auf einen Fall aus der Praxis der Sozialen Arbeit. Alle, die einen Beitrag zu diesem Buch geleistet haben, hatten die Aufgabe, denselben Fall nach wissenschaftlichen Kriterien der von ihnen vertretenen Disziplin einzuschätzen und damit jeweils einen spezifischen Zugang zum Fall zu legen. Die Art des Zugangs zu einem Fall entscheidet über Deutungen der Fallkomponenten und die Art der Deutung entscheidet über die Zielstellung einer Fallarbeit. Zunächst geht es also darum, wie der Fall gesehen wird oder gesehen werden kann. Sehen und das Gesehene zu beschreiben sind die Basis sozialen Arbeitens. Denn nicht der Fall bzw. das Problem, sondern das Gesehene und Beschriebene sind Grundlagen sozialarbeiterischer Intervention. „Alles, was wir sehen, könnte auch anders sein. Alles, was wir beschreiben können, könnte auch anders sein."[1]

Diese kurze Eingangsskizze deutet einen Theoriebedarf an; ohne theoretische Fundierung ist die angemessene Erfassung und Codierung des Gesehenen eine selbstreferenzielle, d.h. eine durch subjektive Erfahrungen geleitete und auf das eigene Wertesystem bezogene Aktion. Professionell Arbeitende aber benötigen professionelle Kriterien, die sie ihren Beobachtungen zugrunde legen. „Erst die Theorie entscheidet, was man beobachten kann."[2] Diese Erkenntnis lenkt den Blick auf die Relation von Praxis und Theorie.

---

1 Wittgenstein (1921/1963: 5.634)
2 Albert Einstein, zitiert nach Heisenberg (1979/2006, S. 31)

Soziale Arbeit als *Praxis* kann als komplexes Gefüge von Strukturen und sozialen Handlungssystemen bezeichnet werden, in dem gegen individuelle Notlagen interveniert wird. Soziale Arbeit als *Disziplin* scheint noch in einem Konsolidierungsprozess zu stecken.[3] Beispielsweise wird diskutiert über die Frage, ob sie einen Wissenschaftsstatus beanspruchen könne oder ob sie durch Theoretisierung ihrer Profession als „Akademische Soziale Arbeit"[4] sich erst auf dem Weg zur Wissenschaft befinde. In dieser Information liegt eine **erste der** hier skizzierten **Unterscheidungen**[5]: die zwischen Wissenschaft bzw. eigenständiger Disziplin einerseits und abhängiger Funktion in der Hochschullehre andererseits. Doch was spricht gegen den Wissenschaftsstatus? Soziale Arbeit hat auf wissenschaftlicher Ebene ihre spezifischen erkenntnisleitenden Problemstellungen entwickelt, die von denen anderer, auch und gerade ihrer Bezugswissenschaften, trotz partieller Interferenzen abgegrenzt werden können. Wir finden Grundlagen-, Handlungs- und Professionstheorien, die genuine Fragestellungen problematisieren und professionelles Handeln fundieren.[6] Ohne ein Verständnis von Wissenschaftlichkeit Sozialer Arbeit über die Professionsebene hinaus wäre dieses Buch trotz seiner praxisbezogenen Intention nicht entstanden, denn die Wahrnehmungen des Praxisfalles, die Erklärungsmodelle und die Lösungsansätze für die dargestellten Probleme sind ohne theoretische Fundierung nicht angemessen leistbar.

Den bereits zur Diskussion stehenden Gegenstandsdefinitionen sei hier eine modifizierte Gegenstandsbeschreibung angefügt, die sowohl die Problem- als auch die Personenebene Sozialer Arbeit und darüber hinaus den Kontext zu erfassen sucht, in welchem Probleme entstehen, Personen in Not geraten und Soziale Arbeit tätig ist.

Da Wissenschaften sich zunächst nach ihrem Materialobjekt gegliedert haben[7], sei auch hier mit dem Erkenntnisgegenstand begonnen. Das Materialobjekt besteht aus der Gesamtheit der zu untersuchenden konkreten Erscheinungen[8] und stellt

---

3 Vgl. Sommerfeld 2010
4 Vgl. Krieger (2009)
5 Bateson (1985, S. 488) bezeichnet eine Information als „Unterschied, der bei einem späteren Ereignis einen Unterschied ausmacht"
6 Stellvertretend für die an dieser Stelle zu nennenden TheoretikerInnen sei auf die Übersicht von Spatscheck (2009) und die Arbeit von Erath (2006) verwiesen sowie auf die Beiträge in der Schriftenreihe „Theorie, Forschung und Praxis Sozialer Arbeit" der Deutschen Gesellschaft für Soziale Arbeit
7 Vgl. Ropohl (2012, Kapitel 6)
8 Vgl. Wagner o. J.

Einleitung

das gegenständliche Substrat einer Wissenschaft dar.[9] Für das Materialobjekt einer Disziplin Soziale Arbeit wird folgende Formulierung vorgeschlagen:
Soziale Probleme, die innerhalb Benachteiligung erzeugender Strukturen, Handlungssysteme und Kontexte entstehen, gegen die Soziale Arbeit in Einzelfällen intervenieren kann. Den begrenzbaren Objektbereich (den ersten Teil) dieses Materialobjekts) teilt sich Soziale Arbeit zwar mit anderen Disziplinen, insbesondere mit der Soziologie und mit der Politologie. Diese Disziplinen fokussieren jedoch andere Elemente des Materialobjekts; sie zielen nicht auf Intervention in Einzelfällen. Eine disziplinäre Abgrenzung wäre durch das Materialobjekt noch nicht gegeben. Zu disziplinärer Identität trägt das Materialobjekt nur mittelbar bei „über seine richtungweisende Bedeutung bei der Wahl des Formalobjekts"[10]. Was erkannt werden kann, bestimmt sich nicht nach dem Erkenntnis*gegenstand*, sondern nach dem Erkenntnis*verfahren*[11]. Das bedeutet: *Die disziplingenerierende Differenz liegt in der spezifischen Erkenntnisperspektive: wie* gegen diese Probleme innerhalb benachteiligender Kontexte in einzelnen Notlagen zu *intervenieren* sein kann. Denn über den *Begründungszusammenhang* einer Wissenschaft hinaus sollte der *Verwendungszusammenhang* wissenschaftlichen Wissens nicht vernachlässigt werden.[12]
Da sich infolgedessen die disziplinäre Identität im Formalobjekt entscheidet, sei obige Formulierung des Materialobjekts um einen Formulierungsvorschlag für das Formalobjekt, die Erkenntnisperspektive, ergänzt: Formalobjektiver Gegenstand der Sozialen Arbeit sind *Definitions-, Erklärungs- und Bearbeitungsprozesse*[13] *sozialer Benachteiligungsphänomene, die sich als soziale Probleme* (durch Unterausstattung mit Ressourcen und Handlungsmöglichkeiten bzw. erschwertem Zugang zu diesen) *auf individueller Ebene identifizieren, beobachten und regulieren lassen.*

Auch formalobjektiv ergeben sich Berührungen und partielle Überschneidungen mit weiteren Disziplinen,[14] die ihrer eigenen Materialobjekte wegen allerdings andere Interventionsperspektiven haben als Soziale Arbeit. Doch material- und formalobjektiv lässt sich ein eigener Gegenstand der Disziplin Soziale Arbeit ab-

---

9 Vgl. Jestaedt 2007
10 Jestaedt (2007, S. 269)
11 Vgl. a. a. O., (S. 268)
12 Vgl.Ropohl a. a. O. (Hervorhebungen durch BMS)
13 Unter Bezug auf Klüsche u. a. (1999)
14 Hier wären zu nennen: Psychologie, Pädagogik, Theologie und wiederum Soziologie, die jedoch eine andere teleologische Perspektive ihres Formalobjekts hat, d. h. sie konstituiert sich durch einen anderen Zweck.

grenzen.[15] Die oben angedeuteten, bislang vorliegenden theoretischen Arbeiten der Disziplin Sozialer Arbeit zeigen spezifisch sozialarbeiterische Analysen, Deutungen und Lösungsansätze. Die Frage nach dem Wissenschaftsstatus sollte geklärt sein: Soziale Arbeit hat sich als eigenständige Wissenschaft profiliert.[16] Mit einer Gegenstandsbeschreibung ist die Positionierung im Wissenschaftssystem noch nicht markiert. Um diese bestimmen zu können, ist eine **zweite Unterscheidung** zu beachten: die generelle Differenz zwischen Basiswissenschaften einerseits und den Handlungswissenschaften andererseits. In dieser Differenzierung ist die Zürcher Schule, vor allem Silvia Staub-Bernasconi, führend, die Soziale Arbeit als Handlungswissenschaft konstituiert:

> „Die Basis- und angewandten Wissenschaften bearbeiten .. *kognitive Probleme*. Die *Handlungswissenschaften* bearbeiten *praktische Probleme unter Beizug von theoretischen Aussagen und Forschungsergebnissen aus den Basis- und angewandten Wissenschaften*. Die Basiswissenschaften werden so zu Bezugswissenschaften der Sozialen Arbeit."[17]

Diese Kategorisierung in eine Handlungswissenschaft könnte Soziale Arbeit auf den ersten Blick als eklektizistische Sub-Disziplin mehrerer Basisdisziplinen erscheinen lassen. Um den Eindruck von Abhängigkeit abzuwenden, bedarf es zweier Perspektiven: zum einen des Rückgriffs auf die Systemtheorie, zum zweiten einer dritten Unterscheidung. Systemtheoretisch kann Soziale Arbeit als autopoietisches System, damit als energetisch offen bei operationeller Geschlossenheit[18] beschrieben werden. Denn beim Theorietransfer bleibt das Theoriesystem Sozialer Arbeit selbstreferenziell, weil die Theorien und Erkenntnisse der Bezugswissenschaften nach eigener Rationalität auf der Basis und unter Wahrung genuiner theoretischer Fundierungen verarbeitet werden.

Die angedeutete **dritte Unterscheidung** in dieser Beobachtung ist die zwischen Einzel- und Transdisziplinen. Einzeldisziplinen repräsentieren einen kohärenten Entdeckungs-, Begründungs- und Verwendungszusammenhang innerhalb des Wissenschaftssystems. Infolge der Zunahme von Wissen differenzieren sie sich immer weiter aus, so dass durch Spezialisierungen neue „Bindestrich"-Disziplinen,

---

15 Andererseits hätten ohne gleiche oder benachbarte Materialobjekte und ohne ähnliche Formalobjekte die Basiswissenschaften nicht zu Bezugswissenschaften entwickelt werden können.
16 Zum gleichen Ergebnis sind schon Andere gekommen; stellvertretend für viele sei genannt: Sommerfeld (2010)
17 Staub-Bernasconi (2007, S. 169; Hervorhebungen im Original)
18 Vgl. hierzu das Konstrukt von Luhmann unter Bezug auf Maturana und Varela (Luhmann 1987)

Einleitung

auch als Teilgebiete aus zwei Einzeldisziplinen[19], entstehen. Eine fachübergreifende Wissensintegration findet dabei nicht statt. [20] Wissenschaftsorganisatorisch werden zwar auch Arten von Interdisziplinarität entwickelt, doch diese bilden selten wissensintegrierende Formen aus, sondern bleiben additiv. Daher wird für *Transdisziplinarität* wissenschaftlicher Organisation plädiert und diese als neues Paradigma benannt. Ropohl (2012) differenziert unter Bezug auf Thomas S. Kuhn Paradigmenunterschiede zwischen Disziplinen und Transdisziplinen nach den Paradigma-Merkmalen *Problemdefinition, Sprache und Begrifflichkeit, Denkmodellen, Methoden, Qualitätskriterien* und *Kanon der Lehrinhalte*. Insbesondere hinsichtlich der Problemdefinition konstatiert er, dass sie neu konstruiert wird: nicht nach „internen Erkenntnisdesideraten der Wissenserzeugung, sondern aus externen Bedarfslagen der Wissensverwendung ... Transdisziplinwissenschaften definieren ihre Probleme in Anbetracht lebensweltlicher Relevanz."[21] Entscheidend ist die theorieintegrierende Kompetenz; die Realisierung von Transdisziplinarität beinhaltet eine „Abgrenzung zu einer unverbindlichen interdisziplinären Zusammenarbeit"[22] und ermöglicht zumindest in Forschungsprozessen neue Wege zu einem Erkenntnisziel.[23]

Resümierend lässt sich feststellen, dass die Fachwissenschaft Soziale Arbeit als transdisziplinäre Handlungswissenschaft die Erfordernisse, die an eine wissenschaftliche Disziplin gestellt werden, erfüllt.[24] Sie konstituiert sich nicht allein aus ihren Bezugswissenschaften, sondern bedient sich deren Theorien und Erkenntnissen selbstreferenziell aus der Position eines autopoietischen Systems auf der Basis eines eigenen wissenschaftlichen Gegenstandes und einer genuinen Erkenntnis-

---

19 Vgl. hierzu den Beitrag von Gosch in diesem Buch: Gosch verknüpft mit ihren Perspektiven von Gesundheitswissenschaften und Sozialmedizin zwei bereits transdisziplinäre Disziplinen
20 Vgl. hierzu und im Folgenden: Ropohl (2012, S. 195 ff.), ähnlich auch Hartmann 2005
21 Vgl. Ropohl (a. a. O., S. 196 f.) Angesichts des wissenschaftlichen *Zwecks* spricht Crefeld (2009) von praxeologischen Wissenschaften.
22 Maier (2009, S. 45)
23 Vgl. Mocek (2011). Mittelstraß (2005) begrenzt Transdisziplinarität auf Forschungszusammenhänge. Staub-Bernasconi (2007, S. 168 f.) deutet Inter- und Transdisziplinarität auf der Basis von Basisdisziplinen und Handlungswissenschaften: a) Interdisziplinarität „als Erklärung von Sachverhalten eines Objektbereichs aufgrund von Beiträgen der verschiedenen Basisdisziplinen und b) Transdisziplinarität als „Erklärung von Sachverhalten mittels Interaktionsmechanismen zwischen der unteren (Mikroebene) und den oberen Systemniveaus (Meso- und Makroebene).
24 Vgl. hierzu die Einleitung in: Borrmann/Spatscheck/Sagebiel/Pankofer/Michel-Schwartze 2016

perspektive. Gleichwohl ist in der Hochschullehre die Interdisziplinarität erhalten geblieben. Viele Repräsentant_innen der Bezugswissenschaften sind hier lehrend und forschend tätig; sie haben mit ihren Leistungen in Lehre und Forschung zur Entwicklung spezieller Handlungstheorien erheblich beigetragen.[25]

Das vorliegende Buch repräsentiert die inter- und die transdisziplinäre Situation: Vertreter_innen aus acht Bezugswissenschaften richten ihre jeweilige disziplinäre Perspektive auf Soziale Arbeit. Für einen Fall aus der sozialarbeiterischen Praxis entfalten sie Wahrnehmungskriterien und Erklärungsmodelle und entwickeln Lösungsansätze. Hierbei werden disziplinäre Differenzierungen deutlich: Kriterien und Deutungen können mehr oder weniger konkret auf den Einzelfall eingehen. Aus demselben Fall werden unterschiedliche Sachverhalte stärker fokussiert; Erklärungen der Sachverhalte werden disziplinär entwickelt. Je nach wissenschaftlicher Perspektive können Interventionsideen teils auf einer Mikro-, teils auf einer Meso- oder Makroebene angedacht werden.

Den bezugswissenschaftlichen Beiträgen schließen sich transdisziplinäre Perspektiven an. Das ist zum einen der systemische Ansatz, mit dem die Fachwissenschaft Sozialer Arbeit eng verwoben ist; als Meta-Theorie darf für die systemische wie für die sozialarbeiterische Fundierung die allgemeine Systemtheorie gelten. Zum zweiten wird hier eine spezifische Verknüpfung von sozialmedizinischer und gesundheitswissenschaftlicher Perspektive vorgestellt und auf den Fall angewendet. Zum dritten handelt es sich um den Diversity-Ansatz; für dieses Buch wurde die rassismustheoretische Perspektive gewählt, die für Soziale Arbeit brandaktuell ist und zunehmend wichtig wird, zumal, wie der Aufsatz zeigt, unbewusster Rassismus in der Sozialen Arbeit als relevante Größe wirkt. Der abschließende sozialarbeitswissenschaftliche Artikel integriert Wissen der mono- und transdisziplinären bezugswissenschaftlichen Beiträge.

Zu den Beiträgen

Die Beiträge der Autorinnen und Autoren sind heterogen. Das ist erwartbar, weil alle Beteiligten unterschiedliche Disziplinen vertreten. Die Unterschiede markieren disziplinäre Differenzen bezüglich der Wahrnehmung der Falldarstellung insgesamt, vor allem aber auch vieler Einzelaspekte. Das Phänomen lässt sich in

---

25 Vgl. Maier (2009, S. 41) Er verweist zugleich darauf, dass Fachhochschulstudiengänge „mit ihren interdisziplinär zusammengesetzten Kollegien vermutlich viel bessere Voraussetzungen für das Studium und die Forschung im Bereich der Wissenschaft Soziale Arbeit als einzelne Universitätslehrstühle für Sozialpädagogik, auch wenn diese die Bezeichnung Soziale Arbeit übernehmen würden." (a. a. O., S. 46)

konstruktivistischer Perspektive als disziplinäre Beobachter_innenperspektive deuten. Wer durch eine juristische, philosophische, theologische oder psychologische „Brille" auf die Fallbeschreibung schaut, sieht Anderes als Beobachter_innen, die über einen pädagogischen, soziologischen, politologischen, systemischen oder rassismustheoretischen Wahrnehmungskanal verfügen. Dass diese sehr differenten Wahrnehmungen zu noch divergierenderen Deutungen und Interventionsanregungen führen, ist nur folgerichtig.

Neben den hier angedeuteten inhaltlichen Unterschieden werden auch formale Verschiedenheiten erkennbar: Zitierweisen folgen disziplinären Usancen, Formen der Gliederung eines Textes ebenfalls. Auf einen einheitlichen Standard wurde verzichtet.

Iman Attia vertritt den *Diversity Ansatz* und setzt ihren Schwerpunkt auf einen *rassismustheoretischen Zugang*. Sie diagnostiziert der Falldarstellung eine klientelisierende normative Aufgeladenheit und eine immanent orientalisierende rassistische Verstrickung. Aus diesem Grunde differenziert sie in die Falldarstellung als Fall erster Ordnung und in den dargestellten Fall als Fall zweiter Ordnung. Aus dieser Differenzierung fundiert sie ihre Ausführungen zunächst durch eine rassismustheoretische Fokussierung auf den impliziten Rassismus in der Strukturierung von Gesellschaft, auf die Routinen und Regelungen, die institutionalisierten Redeweisen und Handlungsmuster sowie auf Diskurse über Wissen und Wahrheit und die Positionierung von Subjekten. Folgerichtig dechiffriert sie sodann immanenten Rassismus in der Sozialen Arbeit, um auf dieser Basis den Fall erster Ordnung (die Falldarstellung) die immanenten bürgerlichen, heteronormativen und eurozentrischen Ideale in dem Bericht zu dekodieren. Als Resultat hebt Attia Reflexions- und Handlungsbedarfe auf mehreren Ebenen hervor. Im Anschluss gibt sie eine andere Lesart auf den Fall zweiter Ordnung, dem sie viele Auftragslagen für Soziale Arbeit entnimmt. Am Ende ihres Beitrags entwickelt Attia Ansatzpunkte für eine rassismustheoretisch informierte Soziale Arbeit.

Lutz Finkeldey als Vertreter der *Soziologie* setzt das Verstehen ins Zentrum seiner Ausführungen, um auf subjektive Erfahrungen als möglichen Zugang zu verweisen und einen kritischen Blick auf heimliche und unheimliche Herrschaftsverhältnisse zu empfehlen. Hierzu fokussiert er eine verstehenssoziologische Beobachterperspektive auf die erfahrungsbezogene Rekonstruktion des Fallbeispiels. Daraus leitet er zunächst personale und methodische Fallstricke ab, um sich darauf über eine Akteursperspektive dem Fall zu nähern, die ihn zu Grenzen des Wissens führt. Methodisches Vorgehen in der Sozialen Arbeit sieht er begrenzt durch Abhängigkeit von politischen und wirtschaftlichen Rahmenbedingungen. Als Lösungsansatz schlägt er vor allem einen Perspektivwechsel in Form einer Umkehrung des Blickes auf die Position der am wenigsten Mächtigen vor. Seiner Empfehlung nach sollten auf dieser Basis sozialstaatliche Maßnahmen eingesetzt werden.

Angela Gosch analysiert den Fall aus *sozialmedizinischer und gesundheitswissenschaftlicher Perspektive* und erweist dabei ihren Standpunkt als bereits transdisziplinär angelegte Bezugswissenschaft(en): Aus beiden Richtungen nimmt sie den Gesundheitszustand der Familie X in den Blick, betrachtet Determinanten, Risiko- und Schutzfaktoren sowie Anpassungs- und Bewältigungsleistungen der Familienmitglieder. Auch theoriefundierte Deutungen und Erklärungsmuster entnimmt sie beiden wissenschaftlichen Richtungen. Darüber hinaus bewertet sie die aus der Fallbeschreibung ableitbaren Bewältigungsformen aus sozialmedizinischer und aus gesundheitswissenschaftlicher Sicht. Konsequenzen zieht Gosch durch die Zusammenstellung eines Bündels an Handlungsansätzen für die Soziale Arbeit zur Intervention gegen die Probleme der Klientel aus ihrer spezifisch transdisziplinären Perspektive.

Dagmar Hosemann setzt den Wahrnehmungsmöglichkeiten der *systemisch-konstruktivistischen Perspektive* eine entsprechende theoretische Fundierung voraus und zeichnet die Linien von Eigenschaftslosigkeit als herausragenden Charakter Sozialer Arbeit nach: aufgrund der Vielfalt ihrer Aufgaben einerseits sowie der Fülle der ihr zur Verfügung stehenden Theorien wegen, aus der eine große Auswahl an Handlungsmöglichkeiten hervorgeht, andererseits. Aufgrund dessen konstatiert Hosemann die systemisch-konstruktivistische Soziale Arbeit als Sozialarbeitswissenschaft, die zu einem ganzheitlichen Blick sowie zur Ressourcen- und Lösungsorientierung in der Sozialen Arbeit führt. Nach einer Skizzierung von Wahrnehmungskriterien aus systemischer Sicht stellt Hosemann Soziale Arbeit als konstruktivistische Praxis am gegebenen Fallbeispiel in einer übersichtlich angelegten tabellarischen Form vor, in welcher sie die Fallbeschreibung, verstanden als Interpretation einer spezifischen Wahrnehmung, hinterfragt. Aus dieser Vorgehensweise leitet sie Handlungsoptionen aus systemischer Perspektive ab, antizipiert jedoch abschließend die betriebswirtschaftlich gesetzten Grenzen der Umsetzung person- und situationsadäquater Hilfeangebote.

Gisela Kubon-Gilke stellt die Möglichkeiten und Grenzen der Ökonomik für Beiträge der Fallarbeit dar. Hinsichtlich der Begrenztheit ökonomischer Denkmodelle verweist sie auf die ausschließlich deduktive Betrachtung sozialer Sachverhalte und die rein hypothetischen Verhaltensannahmen von Menschen als Marktsubjekten. Die Beschränkung ökonomischer Beurteilung begründet sie damit, dass die Ökonomik „explizit keine individual- oder gruppenbezogene Psychologie ihren

Analysen unterlegt". Potentiale ökonomischer Betrachtung für Soziale Arbeit sieht sie in der Charakteristik der Interdependenz von Wirtschaft und Gesellschaft, die soziale Ungleichheit sowie Armut und Diskriminierungen als strukturell verursacht erkennen lassen und damit eine kausale Individualisierung für soziale Unterprivilegierung verhindern können. In diesem Zusammenhang spricht sie das politische Mandat der Sozialen Arbeit an, dem die Ökonomik argumentativ dienen könne. Im Gegenzug sieht sie Chancen für die Entwicklung der Ökonomik durch sozialarbeitswissenschaftliche Diskurse hinsichtlich der normativen Grundlegung, ebenso durch den Methodendiskurs der Sozialarbeitswissenschaft, der Entwicklungspotentiale auch für die Ökonomik beinhalte.

Annegret Lorenz nähert sich *rechtswissenschaftlich* der Wahrnehmung des Fallbeispiels durch die methodische Weltfrage der Juristen: „Wer will was von wem (woraus)"? Auf dieser Basis führt sie in juristisches Denken ein und untersucht die Konkretisierung des Inhalts von Gesetzen über Definitionen und unbestimmte Rechtsbegriffe, um Probleme der Rechtssicherheit und Beweisbarkeit von Lebenssachverhalten zu umreißen. Als Vorschlag für eine juristische Bearbeitung des gegebenen Fallbeispiels stellt Lorenz die Ansprüche der Frau X und die ihrer Tochter zusammen, um Schutz- und Hilfefunktionen der Gesetze sowie materielle und formale Voraussetzungen zu skizzieren. In ihrem abschließenden Fazit verweist sie auf die Differenz von Recht und Lebensrealität, die eine „gerichtsfeste" Perspektivierung der rechtlich relevanten Sachverhalte lediglich in problematischen und risikobehafteten Verfahren und Ergebnissen ermöglichen.

Brigitta Michel-Schwartze geht aus *sozialarbeitswissenschaftlicher Perspektive* auf den Fall zu. Auf der Basis einer kurzen Klärung grundlegender Codierungen entfaltet sie fallbezogen auf vier parallel miteinander verknüpften Arbeitsebenen zunächst methodische Schritte einer Informationssammlung als erster Arbeitsebene. Dabei erweist sich die Einbeziehung bezugswissenschaftlichen Wissens als bedeutsam für den Zugang zum Fall. Als nächste Arbeitsebene entwickelt sie die Diagnose zu einem dialogischen, mit Arbeitsinstrumenten gestützten Vorgehen unter Einbeziehung der Klientel zu einer gemeinsamen Definition der Problematik. Die Klärung von Mandaten sowie Möglichkeiten der Ressourcenerschließung werden in der Diagnostik ebenfalls zur basalen Bedeutung für die Fallarbeit erarbeitet. Die darauf folgende Ebene der Intervention wird durch reflexive Deutungen und Ideen zur Veränderung der Lebenssituation der Betroffenen ausgeführt. Die vierte Arbeitsebene, die Evaluation, zielt auf ein fallbegleitendes, hypothesengestütztes Vorgehen zur Klärung von Erwartungen, Problemresistenzen und zur Einschätzung von Ergebnissen. Auf diese Weise entwickelt Michel-Schwartze ein Konzept, das transdisziplinäre Zugänge, Deutungen und Interventionsansätze methodisch absichern kann.

Günter Rieger sieht Soziale Arbeit als angewandte *Sozialpolitik*: durch fallbezogenes methodisches und reflektiertes Handeln an der Basis, während (Sozial-)Politik die allgemein verbindlichen Regelungen hierfür zur Verfügung stellt und weiterentwickelt. Die Relevanz von Politikwissenschaft für das methodische Handeln in der Sozialen Arbeit verdeutlicht er an drei Funktionen: 1. einer Orientierungsfunktion über das Wissen um das wohlfahrtsstaatliche Leistungssystem, 2. einer Aufklärungsfunktion zur Klärung des Auftrags und kritischen Reflexion sowie 3. einer Gestaltungsfunktion durch Anleitung bzw. Beratung zur politischen Intervention. In Zusammenhang mit der Aufklärungsfunktion verweist er auf die handlungsprägende Potenz politikwissenschaftlicher Reflexion zur normativen Ausrichtung des fallbezogenen Handelns. Doch die Beziehung zwischen Sozialer Arbeit und Politik sieht er zweiseitig: indem Soziale Arbeit sich einmischt, auf Defizite oder Probleme des Leistungssystem hinweist und damit nicht allein bei der Klientel interveniert, sondern über Einrichtungen und Verbände Lobbying und Gremienarbeit betreibt.

Barbara Schäuble dekodiert zunächst verschiedene Blickwinkel und Fachsprachen in der Falldarstellung, bevor sie Funktionen, Aufgaben und Ziele der *Pädagogik* bezüglich der Persönlichkeitsentwicklung umreißt. Bezogen auf den Fall analysiert sie die defizitäre Lebenslage der Familie vor dem Hintergrund mangelnder Unterstützung durch die beteiligten Bildungs- und Hilfeinstitutionen. Schäuble fokussiert sodann beobachtete Bewältigungs- und Handlungsstrategien der Betroffenen als Ausgangspunkt für pädagogische Interventionskonzepte und Arbeitsbündnisse. Sie skizziert anstehende Entwicklungsschritte und Entwicklungsperspektiven für alle Familienmitglieder, wobei sie neben den isolierenden Tendenzen der einzelnen Personen auch deren Bindung aneinander als mögliche Ressource hervorhebt.

Thomas Schumacher konstatiert drei Verbindungslinien der *Philosophie* als Bezugswissenschaft für Soziale Arbeit, die er zunächst über den Kontext der Lebensweltorientierung verortet für die Einschätzung der Adressaten in ihrem Wirklichkeitsverständnis. Die zweite Verbindung zieht er über die Erkenntnistheorie, die Soziale Arbeit z. B. zur Gewinnung von Wissen und als hermeneutische wie positivistische Methoden der Erkenntnisgewinnung, weiterhin zur Generierung von Grundannahmen und für konstruktivistische Deutungen nutze. Als dritte Linie sieht er die ethischen Überlegungen und Konzepte als relevante Komponente für die sozialarbeiterische Fachlichkeit, deren wissenschaftliche Mittel im philosophischen Ethikdiskurs zu finden seien. Paradigmatisch hebt er Impulse für das Menschenbild der Sozialen Arbeit hervor. Als weitere relevante Anregungen aus der Philosophie benennt er die Vorsicht vor übereiltem Eingreifen und den Autonomiegedanken. Bezogen auf das Praxisbeispiel verweist Schumacher auf den philosophischen Anstoß zur Pflicht in der Sozialen Arbeit, die existenzielle Lage des Menschen ernst zu nehmen, auf die philosophische Prämisse der grundsätzlichen Ausrichtung am Selbstbestimmungsanspruch des Menschen und den jeweils kulturell bestimmten Wertekodex, der u. a. ein kultursensibles Vorgehen im Fall erfordere.

Andrea Tafferner bestimmt die Wahrnehmung sozialer Probleme durch die *Theologie* zunächst über ein quasi konstruktivistisches Wirklichkeitsverständnis, erweitert um die Dimension der „Transzendenz als zentraler Bedeutung für ein erfülltes Leben", was durch Theologie in der Sozialen Arbeit zu reflektieren und zu erschließen sei. Auf dieser Basis skizziert sie Grundannahmen der Theologie, die zwischen dem konfliktreichen menschlichen Leben in Bedürftigkeit, Ohnmacht, Fehlbar- und Schuldfähigkeit und dem Glauben an eine göttliche Kraft als „Trost und Aufforderung zugleich" zur Lebbarkeit und Geborgenheit in der Ambivalenz führe. Darauf entfaltet Tafferner aus ethischen Überlegungen abgeleitete spirituelle Grundhaltungen für die Soziale Arbeit. So gewinnen Haltungen des Vertrauens, der Achtsamkeit, der Balance zwischen Nähe und Distanz sowie Nächstenliebe und Mitgefühl eine religiös-spirituelle Dimension. Handlungsansätze für das gegebene Fallbeispiel leitet Tafferner aus der Sozialpädagogik ab, fundiert sie aber wiederum durch die spirituellen Haltungen aus der Theologie.

Irmgard Teske grenzt die Wahrnehmung von Problemen durch die *Psychologie* über die psychologische Diagnostik explizit ab von der sozialen Diagnose durch Soziale Arbeit. Als psychologischen Diagnosezugang wählt sie den diagnostischen Urteilsprozess von Kaminski, der sich durch „einen sequentiellen Arbeitsprozess mit Rückmeldungsschleifen" auszeichnet. Unter Einsatz dieses Modells strukturiert sie die vorliegenden Informationen über die Familienmitglieder aus dem Fallbeispiel, ergänzt sie um zu klärende Fragen und fügt diesen Wissensbestände aus der Psychologie hinzu, um die Themenschwerpunkte für die Arbeit mit den Betroffenen zu bilden. Darauf skizziert Teske Fehlerquellen (z. B. die mangelnde Kompatibilität der Persönlichkeiten von Psycholog_innen oder der Klientel oder aber die Interaktion zwischen beiden), die die soziale Wahrnehmung und damit den Problemlösungsprozess verzerren können. Handlungsansätze sieht sie in der Gemeindepsychologie mit ihren auch für Soziale Arbeit relevanten Konzepten wie Partizipation, Empowerment, Förderung sozialer Netzwerke, Selbsthilfe, Salutogenese oder Diversity.

Literatur

Borrmann, Stefan/Spatscheck, Christian/ Pankofer, Sabine/ Sagebiel, Juliane/ Michel-Schwartze, Brigitta (2016): Einleitung. In: Dieselben: Die Wissenschaft Soziale Arbeit im Diskurs: Auseinandersetzung mit den theoriebildenden Grundlagen Sozialer Arbeit. Leverkusen: Verlag Barbara Budrich.

Crefeld, Wolf (2009): Braucht die Wissenschaft von der Kunst und dem Handwerk der Sozialen Arbeit Bezugswissenschaften? In: Mühlum, Albert/Rieger, Günter (Hrsg.): Soziale Arbeit in Wissenschaft und Praxis. Festschrift für Wolf Rainer Wendt, S. 74-87. Lage: Jacobs Verlag.

Erath, Peter (2006): Sozialarbeitswissenschaft: eine Einführung. Stuttgart: Kohlhammer

Hartmann, Stephan (2005): Transdisziplinarität – eine Herausforderung für die Wissenschaftstheorie. In: Wolters, Gereon/Carrier, Martin (Hrsg.): Homo Sapiens und Homo Faber, S. 335-343. Berlin: de Gruyter.

Heisenberg, Werner (1979/2006): Quantentheorie und Philosophie. Vorlesungen und Aufsätze. Stuttgart: Reclam.

Jestaedt, Matthias (2007): „Öffentliches Recht" als wissenschaftliche Disziplin. In: Engel, Christoph/Schön, Wolfgang (Hrsg.): Das Proprium der Rechtswissenschaft (Abschnitt 11, S. 241-281). Reihe Recht – Wissenschaft – Theorie. Tübingen: Mohr Siebeck.

Krieger, Wolfgang (2011): Das Allgemeine akademischer Sozialer Arbeit: Rückblick und Ausblick auf die Gegenstandsdebatte zur Wissenschaft der Sozialen Arbeit. In: Kraus, Björn, u. a. (Hrsg.): Soziale Arbeit zwischen Generalisierung und Spezialisierung. Das Ganze und seine Teile. Reihe Theorie, Forschung und Praxis Sozialer Arbeit. Band 3.

Klüsche, Wilhelm (Hrsg.) (1999): Ein Stück weitergedacht ... Beiträge zur Theorie- und Wissenschaftsentwicklung der Sozialen Arbeit. Freiburg im Breisgau: Lambertus.

Luhmann, Niklas (1987): Soziale Systeme: Grundriß einer allgemeinen Theorie. stw 666. Frankfurt am Main: Suhrkamp Verlag.

Maier, Konrad (2009): Für eine integrative, praktische Wissenschaft Sozialer Arbeit. In: Birgmeier, Bernd/Mührel, Erich (Hrsg.): Die Sozialarbeitswissenschaft und ihre Theorie(n): Positionen, Kontroversen, Perspektiven. S. 41-52. Wiesbaden: VS Verlag.

Mittelstraß, Jürgen (2005): Methodische Transdisziplinarität. In: Technikfolgenabschätzung – Theorie und Praxis Nr. 2, 14. Jahrgang. Juni 2005, S. 18-23. Auch veröffentlicht in Leibniz-Institut: LIFIS ONLINE (05.11.07).

Mocek, Reinhard (2011): Inter- und Transdisziplinarität als wissenschaftliche Problemlösungsstrategien? In: Banse, Gerhard/Fleischer, Lutz G.: Wissenschaft im Kontext: Inter- und Transdisziplinarität in Theorie und Praxis. Abhandlungen der Leibniz-Sozietät der Wissenschaften. Bd. 27. S. 113-125. Berlin: trafo Wissenschaftsverlag.

Ropohl, Günter (2012): Allgemeine Systemtheorie: Einführung in transdisziplinäres Denken. Berlin: edition sigma.

Sommerfeld, Peter (2010): Entwicklungen und Perspektiven der Sozialen Arbeit als Disziplin. In: Gahleitner u. a.: Disziplin und Profession Sozialer Arbeit: Entwicklungen und Perspektiven. Reihe Theorie, Forschung und Praxis Sozialer Arbeit. Band 1. S. 29-44. Opladen & Farmington Hills: Verlag Barbara Budrich.

Spatscheck, Christian (2009): Use After Reading. Einschätzung zum Stand der Theorieentwicklung in der Sozialen Arbeit, zu ihren aktuellen Perspektiven sowie den daraus entstehenden Herausforderungen für die Lehre. In: Birgmeier, Bernd/Mührel, Erich

(Hrsg.): Die Sozialarbeitswissenschaft und ihre Theorie(n): Positionen, Kontroversen, Perspektiven. S. 209-217. Wiesbaden: VS Verlag.

Staub-Bernasconi, Silvia (2007): Soziale Arbeit als Handlungswissenschaft. Systemtheoretische Grundlagen und professionelle Praxis – ein Lehrbuch. UTB 2786. Bern, Stuttgart, Wien: Haupt Verlag.

Wagner, Karl Heinz (o. J.): Mathematische und logische Grundlagen der Linguistik. http://www.fb10.uni-bremen.de /khwagner/grundkurs2/pdf/MathLogGrund.pdf. (abgerufen am 23.06.2015).

Wittgenstein, Ludwig (1921/1963): Tractatus logico-philosophicus: Logisch-philosophische Abhandlung. SV 12. Frankfurt am Main: Suhrkamp.

Falldarstellung

Frau X ist an Krebs erkrankt; sie lebt mit ihrer 14jährigen Tochter und ihrem 16jährigen Sohn in ländlicher Lage. Der Gesundheitszustand der Frau X wird von den behandelnden Medizinern als hoffnungslos mit nur noch geringer Lebenserwartung eingestuft. Die Erkrankung ist der Familie seit 5 Jahren bekannt.

Frau X ist deutscher Herkunft, ihr geschiedener Ehemann, Vater der Kinder, ist Orientale und spricht nur gebrochen Deutsch. Er lebt in einem anderen Ort, hält sich jedoch über mehrere Monate im Jahr in seinem Heimatland auf. Er überweist dann und wann Geld in unterschiedlicher Höhe für die gemeinsamen Kinder. Frau X und ihre Kinder leben unterhalb der Armutsgrenze von öffentlichen Leistungen.

Die Kinder werden wegen ihres in der Umgebung abweichenden Aussehens von Mitschülern rassistisch und ausländerfeindlich beleidigt und wohl auch bedroht. Die 14- jährige Tochter ist sehr verschüchtert und verlässt das Haus so gut wie nie. Sie ist hauptsächlich für die Führung des Haushalts verantwortlich. Seit mehreren Wochen vermeidet sie die Schule und wird von ihrer Mutter krank gemeldet. Beide Kinder besuchen dieselbe Gemeinschaftsschule. Der Junge wird diese Schule im Sommer mit oder ohne Abschluss verlassen. Ab dem neuen Schuljahr wird seine Schwester erstmalig den Schulweg allein bewältigen müssen. Aufgrund ihrer Unselbstständigkeit traut sie sich die Strecke nicht allein zu. Seit Jahren bleibt sie der Schule fern, wenn ihr Bruder, z. B. aufgrund von Krankheit, nicht zum Unterricht geht.

Das Verhältnis zwischen den Geschwistern ist sehr konfliktreich. Das Mädchen unterhält keine eigenen Freundschaften und begibt sich nur im Schutz ihres Bruders aus dem Haus. Die Rolle des Beschützers bestätigt den Jungen in seinen partiarchalen Vorstellungen, die er im Gegenzug durchsetzt. Beispielsweise hat seine Schwester sein Zimmer aufzuräumen und zu reinigen. Darüber hinaus wird er gewalttätig gegenüber seiner Mutter und seiner Schwester, weil er, so seine Begründung, in Abwesenheit seines Vaters die Verantwortung für das Wohl der Familie trage. Insbesondere seine Schwester habe sich ihm unterzuordnen. Diese patriarchale Sicht hat er offenbar von seinem Vater übernommen. Dieser besucht die Familie gelegentlich. Sofern er anwesend ist, wird er vor allem von seiner Tochter als einengend erlebt, da er sie in ihrer Freiheit stark einschränke. In seiner traditionellen Weltsicht hat die Frau sich dem Mann unterzuordnen.

Die Beziehungen zwischen den Mitgliedern der Familie X sind offenbar schwierig. Einigkeit zwischen Mutter und Kindern besteht nur in der Angst gegenüber dem Ehemann und Vater. Die Ehe ist zwar geschieden und beide Seiten bewohnen eigene Wohnungen in unterschiedlichen Orten, dennoch kommt der Vater nach eigenem Ermessen und ohne Ankündigung in den Haushalt von Mutter und Kindern, um dort „nach dem Rechten" zu sehen. Mutter und Kinder geben an, ihn nicht in seiner Gewaltbereitschaft einschätzen zu können, wenn sie sich konsequent abgrenzen würden. Er drohe mit konkreten Strafen.

Das Haus befindet sich in einem annähernd vermüllten Zustand. Die Verantwortung dafür wird sowohl der Mutter als auch der Tochter zugeschrieben, weil beide nicht in der Lage seien, sich von Unwichtigem zu trennen.

Die Mutter hat aufgrund ihrer Erkrankung seit 2 Jahren ihre Wohnung nicht mehr verlassen. Unterstützung bekommt sie neben einem Pflegedienst und ärztlicher Versorgung durch eine Haushaltshilfe, die 2x wöchentlich haushälterische Tätigkeiten übernimmt. Die Kosten trägt die Krankenversicherung.

Trotz ihrer Erkrankung ist die Mutter innerhalb der Familie sehr präsent. Sie versucht ihre mütterliche Verantwortung zu tragen, soweit es ihr möglich ist. Die Loslösung von ihren Kindern fällt ihr überaus schwer. Selbstverständlichkeiten, die altersgemäße Verselbstständigung zur Folge haben, gelingen ihr nicht (so weckt sie ihre Kinder regelmäßig, packt die Schultaschen, belegt die Brote etc.) Andererseits schafft sie es nicht, altersangemessene Grenzen zu setzen und durchzuhalten. Sie setzt „Psychotricks" ein und nutzt die Ängste ihrer Kinder. Anweisungen der Mutter ignorieren die Kinder und konfrontieren sie mit ihrer körperlichen Gebrechlichkeit, die auch Gewalt gegen die Mutter beinhaltet, ebenso wie Diebstahl von Geld etc.

Die Sozialarbeiterin befragt Mutter und Kinder in Einzelgesprächen nach ihrer Einschätzung der Lebenssituation und ihren Wünsche für die Zukunft.

Frau X sagt aus, ihre Kinder seien „eigentlich lieb", aber der Sohn schlage wohl dem Vater nach. Er „spiele den starken Mann", übe gegen seine Schwester und auch gegen sie, seine Mutter, Gewalt aus, dabei sei er im Herzen ein kleiner Junge, der sich fürchte. Ihre Tochter sei noch viel ängstlicher, aber wolle sich an ihr, der Mutter, rächen für ihr trauriges Leben. Sie, Frau X, wolle ein ruhiges Lebensende und ihren Kindern noch die Liebe geben, die sie bräuchten, um erwachsen werden zu können. Vor allem wünsche sie, dass ihr geschiedener Mann nicht mehr käme, der auf alles, was ihm nicht in den Kram passe, mit Schimpfen und Schlägen reagiere. Sie habe sich nicht von ihm scheiden lassen, um seine Gewalttätigkeiten weiterhin ertragen zu müssen.

Der Sohn erklärt, er sei bereits ein Mann und müsse sich nichts mehr sagen lassen von Frauen, auch nicht von Lehrerinnen in der Schule oder von Sozialarbeiterinnen. Er wolle Soldat werden und für den Schutz von Frauen und Kindern sorgen. Dafür müsse er dann Anerkennung bekommen. Einen echten Mann kümmere aber nicht das Weinen schwacher Frauen. Über seinen Vater wolle er nicht reden. Der sei grausam, aber eben ein starker Mann. Wenn seine Mutter bald sterben müsse, sei das eben so, das könne er nicht ändern. Eigentlich könne er sich das nicht vorstellen und möge auch nicht daran glauben, seine Mutter spiele so oft Theater, er wisse meist nicht, ob sie das, was sie sage, auch ernst meine. Beständig bringe sie ihn dazu, etwas zu tun, was er nicht wolle, dann sei er wütend auf sie. Als richtiger Mann müsse er dann seine „angeborene Macht" zeigen. Er werde sich nach der Schule bei der Bundeswehr bewerben und „bei Auslandseinsätzen mitmischen" oder – noch besser – als Legionär nach Afrika gehen. Aber dann müsse er vorher noch seine kleine Schwester verheiraten, denn auf die müsse ja ein Mann aufpassen.

Die Tochter sagt aus, sie wäre am liebsten tot. Ihre Mutter müsse bald sterben und das mache sie wütend. Sei habe keinen Lebensmut. Ihr Bruder drangsaliere sie und sie habe Angst vor ihm, aber ohne ihn habe sie auch Angst – vor der Welt da draußen. Sie unterscheidet zwischen der Innenwelt der Familie und der Außenwelt vor der Tür und fürchtet sich vor beiden. In der Außenwelt habe sie keinen Platz, in der Innwelt sei ihr Platz durch ihre Mutter und ihren Bruder bestimmt. Wenn beide weg wären, bliebe gar nichts mehr. Der Vater habe angekündigt, sie nach dem Tod der Mutter zu sich nehmen zu wollen, aber ihr Vater sei die Hölle, der lasse ihr nicht mal die Luft zum Atmen. Nein, sie wolle sterben. Deshalb brauche man über eine Zukunft nicht zu reden.

I
Disziplinäre bezugswissenschaftliche Perspektiven

Was ist möglich?
Eine pädagogische Perspektive auf beengende Verhältnisse und persönliche Entwicklungsmöglichkeiten

Barbara Schäuble

Vier Menschen stecken fest – und mit ihnen Professionelle unterschiedlicher Couleur, eine Bildungsinstitution, eine ganze Region und schließlich ein Sozialsystem. So ließe sich die Falldarstellung aus pädagogischer Sicht analysieren.

1 Bedrohung, Schuld und Rettung – Zur Logik der Fallgeschichte

Falldarstellungen, wie die diesem Buch zugrundliegende, sind Erzählungen, die unterschiedliche professionelle und disziplinäre Lesarten erlauben. Meist sind sie sogar selbst Ergebnis der Kollaboration mehrerer Professioneller (vgl. Urek 2013: 205, Klatetzki 2013:118). Anhaltspunkte dafür finden sich in der Fallschilderung. Sie enthält verschiedene Blickwinkel und Fachsprachen. So finden sich einerseits amtlich-distanzierte Perspektiven, die sich u.a. darin ausdrücken, dass die Fallschilderung nicht über die Kinder beginnt, sondern über den „Gesundheitszustand der Frau X". Die Falldarstellung enthält aber auch entwicklungspsychologisch-pädagogische Diagnosen zur „Verselbstständigung" der beiden Jugendlichen. Falldarstellungen sind Konstruktionen. Sie montieren professionelle Wissensbestände entlang zentraler Deutungsachsen und oft auch gemäß der Überzeugungsstrategien der Schreibenden. Thomas Klatetzki verweist darauf, dass viele Falldarstellungen Geschichten sind, die der Form nach Tragödien ähneln. Sie fordern auf, sich die entworfene Perspektive zu eigen zu machen und entsprechend zu handeln (vgl. Klatetzki 2013:118).

In der vorliegenden Falldarstellung wird vor allem die 14-Jährige Yasmin als gegenwärtig und zukünftig gefährdete Person herausgehoben.[1] Sie erscheint als Opfer vor allem der Erkrankung ihrer Mutter und der Aggressionen ihrer männlichen Familienangehörigen. Konstruiert wird so ein Fall von Kindeswohlgefährdung, der potentiell zu einer stationären Unterbringung des Mädchens führt. Aus dem Blick gerät dabei nicht nur ihr ebenfalls auf Unterstützung angewiesener Bruder Denis, sondern auch die bestehenden Bindungen zwischen allen Familienmitgliedern. Mit der Problematisierung der Tatsache, dass die Unterstützungsperspektive sich im Wesentlichen auf Yasmin zu richten scheint, soll nicht bestritten werden, dass das Mädchen sich in einer sehr ausweglosen Lage befindet und, dass ihr Wunsch zu sterben Ausdruck einer drohenden Selbstmordgefährdung sein kann. Dennoch kann sich pädagogisches Deuten und Handeln im Kontakt mit Familie X weder auf die Jugendliche allein richten, noch wäre die in der Falldarstellung angelegte Verschärfung der Polarisierung der Familienangehörigen durch ein Außer-Acht-Lassen der weiteren Familienmitglieder für das Mädchen, das sich außerhalb der Familie (noch) gar nicht entwerfen kann, die beste Lösung.

2 Der Mensch ist mehr, als seine Umgebung ihm erlaubt – Ein pädagogischer Zugang zum Fall

Entgegen der durch kriminologische und viktimologische Abkürzungen verknappten Lesart stellen pädagogische Fallanalysen idealerweise die Handlungs- und Entwicklungsmöglichkeiten aller Beteiligten ins Zentrum. Sie gehen davon aus, dass Menschen mehr und anderes möglich ist, als ihre Umgebung ihnen erlaubt (vgl. Giesecke 2004: 40). Dies formulierte bereits Rousseau. Er ging davon aus, dass der vergesellschaftete Mensch ohne die Unterstützung der Pädagogik Möglichkeiten seines Menschseins verliert, weil er sich an seine Umgebung anpasst (vgl. Rousseau 1762/1971). Pädagogische Perspektiven sind für sozialarbeiterisches Handeln unter anderem deshalb bedeutsam, weil sie bis zu einem gewissen Grad aus dem Erbe der idealistischen geisteswissenschaftlichen Pädagogik und der Geschichte der Aufklärung schöpfen. Hier wurde Pädagogik als Beitrag zur Menschwerdung

---

1   Im vorliegenden Artikel bekommen alle Familienmitglieder fiktive Vornamen. Dies ist einer subjektorientierten Perspektive geschuldet, die unmittelbar mit der bildungstheoretischen Lesart der Falldarstellung verbunden ist. Namen sind sprachliche Anzeiger für Individualität, Subjektivität, Unverwechselbarkeit und eigensinnige Deutungs- und Entwicklungswege.

und zur Mündigkeit bestimmt. Pädagogische Sichtweisen sind deshalb tendenziell auf Menschen und nicht schuldige Verursacher- und Problemträger_innen sowie auf Handlungsmöglichkeiten anstelle von Begrenzungen gerichtet. Neben dieser prinzipiell optimistischen und subjektorientierten Perspektive fragt pädagogisches Handeln immer auch danach, welche Fähigkeiten und Eigenschaften Menschen für das Zusammenleben brauchen (vgl. Grundmann 2009). Ziel des pädagogischen Handelns ist insofern nicht nur individuelle Mündigkeit und Befreiung (vgl. Lutz 2005), sondern auch soziale Integration, die über externe Kontrolle (z. B. hinsichtlich der Prävention einer gewalttätigen Karriere der Familienmitglieder) und hier vor allem erzieherische Maßnahmen erreicht werden soll.

Damit sind alle wichtigen Grundbegriffe für die folgenden Überlegungen angesprochen: Sozialisation besteht in der intergenerationalen Tradierung von Wissens- und Handlungsmustern und in Prozessen der sozialen Integration, insofern spielen Anpassungsprozesse eine große Rolle. Erziehung trägt zu Möglichkeiten der Teilhabe, aber auch der Einfügung vor allem in Normen und Konventionen bei und sie bildet zugleich die Grundlage für Bildungsprozesse, in denen die Einzelnen über die ihnen verfügbaren Möglichkeiten hinauswachsen und sich reflektierend von diesen unabhängig zu machen vermögen.[2]

Pädagogik zielt darauf, die individuelle Entwicklung von Kindern, Jugendlichen und Erwachsenen durch Erziehung und Bildung zu beeinflussen. Hierfür befasst sie sich mit Sozialisations-, Lern- und Bildungsprozessen und Herausforderungen der alltäglichen Lebensführung. Sie findet ihren Platz in pädagogischen Institutionen wie der Schule und der Kinder- und Jugendhilfe, in Interaktionen und in übergeordneten Rationalitäten, wie z. B. Anrufungen zur Selbstbeobachtung und -veränderung. So stellen auch Aufrufe, sich selbst zu beobachten, auf die Eigenschaft hin, eine „gute Mutter" oder ein „aktiver Arbeitnehmer" zu sein, Formen der Pädagogik dar, die Fabian Kessl als Gouvernementalität und Subjektivierung bezeichnet (vgl. Kessl 2005).

Pädagogisch orientierte Hilfeprozesse lassen sich in vier Schritten beschreiben.

1. Analyse der Lebenslagen und ihrer Bedeutung für die Familienmitglieder
2. Analyse der Bewältigungsstrategien, Entwicklungsaufgaben und Handlungsperspektiven

---

2 Auch mit Entfaltung zur Mündigkeit verknüpfen sich jedoch in der pädagogischen Tradition nicht nur subjektbezogene Ziele, sondern auch kollektive. Für letzere stehen beispielsweise Humboldts Ideen der Veredelung des Staates durch die Bildung der Einzelnen.

3. Hilfe(planung) als Prozess der Entwicklung erweiterter Handlungsfähigkeit und der Begrenzung schädlicher Einflüsse
4. Reflexion der Grenzen pädagogischer Strategien und Entwicklung fallübergreifender Handlungsansätze

Hinter dem vorliegenden Beitrag stehen sozialpädagogische Überlegungen, die davon ausgehen, dass für die Einzelnen aufgrund gesellschaftlich und biographisch bedingter Desintegrationsprozesse typische sozialstrukturelle und psychosoziale Integritäts- und Bewältigungsprobleme entstehen, auf die pädagogisches Handeln reagiert (vgl. Böhnisch 2013 in Anschluss an Mennicke). Ich folge Böhnischs Annahme, dass menschliche Bewältigungs- und Entwicklungsprozesse durch das Menschen inhärente Streben nach Handlungsfähigkeit, verfügbaren Handlungsmöglichkeiten (vgl. Holzkamp 1995, Scherr 2013) und nach erreichbaren Formen sozialer Integration bestimmt werden. Das heißt, dass sie durch die Suche nach Selbstwert, Orientierung, und Rückhalt geprägt sind (vgl. Böhnisch et. al. 2009, Böhnisch 2013). Dabei entwickeln Menschen tendenziell eine ihrer Lebenslage mehr oder weniger entsprechende Handlungsperspektive und Handlungsfähigkeit (vgl. Grundmann 2008, 2009), das heißt teilweise auch sehr begrenzte Perspektiven.

In der Fallanalyse geht es insofern darum, auf der Grundlage sozialisationstheoretischer Überlegungen zu analysieren, wie sich welche Lebensbedingungen in der Persönlichkeitsentwicklung, den Lebenschancen und den Handlungsmöglichkeiten der Kinder, aber auch der Erwachsenen niederschlagen und inwiefern die Lebensbedingungen die Einzelnen dazu befähigen und darin begrenzen, mit über ihre Gegenwart und Zukunft und insbesondere ihre gesellschaftliche Teilhabe zu entscheiden (vgl. Grundmann 2008: 132).

Das betrifft auch die pädagogischen Institutionen und Professionellen selbst. Auch sie können daraufhin betrachtet werden, welche Erfahrungs- und Lernmöglichkeiten sie eröffnen und ausschließen.

Pädagogische Prozesse zielen ihrem Ideal zufolge nicht nur auf soziale Integration, sondern auch auf die Persönlichkeitsentfaltung. Persönlichkeitsentfaltung bedeutet, Teilhabechancen und Alternativen zu haben, diese als solche zu sehen und nutzen zu können. Deshalb ist in der „Fallbearbeitung", also in Hilfeprozessen neben der Analyse der Lebensverhältnisse und Entwicklungsherausforderungen und der unter diesen sozialen Bedingungen entwickelten Handlungsfähigkeit die Frage bedeutsam, wie die Beteiligten ihre Lebensbedingungen deuten, welche Wirksamkeitserfahrungen, Handlungs- und Gestaltungsmöglichkeiten sie selbst sehen (vgl. Grundmann 2008: 132). Es geht also auch darum, was sie sich wünschen und was sie sich wünschen würden, wenn sie heute schon über ihre morgigen Möglichkeiten verfügen würden.

Bildungsprozesse, die auf Mündigkeit orientiert sind, basieren auf pädagogischer Präsupposition, d. h. kleinen Vorwegnahmen und Zu-Mutungen „proximaler Entwicklung" (vgl. Oser 1994, 2002). Für die Schulpädagogik beschreibt Werner Helsper (2003) dieses Konzept so, dass er sagt, Lehrer_innen müssten ihre Schüler_innen doppelt entwerfen. In Helspers Beispiel wird ein Schüler als „doppelter Timo" entworfen. So kann Helspers Lehrer seinen Schüler Timo zugleich in seiner realen Gestalt sehen und einen weiteren Timo in seiner simulierten Zukunft bzw. seiner Potentialität entwerfen. Bildungsprozesse dieser Art beginnen bei den Deutungen der Nutzer_innen, sie fragen nach ihren Widersprüchen und stellen Möglichkeiten bereit, andere Handlungsmöglichkeiten als denkbar, legitim und umsetzbar zu sehen. Sie begleiten erfolgreiches und scheiterndes Probehandeln und stützen die Weiterentwicklung in eine erreichbare alternative Zukunft hinein, indem sie Infrastruktur, Begleitung und Reflexion anbieten, u. a. mit Blick auf Selbstwirksamkeitserfahrungen.

Dennoch bleibt pädagogisches Handeln in begrenzten Verhältnissen in seinen Möglichkeiten selbst begrenzt. Das wird mit Blick auf die Perspektive von Familie X sehr deutlich. Die Lebenslage und –herausforderungen, die die Kinder Yasmin und Denis und die ihre Eltern Sarah und Elias X bewältigen, hat sich in ihre Biografie und Perspektiven eingeschrieben, unter anderem hinsichtlich der mittlerweile nur noch begrenzten Ausbildungsmöglichkeiten für die beiden Kinder. Die schwere Erkrankung und der erwartbare Tod der Mutter begrenzen ihre Möglichkeiten. Und die regionale und soziale Lage belasten und benachteiligen die Familienmitglieder gegenüber anderen, die nicht mit geringer regionaler Infrastruktur, Armut und Rassismus kämpfen. Das können pädagogische Prozesse in Reflexionsangeboten verständlich machen. Weitreichendere Veränderungen haben ihren Platz jedoch außerhalb des Interaktionsprozesses in fallübergreifender sozialpolitischer Arbeit. Hier gilt es, den Zusammenhang zwischen Integritäts- und Bewältigungsproblemen und gesellschaftlicher Exklusion und Desintegration herauszuarbeiten und politische Veränderungen zu erschließen. Es gilt aber auch im Kontakt mit den Familienmitgliedern realistisch einzuschätzen, was sie für sich erreichen können. Leider widerspricht dies der Rettungsperspektive, die in der tragödienförmig angelegten Falldarstellung angelegt ist. Eine wirkliche Rettung ist im Sinne eines nicht-beschädigten und offenen, vielfältigen Lebens für Yasmin sowohl im Falle einer Inobhutnahme als auch über flankierende Einzel- und Familienunterstützungen nicht zu erwarten. Aber es ist mehr möglich, als jetzt zu sehen ist.

3 Beengende Verhältnisse – Analyse der Lebensverhältnisse und ihrer Bedeutung für die Einzelnen

Pädagogische Prozesse finden ihren Ausgangspunkt in konkreten Lebensverhältnissen. Diese werden hier aus der Falldarstellung unter Rückgriff auf sozialwissenschaftliche Wissensbestände erschlossen. Im pädagogischen Prozess werden diese idealerweise nicht nur aus der Dokumentation, sondern dialogisch erschlossen.

Betrachtet man die Falldarstellung, so fällt als erstes die Isolation der Familie ins Auge. Es geht nichts oder nur wenig über die erweiterte Familie, die Nachbarschaft und mögliche Freundschaften hervor. Die ländliche Wohnlage weckt Assoziationen eingeschränkter Mobilität und Infrastruktur. Im Zusammenhang mit rassistischer Ausgrenzung kann zudem unterstellt werden, dass die Kinder nicht nur auf dem Schulweg, sondern auch sonst im Alltag der Nicht-Anerkennung, Isolation, Stigmatisierungen und auch Bedrohungen ausgesetzt sind. Die innerfamiliär bestehende Belastung der Familie wird durch die Isolation verschärft, unter anderem dadurch, dass die Kinder nur wenig andere Perspektiven mitbekommen als die ihrer Eltern.

Als Nächstes fällt die Nichtnennung der Schule in der Falldarstellung ins Auge. Das überrascht, weil die Schule eine zentrale Sozialisations- und Bildungsinstanz für Jugendliche darstellt. Die Schule eröffnet den beiden Jugendlichen offenbar nicht nur keine anderen Entwicklungsmöglichkeiten als die Familie, es findet sich auch kein Hinweis auf eine Reaktion schulischer Akteur_innen auf die Situation der Kinder. Die Isolation und Überforderung beider Jugendlicher und Yasmins Fernbleiben vom Unterricht ist dort offenbar nicht so weit aufgefallen, dass dies ausführlichen Eingang in die Falldarstellung gefunden hätte oder zur Hinzuziehung des Jugendamtes geführt hat. Die ohnehin isolierte Familie scheint so „von allen guten Geistern verlassen zu sein", vielleicht, weil Schulen auch andernorts soziale Herausforderungen neben der Stoffvermittlung zunehmend an Sozialarbeiter_innen abgegeben, die es angesichts der noch kurzen Etablierungsgeschichte der Schulsozialarbeit an der ländlichen Gemeinschaftsschule vielleicht noch gar nicht gibt. Entsprechend lautet die Kritik an Schule als Institution, dass sie trotz ihres Anspruchs, Bildungsinstitution zu sein, vor allem einen Ort der Stoffvermittlung und der Selektion darstellt. Es ist also denkbar, dass sich eine überregionale Entwicklung – die Dynamisierung des Arbeitsmarktes und die entsprechende Verdichtung schulischer Anforderungen – in der Schule der beiden Jugendlichen niederschlägt, ohne dass die dafür gefundenen Kompensationen – die Einführung der Schulsozialarbeit – bereits flächendeckend durchgesetzt ist. Sozialarbeiter_innen tun hier gut daran, darauf zu beharren, ein Fall, wie der hier zugrundeliegende nicht nur als *Fall für die Soziale Arbeit*, sondern auch als *Fall für* (vgl. Müller 2006) die Schule zu verstehen ist. Zur Lebenslage der Familie gehört auch, dass nicht nur die Schule als pädagogische Institution, sondern auch die weiteren Professionellen, die in Kontakt mit der Familie stehen, nicht angemessen reagiert haben. Sowohl die Ärzte der Mutter als auch der Pflegedienst als auch die Haushaltshilfe haben die Kinder offenbar nicht im Blick. Zumindest schlägt sich das nicht in der Falldarstellung nieder. Die Falldarstellung erweckt den Eindruck, als hätte die zitierte Sozialarbeiterin erst kürzlich Kenntnis von der Situation der Jugendlichen erlangt, obwohl die für Yasmin und Denis bestehenden entwicklungsbezogenen, psychischen und organisatorischen Herausforderungen spätestens seit der lebensbedrohlichen Erkrankung der Mutter vor 5 Jahren auf der Hand zu liegen scheinen. Ein Hintergrund für die Nicht-Unterstützung der beiden Jugendlichen ist vielleicht auch in der noch unzureichenden Hilfelandschaft für Kinder erkrankter Eltern zu sehen. Entsprechende Angebote entwickeln sich erst zögerlich, und das vor allem in Großstädten. So ist das Bewusstsein für die Belastung der Angehörigen noch unzureichend in den zuständigen und angrenzenden Professionen verbreitet (vgl. u. a. Heinemann/Reinert 2011). Zu den beengenden Lebensverhältnissen der Familie gehört also auch, dass ein Teil der Problemlagen, in denen sie steckt, professionell erst unzureichend gesehen wird.

Zur Lebenslage der Familie gehören zudem die Rassismuserfahrungen des Vaters und der Kinder. Sie tragen mit dazu bei, dass die Außenwelt bedrohlich ist. Sie schlagen sich aber zum Beispiel gegebenenfalls auch in den Bildungsverläufen der Kinder (vgl. u. a. Hormel 2010), in Denis Erwartung, Anerkennung in der Bundeswehr zu erfahren, und in der Erwerbsposition des Vaters nieder. Der Beruf des Vaters wird in der Falldarstellung nicht direkt, sondern über unregelmäßige Zahlungen für die Kinder erwähnt, eine gute Erwerbsposition ist entsprechend unwahrscheinlich, was mit sozialwissenschaftlichen Erkenntnissen zur ethnischen Unterschichtung des Arbeitsmarktes korrespondiert. Ethnisierungen und Rassismus spielen jedoch in der Falldarstellung direkt keine Rolle. Über den in der Falldarstellung sonst nicht funktionalen diskreditierenden Hinweis auf das „gebrochene Deutsch" des Vaters, die Fremdheit inszenierenden Hinweise auf ihn als Vertreter einer patriarchalen Kultur (die jedoch insgesamt in Deutschland weit verbreitet ist), die Kulturalisierung der Aggressivität der männlichen Familienmitglieder und die Anspielung auf das Stereotyp, Muslime seien frauenverachtend, im Zusammenhang mit der Hilfeverweigerung des 16-jährigen Denis führen dazu, dass Ansprüche auf Unterstützung potentiell ausgeschlossen werden und ein Vertrauensverhältnis erst gar nicht entstehen kann. Der Vater Elias und sein Sohn Denis werden darüber als nicht erreichbar und für den Verlauf der Familiengeschichte verantwortlich markiert, zugleich ist erwartbar, dass diese Perspektive den Zugang der Sozialarbeiter_innen zu den tatsächlichen Motiven der beiden männlichen Familienmitgliedern systematisch verstellt. Entsprechende Dynamiken hat Franz Hamburger für die Kinder- und Jugendhilfe ausführlich beschrieben. Eine ähnliche Schlussfolgerung lässt sich auch für andere Handlungsfelder ziehen. Mit Blick auf das noch unangemessene Verhalten von Sozialarbeiter_innen gegenüber Kindern und Jugendlichen mit Migrationshintergrund kommt Hamburger zu dem Schluss: „Das größte Risiko für Kinder und Jugendliche mit Migrationshintergrund ist es, als solche identifiziert zu werden." (vgl. Hamburger 2010: 51) Er geht davon aus, dass die Identifikation als Migrant_in zur Ansprache als Vertreter_in einer Kategorie führt und dass so der Subjektstatus verloren geht (vgl. Hamburger 2010: 51f.) und dass der Zugang zu ihrer Lebenswelt, die die zentrale Basis sozialpädagogischen Handelns ist, systematisch verschlossen wird (Hamburger 2010: 146f.).

Familie X lebt in beengten Verhältnissen, einen Beitrag leisten dazu offensichtlich auch die Bildungs- und Hilfeinstitutionen. Dies zeigt, dass pädagogische Fallanalysen sich auch für die übergeordnete historische, professionelle und institutionelle Rahmung von *Fällen*, d. h. die Analyse des Fall-Kontextes, interessieren sollten. Es steckt nicht nur Familie X fest, sondern auch die Institutionen, die Region und das Sozialsystem. Auch zu Letzterem noch abschließend eine kurze Bemerkung: Ein Teil der familiären Beengung entsteht offensichtlich durch ihre unzureichende Ressourcenausstattung. Hätte die Familie beispielsweise Vermögen oder wären die Sozialleistungen für die nicht erwerbsfähige Mutter großzügiger, so könnte sie mehr Unterstützung bei der Haushaltsführung einkaufen oder die Kinder darin unterstützen, sich breiter zu orientieren, indem sie ihnen Freizeitaktivitäten außerhalb des Hauses ermöglicht. Solche Freizeitmöglichkeiten finden ihre Begrenzung vielleicht auch in der ländlichen Wohnlage der Familie, der damit vermutlich verbundenen geringen Angebotsdichte und rassistischer Stigmatisierung und Bedrohung, der die Kinder ausgesetzt sind.

4 Bewältigungsaufgaben und Handlungsfähigkeit – Eine sozialisationstheoretisch inspirierte Analyse mit Blick auf alle Familienmitglieder

Neben der Analyse der Lebenslage der Familie sind in der sozialpädagogischen Zusammenarbeit die Bewältigungs- und Handlungsstrategien der einzelnen Familienmitglieder und eine Prognose ihrer möglichen Handlungsoptionen von Interesse (vgl. Grundmann 2008). Es wäre möglich, einer Analyse professionelles Erfahrungswissen oder in der Sozialisationsforschung entwickelte Modelle der

Persönlichkeitsentwicklung und der alterstypischen Bewältigungsaufgaben sowie -fähigkeiten zugrunde zu legen. Auf dieser Grundlage arbeitet im Weiteren auch die in diesem Text vorgelegte Analyse. Das tatsächliche pädagogische Vorgehen erfordert jedoch eine andere Herangehensweise, nämlich eine Relationierung solcher disziplinären und professionellen Wissensbestände mit den Deutungen der Adressat_innen selbst. Denn ihre Handlungsmöglichkeiten hängen mit davon an, wie sie ihre Lage und Optionen deuten.

Zunächst kann festgestellt werden, dass alle Familienmitglieder sich trotz ihres geringen Handlungsspielraums auf erreichbare Formen sozialer Integration, auf Selbstwert, Rückhalt und Handlungsmöglichkeiten vor allem im Familiensystem, aber auch im Kontext gesellschaftlich anerkannter Wertvorstellungen orientieren und dass sie dabei unterschiedliche und teilweise eigensinnige Entscheidungen fällen. Die langanhaltende kritische Situation, in der sich die Familie befindet, die unter anderem aus der Erkrankung der Mutter, der sozialen Isolation und einem wenig integrativen ländlichen Umfeld resultiert, scheint jedoch dazu beizutragen, dass die einzelnen Personen nur über wenige Orientierungsmöglichkeiten für ihr Handeln verfügen. Das zeigt sich beispielsweise im letzten Satz der Falldarstellung, der eine Aussage der 14-jährigen Yasmin auf den Punkt bringt. Sie wird mit den Worten zitiert, über Zukunft brauche man nicht zu reden. Ihr Platz in der Gegenwart scheint demgegenüber selbstverständlicher, er besteht jedoch vor allem in ihrer Fügung in die Verhältnisse. Die anderen Familienmitglieder äußern zwar etwas mehr Handlungsorientierungen als Yasmin, doch auch bei ihnen sind es nicht viele: Es gibt kaum (als gestaltbar erfahrene) Gegenwart und kaum Zukunft. Die beengenden Lebensbedingungen legen fatalistische, eingeschränkte und konventionelle Handlungsorientierungen nahe. Die Mutter, der Vater und Denis gewinnen dem Anschein nach Orientierung über relativ feste und konventionelle Generationen- und Geschlechterrollen. So orientiert sich die Mutter Sarah X an der geschlechtsspezifisch bestimmten Rolle, eine liebevolle Mutter zu sein, und der Vater Elias sowie der Sohn Denis orientieren sich trotz ihrer Bindung an die anderen Familienmitglieder an Konzepten männlicher Autonomie und Stärke.

Solche Orientierungen erhalten ihre Relevanz in alltäglichen Bewältigungs- und Lernprozessen, in denen Menschen sich nach und nach auf ihre Umwelt einstellen. Die erkennbar recht begrenzten Orientierungen in den beengten Verhältnissen entsprechen auf den ersten Blick so gar nicht dem bürgerlichen Bildungsideal der Mündigkeit, der Weiterentwicklung und Reflexion, sie sind aber dennoch Ausdruck von Prozessen der Persönlichkeitsentwicklung, auch wenn ihnen andere verfügbare Erfahrungen zu Grunde liegen, als die, die in einem Bildungsmoratorium gewonnen werden könnten. Diese Orientierungen, deren Leistungen und die mit ihnen verbundenen Hoffnungen und Widersprüche zur Kenntnis zu nehmen ist

Ausgangspunkt von pädagogischen Interventionskonzepten und Arbeitsbündnissen mit den Adressat_innen. Thiersch, Grunwald und Köngeter sprechen von einem Respekt für die unauffälligen alltäglichen Bewältigungsaufgaben (Thiersch et.al. 2010: 187) und der Anerkennung, dass die Handlungsbefähigungen, über die die Familienmitgliedern verfügen, ihren Lebensverhältnissen und -erfahrungen angemessen sind (vgl. auch Grundmann 2008: 135). Sie formulieren im Konzept Lebensweltorientierung diese Verbindung von Respekt vor dem Gegebenen und einem Vertrauen in Entwicklungsmöglichkeiten wie folgt:

> „Die Ressourcen, Deutungen und Handlungsmuster der Menschen werden als in sich widersprüchlich erfahren. Sie entlasten, sie bieten soziale Sicherheit und Identität, sie schaffen Voraussetzungen auch für Phantasie und Kreativität. Zugleich aber werden sie als einengend, ausgrenzend, blockierend erfahren und in Protest, Trauer und das Gegebene überschreitenden Träumen erlitten. Lebenswelt, als normativ-kritisches Konzept verstanden, sieht die Menschen im Widerspruch der selbstverständlichen Entlastungen, der oft bornierten Pragmatik, die die gegebenen Zustände auch in ihrem Elend und ihren Macht- und Unterdrückungsstrategien tabuisiert, und der Möglichkeiten und Hoffnungen auf gelingendere Verhältnisse." (Thiersch/Grunwald/Köngeter 2010: 185)

Bildungsprozesse zielen darauf, mit den Adressat_innen die für sie bestehenden Bedeutungen ihres Handeln zu erschließen und darin Widersprüche und alternative Deutungs- und Handlungsmöglichkeiten herauszuarbeiten, um dazu beizutragen, dass neben Bewältigungsprozessen auch Raum für offenere Entwicklungen entsteht. Dies ist wichtig, weil Bewältigungshandeln kurzfristige Qualitäten hat, aber langfristig neue Entwicklungsaufgaben anstehen.

Dass das Handeln aller Familienmitglieder solche Widersprüche zwischen restriktiver Bewältigung und offeneren Handlungsperspektiven enthält, soll im Folgenden gezeigt werden. Die Anpassungsstrategie der 14-jährigen Yasmin spricht für eine nur geringe Selbstwirksamkeits- bzw. Handlungsfähigkeitserwartung und -erfahrung. Auf der anderen Seite erklärt sie, sich durch ihren Vater eingeschränkt zu fühlen, sie wägt also unterschiedliche Freiheitsgrade und auch mögliche eigene Ansprüche darauf ab. Das heißt, sie erlebt zwar vielleicht die in ihrem familialen Lebenszusammenhang geltenden Gewohnheiten als Normalität, sie setzt sich aber eigensinnig damit auseinander. Widersprüche zeigen sich auch im Verhalten des Vaters Elias Z. Er verhält sich einerseits bindungsorientiert, indem er an seine Ex-Frau und die Kinder Geld überweist oder bei diesen „nach dem Rechten" sieht. Andererseits reagiert er diesen gegenüber destruktiv mit Gewalt. Wenn ihm im Rahmen eines Familien- oder gemeinsamen Hilfeplangesprächs Anerkennung für sein bindungsorientiertes Verhalten entgegengebracht würde, würde vielleicht für ihn und die anderen Beteiligten deutlich, dass anstelle (oder neben) der in der

Falldarstellung unterstellten impulsiven Aggressivität oder dem Versuch der männlichen Rolle des Ordnungsstifters zu entsprechen auch Ohnmachtsgefühle und das Nicht-Verfügen über alternative Einflussmöglichkeiten eine Rolle spielen. Würde dies von den Beteiligten anerkannt, könnten Aggression und Gewalt als Mittel, sich sichtbar zu machen, vielleicht abnehmen und andere Einflussmöglichkeiten erschlossen werden (vgl. Honig 1986). Wäre den Professionellen deutlich, weil es für den Vater artikulierbar wäre, dass nicht nur die Kinder, sondern auch er in der ländlichen Region Erfahrungen mit Isolation, Rassismus, Abwertung und vermutlich auch Benachteiligung macht, würden sie vielleicht einen Teil der Probleme nicht mehr mit Persönlichkeitsmerkmalen oder Kultur, sondern mit Prozessen und Strukturen erklären können und daran könnten Handlungsmöglichkeiten ansetzen (vgl. Hamburger 2010: 192). Hierfür bedarf es eines Dialogs über seine Motive und Perspektive.

Nicht nur Elias X, auch die anderen Familienmitglieder ringen um Anerkennung. Am deutlichsten formuliert dies der 16-jährige Denis mit der Hoffnung, als Soldat die Anerkennung zu erfahren, die er in seiner Familie und Umwelt nicht erfährt, vielleicht auch, weil seine Mutter ihn als kleinen Jungen sieht. Für beide Kinder – vor allem, aber nicht nur für Yasmin – stehen Individuationsschritte an. Auch Denis ist Yasmin jedoch vielleicht nur um einen Schritt voraus, indem er neben der Familie zwei weitere, jedoch sehr fremdbestimmte Entfaltungsmöglichkeiten entwirft: Männlichkeitsideale und das Militär. Die adoleszente Ablösung als typische jugendliche Entwicklungsaufgabe ist in der Familie doppelt erschwert, denn sie verläuft zeitlich parallel mit der lebensbedrohlichen Erkrankung von Sarah X, der Mutter der Kinder. Frau X ist gefordert, einen Umgang mit ihren schwindenden Möglichkeiten zu finden und ein „Loslassen" in doppelter Hinsicht zu akzeptieren, von ihren selbstständiger werdenden Kindern und vom zukünftigen Leben. Sie müsste sich damit auseinandersetzen, Verantwortung für ihre Kinder auch nach ihrem eigenen Tod zu übernehmen, das schließt unter anderem ein, dass sie trotz des Wunsches, ihre Zuneigung kurzfristig zu zeigen, mit Denis seine schulische oder ausbildungsbezogene Zukunft plant und ihre Tochter Yasmin stärker zum Schulbesuch und zur Raumaneignung der Umgebung ermutigt – wobei zu klären ist, wie die Kinder besser vor den stattfindenden rassistischen Bedrohungen geschützt werden können und wie sie sich damit auseinander setzen können. Zur Verantwortung von Frau X gehört auch, dass sie der Gewalt von Denis gegenüber seiner Schwester und den Grenzüberschreitungen der Kinder gegenüber ihr selbst Grenzen setzt. Ist ihr dies aufgrund ihrer Kräfte nicht möglich, was nahe liegt, läge es in ihrer Verantwortung, professionelle Hilfe in Anspruch zu nehmen. Eine entsprechende Information über solche Möglichkeiten ist wiederum Aufgabe des Jugendamtes. Mit den Kindern über den drohenden Tod zu sprechen, ist nicht die

Aufgabe der Mutter allein. Hier können auch der Vater, das weitere Umfeld und Professionelle aus der Jugendhilfe und der Angehörigenarbeit gefragt sein. Elias X, der Vater der Kinder, muss sich seinerseits angesichts des Sterbens der Mutter seiner Kinder noch stärker als sonst mit seiner Rolle als Vater auseinandersetzen, auch damit, ob er die Kinder in diesem Fall aufnehmen kann und welche Veränderungen das gegebenenfalls für sein eigenes Leben bedeutet. Zugleich ist er für seine Kinder vielleicht ein wichtiger Gesprächspartner über die drohende Verlusterfahrung, die Familiengeschichte, über Männlichkeitskonzepte und über Rassismus. Für Denis, der angesichts des Versuches, sich von der Familiendynamik zu distanzieren vorzeitig als Erwachsener entwirft, könnte es interessant sein zu überlegen, ob die Bundeswehr der einzige für ihn erreichbare Ort der Anerkennung ist, was dieser wirklich verspricht und wo er auch in seinen Bedürfnissen, nicht nur in seiner Stärke Halt findet. Und schließlich könnte die ganze Familie herausfinden, wie sehr neben der Isolation voneinander auch Bindungen aneinander vorherrschen.

5 Persönliche Zukunftsplanung mit der Familie und ihrem Umfeld – Hilfeplanung als Bildungsprozess

Mit einem erweiterten Wissen um die Lebenslage, die Bewältigungsstrategien, die Deutungen und Handlungsmöglichkeiten der Familienmitglieder können Sozialarbeiter_innen im Lichte des Handlungsdrucks, der durch die Gefährdung der Kinder entsteht, und im Lichte grundlegender Erwägungen zum Interventionsziel (Kontrolle oder Entwicklung) eine Entscheidung über das pädagogische Handeln treffen. Dabei kann die familiäre Bewältigungskonstellation entweder – im Fall der Entscheidung für eine unmittelbare Inobhutnahme des Mädchens – als eine extern über erzieherisches Handeln zu regulierende Krise angesehen werden oder als Ausgangspunkt für Verständigungs- und Bildungsprozesse der Beteiligten konzipiert werden. Obwohl die Neigung zu einer der beiden Orientierungen auch Ausdruck unterschiedlicher professioneller Selbstverständnisse ist, sind in vielen Fällen beide Strategien zugleich gefragt. Aktuell besteht angesichts des Alters der Jugendlichen und der Bindungen zwischen Kindern und Eltern vielleicht noch die Möglichkeit, Arbeitsbündnisse mit den Einzelnen zu entwickeln und alle Beteiligten zu einem Gespräch über die familiäre Zukunftsplanung einzuladen. Überzeugende Gründe dafür gibt es genug. Falls die Eltern sich diesem Vorhaben jedoch verweigern – beispielsweise weil die Mutter keinen Handlungsbedarf sieht und sie den Vater nicht treffen will – besteht angesichts der Gefährdung der Entwicklung beider Kinder in mittlerer Zeitperspektive der Bedarf, eine abgestimmte Planung oder andere Veränderungen durch das Jugendamt oder das Familiengericht zu erzwingen. Da die Falldarstellung andeutet, dass weder die Mutter noch der Vater die Veränderungen durch die voranschreitende Beeinträchtigung der Mutter und ihren drohenden Tod hinreichend antizipieren und Denis sich einer Auseinandersetzung damit verweigert, hat sich die zuständige Sozialarbeiterin aus guten Gründen für Gespräche über Zukunft entschieden. Ein solches Vorgehen sollte angesichts der Bindungen und des gemeinsamen Handlungsrahmens der Familienmitglieder idealerweise in eine gemeinsame Hilfeplanung aller Beteiligten münden. Denn Handlungsmöglichkeiten bedürfen der Planung und auch der Abstimmung. Bei einer solchen Hilfeplanung sind die Isolation der Familie, ihre begrenzte Handlungsfähigkeit und ihre begrenzten Veränderungs- und Selbstwirksamkeitserwartungen zu berücksichtigen. Mit Blick auf die Isolation wäre es sinnvoll, mit den Familienmitgliedern zu besprechen, ob es Personen aus dem weiteren Umfeld gibt, die sie in der Hilfeplanung begleiten und vielleicht sogar bei der Umsetzung unterstützen könnten, z. B. in der Begleitung von Yasmin zu Schule. Mit Blick auf die begrenzte Handlungsfähigkeit sind die eingangs dargestellten sozialisationstheoretischen Hinweise zu berücksichtigen, dass einer beengten Lebenslage begrenzte Handlungserwartungen entsprechen (vgl. Grundmann 2008). Deshalb werden den Familienmitgliedern auch eigene Wünsche zur Veränderung nicht unmittelbar aussichtsreich oder gar legitim erscheinen. Die Hilfeplanung sollte deshalb mit Anregungen in Hinblick auf das Mögliche verbunden werden. Dazu gehört die Information über das verfügbare Hilfespektrum der Hilfen zur Erziehung und hier insbesondere über Maßnahmen, die Familienkommunikation fördern, sowie über Maßnahmen, die die Individuation, Ablösung und Autonomie der Kinder fördern, ohne ihre Bedürftigkeit aus dem Blick zu verlieren (u. a. Sozialpädagogische Familienhilfe und Einzelfallhilfe für die Kinder). Bei der Hilfeplanung kann es anfangs sinnvoll sein, Wünsche anregende Verfahren aus dem konzeptionell-methodischen Spektrum des Verfahrens „Persönliche Zukunftsplanung" zu nutzen, wie sie zum Teil bereits in der Alten- und Behindertenhilfe Anwendung finden. Diese verbinden biografisch-selbstreflexive, anerkennende, und varianten-aufzeigende Perspektiven (vgl. Beresford et. al. 2011, Doose 2014, Kruschel/Hinz 2015). Teilweise wird dabei mit Bildkarten gearbeitet, die verschiedene menschliche und vor allem jugendliche Bedürfnisse und Wünsche repräsentieren und die es so erleichtern, Ansprüche zu formulieren und Alternativen abzuwägen. Vielleicht ist der Horizont „Zukunft" für Yasmin, die jüngste Tochter der Familie, wirklich zu weit gegriffen. Bildungs- und Entwicklungsprozesse eröffnen neue Horizonte oft nur Schritt für Schritt. Aber über das Mögliche ließe sich vielleicht reden, es liegt zwischen dem Gegebenen und dem Zukünftigen.

Zusammenfassung

Der Beitrag rekonstruiert die Falldarstellung aus einer pädagogischen Perspektive. Er sucht nach den Handlungsbedingungen und Handlungsmöglichkeiten aller vier Familienmitglieder und der sie begleitenden Professionellen. Dabei werden die Lebensverhältnisse und die durch diese begrenzte Handlungsfähigkeit sowie die Entwicklungs- und Bewältigungsaufgaben der Familienmitglieder analysiert und nach ihren jeweiligen Handlungsmöglichkeiten gefragt. Der Aufsatz stellt den Fall neben sozialisations- und bildungstheoretischen Bezügen auch in den Rahmen gesellschaftlicher Desintegrationsprozesse und Exklusionsmechanismen und von Organisations- und Professionsanalysen. Verwiesen wird beispielsweise auf die ländliche Infrastruktur, Rassismus, die Selektionsfunktion der Schule und mangelndes professionellen Wissen über Erkrankungsfolgen für Angehörige und geschlechtsspezifische Bewältigungsstrategien. Hilfeplanung wird als Bildungsprozess für alle Familienmitglieder konzipiert und ein Verfahren der persönlichen Zukunftsplanung für die beiden Kinder empfohlen. Es wird aber auch auf die Grenzen pädagogischer Strategien unter restriktiven Handlungsbedingungen verwiesen.

Literatur

Beresford, Peter/Fleming, Jennie/Glynn, Michael/Bewly, Catherine/Croft, Suzy/Branfied, Fran/Postle, Karen (2011): Supporting people. Towards a person-centred approach. Bristol: Policy Press.

Böhnisch, Lothar (2013): Sozialpädagogik der Lebensalter. Eine Einführung. Weinheim: Juventa.

Böhnisch, Lothar/Lenz, Karl/Schröer, Wolfgang (2009): Sozialisation und Bewältigung. Eine Einführung in die Sozialisationstheorie der zweiten Moderne. Weinheim: Juventa.

Doose, Stefan (2014): I want my dream! Persönliche Zukunftsplanung. Neue Perspektiven und Methoden einer personenzentrierten Planung mit Menschen mit und ohne Beeinträchtigung. Neu-Ulm: AG Spak.

Giesecke, Herrman (2004): Einführung in die Pädagogik. Weinheim: Juventa.

Grundmann, Matthias (2009): Sozialisation – Erziehung – Bildung. Eine kritische Begriffsbestimmung. In: Becker, Rolf (Hrsg.): Lehrbuch Bildungssoziologie. S. 63-86. Wiesbaden: VS Verlag.

Grundmann, Matthias (2008): Handlungsbefähigung – eine sozialisationstheoretische Perspektive. In: Otto, Hans-Uwe/Ziegler, Holger (Hrsg.): Capabilities – Handlungsbefähigung und Verwirklichungschancen in der Erziehungswissenschaft. S. 131-142. Wiesbaden, VS Verlag.

Hamburger, Franz (2010): Abschied von der interkulturellen Pädagogik. Weinheim, Juventa.

Heinemann, Claudia/Reinert, Elke (Hrsg.) (2011): Kinder krebskranker Eltern. Prävention und Therapie für Kinder, Eltern und die gesamte Familie. Stuttgart: Kohlhammer.

Helsper, Werner (2003): Ungewissheit im Lehrerhandeln. In: Helsper, Werner/Hörster, Reinhard/Kade, Jochen (Hrsg.): Ungewissheit. S. 42-161. Weilerswist: Velbrück.

Holzkamp, Klaus (1995): Lernen. Subjektwissenschaftliche Grundlegung. Frankfurt/M.: Campus.

Kessl, Fabian (2005): Der Gebrauch der eigenen Kräfte. Weinheim: Juventa.

Klatetzki, Thomas (2013): Die Fallgeschichte als Grenzobjekt. In: Hörster, Reinhard/Köngeter, Stephan/Müller, Burkhard (Hrsg.): Grenzobjekte. Soziale Welten und ihre Übergänge. S. 115-133. Wiesbaden: VS Verlag.

Kruschel, Robert/Hinz, Andreas (2015): Zukunftsplanung als Schlüsselelement von Inklusion. Praxis und Theorie personenzentrierter Planung. Bad Heilbrunn: Klinkhardt.

Lutz, Ronald (2005) (Hrsg.): Befreiende Soziale Arbeit. Skizze einer Vision. S. 11-31. Oldenburg: Paolo Freire Verlag.

Müller, Burkhard (2006): Sozialpädagogisches Können. Ein Lehrbuch zur multiperspektivischen Fallarbeit. Freiburg: Lambertus.

Oser, Fritz (1994): Zu-Mutung: Eine basale pädagogische Handlungsstruktur. In: Seibert, Norbert/Serve, Helmut (Hrsg.): Bildung und Erziehung an der Schwelle zum dritten Jahrtausend, S. 773-800. München: Pims.

Rousseau, Jean-Jacques (1762/1971): Emile oder Über die Erziehung. Paderborn: Schöningh.

Scherr, Albert (2013): Agency – ein Theorie- und Forschungsprogramm für die Soziale Arbeit? In: Graßhoff, Gunther (Hrsg.): Adressaten, Nutzer, Agency. S. 229-242. Wiesbaden: VS Verlag.

Thiersch, Hans/Grunwald, Klaus/Köngeter, Stefan (2010): Lebensweltorientierte Soziale Arbeit. In: Thole, Werner (Hrsg.): Grundriss Soziale Arbeit. S. 175-196. Wiesbaden: VS Verlag.

Urek, Mojca (2012): Wie in der Sozialen Arbeit ein Fall gemacht wird: Die Konstruktion einer ‚schlechten Mutter'. In: Schimpf, Elke/Stehr, Johannes (Hrsg.): Kritisches Forschen in der Sozialen Arbeit. S. 201-216. Wiesbaden: VS Verlag.

Psychologie als Bezugswissenschaft der Sozialen Arbeit[1]

Irmgard Teske

1 Einleitung

Psychologie als Bezugswissenschaft der Sozialen Arbeit verweist auf die enge Bindung beider Professionen, kommt doch der Vermittlung psychologischer Kenntnisse im Studium der Sozialen Arbeit eine grundlegende Bedeutung zu. Wälte, Borg-Laufs, Brückner (2011: S.7) beschreiben Psychologie als eine bedeutende Grundlage der Sozialen Arbeit. Sie gehen davon aus, dass ein vertiefendes „Verständnis des Erlebens und Verhaltens der Klientel in der Sozialen Arbeit" (ebd.) die Sozialarbeiter in der Praxis handlungsfähiger machen. Bereits 2002 (S. 65f) betont Michel-Schwartze, dass soziale Arbeit methodische Wissensbestände und Fachkompetenzen aus dem psychologischen Repertoire überträgt. Auch Pankofer und Vogt (2011) betonen, dass Kenntnisse und Instrumente der Psychologie für Hilfen im Erlebens- und Verhaltensbereich unabdingbar seien.

Geschichtlich gesehen hat die Psychologie eine lange Tradition: bereits bei den antiken Philosophen kann die Herausbildung eines ‚psychologischen' Wissensbereichs verortet werden. Es dauerte jedoch bis ins 19. Jahrhundert, bis erste Anfänge institutionalisierter psychologischer Forschung registriert werden (Staeuble 2001). Auch Soziale Arbeit hat eine lange Tradition, die verkürzt beschrieben werden kann „von der zwischenmenschlichen Hilfe zur professionellen Humandienstleistung" (Mühlum 2004: S. 13). Dabei ist Soziale Arbeit eng mit der Sozialgeschichte und zeitgenössischen Antworten auf soziale Probleme verflochten (ebd.). Zu den Aufgaben und Zielen der Psychologie zählen eine möglichst umfassende und systematische Beschreibung und Erklärung menschlichen Erlebens und Verhaltens, eine Vorhersage von Verhalten, Beraten und Behandeln von Menschen und das Liefern

---

1 In diesem Artikel wird die männliche bzw. die weibliche Form zufällig benutzt

von Beiträgen zur Emanzipation des Menschen. Notwendige Voraussetzungen zur Umsetzung dieser Aufgaben und Ziele sind das Sammeln von Daten, um Theorien bilden zu können (Schütz/Selg/Lautenbacher (2005: S. 30-31). Dabei werden sowohl die Prozesse innerhalb eines Individuums als auch die Kräfte in seiner physischen und sozialen Umwelt aus unterschiedlichen Perspektiven betrachtet, beispielsweise kann eine biologische, neurophysiologische, psychodynamische, behavioristische, humanistische, kognitive oder kulturvergleichende Perspektive eingenommen werden (Zimbardo/Geerig 2004: S. 3).

Erlebten psychologische Themen – insbesondere therapeutische Ansätze – vor allem in den 80er Jahren geradezu einen Boom, so dass von einer Therapeutisierung der Sozialen Arbeit gesprochen wurde, wobei vor allem psychoanalytische, non-direktive und klientenzentrierte, themenzentrierte oder gestalttherapeutische Ansätze bevorzugt wurden, wurden systemtheoretische Ausführungen, beispielsweise von Willke (1994) aus dem therapeutischen und organisationalen Bereich, auf die Soziale Arbeit übertragen und erweiterten diese in Bezug auf den sozialen und gesellschaftlichen Kontext (Erath 2006, S. 33). Auch der Beitrag einiger Basisstrategien der Verhaltensdiagnostik, Verhaltensanalyse und Verhaltensmodifikation kann als Anteil der Psychologie für die Soziale Arbeit gesehen werden. Psychologie hat sich jedoch ein- und unterzuordnen, wenn es um familienunterstützende Dienste, um Teilhabe von Menschen mit einer Behinderung, um Migrantenintegration, um Beschäftigungsförderung, um Altenhilfe usw. geht (Schermer u. a. 2005).

Es ist zu klären, welche Wissensgebiete der Psychologie bei der Bearbeitung des Falles notwendiges, hinreichendes Wissen liefern und wie eine Therapeutisierung, d. h. Individualisierung und Übernahme von pathologischen Kategorien, Denk- und Handlungsweisen, für den vorliegenden Fall der krebskranken Frau mit ihren beiden Kindern vermieden werden kann.

2 Überlegungen zum diagnostischen Vorgehen

Vor jedem professionellen Handeln in der Sozialen Arbeit sollte geklärt sein, um was geht es, was ist für wen ein Problem, wer ist in der Pflicht, wer erteilt welches Mandat, wer kann was tun, wer hat welche Ressourcen und was ist am vordringlichsten? (Müller 1993: S. 106). Fallarbeit als Methode der Sozialen Arbeit beinhaltet Informationssammlung, Problemdefinition, Intervention und Evaluation (Michel-Schwartze 2002: S. 122). Letztlich ist damit eine diagnostische Vorgehensweise intendiert. Worin unterscheiden sich die Soziale Diagnose und die psychologische Diagnostik? Eine Datensammlung ist beiden Vorgehensweisen immanent.

Bereits Alice Salomon (1926: S. 7) verweist darauf, dass der Ausdruck Diagnose eine „kurze, genaue und absolut zutreffende Erklärung" bezeichnet, die von Ärzten, Richtern und Lehrern über Menschen gegeben wird. „Soziale Diagnose" hingegen stellt insbesondere den Versuch dar, „eine möglichst genaue Darstellung einer sozialen Schwierigkeit und ein möglichst genaues, zutreffendes Bild von der Person eines Hilfsbedürftigen zu geben" (ebd.). Das klassische Konzept des Casework kann als eine Einheit von Diagnose und Intervention verstanden werden. Komplexe soziale Sachverhalte können sich in Form von Problemen bei der Alltagsbewältigung manifestieren. Dies kann bedingt sein vom Zusammenspiel biologischer, psychischer und sozialer Systeme (Pantucek 2006: S. 14).

Psychologische Diagnostik hat ihre Ursprünge in der Psychiatrie und die Allgemeine Psychologie stellt ihr zahlreiche Methoden zur Verfügung (Fisseni 2004: S. 11f[2]). Ein einfaches psychodiagnostisches Ablaufschema basiert auf einer Fragestellung, einer Datenerhebung, darauf folgend eine Diagnose, die Basis für eine Intervention darstellt. Intervention kann beispielsweise eine Beratung für eine weiterführende Therapie sein, für eine Behandlung oder ein Gutachten (Fisseni 2004: S. 4f). An dieser Stelle wird bereits deutlich, dass psychologisches Diagnostizieren das Erfüllen eines praktischen Auftrags beinhaltet (Krohne/Hock 2006: S. 1).

3 Das Strukturmodell des diagnostischen Prozesses nach Kaminski

Bei den vorliegenden vielfältigen und komplexen Fragestellungen wird als psychologischer Zugang zum Fall das Strukturmodell des diagnostischen Prozesses nach Kaminski (1970) gewählt. Der Ansatz von Kaminski stellt ein Modell dar, „das die Bedeutung des Diagnostizierens auch innerhalb des Rahmens modifikatorischer, speziell am Einzelfall orientierter Interventionen deutlich macht. Kaminskis Modell zielt also nicht nur auf eine Beschreibung des engeren Prozesses der diagnostischen Urteilsbildung, d. h. des Stellens einer Diagnose anhand gegebener Daten, sondern umfasst den gesamten Ablauf interventionsbezogener psychologischer Arbeit" (Krohne/Hock 2007: S. 215). Somit stellte dieses Modell bereits in den 70er Jahren eine radikale Abkehr von der früheren medizinisch-psychologischen Orientierung diagnostischer Vorgehensweise dar. Auch wenn sich in der Praxis eine konsequente

---

2 Die Allgemeine Psychologie sucht nach Prinzipien des Erlebens und Verhaltens, die universelle Geltung besitzen und sich daher auf viele Fälle menschlichen Verhaltens anwenden lassen (Fisseni 2004: S. 11)

Umsetzung des Modells nicht wiederfindet, so wird deutlich, dass ein differenziertes, wissenschaftstheoretisches und psychologisches Hintergrundwissen in der Praxis erforderlich ist (Bundschuh 2007: S. 54).

Der diagnostische Urteilsprozess wird von Kaminski als Arbeitsprozess verstanden, welcher nicht linear abläuft, sondern einen sequenziellen Arbeitsprozess mit Rückmeldungsschleifen darstellt. Dieser gilt als abgeschlossen, wenn ein zuvor definiertes Zielkriterium erreicht ist. Beginnend mit einer allgemeinen Fragestellung werden allgemeine und spezifische, differentielle Daten erhoben, die zu einer gezielten Hypothesenbildung beitragen. In den Prozess der Hypothesenbildung und Datengewinnung gehen verschiedene Klassen an Wissensrepräsentationen ein (Guthke/Böttcher/Sprung 1990).

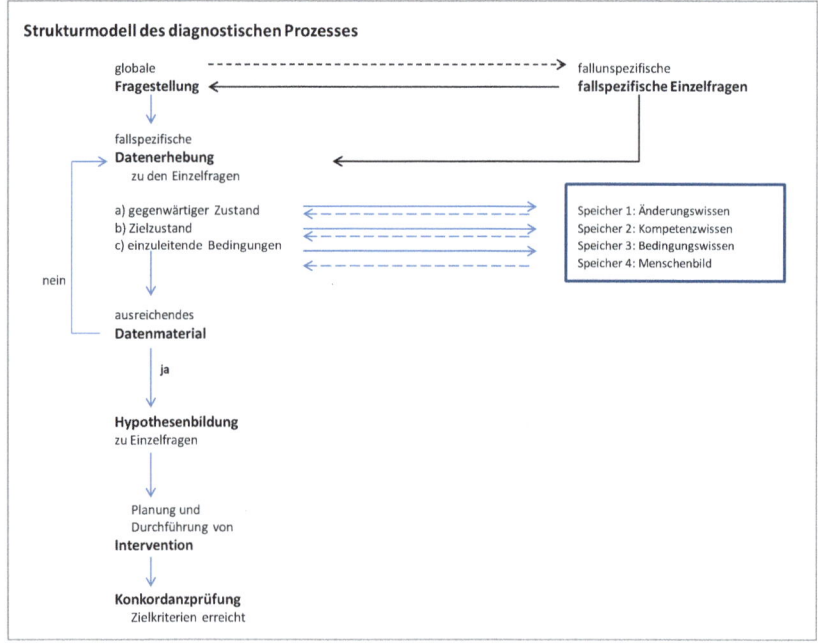

Abb. 1 Strukturmodell des diagnostischen Prozesses nach Kaminski (1970) (eigene Darstellung)

Eine globale Fragestellung im vorliegendem Fall könnte lauten: *Wie können die beteiligten Personen ihr Leben sinnvoll meistern?* Diese Frage ist sehr allgemein und unspezifisch und muss durch **fallspezifische Einzelfragen** konkretisiert werden, beispielsweise: *„welche Voraussetzungen sollten gegeben sein, damit die Kinder für ein selbstständiges, selbstbestimmtes Lebens gestärkt werden?"* oder *„Wie ist die Beziehung der Mutter zu ihren Kindern?", „Was begründet die Ängste der Tochter?"*. Dies erfordert eine umfangreiche **fallspezifische Datensammlung** zu den einzelnen Fallbeteiligten und den Systemen, in welchen sie agieren, beispielsweise zum Familiensystem, Hilfesystem, zur Schule etc.

Daten zum **gegenwärtigen Zustand** der Fallbeteiligten liegen in der vorliegenden Fallbeschreibung nicht im ausreichenden Umfang vor und erfordern zusätzliche Datenerhebungen. Diese Daten basieren auf Gesprächen (Exploration/Befragung), Beobachtungen (Körperhaltung, Mimik, Gestik, Stimme), Fragebogenergebnissen oder Tests (Persönlichkeitstest, Intelligenztests, Entwicklungstests, Konzentrationstests etc.) und können weiter durch Selbst- und/oder Fremdbeurteilung gewonnen werden. Beispielsweise zeigt die Tochter Schulvermeidungsverhalten *„Die 14-jährige Tochter ist sehr verschüchtert und verlässt das Haus so gut wie nie. ... Seit mehreren Wochen vermeidet sie die Schule und wird von ihrer Mutter krank gemeldet."* Bevor erste Hypothesen zum Absentismus gebildet werden können, sollten Gespräche mit den Familienangehörigen, MitschülerInnen und dem Lehrpersonal geführt werden.

Die vorliegende Datenlage weist große Informationslücken auf. Des weiteren fällt bei der vorliegenden Falldarstellung auf, dass Beschreibungen vorliegen, die ohne genaue Überprüfung zu Vorurteilen verleiten. Beispielsweise: *„Herr X ist Orientale und spricht nur gebrochen Deutsch"*. Dieser Satz bestärkt stereotypes Denken, welches zur Stigmatisierung führen kann: Orientale könnte gleichgesetzt werden mit dem patriarchalen Denken, dass die Frau sich dem Manne unterzuordnen habe, die traditionelle Rolle des Ehemannes und Vaters mit Druck und Gewalt wahrgenommen wird.

Erst, wenn eine ausreichende Datengrundlage vorhanden ist, können **Hypothesen** zu den Einzelfragen gebildet werden. Im Falle der Schulverweigerung könnte beispielsweise Hypothese 1 überprüfen, ob das Mädchen soziale Ängste aufgrund ihrer häuslichen Situation zeigt oder Hypothese 2, ob die Vierzehnjährige den Schulbesuch wegen Mobbing verweigert. Um Antworten auf diese Hypothesen geben zu können, müssen umfangreiche Daten erhoben werden. Bei der Datenbeschaffung und Hypothesenbildung geht Kaminski von vier Wissensspeichern aus, die für die Beurteilung eines Falls von Bedeutung sind. Kaminski (1970: 44) weist mit der Einführung des Begriffs Speicher darauf hin, dass es sich hier um anschaulich-didaktische Konstruktionen handelt, die nichts über die tatsächliche Organisation des Wissens beim Psychologen aussagen. Im Modell wird vorausgesetzt, dass der Psychologe sein Wissen stets aktualisiert und nach dem neuesten Stand der Wissenschaft bearbeitet. Dabei wird in verschiedenen Phasen des Arbeitsflusses der Rückgriff auf verschiedene Wissensarten notwendig (Krohne/Hock 2007: S. 222).

Speicher 1: Änderungswissen. Dieses Wissen erfolgt durch die wissenschaftliche Ausbildung, empirische Belege, Berufserfahrungen und Alltagserfahrungen. Für den **vorliegenden Fall** sind grundlegende Kenntnisse aus der Entwicklungspsychologie, Wahrnehmungspsychologie, Sozialpsychologie, Familienpsychologie, Erziehungspsychologie, Differenzielle- und Persönlichkeitspsychologie und der Gemeindepsychologie hilfreich. Wissen und Erfahrungen über die Situation von Kindern nach Trennung und Scheidung, über Auswirkungen von familiären Krisen, Gewalt in der Familie, von prekären Lebenssituationen, über frühe Störungen der Entwicklung im Kindesalter (Stichworte Bindung, frühe Ängste, depressive Symptome), eine Auseinandersetzung mit Sterben und Tod, Schulverweigerung/Absentismus, Kinder als „Carer"/Parentifizierung sind zweckmäßig. Das gesamte Spektrum der sozialen Wahrnehmung (Vorurteilsbildung, Stereotypbildung) sowie Selbstwahrnehmung und die Entwicklung eines Selbstkonzepts zählen ebenfalls zum Wissensspektrum. Für die im Fall geschilderte *Schulverweigerung* ist Wissen über die Bedeutung der Gleichaltrigen („Peers") bedeutsam, werden diese doch zu wichtigen Bezugspersonen im Kindes- und Jugendalter (Oerter 1995: S. 295). Sie vermitteln Zugehörigkeit, Geborgenheit, Verständnis, Hilfe bei der Bewältigung von Belastungen und Problemen, Verhaltenssicherheit und Kompetenzen zur Problemlösung (Fend 2000). Ursachen für die Schulangst der Tochter können sowohl sozio-kulturelle Bedingungen, die familiäre Sozialisation als auch die Schule selbst sein (vgl. Schertler 2004) Die Tochter scheint keine Freundschaften an der Schule zu haben, die die genannten positiven Aspekte von Peers vermitteln. Es müsste geklärt werden, ob eine Abwertung aufgrund von eigenen Merkmalen der Vierzehnjährigen durch die Mitschülerinnen erfolgt und/oder ob sich die Schulangst aus einer allgemeinen sozialen Angst entwickelt, begründet in der familiären Situation (der prognostizierte Tod der Mutter, die ungewissen Zukunftsaussichten, der gewalttätige Umgang von Bruder und Vater im familiären Alltag).

Das Änderungswissen stellt gleichsam das „Verbindungsstück zwischen dem grundwissenschaftlichen und dem anwendungsbezogenen Bereich" (Krohne/Hock 2007: S. 223) dar.

Speicher 2: Kompetenzwissen. Dieser Speicher enthält Wissen, mit dessen Hilfe ein Diagnostiker entscheiden muss, ob die bestehende Fragestellung für ihn relevant ist, ob sie in seinen Kompetenz- und Leistungsbereich fällt oder eine andere Fachkraft für diesen Fall zuständig ist. Im vorliegenden Fall wird es Aufgabe der Sozialen

Arbeit sein, die finanzielle Situation zu klären und Unterstützungsmöglichkeiten zu beantragen. Für das Beispiel Schulverweigerung kann beispielsweise festgestellt werden, dass die Tochter in der Schule gemobbt wird. In diesem Fall sollte sowohl mit der Schulsozialarbeiterin, der Klassenlehrerin, den Mitschülerinnen und der Vierzehnjährigen gesprochen werden, damit gemeinsam Interventionsschritte festgelegt werden. Sollte sich die Hypothese bestätigen, dass das Mädchen soziale Ängste mit depressivem Hintergrund hat, die maßgeblich für die Schulabwesenheit verantwortlich sind, so wäre eine psychologisch-therapeutische Intervention vorzuschlagen. Es wäre in diesem Fall die Schulsozialarbeiterin, die im Rahmen einer Beratung die Schülerin motivieren müsste, weitere Unterstützung anzunehmen und zu erhalten.

Speicher 3: Bedingungswissen. Hier sind Wissen über die Faktoren der Entstehung und Aufrechterhaltung des Verhaltens relevant. Beispielhaft: Was veranlasst die Tochter, nicht mehr zur Schule zu gehen? Welche Bedeutung hat es für sie, nur mit dem Bruder gemeinsam zur Schule zu gehen? Welche Bedeutung hat es für die Mutter, dass sie ihre Kinder morgens weckt und die Schulbrote macht? Abhängig von den jeweiligen Annahmen und Handlungsrationalitäten der Professionellen wird ein Handlungsansatz gewählt (Klüsche, W. 1999; Michel-Schwartze 2009: S. 17).

Speicher 4: Menschenbild. Unter Menschenbild wird die Gesamtheit der Annahmen, Einstellungen und Überzeugungen gefasst, die als Bild von anderen Personen oder Menschen im Allgemeinen existent sind (Wirtz 2014). Zu den bekanntesten Paradigmen in der Psychologie zählen das psychodynamische Modell Freuds, das behavioristische und das humanistische Modell (Davison /Neal 1988: S. 37ff). Allen psychologischen Theorien und Aussagen liegen Menschenbildannahmen zugrunde, doch sie werden selten thematisiert und reflektiert (Keupp 2001: S. 37). Ethische Überlegungen, beispielsweise individuelle und gesellschaftliche Schwellenkriterien, unterhalb derer eine Diagnose nicht mehr verantwortet werden kann, fallen ebenfalls darunter. Vor allem bei der Bestimmung des Zielzustandes gelten Ethikrichtlinien und Berufsordnungen (Bormann/Maus/Zilly 2009), denn Interventionen, etwa eine Therapie, können die Biografie eines Menschen erheblich beeinflussen, beispielsweise Berufswahl, Partnerwahl, Einstellung zur Gesellschaft (Fisseni 2004: S. 237). Ein besonderer kultursensibler Umgang scheint im vorliegenden Fall *im Hinblick auf Rollenzuschreibungen und Rollenvorstellungen* gegeben.

Für die Praxis Sozialer Arbeit sind die Menschenrechte von grundlegender Bedeutung[3]. Silvia Staub-Bernasconi plädiert dafür, dass Soziale Arbeit eine Men-

---

3   Vgl. Staub-Bernasconi, Silvia (2003), S. 17-54 sowie Staub-Bernasconi, Silvia (2007).

schenrechtsprofession ist. Dieses Verständnis findet sich auch in der Definition Sozialer Arbeit der International Federation of Social Workers (IFSW) und stellt den gegenwärtigen Konsens in der weltweiten Community Sozialer Arbeit dar (Martin 2014: S. 154)[4].

Bewertung des Modells
Mit dem handlungsorientierten Konzepte hat Kaminski ein Modell des Diagnostizierens vorgelegt, in dem verschiedene Komponenten psychologischen Intervenierens integriert und im Sinne eines sequenziellen Vorgehens mit Rückkopplung prozesshaft organisiert sind. Damit hat er zum einen die herkömmliche Vorstellungen des Diagnostizierens als eines einmaligen Erkenntnisaktes überwunden und zum anderen den Arbeitsfluss des psychologischen Intervenierens nach dem Vorbild grundwissenschaftlicher Forschungsstrategien konzipiert. Jede Phase einer psychologischen Intervention wird hiernach durch präzise, operationalisierbare Hypothesen gesteuert, wobei das jeweilige Zwischenergebnis den weiteren Arbeitsablauf determiniert. In einer Erweiterung seines Modells des praktisch-psychologischen Arbeitsprozesses hat Kaminski (1976) eine Reihe von Unterscheidungsdimensionen entwickelt, deren Anwendung es erlaubt, unterschiedliche Varianten des Diagnostizierens taxonomisch zu klassifizieren. Mit dem Kaminski-Modell kann das Tätigkeitsfeld des Praktikers mit Hilfe grundwissenschaftlicher psychologischer Denkweisen durchschaubarer gemacht werden. Durch Einführung des – in erster Linie als didaktische Hilfe – gedachten Konzepts des Speichers verweist Kaminski an entsprechenden Stellen der Darstellung des praktisch-psychologischen Arbeitsflusses auf die Notwendigkeit, diagnostische Tätigkeit hier entsprechend grundwissenschaftlich abzustützen (Krohne/Hock 2007: S. 227f). Bleibt anzumerken, dass in diesem Modell die Bedeutung von Partizipation mit Blick auf Fragestellung und Konkordanzprüfung nicht erfasst ist.

---

4 Def. von Sozialer Arbeit präsentiert an der Joint International Conference of IASSW und IFSW in Montreal/Quebec, Canada, August 2000: „Soziale Arbeit ist eine Profession, die soziale Wandel, Problemlösungen in menschlichen Beziehungen sowie die Ermächtigung und Befreiung von Menschen fördert, um ihr Wohlbefinden zu verbessern. Indem sie sich auf Theorien menschlichen Verhaltens sowie sozialer Systeme als Erklärungsbasis stützt, interveniert Soziale Arbeit im Schnittpunkt zwischen Individuum und Umwelt/Gesellschaft. Dabei sind die Prinzipien der Menschenrechte und sozialer Gerechtigkeit für die Soziale Arbeit von fundamentaler Bedeutung."

Bezug zur Sozialen Arbeit
Kaminskis Modell bewegt sich auf der deskriptiven Ebene, was sich im therapeutischen Bereich als Stärke darstellt. Für die Soziale Arbeit kann das Modell aufzeigen, wie verschiedene Arbeitseinheiten zu organisieren sind, dass ein „zuvor operational definierter Zielzustand (also die intendierte Folge der eigenen Tätigkeit) optimal erreicht und dabei gleichzeitig die Menge unintendierter Folgen möglichst gering gehalten wird" (Krohne/Hock 2007: S. 229). Dies beinhaltet auch die Aufforderung, einen scheinbar eindeutigen Zusammenhang zu hinterfragen.

4 Fallbeteiligte und Wissensbestände aus der Psychologie

Wissensbestände aus der Psychologie könnten beispielsweise zu nachfolgend aufgeführten fallspezifischen Themenschwerpunkte herangezogen werden: Situation von Kindern nach Trennung und Scheidung, Prekäre Lebenssituationen, Armut, Auseinandersetzung mit Sterben und Tod, Familiäre Krisen, Bindung, Gewalterfahrungen, Soziale Wahrnehmung (Vorurteilsbildung, Stereotypbildung), Soziale Ängste, Selbstwahrnehmung/Selbstkonzept, Schulverweigerung/Absentismus, Kinder als „Carer"/Parentifizierung.

Tab. 1 Fallbeteiligte und Wissensbestände aus der Psychologie

Beteiligte	Vorliegende Informationen	Ungeklärte Fragen	Wissensbestände
Frau X	geschieden	Welche Folgen hat die Scheidung von Frau X auf das Familiensystem?	Familienpsychologie
	wohnt ländlich	Formen der Unterstützung?	Soziale Netzwerke
	an Krebs erkrankt – schlechte ärztliche Prognose. Hat aufgrund der Erkrankung die Wohnung seit mehr als zwei Jahren nicht mehr verlassen	Welche Bedeutung hat die Erkrankung von Frau X für sie selbst und die Kinder? Wie gestaltet sich die Interaktion zwischen der Mutter, den Kindern und dem Vater sowie der Außenwelt? Welche Ressourcen zur Bewältigung mit Lebenskrisen liegen vor?	Krisenintervention Entwicklungspsychologie
	2 Kinder (14jährige Tochter, 16jährigen Sohn)	Wie ist die Beziehung der Kinder zur Mutter und untereinander? Wie werden die Kinder von ihrer Mutter wahrgenommen?	Entwicklungspsychologie, Familienpsychologie
	finanzielle Situation: (Krankengeld, Kindergeld, Sozialhilfe, unregelmäßiger Unterhalt durch Exmann = unterhalb der Armutsgrenze)	Klärung der finanziellen Situation! Überlegungen zu Unterstützungsmöglichkeiten.	Wissensbestand: Soziale Arbeit
	versucht, ihre mütterliche Verantwortung zu tragen: weckt die Kinder, belegt die Brote etc.	Welches Rollenverständnis hat Frau X von einer guten Mutter? Welche Wünsche hat sie für die Zukunft ihrer Kinder?	Erziehungspsychologie
	ihre Anweisungen werden ignoriert, sie schafft es nicht, altersangemessene Grenzen zu setzen	Wie ist ihre Erziehungsfähigkeit?	Erziehungspsychologie
	wünscht sich, dass ihr geschiedener Mann, der gewalttätig ist, nicht mehr kommt	Wie kann Frau X vor Gewalt geschützt werden?	Konfliktpsychologie

Psychologie als Bezugswissenschaft der Sozialen Arbeit

Beteiligte	Vorliegende Informationen	Ungeklärte Fragen	Wissensbestände
Herr X	Orientale, spricht nur gebrochen Deutsch.	Welche Vorurteile und Stereotype werden mit dem Begriff „Orientale" suggeriert?	Sozialpsychologie
	lebt nur zeitweise in Deutschland und überweist unregelmäßig Geld in unterschiedlicher Höhe für die gemeinsamen Kinder	Unzuverlässig = Vernachlässigung der Pflichten als Vater	z. T. Soziale Arbeit Familienpsychologie
	kommt ohne Vorankündigung und ist sehr bestimmend	Was bedingt die Distanzlosigkeit? Warum werden innerfamiliare Grenzen nicht respektiert?	Erziehungspsychologie
	Gewaltbereitschaft	Welchen Hintergrund hat die Gewaltbereitschaft von Herrn X? Wie ist die Bereitschaft von Herrn X sich mit dem Thema Gewaltbereitschaft auseinanderzusetzen?	Konfliktpsychologie

Beteiligte	Vorliegende Informationen	Ungeklärte Fragen	Wissensbestände
Tochter, 14 Jahre	sehr verschüchtert, verlässt das Haus sehr selten	Welche Ursachen bedingen die Ängste der Tochter?	Erziehungspsychologie / Klinische Psychologie
	wird von den Mitschülern rassistisch und ausländerfeindlich bedroht.	Warum gelingt keine Integration in die Schule? Was bedeuten diese Angriffe für das Selbstkonzept?	Sozialpsychologie, Konfliktpsychologie
	zeigt Schulvermeidungsverhalten (besucht eine Gemeinschaftsschule), hat keine Freundinnen	Welche Ursachen hat dieses Verhalten?	Entwicklungspsychologie
	ist für die Führung des Haushalts verantwortlich	Stellt dies eine Überforderung der Tochter dar?	Entwicklungspsychologie
	hat Angst vor dem gewalttätigen Vater	Wie kann das Mädchen geschützt werden und Selbstbewusstsein entwickeln?	Soziale Arbeit
	nutzt die körperlichen Schwächen der Mutter aus (klaut Geld)	Wie ist das Mutter-Tochter-Verhältnis? Wie kann ein akzeptierender, wertschätzender Umgang miteinander ermöglicht werden?	Soziale Arbeit Familienpsychologie
	soll nach dem Tod der Mutter zum Vater ziehen	Wie können die Ängste des Mädchens berücksichtigt werden?	

Psychologie als Bezugswissenschaft der Sozialen Arbeit

Beteiligte	Vorliegende Informationen	Ungeklärte Fragen	Wissensbestände
Sohn, 16 Jahre	besucht gemeinsam mit seiner Schwester eine Gemeinschaftsschule.	Wie ist die Beziehung der Geschwister?	Familienpsychologie
	wird von den Mitschülern rassistisch und ausländerfeindlich bedroht.	Warum gelingt keine Integration in die Schule? Was bedeuten diese Angriffe für das Selbstkonzept?	Sozialpsychologie, Konfliktpsychologie
	übernimmt die Rolle des Beschützers – ist gewalttätig gegen seine Mutter und Schwester, sorgt für Ordnung	Welches Selbstbild/Rollenverständnis liegt vor? Welche Bedeutung hat das Vorbild des Vaters? Inwieweit ist der Sohn mit der Alltagsbewältigung überfordert?	Entwicklungspsychologie Sozialpsychologie Familienpsychologie
	nutzt die körperlichen Schwächen der Mutter aus (klaut Geld)	Wie ist das Mutter-Sohn-Verhältnis?	Familienpsychologie
Sozialarbeiterin/ Sozialarbeiter	Keine Informationen zum beruflichen und fachlichen Hintergrund der intervenierenden Person		

5 Fehlerquellen und Verzerrungen beim Problemlösungsprozess[5]

Psychologische Deutungsmuster stellen das Individuum in den Mittelpunkt des Interesses, während z. B. soziologische Erklärungsansätze auf Einflüsse auf der meso- und makrosozialen Ebene abheben. Erste Deutungsmuster der Psychologie (Bewusstseinspsychologie, Wundt 1896) stellten die „Innenwelt" des Menschen bei deren Beurteilung in den Mittelpunkt. Beim Behaviorismus hingegen beschränkte sich die Analyse auf das objektiv beobachtbare Verhalten (Fischer/Wiswede 2009: S. 25). Psychologische Erklärungen dienen der Orientierung im Zusammenleben der Menschen. Es geht um das Verstehen von (zuvor) Unverstandenem (Kaiser/Werbik 2012: S. 65). Auf die Komplexität psychologischer Deutungsmuster über eine Binnenwelt des Subjekts weist bereits Kühnlein 1996 (113) hin. Menschen interagieren aufgrund unterschiedlichster Paradigmen, diese sind bei der Erfassung eines Problems und dessen Kontextes, der psychosozialen Diagnose, der Problemanalyse, der Berichterstellung und des Schreibens von Gutachten zu beachten. Bei der sozialen Wahrnehmung im Problemlösungsprozess sind drei Variablen von Bedeutung: erstens die Persönlichkeit des Psychologen, zweitens die Persönlichkeit des Klienten und drittens die Interaktion zwischen beiden.

Persönlichkeit des Psychologen (Sozialarbeiters) und ihre Auswirkungen

- Einstellungen, Verständnis von Normalität und Abweichung
- Wissen (psychologisches, soziologisches, rechtliches)
- Fertigkeiten (Beziehungsaufbau, Beratungskompetenz)
- Rollenverständnis
- Allgemeine Gesetzmäßigkeiten von Wahrnehmungsprozessen (Selektion, Akzentuierung, Integration)
- Spezielle Gesetzmäßigkeiten der Personenwahrnehmung und -beurteilung (Zusammenhang, Fragestellungen, Vorinformation, primacy-Effekt, Sympathie/Antipathie, erlebte oder tatsächlich bestehende Nähe, central tendency, Halo-Effekt, Ähnlichkeitsfehler, Enttäuschungseffekt, implizite Persönlichkeitstheorie, Bedeutsamkeitsfehler, Maßstabsfehler, Bestätigungsfehler, Rollenkollision, Fehler infolge autoritärer Persönlichkeitsstrukturierung)

---

5 z. B. Arndt/Oberlosekamp/Balloff 1993, S. 25-53; Aronson/Wilson/Akert 2008, S. 89-124; Fischer/Wiswede 2009, S. 244-282; Thomas 1991; Thomas 1992; Watzlawick 1983; Zimbardo 1992.

Persönlichkeit der Klienten und ihre Auswirkungen

- Selbstverständnis/Selbstbewusstsein der Klientin
- Erfahrungen und Erwartungen mit/an Beratungssituationen
- Verbalisierungsfähigkeit
- diagnostische Situation (wie wird die Psychologin wahrgenommen, ist es eine freiwillig herbeigeführte Situation, in welchem körperlichen, geistigen und emotionalen Zustand befindet sich die Klientin)
- Self-Fulfilling-prophecy sowie spezielle Gesetzmäßigkeiten der Personenwahrnehmung

Beobachtungs- und Beurteilungsprozess als Interaktion

- Wechselseitige Wahrnehmungsprozesse und ihre Auswirkungen (Personenwahrnehmung, Interaktionsprozesse, doppelte Interaktion, Inferenzprozesse)
- Einstellungen und ihre Auswirkungen (Klienten: Einstellungen zum Problem und dessen Hintergrund, Einstellungen zur Tatsache beurteilt zu werden, Einstellungen zu den möglichen Folgen der Beurteilung, Einstellungen zur Person des Sozialarbeiters. Einstellungen des Sozialarbeiters zur Person des Klienten: ..) Beurteilung der Glaubhaftigkeit von Klientenaussagen (Fähigkeit, Tüchtigkeit, Ehrlichkeit)
- Auswirkungen von Zielsetzungen
- Relevanz der „Pragmatischen Axiome" der Kommunikationstheorie

Besonderheiten des Problems und ihre Auswirkungen

- Komplexität psychosozialer Vorgänge
- Unschärfe vieler Fachbegriffe
- Probleme der Mitteilung sozialer und rechtlicher Sachverhalte (Verständlichkeit, individueller Bedeutungsgehalt, Kontext, zutreffende Begrifflichkeiten)

Professionelle Kooperationspartner

- Unterschiedliche Arbeitsansätze
- Unterschiedliche Ausbildungshintergründe
- Kooperationsverständnis

Institutionsbedingte Einflüsse

- Organisatorisch-rechtliche Einordnung von Sozialarbeitern
- Faktische Einordnung von Sozialarbeitern (Eigendynamik und Selbstverständnis der Institution, lenkende oder begrenzende Einflüsse des Teams, Zeitdruck und Fallzahlen)

6 Handlungsansatz: Gemeindepsychologie

Bisher wurde eine Zusammenstellung und Zusammenschau sehr heterogener Wissensbestände präzisiert, um den Fall in seiner Vielschichtigkeit aus psychologischer Perspektive zu strukturieren. Um der Gefahr einer Fragmentierung einzelner Wissenspartikel entgegen zu wirken, bietet sich in Gestalt der Gemeindepsychologie ein orientierender Rahmen an.

Gemeindepsychologie entwickelte sich in der gesellschaftlichen Aufbruchphase der 60er Jahre als Alternative zur unpolitischen klinischen Psychologie, das sich als „akademisches Zugpferd des Psychobooms" (Keupp u. a. 2003: S. 6) durchgesetzt hatte. Sie versteht sich als Teil der Bürgerrechts-, Studenten-, Friedens-, Umwelt- und Frauenbewegung sowie der Psychiatriereform. Gemeindepsychologie lässt sich als den Zweig der Psychologie begreifen, der sich durch die aktive Teilhabe an diesen Bewegungen versteht (Keupp 1995).

Unter dem Kapitel Subjekt-Objekt-Verhältnisse beschrieb Ulrich Kobbé 2001 Entwicklungen in der Psychologie, die sich als Haltungen anhand folgender Aspekte veranschaulichen lassen:

- „Von der individualisierenden Subjektebene zur soziokulturellen Kontextebene,
- von einer, Behandlungspraxis der – erzwungenen – Normalisierung über die rehabilitative Praxis der Kompensation zur Emanzipation,
- vom Patienten als passivem Objekt der Behandlung zum handelnden Subjekt,
- von einem medizinischen Defizit- und Devianzmodell zu einer ressourcenorientierten Betrachtungsweise,
- von der medizinischen Deutungsmacht zum sich einfühlenden (empathischen) Verstehen,
- von der oktroyierten Behandlung über eine partnerschaftliche Hilfe zur Selbsthilfe hin zur eigenständigen Selbstorganisation (‚Empowerment),

Psychologie als Bezugswissenschaft der Sozialen Arbeit

- von der therapeutischen Bevormundung über eine unterstützende Anwaltschaft hin zur möglichst gleichberechtigen Partnerschaft,
- vom therapeutischen Veränderungsanspruch über das anwaltschaftliche Vertreten eines Rechts auf Differenz hin zur Anerkennung von Differenz,
- von der Praxis konkurrierender, reduktionistischer Einzeldisziplinen (insbesondere der Medizin) hin zur komplementären Kooperation unterschiedlicher Wissenschaften oder Professionen,
- vom rechthaberischen Wissensmonopol zur Notwendigkeit eines integrierenden, interdisziplinären Diskurses"(Kobbé 2001: S. 480).

Diese Aspekte spiegeln sich in den zentralen gemeindepsychologischen Konzepten wie Partizipation, Empowerment, Förderung sozialer Netzwerke, Selbsthilfe, Salutogenese, Diversity und der Förderung von Ambiguitätstoleranz wider.

Partizipation

Eine große Anzahl fachwissenschaftlicher Erkenntnisse kann aufzeigen, dass Partizipation eine notwendige Bedingung für eine positive Entwicklung des Menschen ist. So kann die Säuglingsforschung zeigen, dass bereits Neugeborene ihre Interaktionen mit der Umwelt aktiv gestalten und fehlende Achtsamkeit im Umgang mit diesen Gestaltungswünschen zu Entwicklungsstörungen führt (vgl. z. B. Papoušek 2003). Die Diskussionen über kindliche Bildungsprozesse verweisen auf die Notwendigkeit, Selbstbildungsprozesse anzuregen, also Kindern die Möglichkeiten der aktiven Auseinandersetzung mit der Welt zu eröffnen, und Bildungsprozesse an ihren Wünschen und Bedürfnissen zu orientieren (z. B. Laewen/Anders 2003). Bereits ältere Konzepte wie die Pädagogik von Maria Montessori, der Situationsansatz oder die Reggio-Pädagogik setzen aus den gleichen Gründen darauf, kindliche Eigentätigkeit und Interessen in den Mittelpunkt der Bildungsprozesse zu setzen (Seckinger 2014: S. 246).

Partizipationsprozesse können in vielfältigen Dimensionen beschrieben werden. Pluto (2007: S. 53) beschreibt in ihrem Modell Beteiligungsprozesse in sechs Dimensionen, um zu verdeutlichen, dass Partizipation erst dann umfassend verwirklicht ist, wenn Personen oder Gruppen sich auf den Dimensionen Mitdenken, Mitreden, Mitplanen, Mitentscheiden, Mitgestalten und Mitverantworten einbringen können (ebd.).

Warum Partizipation mit so vielen positiven Effekten einhergeht, wird durch einige psychologische Theorien erklärt. So postulierte Julian B. Rotter (1966) im Rahmen seiner sozialen Lerntheorie, dass Personen sich darin unterscheiden, inwieweit sie die Ergebnisse ihres Handelns als internal (innerlich/selbst) oder external (äußerlich/fremd) kontrolliert ansehen. Gelungene Partizipationserfahrungen attribuieren auf einen internen „*locus of control*". Die Verschiebung von einem externalen L-o-c auf einen internen hat vielfältige motivationale und aktivierende Effekte. In der Motivationsforschung wird der auf der Basis der sozial-kognitiven Theorie von Bandura entwickelten *Konzeption der Selbstwirksamkeit* eine hohe Erklärungskraft und nicht zuletzt auch eine hohe praktische Bedeutung zugesprochen (Bandura 1995). Im Unterschied zur ‚Kontrollüberzeugung', bei der das Subjekt davon ausgeht, dass ein Ereignis der eigenen Kontrolle unterliegt, bezieht sich das Subjekt beim Konzept der Selbstwirksamkeit in die Überlegungen ein. Es gibt beeindruckende empirische Belege über die hohe prognostische Valenz von Selbstwirksamkeitserwartungen in unterschiedlichen Kontexten (Bandura 1995, 2001; Schwarzer 1992).

Mit dem Bedürfnis nach *Kompetenz* ist das Erleben der eigenen Handlungsfähigkeit angesichts der Anforderungen in aktuellen und künftigen Lern- und Arbeitssituationen angesprochen. Diese Erlebnisqualität entspricht weitgehend dem von White (1959) mit „*Wirksamkeitsmotivation*" *(effectance)* bezeichneten Aspekt, der auch im Konzept der *Selbstwirksamkeit (feeling of efficacy)* eine zentrale Rolle spielt (Bandura 2001).

Empowerment

Empowerment wird „als Prozess der Bemächtigung von einzelnen oder Gruppen verstanden, denen es gelingt, die Kontrolle über die Gestaltung der eigenen sozialen Lebenswelt (wieder) zu erobern" (Stark 1993: S. 41). „Empowerment meint den Prozess, innerhalb dessen Menschen sich ermutigt fühlen, ihre eigenen Angelegenheiten in die Hand zu nehmen, ihre eigenen Kräfte und Kompetenzen zu entdecken und ernst zu nehmen und den Wert selbst erarbeiteter Lösungen schätzen lernen. Empowerment bezieht sich auf einen Prozeß, in dem die Kooperation von gleichen oder ähnlichen Problemen betroffener Personen durch ihre Zusammenarbeit zu synergetischen Effekten führt" (Keupp 1995: S. 21). Die Orientierung psychologischen Handelns folgt den Leitlinien: von der Defizitperspektive zur Ressourcen- oder Kompetenzperspektive; das System des Selbst- und Weltverständnisses der Klienten ist integrierbar und wird glaubwürdig und überzeugend vermittelt; jede professionelle Aktivität soll zur Überwindung des Erfahrungskomplexes der „gelernten Hilflosigkeit" oder „Demoralisierung" beitragen; soziale Unterstützung kommt eine große Bedeutung bei der Bewältigung von Krisen, Krankheiten und Behinderungen zu. In der psychosozialen Praxis ist es notwendig, Widersprüche, Interessensunterschiede und unterschiedliche Bedürfnisse zum Thema zu machen (beispielsweise Hilfe und Kontrolle, fürsorgliche Belagerung) sowie die Anerkennung unterschiedlicher und teilweise widersprüchlicher Interessen von Klienten und Professionellen (vgl. Keupp 1995: S. 21 ff). Julian Rappaport (1985) hat die Empowerment-Perspektive in die Gemeindepsychologie eingeführt und maßgeblich an ihrer Weiterentwicklung zu einem professionellen Handlungsmodell mitgewirkt. Der Empowerment-Ansatz ist als integratives Handlungsmodell zu einem Leit- und Rahmenkonzept der Gemeindepsychologie geworden (Lenz 2002: S. 14). Auch in der Sozialen Arbeit hat das Empowerment Konzept zu einer neuen Kultur des Helfens beigetragen. Formuliert es doch eine deutliche Abkehr vom Defizit-Blickwinkel auf die Adressaten Sozialer Arbeit. Vorhandene Fähigkeiten der Adressaten sozialer Dienstleistungen sollen gefördert werden, damit sie die eigenen Lebenswege selbstbestimmt gestalten können (Herriger 2002).

Förderung sozialer Netzwerke

Das Netzwerkmodell ermöglicht es, Einflüsse engerer und weiterer sozialer Bezüge auf persönliche Entwicklungen und individuelles Erleben und Verhalten zu begreifen, wie andererseits die persönlichen Einflüsse auf die engeren und weiten Bezüge zu identifizieren (Nestmann 1997: 213).

Mit Blick auf den jeweiligen Organisationsgrad kann zwischen persönlichen, gemeindebezogenen und institutionellen Netzwerken differenziert werden (Lenz (2002: 32). Von besonderer Bedeutung sind die sozialen Beziehungsmuster, die Menschen bei der Bewältigung von Krisen und Belastungen nutzen, die ihre Identität prägen und die an der Entwicklung ihrer Lebenspläne beteiligt sind. Denn das spezifische Potential sozialer Netzwerke liegt in der Vermittlung umfassender kontextbezogener Ressourcen. Untersuchungen zeigen, dass ein soziales Geflecht von Familie, Verwandtschaft, Freundschaft, Nachbarschaft dazu beitragen kann, körperliche und seelische Gesundheit zu erhalten und zu fördern sowie bei der Vermeidung und Bewältigung unterschiedlicher Belastungen und Probleme zu unterstützen (vgl. Röhrle 1994). Die gemeindepsychologische Perspektive befördert die Förderung sozialer Netzwerke, da Menschen in ihrer Identitätsentwicklung auf das Erleben von Gemeinschaft angewiesen sind. Sinnerfüllung und Unabhängigkeit lassen sich nur in und nicht ohne soziale Netzwerke verwirklichen (Seckinger 2010). Sie knüpft an bei einer qualitativen Netzwerkforschung, um sozialpsychologische Qualität von alltagsbezogener sozialer Interaktion zu erfassen.

Selbsthilfe

Entsprechend des von Michael Lukas Moeller (1978) postulierten Leitsatzes, dass Selbsthilfe darauf angelegt ist, von der „Selbstveränderung" des Einzelnen zur „Sozialveränderung" der gesellschaftlichen Bedingungen zu kommen, sind „sozialverändernde Ziele [...] bei vielen erst in der Gruppe entstanden" (Trojan et al., 1986: S. 175). Als gemeindepsychologisches Konzept vereint das Konzept der

Selbsthilfe mehrere zentrale Diskurse: den Diskurs der Selbstbestimmung, den Diskurs der Professionskritik, den Diskurs der Selbstwirksamkeit und den Diskurs über Verwirklichungschancen (Keupp 2011).

Salutogenese

Das Modell der Salutogenese relativiert die Bedeutung des kurativen Systems und gibt den pathologisierenden Blick weitgehend auf. Es möchte allenfalls pathogene individuelle Zustände vermeiden helfen. Gewissermaßen im Sinne einer sozio-kulturellen Nachhaltigkeit will Gemeindepsychologie dabei verschiedenartige materielle, soziale und kulturelle Ressourcen kultivieren und zugänglich machen. Um Schwierigkeiten des Lebens bewältigen zu könne, benötigt es innere Ressourcen, wie z. B. verschiedene Bewältigungsfertigkeiten, aber auch Zugehörigkeitsgefühle und Kohärenzsinn. (Röhrle 2007).

Aaron Antonovsky betrachtet das Kohärenzgefühl als die zentrale Kraft, die alle Ressourcen einer Person integriert und den Weg zu einer erfolgreichen Bewältigung von Belastungen und Stressoren bahnt. 1983 entwickelte er das Modell der Salutogenese („Warum bleiben Menschen gesund?"). Sein Hauptkonzept ist das Gefühl der Kohärenz (SOC ‚Sense of Coherence'). Für Antonovsky (1997: S.16) bedeutet dieses Kohärenzgefühl „eine globale *Orientierung*, die das Maß ausdrückt, in dem man ein durchdringendes, andauerndes aber dynamisches Gefühl des Vertrauens hat, dass die eigene innere und äußere Umwelt vorhersehbar ist und dass es eine hohe Wahrscheinlichkeit gibt, dass sich die Dinge so entwickeln werden, wie vernünftigerweise erwartet werden kann." Es ist als generalisierte Widerstandsressource konzipiert, welche hilft, Stressoren einen Sinn zu geben, diese nicht zu Stress werden zu lassen und somit zur Gesundheit des Subjekts beizutragen. Zahlreiche Untersuchungen haben Zusammenhänge zwischen hohen SOC und Gesunden bzw. zwischen niedrigem SOC und körperlich oder psychisch Kranken aufgewiesen (ebd. S. 182 ff). Ausgehend von empirischen Untersuchungen formulierte Antonovsky drei zentrale Komponenten des Kohärenzgefühls: *Verstehbarkeit* (bezieht sich auf das Ausmaß, in welchem man interne und externe Stimuli als kognitiv sinnhaft bzw. erklärbar wahrnimmt), *Handhabbarkeit* (das Ausmaß, in dem das Subjekt wahrnimmt, dass es geeignete Ressourcen zur Verfügung hat, um den Anforderungen zu begegnen, die von den Stimuli, mit denen es konfrontiert wird, ausgehen) und *Bedeutsamkeit* (das Ausmaß, in dem das Subjekt das Leben emotional als sinnvoll empfindet: dass wenigstens einige der vom Leben gestellten Probleme und Anforderungen es wert sind, dass man Energie in sie investiert und sich ihnen verpflichtet, dass sie eher willkommene Herausforderungen als Lasten sind) (ebd. S. 36):

Diversity

In allen Bereichen ist die Akzeptanz von Verschiedenheit wichtig, dies gilt jedoch insbesondere für die Bereiche Kultur/Ethnizität, Gender, Alter, sexuelle Orientierung, Behinderung, Position am Arbeitsplatz, religiöse bzw. spirituelle Orientierung und Formen des Zusammenlebens. Es ist wichtig, die eigene Besonderheit wahrzunehmen und zu bedenken. Dies schützt davor, die eigenen Orientierungen, Vorstellungen und Kategorien zu vermeintlich universell gültigen zu erheben. Als gemeindepsychologisches Konzept sind *Vielfalt und Verschiedenheit anzuerkennen und zu fördern.* Dies gilt für unterschiedliche Erfahrungs- und Lebenswelten, unterschiedliche symbolische Orientierungen sowie unterschiedliche moralische Wertorientierungen, sofern sie selbst Verschiedenheit zulassen.

Die Betonung von Verschiedenheiten steht immer in der Gefahr, missbraucht zu werden: entweder zur sozialen Konstruktion abwertender Differenzen (Stigmatisierung) oder durch Überinterpretationen von Unterschieden, z. B. bei der „Kulturalisierung" von sozialen Ungleichheiten (Zaumseil 2005).

Ambiguitätstoleranz

Das letzte gemeindepsychologische Konzept, das hier kurz gestreift werden soll, ist die Ambiguitätstoleranz. Diese ist eine wichtige psychische Voraussetzung für eine produktive, bejahende Annahme im Ertragen können von Mehrdeutigkeiten, Widersprüchlichkeiten, ungewissen und unstrukturierten Situationen oder unterschiedlichen Erwartungen und Rollen, die an die eigene Person gerichtet sind. Ambiguitätstoleranz umschreibt somit „die Fähigkeit eines Subjekts, auf Menschen und Situationen einzugehen, diese weiter zu erkunden, anstatt sich von Diffusität und Vagheit entmutigen zu lassen oder nach einem „Alles-oder-nichts"-Prinzips zu werten und zu entscheiden" (Keupp 1999: S. 280).

Seckinger (2010) warnt davor, Ambiguitätstoleranz als perfekte Anpassung an eine ungerechte Welt zu verstehen, denn: Wer gelernt hat, Widersprüche als Quelle von Lust zu erleben, der oder die hat keinen Grund mehr, Widersprüche zwischen gesellschaftlichem Schein und Sein zu benennen und auf ihre Auflösung zu drängen.

Welche *Ansatzpunkte und Handlungsfelder* der vorgestellte Handlungsansatz *der Gemeindepsychologie* für den vorliegenden Fall bietet, soll kurz exemplarisch aufgezeigt werden.

Die Professionelle sollte überprüfen, bei welchen Entscheidungen Frau X, ihre Kinder und ihr geschiedener Ehemann stärker in Entscheidungen einbezogen werden können, welche Wünsche und Vorstellungen unterstützend befördert werden können, damit Selbstwirksamkeit und die Rückgewinnung eines subjektiven Gefühls von Kontrolle über das eigene Leben erlebt werden. Ausgehend von der Überzeugung, dass Menschen Stärken und Kapazitäten haben, können gemeinsam mit der Familie, den einzelnen Familienmitgliedern, ihre Ressourcen, Talente, Erfahrungen und Ansprüche entdeckt und ausprobiert werden. Für den professionellen Helfer bedeutet dies, individuelle Problemlösungen zuzulassen und über eine Reihe unterschiedlicher methodischer Zugänge zu den Adressaten zu verfügen. Die Personen im vorliegenden Fall scheinen über das familiäre und professionelle Netzwerk hinaus keine weiteren Beziehungsstrukturen aufgebaut zu haben. Hier könnte gemeinsam herausgefunden werden, inwieweit Möglichkeiten in der Schule, der Nachbarschaft, bei Vereinen oder Selbsthilfegruppen gegeben sind. Eine positive Umsetzung der genannten Maßnahmen beinhaltet auch eine Stärkung des Kohärenzgefühls. Vielfalt und Verschiedenheit anzuerkennen ist nicht nur für die Sozialarbeiterin eine Herausforderung, wenn es sich beispielsweise um gewalttätige Auseinandersetzungen in der Familie handelt. Mit den Beteiligten sollte herausgefunden werden, welche Bedeutung dieses Verhalten hat, ohne dass das gewalttätige Verhalten akzeptiert wird. Eine weitere Herausforderung für diesen Fall beinhaltet die Förderung von Ambiguitätstoleranz, beispielsweise im Hinblick auf die prekäre Lebenssituation, normative und kulturelle Unterschiede sowie hinsichtlich Selbstwahrnehmung und Selbstkonzept.

7   Fazit

Soziale Arbeit und Psychologie sind sich liebende oder konkurrierende Schwestern? Soziale Arbeit und Psychologie haben jeweils eine eigene Geschichte, eigene Wissensbestände sowie ein eigenes Wissenschaftsverständnis. Beide Professionen stellen den Menschen in den Mittelpunkt ihres beruflichen Handelns, beide haben gemeinsame Konzepte, auf die sie sich berufen, wie beispielsweise Partizipation, Empowerment und Ressourcenorientierung. Zur Beantwortung fallspezifischer Themen sind Theorien und Erkenntnisse aus der Wahrnehmungs-, Entwicklungs-, Erziehungs-, Familien- und Differenziellen Psychologie/Persönlichkeitspsychologie bedeutsam. Überlegungen zum diagnostischen Vorgehen bieten mit dem Strukturmodell nach Kaminski ebenso wie der Handlungsansatz der Gemeindepsychologie einen Beitrag für die Praxis Sozialer Arbeit. Somit sind Soziale Arbeit und Psychologie eigenständige und sich ergänzende Schwestern.

Literatur

Antonovsky, Aaron (1997): Salutogenese. Zur Entmystifizierung der Gesundheit. Dt. Erweiterte Herausgabe von Franke, Alexa. DGVT-Verlag Tübingen.
Arndt, Joachim/Oberloskamp, Helga/Balloff, Rainer (1993): Gutachterliche Stellungnahme in der Sozialen Arbeit. 5. Auflage. Neuwied: Luchterhand.
Aronson, Elliot/Wilson, Timothy D./Akert, Robin M. (2008): Sozialpsychologie. 6. Auflage. München, Harlow, Amsterdam etc.,: Pearson.
Bandura, Albert (Ed.) (1995): Self-efficacy in changing societies. New York: Cambridge University Press.
Bandura, Albert (2001): Social cognitive theory. In: Annual Review of Psychology 52, p. 1-26.
Bergmann, Jörg R./Dausendschön-Gay, Ulrich/Oberzaucher, Frank (Hrsg.) (2014): „Der Fall". Studien zur epistemischen Praxis professionellen Handelns. Transcript Verlag, Bielefeld.
Binne, Heike/Dummann, Jörn/Gerzer-Sass, Annemarie/Lange, Andreas/Teske, Irmgard (Hrsg.) (2014): Handbuch Intergeneratives Arbeiten. Perspektiven zum Aktionsprogramm Mehrgenerationenhäuser. Opladen, Berlin, Toronto: Budrich-Verlag.
Bormann, Monika/Maus, Ulrike/Zilly, Georg (2009): Ethik für alle Fälle. Arbeitsbuch zur Ethik in Psychotherapie und Beratung. Tübingen: DGVT-Verlag.
Bundschuh, Konrad (2007): Förderdiagnostik konkret. Theoretische und praktische Implikationen für die Förderschwerpunkte Lernen, geistige, emotionale und soziale Entwicklung. Bad Heilbrunn: Julius Klinkhardt-Verlag,
Davison, Gerald/Neal, John. M. (1988): Klinische Psychologie, München, Weinheim: Psychologie Verlags-Union.
Erath, Peter (2006): Sozialarbeitswissenschaft. Eine Einführung. Stuttgart: Kohlhammer.
Fend, Helmut (2000): Entwicklungspsychologie des Jugendalters. Ein Lehrbuch für pädagogische für pädagogische und psychologische Berufe. Opladen: Leske + Budrich.
Fischer, Lorenz/Wiswede, Günter (2009): Grundlagen der Sozialpsychologie. 3. völlig neu bearbeitete Auflage. München: Oldenbourg Verlag.
Fisseni, Hermann-Josef (2004): Lehrbuch der psychologischen Diagnostik. Mit Hinweisen zur Intervention. 3. überarbeitete und erweiterte Auflage. Göttingen, Bern, Toronto, Seattle, Oxford, Prag. Hogrefe.
Gerrig, Richard J./Zimbardo, Philip G.: Psychologie. 18. aktualisierte Auflage. München: Pearson.
Guthke, Jürgen/Böttcher, Hans R./Sprung, Lothar (1990): Psychodiagnostik. Ein Lehr- und Arbeitsbuch für Psychologen sowie empirisch arbeitende Humanwissenschaftler. Berlin: Deutscher Verlag der Wissenschaften.
Herriger, Norbert (2002): Empowerment in der Sozialen Arbeit. Eine Einführung. Stuttgart, Berlin, Köln: Kohlhammer GmbH.
Kaminski, Gerd (1970): Verhaltenstheorie und Verhaltensmodifikation. Entwurf einer integrativen Theorie psychologischer Praxis. Stuttgart: Klett-Verlag,
Keupp, Heiner (1995): Gemeindepsychologische Identitäten: Vergangenheiten und mögliche Zukünfte. In: Röhrle, Bernd/Sommer, Gert (Hrsg.): Gemeindepsychologie. Bestandsaufnahmen und Perspektiven. S. 5-24. Tübingen: DGVT-Verlag.
Keupp, Heiner u. a. (1999): Identitätskonstruktionen. Das patchwork der Identitäten in der Spätmoderne. Reinbek bei Hamburg: Rowohlt Taschenbuch Verlag GmbH.

Keupp, Heiner/Weber, Klaus (Hrsg.) (2001): Psychologie. Ein Grundkurs. Rowohlt Taschenbuch, Reinbek bei Hamburg.

Keupp, Heiner/Zaumseil, Manfred/Düll, Ursula/Schürmann, Inge (2003): Heiner Keupp und Manfred Zaumseil im Gespräch. Rundbrief Gemeindepsychologie, 9 (1), 7-18.

Keupp, Heiner (2011): Psychologie der Selbsthilfe. Vortrag bei der 6. Grazer Psychiatrisch Psychosomatischen Tagung „Selbstheilungskräfte in der Medizin" vom 20. bis 22.01.2011 in Graz. http://www.ipp-muenchen.de/texte/keupp_11_01grazp.pdf abgerufen 14.04.2015.

Klüsche, Wilhelm (Hrsg.) (1999): Ein Stück weitergedacht, Freiburg/Breisgau: Lambertus-Verlag.

Kobbé, Ulrich (2001): Psychiatrie. In: Keupp, Heiner/Weber, Klaus (Hrsg.): Psychologie. Ein Grundkurs. S. 475-483. Reinbek bei Hamburg. Rowohlt Taschenbuch.

Krohne, Heinz Walter/Hock, Michael (2007): Psychologische Diagnostik. Grundlagen und Anwendungsfelder. Stuttgart: Kohlhammer.

Kühnlein, Irene/Mutz, Gerhard (1996): Psychotherapie als Transformationsprozess. Opladen: Westdeutscher Verlag GmbH.

Lenz, Albert (2002): Empowerment und Ressourcenaktivierung – Perspektiven für die psychosoziale Praxis. In: Lenz, Albert/Stark, Wolfgang (2002) (Hrsg.): Empowerment. Neue Perspektiven für psychosoziale Praxis und Organisation. Fortschritte der Gemeindepsychologie und Gesundheitsförderung. Band 10, S. 13-53. Tübingen: DGVT-Verlag.

Lenz, Albert/Stark, Wolfgang (2002) (Hrsg.): Empowerment. Neue Perspektiven für psychosoziale Praxis und Organisation. Fortschritte der Gemeindepsychologie und Gesundheitsförderung. DGVT-Verlag Tübingen. Band 10.

Michel-Schwartze, Brigitta (2002): Handlungswissen der Sozialen Arbeit. Deutungsmuster und Fallarbeit. Opladen: Leske + Budrich.

Michel-Schwartze, Brigitta (Hrsg.) (2009a): Methodenbuch Soziale Arbeit. Basiswissen für die Praxis. 2. überarbeitete und erweiterte Auflage. Wiesbaden: VS Verlag für Sozialwissenschaften.

Michel-Schwartze, Brigitta (2009b): Einführung: Methodenverständnis und Handlungsrationalitäten. In: Methodenbuch Soziale Arbeit. Basiswissen für die Praxis. VS Verlag für Sozialwissenschaften. Wiesbaden. S. 9-23.

Mühlum, Albert (Hrsg.) (2004): Sozialarbeitswissenschaft – Wissenschaft der Sozialen Arbeit. Freiburg im Breisgau: Lambertus-Verlag.

Martin, Edi (2014): Ethisch handeln in der Sozialen Arbeit – eine Operationalisierung. In: Walz, Hans/Teske, Irmgard/Martin, Edi (Hrsg.): Menschenrechtsorientiert wahrnehmen – beurteilen – handeln. Eine Lese- und Arbeitsbuch für Studierende, Lehrende und Professionelle der Sozialen Arbeit. 3. Aufl., S. 145-196. Interact Luzern; Opladen & Farmington Hills. Budrich UniPress Ltd.

Moeller, Michael Lukas (1978): Selbsthilfegruppen. Reinbek bei Hamburg: Rowohlt Verlag GmbH.

Müller, Burkhard (1993): Sozialpädagogisches Können. Ein Lehrbuch zur multiperspektivischen Fallarbeit. Freiburg: Lambertus-Verlag.

Nestmann, Frank (1997): Familie als soziales Netzwerk und Familie im sozialen Netzwerk. In: Böhnisch, Lothar/Lenz, Karl: Familien. Eine interdisziplinäre Einführung. Juventa Verlag, Weinheim, München, S. 213-234.

Oberloskamp, Helga/Borg-Lauffs, Michael/Mutke, Barbara (2009): Gutachterliche Stellungnahmen in der sozialen Arbeit: eine Anleitung mit Beispielen für die Mitwirkung in Familiengerichts- und Jugendstrafverfahren. 7. Auflage. Köln: Luchterhand.

Oerter, Rolf (1995): Kindheit. In: Oerter, Rolf/Montada, Leo (1995): Entwicklungspsychologie. 3. Auflage. S. 249-309. München, Trier. Beltz. Psychologie Verlags Union.

Oerter, Rolf/Montada, Leo (1995): Entwicklungspsychologie. Beltz. Psychologie Verlags Union, München, Trier. 3. Auflage.

Pankofer, Sabine/Vogt, Annette (2011): Gone with the wind! Psychologie und Soziale Arbeit – Potentiale einer (noch) einseitigen Liebe. In: Schumacher, Thomas (Hrsg.) (2011): Die soziale Arbeit und ihre Bezugswissenschaften. S. 25-40. Stuttgart. Lucius & Lucius.

Papousek, Mechthild (2003): Frühe Gefährdungen der vorsprachlichen Kommunikation und Ressourcen für Frühförderung und Beratung. Fiduz Vertrauen, Zutrauen. Infoblatt der medizinischen Abteilung der Arbeitsstelle Frühförderung Bayern, 12 (6). S. 6-9.

Pantucek, Peter (2006): Soziale Diagnostik. Verfahren für die Praxis Sozialer Arbeit. Wien, Köln, Weimar: Böhlau Verlag.

Pluto, Liane (2007): Partizipation in den Hilfen zur Erziehung. Eine empirische Studie. München. DJI.

Rappaport, Julien (1985): Ein Plädoyer für die Widersprüchlichkeit. Ein sozialpolitisches Konzept des „empowerments" anstelle präventiver Ansätze. Verhaltenstherapie und psychosoziale Ansätze. S. 257-278. Tübingen: DGVT-Verlag.

Röhrle, Bernd (1994): Soziale Netzwerke und soziale Unterstützung. Weinheim: Psychologie Verlags Union.

Röhrle, Bernd/Sommer, Gert (Hrsg.) (1995): Gemeindepsychologie. Bestandsaufnahmen und Perspektiven, S. 5-24. Tübingen: DGVT-Verlag.

Röhrle, Bernd (2007): Gemeindepsychologische Perspektiven in der Beratung. Forum Gemeindepsychologie, Jg. 12, Ausgabe 1.

Rotter, Julian B. (1966): Generalized expectancies for internal versus external control of reinforcement. Psychological Monographs, 80 (1, Whole No. 609).

Salomon, Alice (1926): Soziale Diagnose. Berlin W 8 + Berlin Carl Heymanns Verlag.

Sannwald, Renate/Schulte-Markwort, Michael/Resch, Franz (2013): Psychotherapeutische Fertigkeiten. Göttingen: Vandenhoeck & Ruprecht GmbH & Co. KG.

Schertler, Karin (2004): Schulangst – Ursache, Folgen und Bewältigung. In: Erziehung und Unterricht, 154, Heft 9/10 2004, S. 788-796. Wien: Österreichischer Bundesverlag Schulbuch GmbH & Co. KG.

Schermer, Franz J./Weber, Angelika/Drinkmann, Arno/Jungnitsch, Georg (2005): Methoden der Verhaltensänderung: Basisstrategien. Stuttgart: Kohlhammer.

Schumacher, Thomas (Hrsg.) (2011): Die soziale Arbeit und ihre Bezugswissenschaften. Stuttgart: Lucius & Lucius.

Schütz, Astrid /Selg, Herbert/Lautenbacher, Stefan (Hrsg.) (2005): Psychologie. Eine Einführung in ihre Grundlagen und Anwendungsfelder. 3. Auflage. Stuttgart: Kohlhammer.

Schwarzer, Ralf. (Ed.) (1992): *Self-efficacy. Thought control of action.* New York: Hemisphere.

Seckinger, Mike (2010): Gemeindepsychologie ein reflexives Projekt – oder die Notwendigkeit der politischen Einmischung. Forum Gemeindepsychologie, Jg. 15 (2010), Ausgabe 2 (http://www.gemeindepsychologie.de/fg-2-2010_03.html (abgerufen 20.04.2015)

Seckinger, Mike (2014): Partizipation – Beteiligung – Teilhabe: Gemeindepsychologische Perspektiven auf Beteiligungsprozesse. In: Binne, Heike/Dummann, Jörn/Gerzer-Sass, Annemarie/Lange, Andreas/Teske, Irmgard (Hrsg.): Handbuch Intergeneratives Arbeiten. Perspektiven zum Aktionsprogramm Mehrgenerationenhäuser. S. 245-255. Opladen, Berlin, Toronto: Budrich-Verlag.

Staeuble, Irmingard (2001): Psychologie als Disziplin und Profession aus wissenschaftshistorischer Sicht. In: Keupp, Heiner/Weber, Klaus (Hrsg.): Psychologie. Ein Grundkurs. S. 17-34. Reinbek bei Hamburg: Rowohlt Taschenbuch.

Stark, Wolfgang (1993): Die Menschen stärken. Empowerment als eine Sicht auf klassische Themen von Sozialpolitik und soziale Arbeit. Blätter der Wohlfahrtspflege, 2, 41-44.

Staub-Bernasconi, Silvia (2003): Soziale Arbeit als (eine) „Menschenrechtsprofession". In: Sorg, Richard (Hrsg.): Soziale Arbeit zwischen Politik und Wissenschaft. Ein Projekt des Fachbereichs Sozialpädagogik der Hochschule für Angewandte Wissenschaften Hamburg, Sozialpädagogik/Sozialarbeit im Sozialstaat Band 18, , S. 17-54, Münster/Hamburg/London: Lit-Verlag.

Staub-Bernasconi, Silvia (2007): Soziale Arbeit als Handlungswissenschaft. Systemtheoretische Grundlagen und professionelle Praxis – Ein Lehrbuch. Bern: Haupt-Verlag.

Thomas, Alexander (1991): Grundriss der Sozialpsychologie. Band 1 und Band 2. Göttingen: Hogrefe.

Trojan, Alf (1986) (Hrsg.): Wissen ist Macht. Eigenständig durch Selbsthilfe in Gruppen. Frankfurt/Main: Fischer Taschenbuch Verlag.

Wälte, Dieter/Borg-Laufs, Michael/Brückner, Burkhart (Hrsg.) 2011: Psychologische Grundlagen der Sozialen Arbeit. Stuttgart: Kohlhammer.

Walz, Hans/Teske, Irmgard/Martin, Edi (Hrsg.): Menschenrechtsorientiert wahrnehmen – beurteilen – handeln. Eine Lese- und Arbeitsbuch für Studierende, Lehrende und Professionelle der Sozialen Arbeit. 3. Aufl. Interact Luzern; Budrich UniPress Ltd. Opladen & Farmington Hills.

Watzlawick, Paul (1983): Wie wirklich ist die Wirklichkeit? Wahn, Täuschung, Verstehen. München: Piper.

Wendt, Wolf Rainer (2006a): Die Disziplin der Sozialen Arbeit und ihre Bezugsdisziplinen. Erweiterter Text eines Vortrages an der Hochschule Potsdam am 4. Dez. 2006. http://www.forschungsnetzwerk.at/downloadpub/Wendt_Sozialarbeitswissenschaft.pdf; abgerufen am 02.04.2015.

Wendt, Wolf Rainer (2006b): Transdisziplinarität und ihre Bedeutung für die Wissenschaft der Sozialen Arbeit. http://www.deutsche-gesellschaft-fuer-sozialarbeit.de/mit65.shtml

Willke, Helmut (1994): Systemtheorie II – Interventionstheorie – Grundzüge einer Theorie der Intervention in komplexe Systeme. Stuttgart (UTB Gustav Fischer).

Wirtz, Markus Antonius (Hrsg.) (2014): Dorsch. Lexikon der Psychologie. 17. überarb. Auflage Göttingen: Hans Huber-Verlag.

Zaumseil, Manfred (2005): Diversity. Unveröffentlichtes Arbeitspapier der Gesellschaft für gemeindepsychologische Forschung und Praxis.

Zimbardo, Philip G. /Geerig, Richard J. (2004): Psychologie. (S. 3). 16. aktualisierte Auflage. München: Pearson Studium.

Konflikt als zerfasertes Konkretes – eine verstehenssoziologische Näherung

Lutz Finkeldey

1 Einleitung

Das Alltagsbewusstsein transportiert gegenüber einem eher ausweglosen Fall Gedanken wie „Ach, ist das schrecklich", „Da kann man ja nichts machen", fordert zumindest innerlich aber von den Kindern und dem geschiedenen Mann, dass die ‚sich mal zusammenreißen sollten, schließlich sei ihre Mutter bzw. geschiedene Frau am schlimmsten dran'. Professionelles Arbeiten erfordert jedoch etwas Anderes.

Dieser Text zur verstehenssoziologische Näherung wendet sich dem Thema mit einer erfahrungsbezogenen Beschreibung und Interpretation des Falls zu. Aus professionell praktischer Sicht nehme ich eine Aufnahme und erste Interpretation vor, die in personale Fallstricke des unbewussten und bewussten menschlichen Handelns in alltäglicher und professioneller Hinsicht mündet. Methodische Fallstricke als Reflexion des „Was im Wie" folgen – wie alle weiteren Ausführungen – mit der verschränkten Darstellungsweise von Praxisexemplifizierung und Analyse. Ebenfalls recht nahe den beiden Fallstricken angelehnt, doch analytisch getrennt, leitet eine Annäherung an Akteursperspektiven, bei der Profession, Klientel und Agenturen des Sozialstaats letztlich auf Subjekt- bzw. Objektstati abgeklopft werden, den Gedankengang weiter. Konsequenterweise folgt auf die offene Anlage dieses Artikels eine Annäherung an die Grenzen des Wissens. Das „Andere" steht als Fazit.

Bei einer Fallbearbeitung – das ist die leitende Idee für diesen Text – kann es nicht nur darum gehen, Handelnde mit ihren Überlegungen oder Planungen einzubeziehen; deren inhärente und symbolische Logik in ihrem So-Geworden-Sein muss in inhaltlicher und machttheoretischer Hinsicht eingeschätzt werden. Es zählt nicht nur die Oberfläche des institutionell- und personalformulierten Worts, sondern ebenfalls wie in der Kommunikation Selbst- und Fremdzwang miteinander korrelieren.

2 Annäherung: Erfahrungsbezogene Rekonstruktion

In dem dargelegten Fall gibt es zunächst wenig Lösbares, scheinbar viel Eindeutiges. Die Mutter wird sterben. Metaphorisch gesehen begann der Prozess des Sterbens der Familie mit dem Scheitern der Ehe. Die Beziehungskonstellation wurde eine andere. Bereits sozialisierte Verhaltensweisen finden eine Abschwächung, Verlagerung oder Verstärkung. Die Krankheit der Mutter kommt hinzu (oder war schon da), sie kompensiert offensichtlich körperliche Gebrechlichkeit mit übermütterlicher Verantwortung, indem sie dort überpräsent ist, wo es ihr ihre Krankheit ermöglicht. Sie arbeitet mit emotionalen Erpressungen und wird gleichzeitig von ihren Kindern ausgetrickst.

Die Kinder wirken letztlich orientierungslos, taumeln zwischen Angst und Größenwahn (Sohn) oder Flucht in eine ambivalente Innenwelt (Tochter). Das Leben zwischen Kulturen bietet den Kindern Chancen oder Fluchtpunkte, aber auch Bedrohungen, so dass externe Solidaritäten (komme doch zum Essen mit zu mir, willst du bei mir übernachten) offensichtlich nicht an der Tagesordnung sind. Das Haus oder die Wohnung (beide Begriffe fallen) der Familie existiert nur in der Vorstellung der Lesenden. Mutter und Tochter, das ist die einzig konkrete Information, kommen mit der Haushaltsführung nicht zurecht, der Sohn macht keine Frauenarbeit, die Wohnung ist annähernd vermüllt. Paradox ist, dass die Wohnung oder das Haus ja nicht völlig isoliert im Wald stehen, sondern drumherum auch etwas Soziales existieren muss. Von „außen" werden nur die Haushaltshilfe, die LehrerIn und die Sozialarbeiterin erwähnt. Die Mutter kommt doch aber irgendwoher, die Kinder gehen mitunter irgendwohin. Das hat doch Einfluss auf das Geschehen. Wenn interveniert wird, spielt die Außenwelt eine Rolle, selbst wenn es eine Nicht-Beziehung, die es übrigens gar nicht geben kann, wäre.

Der unberechenbare Vater kommt von Zeit zu Zeit, prügelt und pflegt vor allem sein Bild von Männlichkeit.

Die Kinder müssen sich der Situation stellen. Sie besitzen keine Wahlmöglichkeit. Mögliche positive Wahlverwandtschaften werden im Text für sie nicht erwähnt. Die Tochter ist wütend, wobei nicht klar ist, inwieweit Wut in Autoaggression umschlägt oder es sich „nur" um eine Drohung handelt. Begründet spekulieren lässt sich aber: "Hört, auch ich habe massive Probleme und nicht nur meine blöde Mutter, die sich vom Acker macht." Der Sohn kehrt aus Sicht des Mädchens den autoritären Macker heraus, will zur Bundeswehr, um den häuslichen Psychokrieg gegen einen richtigen Krieg zu tauschen. Auch das scheint eine hilflose Antwort auf das Geschehen zu sein, um Aufmerksamkeit, Bestätigung und wohl auch Liebe zu erheischen.

Egal welche Motive eine Rolle spielen, deutlich scheint, dass eine vermeintliche „alte" Problembewältigungsstrategie sich im Laufe der Zeit zu einem Konflikt entwickelt hat und durch die Krebserkrankung der Mutter potenziert wie finalisiert hat. Wenn wir trennscharf zwischen den Begriffen „Problem" und „Konflikt" unterscheiden, so ist es nicht allzu schwer, eine Lösung für ein „Problem" zu finden, doch ein „Konflikt" bleibt sperrig, es stecken auf den ersten und zweiten Blick nicht-kompatible Logiken auf der Basis verschiedener Realitäten darin. In der Vergangenheit – also auch nach Beginn der mütterlichen Erkrankung – gab es offensichtlich keine Lernfelder, wie mit derart massiven Problemen umzugehen ist. Die psychosoziale Antwort der meisten Menschen in solchen Fällen lautet „Verengung des Horizonts": Überkompensation des kulturell vorhandenen Musters als Rückzug des Mädchens in das Haus und des Jungen in der Rolle des Machos. Die Sozialarbeiterin fragt nach Wünschen für die Zukunft. Zukunft im Sinne einer bürgerlichen Denkkategorie bedeutet, planen zu können. Das klappt aber nur überzeugend, wenn im Hier und Jetzt eine Grundzufriedenheit, eine Akzeptanz für den Beginn eines „Wandels" vorhanden ist oder eine mögliche Lösung sukzessiv über vorhandene Ressourcen erschlossen werden kann. Für die Kinder kommt zwangsläufig neben der Verengung des sozialen eine Verkürzung des zeitlichen Horizonts, die zusammen eine Zukunftsplanung in einer emotionalen Ausnahmesituation nahezu verhindern. Klischees, einfache Antworten treten vordergründig an die Stelle von Überforderung, deuten auf den Kulminationspunktpunkt „Verzweiflung", Unlebbarkeit des emotional Überfordernden. Autoaggressive oder aggressive Tendenzen bilden den jeweiligen Fluchtpunkt. Die Mutter steht unter dem erheblichen Druck, ihre Kinder ohne eine Bürde in das Leben nach ihrem Tod gehen zu lassen, regiert offensichtlich immer wieder mit ihrem „Ich-meine-es-doch-nur-gut" „über", womit sie hilflose emotional klettende „Schreie" ausstößt. Der Vater scheint – metaphorisch beleuchtet – so etwas wie ein egozentrischer Freizeitclown mit dem Aggressionspotential „Regellosigkeit" zu sein, der im wahrsten Sinne des Wortes „dazwischen schlägt" und dennoch oder gerade deshalb für den Sohn (als einziger Mann, an den er sich anlehnen, mit dem er sich identifizieren kann?) einen Vorbildcharakter hat. Gefühlte Ohnmacht wird auf diese Weise zur gefühlten Macht bzw. soll internalisierte Gefühle von Hilflosigkeit nach außen kaschieren.

Einerseits haben wir es bei unserem Fall mit einer recht klassischen Konstruktion mit spezifischen Einzigartigkeiten zu tun, andererseits handelt es sich um eine Problemanhäufung, die nur schwer zu entwirren ist, weil das Bearbeiten eines Problembereich die anderen verändert, ohne die intendierten und nicht-intendierten Nebenfolgen zuvor einschätzen zu können. Theoretisch ist egal, wo wir gedanklich und später auch praktisch ansetzen, wir wissen nicht um die konkreten Folgen. Es sei denn, wir kratzen nur an der Oberfläche herum oder entlasten uns, indem wir verweisen und hoffen, dass die anderen es schon richten werden. Das Verweisen ist eine der Säulen unseres Sozialsystems, anstatt tatsächlich Schlüsselpersonen mit Fall- und Systemverantwortung auszustatten.

3 Personale Fallstricke

Ein Vorurteil ist tief emotional verankert und wenig oder gar nicht bewusst zugänglich. Warum wir beispielsweise einen bestimmten Typus von MigrantIn positiv oder negativ einschätzen, wissen wir oft nicht. Wahrscheinlich liegt es an persönlichen und/oder Umwelterfahrungen. In einer französischen Untersuchung waren oft die ProbandInnen am rassistischsten, die überhaupt keine MigrantInnen kannten. Diese Vorurteile können wir bearbeiten, überarbeiten, aber nie ganz „löschen". So verhält es sich strukturell auch bei Wohnungen, Badezimmern, Treppenhäusern, die eine unbewusst bewusste Folie für andere legen: Für unseren Fall bedeutet das, dass wir ein Bild von einer (vermüllten) Wohnung vor unserem geistigen Auge entwerfen, ohne sie zu kennen, dass wir über unsere imaginäre Vorstellungskraft wissen, wie die Personen, die darin wohnen oder ab und an vorbeikommen, grob aussehen, dass wir deren Stimmlage, deren Aussprache und deren grammatikalische Kenntnisse uns ebenso vorstellen wie deren Verhalten und Kommunikation. Wir verteilen Sympathie und Antipathie, Ästhetisches im Positiven wie im Negativen. Freilich haben wir auch ein vorgefertigtes Bild von der Sozialpädagogin, die mit der Familie arbeitet, wie sie auf dem Sofa (oder Stuhl?) sitzt, wie sie formuliert, wie sie ihre Sympathien verteilt. Diesen Hintergrund entwerfen wir vor der Folie ähnlicher Fälle und schätzen so „grandios" das Aktuelle ein. Das menschliche Gedächtnis arbeitet grundsätzlich mit einem „Wie", also vergleichend und muss erst überlistet werden, um die Einzigartigkeit eines Falls zu begreifen.

Das Wie ist einerseits positiv, weil es Sicherheit bedeutet, ist aber andererseits negativ, weil diese oft trügerisch ist. Jeder Fall zeigt sich anders, muss mit neuer geschärfter Aufmerksamkeit und vor allem Offenheit angegangen werden.

Auch das, was wir als Intuition bezeichnen, hat diese zwei Seiten. Es ist korrekt, dass intuitives Handeln auf der ersten Ebene, also beispielsweise professionelles Handeln von AnfängerInnen, seltener die beste Möglichkeit hervorbringt, doch Intuition kann auch der Feind der langfristig tätigen Professionellen sein, wenn wir uns die eben ansatzweise aufgezeigte geistige Automatisierung von Handeln verdeutlichen.

Im Bereich der fluiden und kristallinen Intelligenz liegt bei älteren Menschen das Schwergewicht bei der kristallinen Form. Wissen steht vor der Verarbeitungsgeschwindigkeit. Erfahrungswissen aus der Vergangenheit dominiert, das Neue hat mehr Schwierigkeiten sich durchzusetzen. Das betrifft sowohl bewusste als unbewusste emotionale, soziale, kulturelle wie auch kognitive Einschätzungen. Was so ist, das ist so oder warum sollen wir es anders machen, wenn es bisher so gut geklappt hat? Die Ungleichzeitigkeit zwischen der Aktualität von Wissensbeständen und der Aktualität von Ereignissen nimmt im Laufe des Lebens latent noch zu, war aber schon immer präsent. Die Denkfigur dafür lautet „gleichzeitige Ungleichzeitigkeit". Die Sozialisationsbedingungen bilden den individuellen Schlüssel. Kinder übernehmen von Älteren, erfahren die notwendigen Aushandlungen des Ichs und greifen rechts und links etwas auf, verarbeiten oder verwerfen es.

Die eben dargelegten Gedanken zielen in diesem Beitrag vornehmlich auf die Professionellen, um den vorgegebenen Fall mit ihren Fallstricken aufgrund von möglichen Vorurteilen zu beleuchten. Sicherlich unterliegen Menschen generell diesen Wahrnehmungsschieflagen, doch gehört zwischen Alltag und Profession geschieden. Eine subjektiv geprägte Aufnahme des Falls, wie ich sie beispielsweise zu Beginn vorgenommen habe, sollte als erster Schritt bei einer Fallbearbeitung Standard sein, weil nur so Voreinschätzungen abzugleichen und Vorurteile anzugehen sind. „Richtig" oder „falsch" kann es nicht geben. Die Kategorie müsste „anders" lauten. Werturteile müssen transparent sein, um bearbeitet werden zu können. Wenn im professionellen Setting diese Werturteile generell geleugnet werden, stehen wir vor einem großen, mit der heimlichen Seite der symbolischen Macht aufgeladenen Problem.

Die meisten Ratschläge, die Menschen (in ihrem Alltag) unaufgefordert oder aufgefordert geben, sind von außen betrachtet unzureichend, standardisiert oder schlicht falsch. Subjektiv sind sie jedoch richtig, denn sie entstammen in der Regel der ureigenen Erfahrung, die ein anderes Setting schlicht ausblendet. So bekommen beispielsweise schwer kranke Menschen oft keinen Trost, sondern müssen sich noch die Krankengeschichte anderer anhören. Die vor allem gefühlte Hilflosigkeit lässt diese krampfhaft einen roten Faden suchen, der sie selbst in ihrem psychischen Haushalt schützen soll, die kranke Person wird auf den Status des Zuhörens reduziert und bildet eine projektive Fläche für eine vermeintlich gute Tat: den Besuch. Abwehr statt Empathie könnte das Motto lauten. Da Professionelle nie in allen Winkeln ihres Seins eine reflektierende Persönlichkeit sein können, spielen persönliche Gehalte in jeder Situation eine mittelbare oder unmittelbare Rolle. Nun kann es nicht darum gehen, diese zu eliminieren, sondern „nur" so weit wie möglich zu bearbeiten. Das „Wie" – im Sinn von „Das kenne ich schon" – bleibt immer, nur darf es zunächst so wenig wie möglich handlungsleitend sein. Die eigene Geschichte gehört nicht als gedankliche Hintergrundfolie in die anderer Menschen eingewoben, um eine reflexive Konversion des Blickes sprechen zu lassen, damit sich die Einzigartigkeit der anderen Person entfalten kann. Jede Verkürzung, „weil ich das Problem doch eh kenne", entpersönlicht. Hier wirkt übrigens ebenso wie bei Sprache, Bildern, Strukturen, eine Quelle heimlicher oder symbolischer Macht. Der Sozialphilosoph Ivan Illich spricht treffend von „Entmündigung durch Expertenherrschaft". Menschen begreifen nicht, dass ihr alltägliches Tun, das sie fachlich als überzeugend und sozialstaatlich als geboten betrachten, für andere durchaus Entmenschlichendes im Sinne von verwehrter Selbstbestimmung haben kann.

„Unser Fall" liegt in der Papierform vor und bekommt neben den eben aufgeführten Effekten noch eine weitere Stufe der Abstraktion. Die Unschärfe sprachlicher Begriffe durch soziale sowie kulturelle Unterschiede verkörpert den Terminus für konstruktive Schwammigkeit, die erst über gemeinsame Erfahrung aus erster Hand eineindeutig werden kann. Das bedeutet in einen Prozess zu gehen, der dem des hervorgehobenen Erfahrungsabgleichs entspricht, um zunächst eine gemeinsame Begriffsgeschichte einzuleiten. Diffuse Bilder im Kopf spielen dabei eine große Rolle, weil das Gefüge zum Leben erweckt werden muss. Unser Denken läuft grundsätzlich sprachlich ab, sonst könnten wir uns nicht vermitteln. Unsere Phantasieproduktion lebt von unscharfen Bildern, die im Vermittlungsprozess erst scharf werden. Dabei gewinnen die ursprünglichen Bilder an erster Konkretion. So lange sie auf der Phantasieebene verbleiben, haben wir sie nie komplett durchdacht, sondern eine Art von Dahingleiten im Gehirn erlebt. Utopien, Metaerzählungen sind aus dem gleichen Holz geschnitzt. In diesem Fall liegt in der Unschärfe die Triebkraft für etwas Neues. Damit habe ich die positive Seite der Unschärfe erwähnt: Wir alle brauchen etwas, woran wir glauben. Ob das eine Religion ist, eine gerechte Gesellschaft, Frieden usw. ist inhaltlich nicht egal, doch für einen strukturellen Denkprozess zunächst unerheblich. Mutter, Tochter und Sohn aus unserem Fall haben ihre je eigenen Utopien. Wenn es gelingt, deren Vorläufer der Utopie, die konkrete Utopie zu erreichen, ohne diese zu oktroyieren, dann wäre der behutsame Beginn einer Perspektive getroffen. Fragen zur subjektiven Seite des Seins können nur richtig beantwortet werden. Diese gilt es in einem weiteren Schritt in egoistische, familiäre, kulturelle, soziale Filter zur analytischen Bearbeitung einfließen zu lassen. Denn nicht durch den konkret betroffenen Menschen gefilterte Information vereinfacht und verdreht in der Folge jede Antwort.

Zur Erinnerung: Je weniger ich über den Fall weiß, desto einfacher scheint er zunächst, weil meine eigene Gedankenproduktion blühen kann. Komplikationen und Lösungsmuster übertrage ich aus meinem Erfahrungswissen. Das vergangen Erlebte dominiert. Erst wenn wir tief in den Fall eintauchen, entstehen Unsicherheiten als erster Schritt zur Klärung. Methodisches Handeln kann Sicherheiten suggerieren, obwohl es durchaus die Persönlichkeit, deren Bedürfnisse und Wünsche der Person durch sozialstaatliches Lenken verdrängen kann. Der Mensch wird ein

Fall, eine Nummernexistenz ... denn die Steuerung durch Sozialpolitik betrifft in erster Linie Problemgruppen und nicht das Individuum.

Den möglichen Verzerrungen durch ExpertInnen habe ich ein Augenmerk gewidmet, um einem Subjekt-Subjekt-Arbeitsverhältnis, das freilich aufgrund der Position auch aus dieser Sicht nie herrschaftsfrei sein kann, näher zu kommen. Damit sind aber bei weitem nicht alle Konstellationen entschlüsselt.

4 Methodische Fallstricke

Das menschliche Gedächtnis besteht bekanntermaßen aus emotionalen, sozialen kulturellen und kognitiven Wissensbeständen, die wir im Laufe der lebenslänglichen Sozialisation „einsammeln". Die emotionalen sind die zentralen, weil es kein Wissen ohne emotionale Basierung gibt. Ebenso gibt es – auch wieder nur sehr kurz angedeutet – streng genommen für Menschen keine Vergangenheit und keine Zukunft, sondern nur die Gegenwart. Die Vergangenheit ist deshalb keine fixe Größe, weil wir aufgrund von Stimmungen, Anregungen oder Anforderungen situativ immer wieder etwas Anderes oder immer exakt Identisches aus unserem Wissensfundus hervorbringen. Warum das so ist, kann auch die Neurowissenschaft bisher nicht exakt erklären. Die Zukunft zu bestimmen, kann nur heißen, die Vergangenheit als mögliches Muster zu wählen. Zukunft in ihrer Komplexität fassen zu wollen, kann nur bedeuten, Kaffeesatzleserei zu betreiben.

Erkenntnisse, wenn sie von Professionellen eingesetzt werden, folgen in der Regel nur einer Richtung: Nämlich der von der Profession zu der Klientel. Ein Fall aus der Praxis Sozialer Arbeit ist ein Fall und doch kein typischer Fall. Soziale Beziehungen, die zwischen Menschen stattfinden, sind keinesfalls erkenntnistheoretisch eindeutig fassbar. Wir haben es mit Interpretationen auf zwei Ebenen zu tun, wobei die erste klar ist, die zweite oft verschleiert bleibt. 1. Als Professionelle fragen und beobachten wir, um uns ein Bild von einem Menschen zu machen. Wir berücksichtigen dabei die Lebenswelt und die Lebensumstände der uns anvertrauten Personen, beschreiben sie, interpretieren sie bezüglich der konkreten Lebenswelt, kategorisieren und analysieren. 2. Unser eigenes System des Verstehens bleibt fast immer außen vor, findet keine methodische Berücksichtigung. Das Verständnis steckt dann letztlich auf der Ebene eines Vorverständnisses. Wir meinen zu wissen, was es heißt, in der und der sozialen Lage zu leben, so zu fühlen, obwohl wir uns in der Regel nur auf eigene Vorerfahrungen und einen kollegialen Austausch stützen. Der Klientel, allein das ist schon begrifflich ein symbolischer Gewaltakt, gestehen wir kaum einen realen Subjektcharakter zu, den wir uns selbst geben. Unsere Sprache, unsere Umgangsformen, unsere Lebensverhältnisse bilden einen unbewussten Rahmen ab, der auf der Vorurteilsschiene angesiedelt ist. Wir führen eine Konstruktionsleistung, die fast ausschließlich nur in einer Richtung Bedingungen zulässt. Freilich spielen dabei sozialstaatliche Anforderungen hinein, doch eine Reduktion auf sie wäre deutlich zu einfach. Bourdieu, der ähnliche Gedanken zur Interviewsituation ausführt, spricht in diesem Setting von der Reduktion von Zwangseffekten und fordert in der Folge – wie die Ethnologen – eine Konversion des Blickes ein. Die Konsequenz daraus ist zum Beispiel, eine Person aus der Lebenswelt zu suchen, die geschult wird, um die symbolische Gewalt durch Ähnlichkeit so weit wie möglich zu reduzieren. TürkInnen oder andere MigrantInnen werden von der Polizei herangezogen, um bspw. in sogenannten ethnischen Brennpunkten zu befrieden. Verstehen sie alle TürkInnen? Wer deutsch spricht, kennt offensichtlich ohne jegliche Milieugrenzen alle Deutschen. Die Differenzen zwischen anders kulturell sozialisierten Menschen können kleiner oder größer sein als zwischen kulturell ähnlich sozialisierten. Das Verstehen folgt anderen Gesetzen als nur der „großen" Kultur.

Die ersten Türken, die ich persönlich kennenlernte, waren mit mir auf dem Gymnasium und waren welche von uns, den Mitschülern. Ich musste später erst mühsam lernen, dass es auch anders sein konnte. Symbolische Gewalt erfolgte in der Klasse entlang anderer Kriterien.

Symbolische Gewalt, also die Übernahme des Fremdzwangs in den Selbstzwang, spielt aber auch dann eine Rolle, wenn die AdressatInnen (hier die AutorInnen und meine „ersten Türken") mit einem solchen Genre oder miteinander regelmäßig umgehen und positive Bindungspotentiale (Praxisgemeinschaften) für das Gemeinsame stehen. Insofern kann die auf den Fall projizierte jeweilige Denkrichtung als Konstruktionsleistung angesehen werden, die der Vorlage mit zu formulierenden Einschätzungen begegnet.

5 Annäherung: Interesse Akteursperspektive

Bei der Kategorie Interesse muss zunächst zwischen zwei Typen von AkteurInnen unterschieden werden: Institutionen mit ihren AgentInnen und sozialstaatlich zu Begleitende/Betreuende. Institutionen folgen ihrem Eigeninteresse und sozialstaatlichen Vorgaben mit Varianten seitens der dort Tätigen, die Anderen sind mehr oder minder Objekte sozialstaatlichen Handelns. Letztere sind in ein Korsett eingebunden und werden personenabhängig eher als zu bearbeitender Teil sozialstaatlichen Handelns gesehen. Es gibt eine sozialstaatliche Struktur und da haben sie hineinzupassen oder müssen passend gemacht werden. Völlig klar ist, dass die Machtfrage bereits zu Beginn geklärt ist. Problematisch ist, dass vielfach ein Verhalten seitens der Ratsuchenden vorausgesetzt wird, was nicht ihren Sozialisationsverhältnissen entspricht. Soziale Ungleichheit ist in den letzten zwei Jahrzehnten zunehmend sozialer Fragmentierung gewichen. Wenn die Lebensverhältnisse der Kinder aus unserem Fall nur halbwegs so einzuschätzen sind, wie ich es weiter oben beschrieb, dann sind sie erst einmal nicht konnektiv für durchschnittliche Sozialisationsanforderungen von beispielsweise Schule und Beruf. Sie sind so fremd davon aufgewachsen oder entfremdet worden, dass sie überhaupt keine Chance haben, sich in „durchschnittliche" Verhältnisse gleichberechtigt einbringen zu können. Die bürgerliche Umsetzung von einer Perspektive oder einem Beruf ist für sie in etwa so weit weg wie für AbiturientInnen, sich in einem Slum durchzusetzen. Die Bundeswehr sehe ich aus der Ferne für den Jungen als idealisierte Vorstellung, deren Realität er nicht entspräche. Das Problem, das dahinter steht, liegt in der Vergangenheit und nicht in der Zukunft. Die Probleme für die Kinder werden nach durchschnittlicher Betrachtung mit einer Selbstschuldzuweisung versehen. Wenn ein Mensch nicht gelernt hat, selbstbestimmt im Sinne durchschnittlicher gesellschaftlicher Teilhabe zu leben, entspricht jede diesbezügliche Forderung einer Fiktion. Diese Vorstellungen sind sozialstaatlich oft nicht getragen. Der Sozialstaat, so abstrakt er jetzt auch gefasst wird, gibt vielfach Leistungen vor, die nicht unbedingt in der Lebenswelt sozial Ausgegrenzter zu finden sind.

Ziel Sozialer Arbeit muss es sein, die ihr anvertrauten Menschen zu verstehen. Wenn interveniert wird, spielen verschiedene Logiken – also auch die der Ratsuchenden – eine Rolle, selbst wenn sie abstrus anmuten sollten. Die Konkurrenzen, Genehmigungs- und Auszahlungsmodi im Verweigern/Genehmigen von Leistungen durch Krankenkasse, Sozialamt, Agentur für Arbeit und Rentenversicherungsträger halte ich aus Sicht der Betroffenen latent für einen Verstoß gegen die Menschenrechte. Wenn einem Menschen eine Leistung zusteht, sollte es zunächst egal sein, wer zahlt. Das können die Leistungsträger unter sich ausmachen. Entmenschlichung durch behördliches Handeln oder Entkörperung durch irgendwelche Pflegeleistungen sind aus humanistischer Sicht ein Skandal. Sozialstaatliches Handeln tendiert generell dazu, die Eigenlogik als das non plus ultra zu sehen. Was so ist, das ist eben so, das sind unsere Vorschriften.

Einen beachtenswerten Ansatz Sozialer Arbeit gibt es unterdessen in Teilen Lateinamerikas: Arbeitende Kinder werden nicht mehr per se als Problem angesehen, sondern, wenn die Arbeit angemessen ist, als Subjekte ihres Handelns. Während andere Sozialprojekte von Kindern symbolisch verlangen, dass sie, wenn ihnen „geholfen" werden soll, ihre alte Kleidung verbrennen sollen, geht die „Pädagogik des Subjekts" davon aus, dass die durchschnittlichen alltäglichen Lebensbedingungen so weit wie möglich den Kindern angepasst werden müssen. Warum muss die

Schule immer vormittags stattfinden, warum können nicht die Arbeitsinhalte der Kinder Schulstoff werden? Subjektorientierung statt Paternalismus oder Assistenzialismus lautet das Credo.

Bei der Betrachtung „unseres Falls" wird deutlich, dass es sich um ein konfliktbeladenes Konstrukt handelt, für das es theoretisch mehrere Lösungen, auch Ansätze gibt. Ob sie denn aber in der Praxis haltbar sind, hängt von Maßverhältnissen ab. Vor allem stellt sich zunächst die Frage, bei wem setze ich an, denn immer wenn nur die Interessen einer Person „oben" stehen, heißt das, dass eine mögliche Lösung für andere Beteiligte bereits determiniert sein kann. Aber eine Hierarchisierung von Arbeitsschritten bzw. eine Entflechtungen von Problemen ist notwendig. Welche Herangehensweise soll die zentrale sein? Die sozialstaatliche, die ökonomische, die der Sozialen Arbeit, die der Mutter, die der Tochter, die des Sohnes, die des Vaters, die der Lehrerin, die der Haushaltshilfe, die der beiden Kulturen, die der Krankenkasse, die des Rententrägers und, und, und? Bei der Priorisierung einer Herangehensweise müssen die anderen darauf zugeschnitten werden, so dass die Endergebnisse durchaus variieren. Das zu erarbeitende Resultat bildet den Endpunkt einer nachzuvollziehenden Hierarchsierung oder Priorisierung der Bearbeitungsschritte, die die gemeinsam geschaffenen Grundwerte als Ausgangssetzung erfährt.

Aufgrund der anzunehmenden psychophysischen Verfasstheit der Familie (incl. Vater) kann davon ausgegangen werden, dass es emotional gefühlte VerliererInnen geben wird. Genau an diesem Punkt aber gilt es anzusetzen: Entschlüsseln der Logiken aller Beteiligten, um sie in ihrer Wichtigkeit nebeneinander stellen zu können – inklusive der Sozialarbeiterin, um überhaupt eine für alle akzeptable Grundlage zu haben. Dazu wird es aus Sicht der Sozialen Arbeit notwendig sein, viele Gespräche zu führen und viel Material zu sammeln. Eine „Wahrheitsfindungskommission" aller für einen transparenten Weg wäre das Ziel, um den Weg für tragbare Vereinbarungen über gemeinsame Kompromisse zu ebnen.

Ein Teil der ambivalenten Außenwelt findet in die Fallbeschreibung nur mittelbar Eingang: Soziale Arbeit, Krankenkasse, Schule, Vater, Gender, Rassismus; die Arbeitswelt komplett. Alle diese Teilsysteme müssen ebenso einer gegenläufigen Analyse unterzogen werden wie die thematisierten.

Ein erster Ansatz könnte sein, eine geistige Übung vorzunehmen, indem die Logiken (auf der Basis von Emotionen, Wünschen, Zielen, Aufträgen) aller AkteurInnen von einer moderierenden Person zunächst mit ihnen einzeln erarbeitet und sie dann einer „Arena" zugeführt werden. In dieser Arena finden anschließend ergebnisoffene personale und institutionelle Aushandlungen in allen möglichen Konstellationen statt, um ein für alle tragbares Ergebnis zu erzielen.

6 Annäherung: Grenzen des Wissens

Aufgrund einer immer komplexer werdenden Gesellschaft mit ihren Informationsmedien werden wir jeden Tag dümmer und brauchen daher mehr Stereotype und Vorurteile. Das mag zunächst paradox klingen, doch das bedeutet nichts anderes, als dass das tote Wissen durch Internet, audiovisuelle Medien, Bücher, Printmedien jeden Tag exorbitant zunimmt, die menschliche Aneignung als lebendiges Wissen trotz größter Bemühungen relativ deutlich gesehen abnimmt. Bei Wissenschaften fehlen mehr und mehr die Bezugsdenkschulen, allgemein gehen gesellschaftliche Bezugspunkte nach und nach verloren. Auch in der Sozialen Arbeit wird herkunftsspezifisch ignorant aneinander vorbeigeschrieben.

Menschliche Neugier als etwas sehr Positives wird auch individueller. Aus der Falldarstellung habe ich neben Genderaspekten den der Migration vernachlässigt. Vereinfachte Lösungen (ich Ausländer, deshalb keine Chance – ich ausländische Frau = Haushalt = doppelt unterdrückt) drängen sich aufgrund von Unübersichtlichkeit auf. Sie bieten gar eine mögliche Rolle, in die es sich zu schlüpfen lohnt: Selbststigmatisierung als Identität. Ein „Wenn-dann-Denken", das gegenüber dem heutigen doppelt reflexiven Denken „gestrig" scheint, verkörpert in der Gegenwart Attraktivität. Das ist eine bekannte Strategie von Individuen, um dem Nicht-Wissen-Können oder Nicht-Wissen-Wollen (Beck) zu entkommen. Nehme ich dafür die Person des Jungen: Wenn ich ihm verspreche, dass er, wenn er die Hauptschule schaffe, zur Bundeswehr komme, argumentiere ich auf sehr dünnem Eis. Erstens weiß ich nicht, ob die Bundeswehr ihn überhaupt nimmt. Zweitens kann ich nicht beurteilen, ob dieser Entwicklungsschritt aus seiner Sicht und für ihn überhaupt eine Zielperspektive darstellt. Klar könnte ich die Bundeswehr benennen. Das ist einfach und ich bin ihn los. Wenn es nicht klappen sollte, ist ja grundsätzlich er schuld. Viele Jugendliche in seinem Alter mit Migrationshintergrund haben Fähigkeiten entwickelt, die nicht mit den Werten der deutschen Gesellschaft kompatibel sind. Diese gemeinsam zu entschlüsseln, kann der erste Schritt für eine andere Zukunft sein. So will ich aus dem Dilemma heraus, dass wahrscheinlich ein nicht unerheblicher Teil von Jugendlichen, die an einem Hilfeplan mitarbeiten, de facto die Position der SozialpädagogInnen oder der Person vom Jugendamt einnehmen, um ihre „Ruhe" zu haben. Damit bin ich wieder bei den methodischen Fallstricken.

„Und so sehen wir betroffen/den Vorhang zu und alle Fragen offen."
(Bertolt Brecht)

Mit diesem Zitat beendete Marcel Reich-Ranicki immer das Literarische Quartett im ZDF. Ich habe es auch als Motto zu Ende meines Artikels gewählt. Mit einer erfahrungsbezogenen Rekonstruktion zu „unserem Fall" habe ich angefangen, habe erste Einschätzungen gegeben, die ich anschließend zwar nicht als falsch hinstelle, doch als bei weitem unzureichend. Aus der Sicht eines Verstehenssoziologen habe ich andere Blicke entworfen, sie mit Beispielen illustriert. Nur wenn das „Verstehen" im Zentrum steht, Professionelle gelernt haben, ihre eigene Erfahrung als eine mögliche zu betrachten und (heimliche) Herrschaftsverhältnisse einer Kritik unterzogen werden, dann sind wir auf dem richtigen Weg. Ich habe zu oft erlebt, dass im Namen systemischer Beratung, von Casemanagement, von multiperspektivischer Fallarbeit etc. olympische Tugenden eingefordert wurden, um wirtschaftliche und gesellschaftliche Fehlleistungen zu konterkarieren oder zu kaschieren. Eine Methode kann nur so gut sein, wie die wirtschaftlichen und politischen Verhältnisse und die Tätigen Sozialer Arbeit es zulassen bzw. wie sie ausgefüllt wird. Methoden an sich sind immer relativ zur Praxis zu beurteilen.

Wenn die Person aus der Stadtkämmerei letztlich über Etatzuweisungen bestimmt, welche sozialpädagogischen Maßnahmen für Kinder und Jugendliche finanziert werden können, dann brauchen wir kein SGB VIII. Wenn aus Wirtschaftskreisen der Mindestlohn von € 8,50[1] kritisiert wird, dann frage ich mich nach einer materiellen Basis für ein menschenwürdiges Leben. Wenn die Tätigen in der Sozialen Arbeit sich als Nabel der Welt betrachten, dann nennt sich ihre Disziplin nur noch Soziale Arbeit. Das wären oder sind Zynismen einer sich dem Egomanismus verschriebenen Gesellschaft, die der Selbstschuldfrage bei sozialen Problemstellungen huldigt. Solidarität sieht anders aus. Unsere kleine Familie braucht – wie viele Menschen in einer ähnlichen Lage – eine wahrhaftige Umkehrbarkeit des Blickes. Eine Unterstützung braucht immer zunächst den Blick der am wenigsten Mächtigen und dann die gemeinsame Überlegung, was denn sinnvoll wäre. Erst an diesem Punkt sollten die sozialstaatlichen Maßnahmen herangezogen werden. Die Etikettierung von Problemlagen ist bereits der Beginn eines außengeleiteten Prozesses.

‚Und so sehen wir betroffen/der Etikettierung zu und alle Zwänge offen.'

---

1 Bei 40 Wochenstunden beträgt das Monatseinkommen € 1462,-- brutto; Nettoeinkommen für Ledige ohne Kinder € 1052,30. In der Stadt Hannover kommen für Ledige ohne Kinder € 86,89 Aufstockung vom Jobcenter (Hartz IV) für Miet-, Heizkosten etc. hinzu. Die Aufstockung variiert von Gemeinde zu Gemeinde (Quelle: Sozialberatung DW Hannover).

Hintergrundliteratur

Beck, Ulrich (2008): Weltrisikogesellschaft. Frankfurt/Main: Suhrkamp.
Bloch, Ernst (1971): Erbschaft dieser Zeit. Frankfurt/Main: Suhrkamp.
Bourdieu, Pierre et al. (1997): Das Elend der Welt. Zeugnisse und Diagnosen alltäglichen Leidens an der Gesellschaft. Konstanz: UVK.
Finkeldey, Lutz (2014): Denkwerkzeuge zum soziokulturellen Verstehen. Zuhören statt reden. Lich: Verlag Edition AV.
Illich, Ivan (1983): Fortschrittsmythen. Schöpferische Arbeitslosigkeit – Energie und Gerechtigkeit – Wider die Verschwendung. Reinbek bei Hamburg: Rowohlt.
Lévi-Strauss, Claude (1973): Das wilde Denken. Frankfurt/Main: Suhrkamp.
Liebel, Manfred (2001): Kindheit und Arbeit. Wege zum besseren Verständnis arbeitender Kinder in verschiedenen Kulturen und Kontinenten. Frankfurt/Main, London: IKO.
Rosa, Harmut (2012): Weltbeziehungen im Zeitalter der Beschleunigung. Frankfurt/Main: Suhrkamp.
Welzer, Harald (2002): Das kommunikative Gedächtnis. Eine Theorie der Erinnerung. München: Beck.

Recht und Recht(e) haben
Ein methodischer Zugang zum Fall aus juristischer Perspektive

Annegret Lorenz

1 Ein Vorwort in eigener Sache – Vom Unbehagen gegenüber dem Recht

Recht genießt bei uns im Studiengang Soziale Arbeit eine hohe Wertschätzung. Juristen können diese bereits am Besuch ihrer Lehrveranstaltungen ausmachen: Juristische Lehrveranstaltungen sind immer voll. Auch dann, wenn es eigentlich um „langweilige" Inhalte wie das Datenschutzrecht geht. Auch dann, wenn in diesem Semester keine Rechtsprüfung ansteht. Dieses Verhalten kann natürlich auch Ausdruck von Furcht sein. So gibt es z. B. überdimensional viele Krankmeldungen explizit und exklusiv bei Rechtsprüfungen.

Es scheint also ein gewisses Unbehagen gegenüber dem Recht zu geben[1]. Und zwar unabhängig von der Person des Lehrenden oder dem Einsatz didaktischer Methoden. Dieses Unbehagen scheint sich weniger gegen die Materie oder den „Juristen an sich" zu richten. Es scheint eher eine Reaktion auf die spezifische juristische Methode zu sein: Ihre Art und Weise des Denkens. Die Wahrnehmung der Wirklichkeit, ihre Ausdrucksweise, ihre vordergründig objektiv auftretende und (schein-)logische Argumentationsweise stehen in Widerspruch zu der subjektiven Wahrnehmung und Empfindung des Einzelnen[2]. Für die Soziale Arbeit als Profession stellt sich das og Unbehagen auf einer abstrakten Ebene: Nämlich als Befürchtung – und z. T. auch Widerstand dagegen – dass das Recht der Sozialen

---

1 Engisch (1983, S. 7); Rüthers (2008, S. 145); Wesel (1999, S. 11); für die Soziale Arbeit Münder (1994, S. 13 f.).
2 So wird es etwa in Arztkreisen als Überheblichkeit empfunden, dass die höchstrichterliche Rechtsprechung auch eine notwendige und kunstgerecht ausgeführte Operation als „Körperverletzung" einstuft (Engisch 1983, S. 11).

Arbeit deren Vorgaben „diktiert", ohne davon etwas in der Sache zu verstehen[3]. Der nachfolgende Beitrag versucht – mit Blick gerade auch auf dieses Unbehagen – die eigene disziplinäre Herangehensweise transparent zu machen und zu reflektieren.

2 Die Wahrnehmung des Falles durch die Brille des Juristen

2.1 Der Auftrag des Juristen

Die Erwartung an einen Juristen ist üblicherweise die Klärung der Rechtslage. Das kann auf unterschiedliche Weise geschehen[4].

Man könnte – gewissermaßen offen – der Sachverhaltsschilderung folgend, jeden rechtlich relevanten Hinweis aufgreifen und die insoweit angesprochene Sachlage rechtlich analysieren[5]. Geht man so vor, stolpert man im Fallbeispiel z. b. als erstes vermutlich über die Angabe, dass die todgeweihte Frau X geschieden ist, aber mit ihrem Ex-Mann 2 Kinder hat. Dies könnte den Juristen veranlassen, Grundlagen der Scheidung und des Sorgerechts für die zwei Kinder zu klären. Sodann ist der Hinweis nicht zu übersehen, dass Herr X nicht deutsch ist. Insoweit könnte man sich über die aufenthaltsrechtlichen Grundlagen für den Aufenthalt von Herrn X Gedanken machen usw. Mit dieser Herangehensweise kann alles Geschehene in rechtliche Kategorien eingeordnet und erklärt werden. Der Jurist würde davon sprechen, die Rechtslage geklärt zu haben. Ein solcher Zugang wird häufig gewählt, um eine komplexe Situation zunächst einmal zu entwirren. Oder aber, wenn es darum geht, eine bestimmte Rechtsfrage oder Rechtslage als solche zu klären[6].

Typischer für den Juristen ist aber eine andere Herangehensweise. Recht ist vor allem für den Konfliktfall gedacht. Es soll Konflikte lösen oder aber auch sie vermeiden. Indem es nämlich schon im Vorfeld festlegt, wer welche Rechte (und auch Pflichten) hat. Rechtlich relevante Konflikte entstehen damit immer zwischen (mindestens) zwei Beteiligten: Zwischen zwei Personen oder zwischen einer Person

---

3 Vgl. etwa Hammerschmidt et al. (2013, S. 15); Harnach (2011, S. 14); Jordan (2001, S. 49, 52); v. Sturm (1986, S. 484).

4 Grds. zur methodischen Herangehensweise Möllers (2010); Bringewat (2013); Zippelius (2006) und Rüthers (2008).

5 Historisch-chronologischer oder auch teleologischer Ansatz, grds. dazu Bringewat (2013, S. 103); Zippelius (2006, S. 87 f.).

6 Bringewat (2013, S. 106).

und einer Institution, manchmal auch zwischen zwei Institutionen. Ein Jurist wird deswegen immer auch versuchen, in irgendeiner Weise die Frage zu beantworten, ob sein Mandant Recht hat bzw. welche Rechte (man spricht auch von Ansprüchen) er hat[7]. Nachdem ein Recht im Konfliktfall ein Gegenüber braucht, gegen das es sich richtet, wird ein Jurist den Fall immer danach aufdröseln, zwischen welchen Personen Rechtsbeziehungen bestehen. Das gibt für ihn die Konfliktfelder vor, die er zu lösen versucht.

Das Raster, das in diesem Fall seine Vorgehensweise strukturiert, ist – grob gesprochen – eine einfache Frage: „Wer will was von wem (woraus)?" Das ist die methodische „Weltfrage" des Juristen[8]. Auch im Rahmen einer solchen sog. Anspruchsprüfung sind u. U. jede Menge rechtliche Fragen zu klären. Allerdings werden sie nur aufgegriffen, wenn und soweit sie von Relevanz für den Konflikt sind. Ansonsten lässt man sie außen vor. Das ist der große Vorteil der Methode: Sie strukturiert und lenkt den Blick des Juristen. „Überflüssiges" blendet sie aus. Rechtliche Probleme werden nur dann bearbeitet, wenn sie sich stellen.

Der Fall selber gibt einen Auftrag nicht vor. In diesem Fall wird der Jurist sich nahezu automatisch in das Schema seiner Weltfrage begeben und von dieser Warte aus die zwischen den Beteiligten bestehenden Rechte und Ansprüche klären. Auch ich tue das nachfolgend.

2.2 Wer ... von wem? – Der Einstieg in den Fall

Legt man die juristische Weltfrage an den Fall an, so schälen sich folgende mögliche Beteiligte heraus, die alle etwas wollen (könnten):

Zunächst die Mutter. Sie will in Ruhe sterben und ihren Kindern Liebe geben. Dann möchte sie, dass ihr Ex-Mann nicht mehr kommt. Sie hätte daneben auch Grund, etwas von ihren Kindern zu wollen (etwa, dass diese sie mit Anstand behandeln). Dann könnte („sollte", würde eine beratende Sozialarbeiterin u. U. denken) Frau X auch etwas vom Staat wollen: Die Sozialisation der Kinder scheint nicht ganz unproblematisch zu verlaufen und sie könnte entsprechende öffentliche Leistungen beanspruchen wollen.

Bei der Tochter sieht es ähnlich aus: Das einzige konkret geäußerte Begehren richtet sich gegen ihren Vater: Sie möchte nicht zu ihm. Aus ihrer Schilderung des Sachverhalts ließen sich allerdings durchaus noch weitere Konfliktfelder ersehen: Zunächst mit ihrem Bruder, der sie „drangsaliert". Aber auch vielleicht mit ihrer

---

7 Zippelius (2006, S. 87).
8 Vgl. nur Bringewat (2013, S. 108); Möllers (2010, S. 32 f.); Lorenz (2013, S. 44).

Mutter, die bei ihr bleiben solle. Sodann aber richtet sich ihr Blick u. U. auch hilfesuchend in Richtung Staat, der sie vor ihrer trostlosen Zukunft bewahren möge. Der Sohn hingegen scheint mit der Praxis seiner Wirklichkeitsgestaltung zufrieden zu sein und keinen Klärungsbedarf zu haben. Ihn betreffende Rechtsfragen werde ich daher nachfolgend aussparen.

Auch der Vater hat ein Interesse bekundet, nämlich seine Tochter zu sich zu nehmen. Als Kehrseite des Wunsches der Tochter werden die dahingehenden Fragen bereits in diesem Rahmen behandelt.

Als weiteren möglichen Beteiligter, der etwas wollen könnte, kann man schließlich den Staat andenken: Dieser könnte sich vor allem gegen Vater, Tochter und Sohn richten, die sich u. U. durch ihr Verhalten strafbar gemacht haben. An diesen Aspekt werden die drei vermutlich gar nicht denken. Der Staat – insoweit repräsentiert durch Polizei und Staatsanwaltschaft – hat offenbar noch keine Kenntnis von den Vorfällen und kommt daher im Moment nicht auf die Idee, ein Strafverfahren einzuleiten. Vor diesem Hintergrund – und natürlich auch aus Platzgründen – werden im Folgenden diese Fragen ausgespart.

Nach dieser Sortierung stehen Prüfauftrag sowie Prüfraster fest: Zu prüfen sind die (möglichen) Ansprüche von Mutter und Tochter gegenüber Ex-Mann bzw. Vater, Sohn bzw. Bruder sowie dem Staat.

Dieser Ansatz hat natürlich auch Nachteile. Der Größte vielleicht: Das Auseinanderreißen eines als einheitlich empfundenen Lebenssachverhalts: Der Jurist nimmt im Ausgangspunkt nicht das System (die Familie) als Ganzes in den Blick. Das Gebilde einer ineinander verwobenen Gemeinschaft stört seine Systematik eher. Er trennt stattdessen sauber und zergliedert die Einheit Familie in jeweils gegeneinander gerichtete Rechtsverhältnisse: Mutter gegen Tochter – Mutter gegen Ex-Mann – Ex-Mann gegen Tochter usw. Diese Sichtweise hat in gewisser Weise eine sehr desintegrierende Wirkung[9]: Die Frage nach (meinen) Rechten als solche schafft nicht nur ein Gegenüber (mein Recht gegenüber wem?). Sie produziert gewissermaßen Gegner und damit Gegnerschaft. Mit einem gewissen Recht vermutet man Unfrieden, wenn man Juristen einschaltet. In der Sache ist jetzt aber klar, wo die Fronten verlaufen, der Rechtsstreit nimmt an Fahrt auf.

2.3 …will was? –Der Prüfgegenstand

Was die Beteiligten wollen, muss übersetzt werden in das Reich des Rechts, damit ein passendes Gesetz überhaupt gefunden werden kann. Nehmen wir z. B. das Ver-

---

9   Eingehend dazu Di Fabio (2003, S. 996) m w. Nachw.

halten der Kinder und den Wunsch von Frau X nach einem ruhigen Lebensende: Rechtlich durchsetzbar ist lediglich das Unterlassen von Gewalt ihr gegenüber, nicht jedoch „Harmonie" als das positive Gegenteil. Der Wunsch von Frau X ließe sich daher nur in folgende Rechtsfrage packen: „Kann sie von ihren Kindern verlangen, dass diese aufhören, sie zu bestehlen bzw. körperlich zu verletzen?"

Dieses Vorgehen birgt natürlich die Gefahr, genau das auszublenden, was für Frau X am wichtigsten ist: Liebe und Harmonie. Vermutlich erreicht sie genau das Gegenteil: Die präzise (einklagbare und später notfalls auch vollstreckbare) Forderung bringt den Konflikt zwischen den Beteiligten auf den Punkt. Genau dadurch spitzt sie ihn weiter zu, wobei die juristische Formulierung ein übriges tut.

Methodisch ist das unvermeidlich: Aufgabe des Juristen ist es, Recht und Leben zusammenzubringen. Die Tätigkeit des Juristen ist dementsprechend geprägt von einem Hin- und Herwandern des Blicks[10] zwischen Lebenssachverhalt und Recht, zwischen „Sein" und „Sollen": Es muss aus dem Recht „geschöpft" werden, was der Lebenssachverhalt an Fragen aufwirft. Was das Recht nicht hergibt, wird aussortiert. Bereits bei der Formulierung der Rechtsfrage findet zwangsläufig ein Prozess der Selektion und Reduktion eines facettenreichen Lebenssachverhalts voller lebensvoller Wünsche auf rechtlich realisierbare Forderungen statt.

2.4 Woraus? – Der Eingang in die Rechtsprüfung

2.4.1 Die Notwendigkeit eines Gesetzes

Spätestens die Frage „woraus?" ein Beteiligter was auch immer will, schlägt die Brücke zur Rechtsprüfung. Alles, was z. B. Frau X wollen kann, muss sich in einem Gesetz, einer sog. Rechtsgrundlage, wiederfinden. Ob der Wunsch tatsächlich rechtlich begründet ist, stellt sich erst am Ende einer z. T. aufwändigen Rechtsprüfung heraus. Dazu später. Zu Beginn reicht es aus, dass es überhaupt ein Gesetz für den Wunsch des Beteiligten gibt. Gibt es keines, ist der Wunsch rechtlich irrelevant und wird übergangen. Das gilt – wie eben gesehen – für das Haupanliegen von Frau X: Liebe und Harmonie.

2.4.2 Rechtsschubladen – Öffentliches oder Privates Recht?

An erster Stelle beginnt jetzt die Suche nach einem einschlägigen Gesetz für jeden Wunsch jedes Beteiligten. Das bedeutet eine Menge Sortierarbeit. Recht in diesem

---

10 Engisch, zitiert nach Zippelius (2006, S. 89) und Rüthers (2008, S. 407 f.).

Sinne sind alle innerstaatlich verbindlich gesetzten Regelungen[11]. Das ist ziemlich viel. Der Jurist benötigt deswegen an dieser Stelle Orientierungspunkte. Der erste und wichtigste ist die Unterscheidung in Rechtsgebiete: Öffentliches oder Privates Recht[12]. Je nachdem in welchem Bereich man sich bewegt, gelten andere Gesetze und andere Regeln für die Beteiligten[13].

Wenn es um einen Konflikt zwischen quasi gleichgestellten Bürger geht, bewegt man sich im sog. Privatrecht. Im vorliegenden Fall würde man alle Fragen, die den innerfamiliären Konflikt zwischen Frau X und ihrem Ex-Mann bzw. ihren Kindern betreffen, dem Privatrecht zuordnen und dort nach möglicherweise passenden Gesetzen suchen. Die meisten stehen im BGB.

Dann kann sich ein Konflikt auch zwischen einem Einzelnen oder dem Staat stellen. Etwa weil ein Einzelner etwas vom Staat will. Rechtsfragen dieser Art würden nicht mehr dem Privatrecht, sondern dem Öffentlichen Recht zugeordnet werden. Im Fall wäre das z. B. die Frage, ob Frau X Ansprüche gegenüber dem Staat auf Unterstützung im Bereich der Erziehung hat.

2.4.3 Das „Aufdröseln" der Rechtsfragen – Anspruchsgrundlagen

Nach dieser groben Vorsortierung geht es weiter. Beispielsweise ist noch nicht wirklich viel gewonnen, wenn man weiß, dass das Zivilrecht die Regeln für alle Konflikte innerhalb der Familie X bereithält. Denn dieses regelt ja ebenfalls sehr viel – z. T. auch Widersprüchliches. Um es vorweg zu nehmen: Der „Eingang" in eine jede Rechtsprüfung ist die sog. Anspruchsgrundlage[14] (für das Zivilrecht) bzw. (für das öffentliche Recht) die sog. Ermächtigungsgrundlage[15]. Im Folgenden beziehe ich mich der besseren Lesbarkeit halber nur auf die Anspruchsgrundlage. Die Struktur ist für die Ermächtigungsgrundlage aber im Grundsatz die Gleiche.

---

11 Kelsen (2008, S. 74); Lorenz (2013, S. 27). Eingehend zu der vor allem für das Öffentliche Recht bedeutsamen Frage nach den Rechtsquellen vgl. etwa Peine (2000, S. 30 ff.); Detterbeck (2011, S. 19 ff.); Maurer (1999, S. 59 ff.).
12 Zur Abgrenzung und Relevanz vgl. nur Schwab (2000, S. 42); (Detterbeck 2011, S. 9); Peine (2000, S. 24 f.); Maurer (1999, S. 43 ff.); Lorenz (2013, S. 35 ff.).
13 Falterbaum (2003, S. 46 f.); Lorenz (2013, S. 35 ff.).
14 Vgl. grundlegend zur Systematik der Anspruchsprüfung Schwab (2000, S. 100 ff.); Zippelius (2006, S. 28 ff.).
15 Vgl. nur Bringewat (2013, S. 188); Schwerdtfeder (1982, S. 26).

Eine Anspruchsgrundlage[16] ist diejenige Norm, die den Wunsch des Beteiligten „trifft". Dafür muss sie zweierlei enthalten[17]: Zum einen das vom Beteiligten Gewollte, also seinen Anspruch. Sie sagt also etwas darüber aus, was das Gegenüber tun oder lassen soll, z. B. sich von Jemandem fernzuhalten. Das ist die sog. Rechtsfolge. Sodann enthält die Anspruchsgrundlage auch die Voraussetzungen für das Gewollte. Sie sagt also zugleich etwas darüber aus, wann, also unter welchen Voraussetzungen, verlangt werden kann, dass sich z. B. Jemand von einem anderen fernhalten muss. Das ist der sog. Tatbestand. Von der Anspruchsgrundlage her wird der ganze Fall aufgezäumt.

Meistens ist allerdings nicht alles in einer einzigen Norm geregelt. Es gibt ja bei der Regelung eines Konfliktes einiges zu bedenken: Ausnahmen, Grenzen, Widerspruchsmöglichkeiten gegen den Anspruch usw. All diese Fragen sind in weiteren Normen geregelt, die dann zur Ergänzung, Modifikation oder Konkretisierung der Anspruchsgrundlage weiter zu berücksichtigen sind[18]. Auf diese Weise entsteht ein komplexes Regelungsgefüge von Vorschriften.

An dieser Stelle beginnt das Fachwissen des Juristen: Er muss nicht nur wissen, welche Gesetze es gibt, sondern auch wie sich die einzelnen Vorschriften zueinander verhalten[19]. Im Fachjargon ausgedrückt: Er muss die Systematik des einschlägigen Rechtsgebietes beherrschen. Das ist seine Kunst. Oder auch sein Handwerk. An dieser Stelle scheiden sich die Geister. Es gibt Rechtswissenschaftler, die meinen, dass der Jurist allein dadurch, dass er sich richtig im Gefüge des Rechts bewegt, dann auch die richtige Lösung findet. Der Jurist also als Handwerker oder sogar „Rechtsprechungsautomat"[20]. Andere sehen das differenzierter und meinen, ein Jurist benötige noch mehr. Sie sprechen von der „Kunst" des Juristen[21]. Im Ausgangspunkt sind sie sich aber einig: Der Jurist muss sich sauber im Labyrinth des Rechts bewegen können.

---

16 Ein anderer Begriff dafür ist auch „vollständige Norm", grundlegend dazu Lorenz (2013, S. 43); Rüthers (2008, S. 88).
17 Lorenz (2013, S. 42); grundlegend Engisch (1983, S. 17 ff.); Rüthers (2008, S. 86); Zippelius (2006, S. 29).
18 Sog Hilfsnormen, Lorenz (2013, S. 43); grundlegend dazu Rüthers (2008, S. 88).
19 Grundlegend zur Methodik Rüthers (2008, S. 88); Zippelius (2006, S. 37 f., 89).
20 Dazu grundlegend Wenzel (2008, S. 345).
21 Zum Grundkonflikt Derrida (1991, S. 418); eingehend zur rechtswissenschaftlichen Debatte Hassemer (2007, S. 213 ff.); Wenzel (2008, S. 345 ff.).

3 Die „Arbeit" mit dem Recht – Die juristische Denke

3.1 Das Denkmodell der Juristen… – Der Syllogismus

Hat der Jurist die (besser: eine, meistens gibt es mehrere) Anspruchsgrundlage gefunden, mit der er in die Rechtsprüfung einsteigt, geht die eigentliche Arbeit los. Norm und Lebenswirklichkeit müssen zusammengebracht werden. Die Kernaufgabe des Juristen besteht darin, zu prüfen, ob die Norm tatsächlich den Anspruch enthält[22], ob sie z. B. Frau X das Recht in ihrem Fall gibt, von ihrem Ex-Mann zu verlangen, dass er nicht mehr komme. Das erfordert eine rechtswissenschaftliche Methode der Auseinandersetzung mit der Norm. Die Methode wirkt an sich nicht besonders anspruchsvoll und besteht aus drei Schritten: Im ersten Schritt schält der Jurist den Inhalt der Norm heraus, den er sodann im zweiten Schritt auf seinen Fall, den Sachverhalt, anlegt und dann an dritter Stelle schaut, ob die Norm den Sachverhalt trifft[23]. Diesen Vorgang nennt man Subsumtion[24].

Der Subsumtion liegt ein spezifisches Denkmodell der formalen Logik zu Grunde: Der Syllogismus[25]. Ein Syllogismus besteht aus zwei Prämissen und einer Schlussfolgerung, der sog. Konklusion.

Das Standardbeispiel dazu:

- Prämisse 1: Alle Menschen sind sterblich.
- Prämisse 2: Sokrates ist ein Mensch.
- Konklusion: Sokrates ist sterblich.

Auf die juristische Ebene bezogen, sieht das so aus: Die erste Prämisse, der sog. Obersatz, bildet die Rechtsnorm. Die zweite Prämisse, der sog. Untersatz, bildet der konkrete Lebenssachverhalt. Beide werden miteinander daraufhin abgeglichen, ob sie deckungsgleich sind. Wenn ja, ist die Rechtsnorm auf den konkreten Lebenssachverhalt anwendbar, wenn nein, dann eben nicht[26].

---

22 Engisch (1983, S. 44).
23 Zur Methode vgl. etwa Engisch (1983, S. 43 ff.).
24 Vgl. etwa Bringewat (2013, S. 38). Eingehend zum Begriff der Subsumtion Puppe (2011, S. 61 ff.); Engisch (1983, S. 43 ff.).
25 Vgl. nur Bringewat (2013, S. 38); Holznagel et al. (2012, S. 63) m.w.Nachw.; Engisch (1983, S. 63 ff.); grundlegend auch Zippelius (2006, S. 96).
26 Vgl. nur Bringewat (2013, S. 38 f.).

3.2 ... und seine Tücken – Die Konkretisierung des Gesetzesinhalts

3.2.1 Definitionen ....

Um Lebenssachverhalt und Norminhalt aufeinander beziehen zu können, muss allerdings zunächst einmal klar sein, was die Norm überhaupt regelt. § 823 I BGB spricht z. B. von einer Körperverletzung. Der Lebenssachverhalt spricht davon, dass Herr X seine Ex-Frau geschlagen habe. Im Alltagsverständnis lässt sich beides vermutlich unproblematisch gleichsetzen.

Für den Juristen ist das allerdings nicht ganz so klar. Er fragt sich als allererstes, was die Norm meint, wenn sie von Körperverletzung spricht. Und zwar, was sie *genau* meint. Der Rechtsbegriff der Körperverletzung muss zunächst definiert werden, sonst kann der Jurist nicht weitermachen. Nach herrschender Meinung ist eine Körperverletzung eine Beeinträchtigung der äußeren körperlichen Integrität[27]. Auch darunter lässt sich das Verhalten unproblematisch fassen. Hier ist die Subsumtion also in alle Richtungen ziemlich klar. Trotzdem wird der Jurist genau an dieser Stelle stocken und sich um eine Definition bemühen.

Das ist seit jeher der Kern aller juristischer Auseinandersetzung: Juristen streiten um Begriffe und deren Inhalte[28]. Das mag verblüffen. Nicht nur weil der Fall hier so klar ist. Vor allem aber auch, weil die Definition nicht viel mehr Klarheit bringt: „Denn" – so könnte man weiterfragen – „was ist denn eine Beeinträchtigung?" und so die Definition selber weiter auseinandernehmen. Und in der Tat: Wenn man sich juristische Definitionen genauer anschaut, stellt man schnell fest, dass sie den Anforderungen an eine wissenschaftliche Definition (den zu definierenden Begriff klarer, eindeutiger und bestimmter zu machen) definitiv nicht gerecht werden[29]. Darum geht es auch nur begrenzt. Es geht darum, festzulegen, auf welche Fälle sich der Begriff und damit das Gesetz in der Lebensrealität beziehen kann oder soll[30], z. B. die Frage, ob auch das Abschneiden von Haaren schon eine Körperverletzung darstellen soll oder eben nicht[31].

Das ist die andere Seite des oben angesprochenen Hin- und Herwanderns des juristischen Blicks zwischen Recht und Lebenssachverhalt. Aus dem Lebenssachverhalt wird nicht nur herausgefiltert, was für das Recht relevant ist. Sondern auch

---

27 Spindler (2013, § 823 Rn 30).
28 Puppe (2011, S. 21).
29 Puppe (2011, S. 58).
30 Puppe (2011, S. 61).
31 BGH NJW (1953, S. 1440); AG Köln NJW-RR (2001, S. 1675).

umgekehrt: Das Recht wird mit Blick auf den Lebenssachverhalt befragt, wie weit es gehen will (oder soll).

3.2.2 ... und unbestimmte Rechtsbegriffe – Methodenlehre

Eine Definition für einen Rechtsbegriff zu finden, ist aber noch aus einem anderen Grund schwierig: Die Gesetzesbegriffe selber sind ungenau[32], z. T. wertend[33] oder verändern im Laufe der Zeit ihre Bedeutung[34].

Mit dieser Schwierigkeit einen Umgang zu finden, darin besteht der eigentliche Kern der Rechtswissenschaft: Sie ist die Wissenschaft von der Auslegung von Normen. Ihr Gegenstand ist die Erkenntnis des Rechts[35]. An dieser Stelle setzt die juristische Methodenlehre ein. Diese stellt mögliche Begründungs- und Argumentationsmuster zur Verfügung, um den Inhalt des Gesetzes festzulegen[36]. Klassischerweise wird vor allem auf vier Auslegungsmethoden zurückgegriffen[37]:

- Der Wortlaut einer Norm,
- die Systematik einer Norm, also ein Verständnis der Norm, das sie in den Kontext der gesamten Rechtsordnung stellt,
- die Entstehungsgeschichte einer Norm und
- ihr Sinn und Zweck (Teleologie). Diese Methode z. B. erfreut sich großer Beliebtheit[38]. Und das, obwohl sie in höchstem Maße angreifbar ist: Der Sinn, den ein Gesetz heute (für den jeweiligen Anwender) hat, entzieht sich nämlich jeglicher logischen Überprüfung[39]. Gerade das macht sie so attraktiv: Erlaubt sie doch dem Anwender eine „Verallgemeinerung" seiner eigenen Vernünftigkeit[40].

Wie auch immer man dazu steht: Aus diesen methodischen Ansätzen lassen sich Argumentationsmuster für die unterschiedlichsten möglichen Normverständnisse

---

32 So z. B. der Begriff des Kindeswohles, etwa in § 1666 BGB.
33 So z. B. der Begriff der Sittenwidrigkeit, etwa in § 138 BGB.
34 Zur Problematik eingehend Rüthers (2008, S. 119).
35 Kelsen (2008, S. 1).
36 Grundlegend Engisch (1983, S. 69 ff.); Puppe (2011, S. 77-104).
37 Engisch (1983, S. 77 ff.); sehr eingehend z. B. Puppe (2011, S. 77 ff.); Rüthers (2008, S. 429 ff.).
38 Engisch (1983, S. 83); Puppe (2011, S. 95).
39 Zur juristischen Auseinandersetzung über die Methodenlehre vgl. nur Hassemer (2007, S. 214 f.). Sehr grundlegend zum Umgang mit dem „Methodenproblem" Rüthers (2008, S. 431 ff.).
40 Vgl. nur Puppe (2011, S. 94 f.).

gewinnen. Aber eben nur mögliche, nie zwingende Argumentationsmuster. Dazu kommt, dass der Kanon der Auslegungsregeln nicht abschließend ist[41], also weitere Auslegungsregeln hinzutreten können (etwa das Kriterium der Folgenabschätzung eines bestimmten Normverständnisses[42]) und auch keine Regeln für das Verhältnis der Auslegungsregeln untereinander existieren[43]. Die Überzeugungskraft einer Argumentation setzt logische Argumentation voraus[44]. Andersherum gilt das nicht: Allein die Einhaltung der Regeln der Logik überzeugt noch nicht. Die Interpretation des Gesetzes ist und bleibt ein hermeneutischer Prozess[45]. Als solcher hat sie immer ein wertendes, ideologisches Element und ist selten eindeutig oder gar zwingend[46]. Das macht Recht für Nicht-Juristen so schwammig und das Geschäft der Rechtsauslegung in höchstem Maße angreifbar. In der Sache ist das Dilemma kaum zu vermeiden[47].

Im Bereich der Sozialen Arbeit sorgen unbestimmte Rechtsbegriffe für ganz grundsätzlichen Zündstoff[48]: Viele Gesetze regeln psychosoziale Lagen – naheliegenderweise – durch unbestimmte Rechtsbegriffe. Dies gilt z. B. für den Begriff des „Kindeswohles", der etwa in § 1666 BGB auftaucht, aber auch in § 8a und § 27 SGB VIII. Die rechtswissenschaftliche Methode, diese Begriffe mit allgemein gültigen Inhalten zu füllen, stößt hier vollends an ihre Grenzen[49]: Die von ihr erarbeiteten Definitionen sind kaum aussagekräftiger als der unbestimmte Rechtsbegriff selber[50]. Zur weiteren Konkretisierung wird in der juristischen Auseinandersetzung auf Fallbeispiele verwiesen[51], die das Recht zwar handhabbar machen, aber eben keine begriffliche Klärung bringen.

Dieses Vorgehen ist in der Sache begründet. Es sind ja gerade die Vielschichtigkeit und Mehrdimensionalität des geregelten Phänomens, die eine Zurückhaltung einer rechtlichen Interpretation verlangen und die Juristen auf Methoden und Kategorien außerrechtlicher Einzelwissenschaften verweisen[52]. Streitig aber ist, wie mit dieser

---

41 Vgl. nur Engisch (1986, S. 82); Rüthers (2008, S. 430).
42 Rüthers (2008, S. 428).
43 Rüthers (2008, S. 430).
44 Rüthers (2008, S. 429 f.).
45 Rüthers (2008, S. 114 f.).
46 Rüthers (2008, S. 114 f.).
47 Zippelius (2006, S. 63); Rüthers (2008, S. 494); v. Sturm (1986, S. 495).
48 Buchholz-Schuster (2009, S. 472).
49 v. Sturm (1986, S. 495); Buchholz-Schuster (2010, S. 18).
50 So schon v. Sturm (1986, S. 493); später etwa Buchholz-Schuster (2009, S.472, 476).
51 v. Sturm (1986, S. 493); Buchholz-Schuster (2009, S. 472, 476).
52 v. Sturm (1986, S. 493).

Offenheit der Gesetzesformulierung umzugehen ist, konkret: Wer legt die Kriterien fest: Die Sozialpädagogik als berufene Fachdisziplin[53] unter Rückzug des Rechts (der Gerichte) auf die Kontrolle der Auslegung auf Willkür[54]? Oder soll das Kindeswohl diskursiv zwischen Leistungsberechtigtem und Fachkraft ausgehandelt werden[55], so dass die Gerichte dann nicht mehr prüfen würden, ob im konkreten Fall wirklich eine Kindeswohlgefährdung vorliegt, sondern nur noch, ob die diskursiven Regeln eingehalten wurden? In der Sache laufen dahingehende Vorschläge auf ein inhaltliches Bewertungsvorrecht der Sozialen Arbeit hinaus. Es erstaunt vermutlich nicht, dass derartige Überlegungen in juristischen Fachkreisen überwiegend – als nicht hinnehmbarer „rechtsfreier" Raum – auf Ablehnung stoßen[56]. Tendenziell wird der sozialpädagogischen Fachdisziplin vielmehr eine dienende Funktion zugewiesen: Sie unterstützt die Rechtskonkretisierung durch die Zur-Verfügung-Stellung außerrechtlicher Kriterien[57]. Die inhaltliche Verantwortlichkeit für die Anwendbarkeit der Norm (konkret: Das Vorliegen etwa einer Kindeswohlgefährdung) verbleibt aber bei den Juristen (konkret den Gerichten). Aus der Perspektive der Sozialen Arbeit, die fachlich mit einer völlig anderen Logik an den Lebenssachverhalt herantritt[58], stellt sich diese Aufgabenteilung nachvollziehbarerweise als Einengung fachlicher Handlungsspielräume dar[59].

3.2.3 Und wenn das Recht gar nicht passt?

Manchmal hilft aber auch alle Auslegung nicht weiter und das Leben lässt sich einfach nicht in das Recht einpassen. Es gibt z. B. keine Anspruchsgrundlage für Frau X, die sagt, dass ihr Ex-Mann es unterlassen solle, sie zu schlagen. Es gibt eine Norm, die sagt, dass man von Jemandem verlangen kann, dass er Eigentumsbeeinträchtigungen unterlässt (§ 1004 BGB). Aber eine Eigentumsbeeinträchtigung ist ja keine Körperverletzung. Die Norm passt einfach nicht. Das ist natürlich ungerecht.

---

53 Vgl. etwa v. Sturm (1986, S. 495), sowie weitere Nachweise bei Buchholz-Schuster (2009, S. 473).
54 Zu Nachweisen Werner (1995, S. 369); v. Sturm (1986, S. 494); Buchholz-Schuster (2009, S. 477).
55 Wiesner (2000, Vor § 11 Rn 37-40).
56 Lakies (1996, S. 455); Maas (1997, S. 73); Buchholz-Schuster (2009, S. 477) m.w.Nachw.; ders. (2010, S. 19). Zur Auseinandersetzung und anderen Positionen Kunkel (1997, S. 199).
57 Maas (1996, S. 62); ders. (1997, S. 73, 75).
58 v. Sturm (1986, S. 484); Münchmeier (2010, S. 9); Jordan (2001, S. 49).
59 In diese Richtung Jordan (2001, S. 52); zu weiteren Nachweisen v. Sturm (1986, S. 484).

Und wenn es ungerecht genug ist, hat sogar die Rechtswissenschaft ein Einsehen[60]. Methodisch hat sie für diese Fälle einige Kniffe parat, u.a. den der „Analogie". Eine Analogie bedeutet, dass eine Norm auf einen von ihr nicht geregelten Fall angewandt wird[61]. Sie hängt von strengen Vorgaben ab: Vor allem setzt sie eine Vergleichbarkeit zwischen geregeltem und ungeregeltem Sachverhalt voraus und eine planwidrige Regelungslücke des Gesetzgebers[62]. So verfährt die Rechtsprechung etwa mit § 1004 BGB und wendet ihn analog auf alle Fälle einer Verletzung von in § 823 I BGB geschützten Rechtsgütern an[63]. Mit diesem „Kunstgriff" ermöglicht sie einen effektiven Rechtsschutz für Frau X.

Das ist natürlich im Sinne der Gerechtigkeit[64]. Trotzdem ist es fragwürdig[65]. Neben dem ganz grundsätzlichen Einwand der Gewaltenteilung[66] (die Gerichte sprechen Recht, erfinden es aber nicht), stellt sich auch ein Problem der Rechtssicherheit: Man muss sich schon auf das, was geregelt ist, verlassen können und damit immer auch auf das, was nicht geregelt ist. Auch rechtsmethodisch stellen sich jede Menge Einwände: Der gravierendste: Die „Beliebigkeit" der Analogie. Denn ob ein ungeregelter Sachverhalt mit dem geregelten vergleichbar ist, ob die Regelungslücke planwidrig ist und – vor allem – *wie* diese Lücke auszufüllen ist, hängt von einer Vielzahl wertender Vorentscheidungen ab[67]. Argumentativ ist die Annahme einer Analogie – ebenso wie ihre Ablehnung – nie zwingend, könnte man doch aus dem Schweigen des Gesetzgebers immer auch den Gegenschluss ziehen[68]: „Er wollte es eben genau so."

---

60 Zu den hinter Analogien stehenden Gerechtigkeitserwägungen Zippelius (2006, S. 66).
61 Zippelius (2006, S. 67 ff.); Puppe (2011, S. 111 ff.); Rüthers (2008, S. 504 ff., 540); Engisch (1983, S. 146 f., 150).
62 Vgl. etwa Puppe (2011, S. 115).
63 Berger (2014, § 1004 Rn 3).
64 Zippelius (2006, S. 66).
65 Ablehnend daher ganz grundsätzlich Kelsen (2008, S. 110 f.); eingehend zur Problematik Zippelius (2006, S. 64 ff.); Engisch (1983, S. 138 ff., 140); Rüthers (2008, S. 504 ff., 540 ff.)
66 Rüthers (2008, S. 505).
67 Eindrücklich dazu, vor allem auch mit Blick auf diesbezügliche Missbräuche in der deutschen Geschichte Rüthers (2008, S. 518, 533 ff.).
68 Puppe (2011, S. 114).

3.3 Der Bezug zur Realität

Der gravierendste Haken für den Juristen ist aber ein ganz anderer: Nämlich die Festlegung des Lebenssachverhaltes, auf den die Rechtsnorm zu beziehen ist[69]. So möchte Frau X im Fall z. B., dass ihr Ex-Mann sie in Ruhe lässt und begründet das damit, dass er „schimpfe" und „schlage". Herr X wird das vielleicht ganz anders darstellen und abstreiten, dass er schimpfe oder gar schlage. Er wird möglicherweise sogar im Gegenteil vortragen, dass es Frau X sei, die immer nur schimpfe und schlage. Er habe nur höflich geantwortet und lediglich einmal die Hand gehoben, um sich gegen einen Schlag von Frau X zu schützen. Damit wäre der Untersatz zu der Rechtsnorm ausgehebelt und der Anspruch von Frau X gewissermaßen „erledigt".

Der Lebenssachverhalt muss also immer auch beweisbar sein[70]. Es geht nicht darum, ob die Sozialarbeiterin Frau X glaubt. Sondern darum, ob ihr auch ein Richter glauben müsste, und zwar auch und vor allem dann, wenn Herr X die Vorwürfe bestreiten sollte. Wie das bewirkt werden kann, ist eine Frage des gerichtlichen Verfahrens. Eine wesentliche Aufgabe des Juristen besteht ganz praktisch darin, den Lebenssachverhalt „gerichtsfest" vorzubereiten, Beweise zu sammeln, Vorgänge zu sichern etc. Was nicht beweisbar ist, ist im Zweifel auch nicht durchsetzbar. Recht bekommt der, dessen Zeugen besser lügen. Es geht nicht um Gerechtigkeit, es geht nicht mal um Wahrheit, es geht um Beweisbarkeit und Überzeugungskraft.

Das kann zu Kommunikationsproblemen führen: Was Frau X am allerwichtigsten ist, ist – soweit es rechtlich überhaupt relevant ist – u. U. nicht beweisbar. Was hingegen für die Rechtsdurchsetzung wichtig ist, sagt sie nicht von sich aus, muss aber vom Juristen herausgefunden werden. Er wird sich also tendenziell nur begrenzt für ihre „menschliche" Geschichte interessieren, sondern vielleicht vor allem für die – aus Sicht von Frau X völlig unwichtigen – Details. Auf Frau X kann das befremdlich wirken. Dabei ist der Jurist tatsächlich bemüht, ihr zu helfen.

---

69 Vgl. zur Problematik ganz grds Engisch (1983, S. 50 ff.); Rüthers (2008, S. 411 ff.).
70 Zippelius (2006, S. 91).

4 Ein Vorschlag für eine juristische Fallbearbeitung

Die nachfolgenden Überlegungen werden aus der Perspektive der mit dem Fall betrauten Sozialarbeiterin angestellt.

4.1 Frau X und ihre Ansprüche

Aus der Vielzahl der von Frau X geäußerten Wünsche werde ich nachfolgend das gegen ihren Ex-Mann gerichtete Begehren sowie mögliche Ansprüche gegenüber dem Staat aufgreifen. Ein – rechtlich mögliches – Vorgehen gegen das Verhalten der Kinder ist offenbar nicht gewollt und wird nachfolgend ausgeblendet.

4.1.1 Vorgehen gegen ihren Ex-Mann

Der Wunsch von Frau X, dass ihr Ex-Mann nicht mehr komme, ist rechtlich unter zwei Gesichtspunkten relevant: Besitzschutz und Gewaltschutz.

4.1.1.1 Besitzschutz

Eine denkbare Rechtsgrundlage, von Herrn X zu verlangen, dass er nicht mehr komme, könnte § 862 I BGB sein[71].

Die Norm setzt voraus, dass der Besitzer durch verbotene Eigenmacht im Besitz gestört ist. Insoweit lässt sich unproblematisch annehmen, dass Frau X – als Alleinmieterin der Wohnung – die tatsächliche Sachherrschaft über diese hat und damit Besitzerin der Wohnung im Sinne des § 854 I BGB ist. Weiter müsste sie in ihrem Besitz durch verbotene Eigenmacht gestört sein. Verbotene Eigenmacht stellt jede Störung im Besitz ohne den Willen des Besitzers dar (§ 858 I BGB), es sei denn, dass das Gesetz die Störung gestattet. Zu den potenziellen Besitzstörungen zählt auch das Betreten der Wohnung durch Dritte[72], sofern es ohne oder gegen den Willen des Besitzers erfolgt[73]. Eine unter Zwang oder psychischem Druck abgegebene Zustimmung genügt nicht[74]. Die dahingehenden Sachverhaltsangaben

---

71 Unterstellt wird insoweit mit Blick auf die Angaben im Sachverhalt zu den finanziellen Verhältnissen der Familie, dass Frau X lediglich Mieterin, nicht aber Eigentümerin der von ihr bewohnten Wohnung ist. Aus diesem Grund werden Ansprüche nach § 1004 BGB nicht aufgegriffen.
72 Fritzsche (2014, § 858 Rn 9, 11).
73 Fritzsche (2014, § 858 Rn 16).
74 Fritzsche (2014, § 858 Rn 16; ders. 2014, § 856 Rn 3).

lassen insoweit keinen eindeutigen Schluss zu. Der Sachverhalt müsste insoweit weiter geklärt werden, um eine abschließende Wertung vornehmen zu können:

- Vordergründig erfolgt das Betreten der Wohnung mit Einwilligung von Frau X, denn entweder hat Herr X einen Schlüssel oder aber die Familie lässt ihn freiwillig in die Wohnung. In diesem Fall könnte und müsste Frau X ihr Einverständnis widerrufen, um den Anspruch auszulösen.
- Die Sachverhaltsangaben lassen sich aber auch dahingehend deuten, dass bereits diese vordergründige Zustimmung zu dem Verhalten von Herrn X aus Angst erfolgte und mithin – da unter Druck entstanden – nicht freiwillig ist. Ist dies der Fall, ist das bloße Dulden des Betretens der Wohnung durch Herrn X nicht als Zustimmung zu seinem Verhalten anzusehen. Das Betreten der Wohnung stellt in diesem Fall – ohne dass Frau X weiter etwas zu unternehmen bräuchte – verbotene Eigenmacht dar.

Ein Anspruchsausschluss mit Blick auf eine etwaige gesetzliche Gestattung des Betretens der Wohnung gegen den Willen von Frau X ist nicht ersichtlich.

Von der Rechtsfolge her ist der Rechtsanspruch von Frau X auf Beseitigung der Störung gerichtet (§ 862 I 1 BGB). Auf dieser Basis kann sie (ggf. auch erst nach einer entsprechenden Äußerung) von Herrn X verlangen, dass er ihre Wohnung – so er sie betreten hat – verlässt. Ist damit zu rechnen, dass Herr X sich nicht an diese Entscheidung halten wird, so kann Frau X Unterlassung verlangen und auf dieser Basis ein Verbot gegenüber Herrn X erwirken, ihre Wohnung zu betreten (§ 862 I 2 BGB).[75]

4.1.1.2 Gewaltschutz

Eine weitere Anspruchsgrundlage, mit deren Hilfe Frau X erreichen könnte, dass ihr Ex-Mann „nicht mehr kommt", könnte § 1 I GewSchG i.V. mit § 1004 BGB in analoger Anwendung darstellen.

Von den Rechtsfolgen her ermöglicht die Norm es Frau X, gegenüber ihrem Ex-Mann eine gerichtliche Schutzanordnung zu erwirken, die insbesondere auch ein Betretensverbot der Wohnung beinhalten (§ 1 I 3 Nr. 1 GewSchG), aber auch weitergehende Schutzkorridore eröffnen kann, etwa das Verbot, Kontakt aufzunehmen oder Abstand zu Frau X zu halten (vgl. § 1 I 3 Nrn. 2 ff. GewSchG). Was die Voraussetzungen des Anspruchs betrifft, so kann er durch mehrere Verhaltensweisen von Herrn X ausgelöst werden.

---

75 Frizsche (2014, § 1004 Rn 96).

Nach § 1 I GewSchG ermöglicht eine vorsätzliche und widerrechtliche Verletzung des Körpers des Antragstellers eine gerichtliche Schutzanordnung zu Gunsten des Opfers. Herr X hat nach den Sachverhaltsangaben Frau X in der Vergangenheit geschlagen, was den Tatbestand einer Körperverletzung erfüllt. Zudem muss eine Wiederholung zu befürchten sein („weitere Verletzungen"). Eine Wiederholungsgefahr wird im Grundsatz durch die erstmalige Verletzung vermutet[76]. Liegt die Gewalttat allerdings weit zurück, so kann die Vermutung u. U. widerlegt werden[77]. Unklar ist insoweit im Sachverhalt, ob es auch in der jüngeren Vergangenheit zu entsprechenden Übergriffen gekommen ist. Frau X gibt an, dass ihr Ex-Mann auf alles, was „ihm nicht in den Kram passe, mit Schimpfen und Schlagen" reagiere. Das kann bedeuten, dass es zu erneuten Gewalthandlungen gekommen ist, kann aber auch nur bedeuten, dass Frau X aus den Erfahrungen der Vergangenheit negativ über Herrn X denkt. Im letzteren Fall müsste sich ein Berater mit der Problematik auseinandersetzen, dass Herr X im Streitfall eine Wiederholungsgefahr bestreiten wird, weil er ja nicht (mehr) geschlagen habe. Allerdings ergeben sich aus dem Sachverhalt Anhaltspunkte zumindest dafür, dass das Verhalten von Herrn X – durch das Androhen konkreter Strafen – nachvollziehbar als bedrohlich eingeschätzt wird. Soweit zumindest dies im Verfahren beweisbar wäre, bleibt es bei der durch das vergangene Verhalten von Herrn X ausgelösten Vermutung, dass eine Wiederholung von Gewalthandlungen droht. Würde auch ein bedrohliches Verhalten bestritten werden, könnte das Vorgehen unter diesem Aspekt u. U. scheitern.

Der Anspruch wird daneben durch eine bloße Drohung mit einer Körperverletzung (§ 1 II Nr. 1 GewSchG) ausgelöst. Unter Drohung ist das – ausdrückliche, schlüssige oder versteckte – Inaussichtstellen einer künftigen Verletzung der bezeichneten Rechtsgüter zu verstehen, auf dessen Eintritt der Drohende Einfluss hat oder zu haben vorgibt[78]. Insoweit müssten die Sachverhaltsangaben dahingehend konkretisiert werden, mit welchen „konkreten Strafen" Herr X droht. Sollte sich dabei herausstellen, dass diese auch Körperverletzungen von Frau X beinhalten, so wäre diese Anforderung erfüllt. Auch insoweit stellt sich das Problem, dass Herr X ein bedrohliches Verhalten bestreiten könnte und der anspruchsbegründende Lebenssachverhalt nicht nachgewiesen werden kann.

Zuletzt kann eine Schutzanordnung auch unter dem Aspekt des unbefugten Eindringens in das befriedete Besitztum (§ 1 II Nr. 2a GewSchG) erwirkt werden. Insoweit kann weitgehend auf die obigen Ausführungen zum Besitzschutz verwiesen werden: Ein Erzwingen des Betretens der Wohnung durch entsprechende Drohun-

---

76 Reinken (2014, § 1 Rn 19).
77 Reinken (2014, § 1 Rn 19).
78 Reinken (2014, § 1 Rn 32).

gen würde ein unbefugtes Eindringen begründen[79]. Auch hier stellt sich erneut das Problem der „gerichtsfesten Vorbereitung" des Sachverhalts – vor allem auch durch eine entsprechende Zeugenaussage von Frau X und u. U. deren Kinder, um diese Voraussetzungen vor einem Gericht auch überzeugend darlegen zu können.

Ungeachtet des eben geprüften Vorliegens eines Schutzanordnungsgrundes, wird eine Schutzanordnung nur „unter Wahrung der berechtigten Interessen" von Herrn X ergehen. Allerdings lässt der Sachverhalt keinerlei Belange von Herrn X erkennen, die das Betreten der für ihn fremden Wohnung legitimieren könnten. Dass Herr X u. U. sorge- und umgangsberechtigt mit den Kindern sein sollte, wäre bei Schutzanordnungen, die den Kontakt zu Frau X betreffen sollten, mitzubedenken, nicht jedoch soweit es um den Schutz der räumlichen Sphäre der Wohnung von Frau X betrifft.

Im Ergebnis lässt sich der Anspruch auch aus dem Gewaltschutzgesetz begründen.

4.1.1.3 Einschätzung

Frau X kann von Herrn X im Grundsatz verlangen, dass er nicht mehr kommt und dieses Begehren rechtlich erfolgversprechend auch verfolgen. Offen bleiben muss an dieser Stelle die Frage, ob eine dahingehende Strategie realistisch ist: Die Lebensdauer von Frau X ist begrenzt. Zudem erfordert ein rechtliches Vorgehen eine ausreichende Konfliktbereitschaft von Frau X.

Unterstellt, sie bringt diese auf, wäre das konkrete Vorgehen zu entscheiden: Die Bedürfnisse (schnell und konfliktarm) von Frau X lassen sich verfahrenstechnisch besser durch ein Vorgehen auf der Basis des Gewaltschutzgesetzes berücksichtigen: Der Schutz ist breiter. Das Verfahren bietet effektive Beschleunigungsmöglichkeiten (Einstweilige Anordnung, § 214 FamFG). Es erlaubt, die Interessen von Frau X daran, nicht mit ihrem Ex-Mann im Gerichtsverfahren in Kontakt treten zu müssen, zu berücksichtigen (getrennte Anhörung, § 33 I 2 FamFG). Und es stellt ihr neben effektiven Vollstreckungsmöglichkeiten (§ 215 FamFG) einen weiteren Schutz zur Verfügung: Verstöße gegen gerichtliche Schutzanordnungen nach dem Gewaltschutzgesetz sind strafbar (§ 4 GewSchG).

Es bleibt hier natürlich ein erhöhtes Konfliktpotenzial soweit das gewalttätige Verhalten von Herrn X in das Verfahren eingeführt wird. In der Sache würde es sich daher anbieten, sich auf den „konfliktärmsten" Begründungsstrang zu konzentrieren: Das unbefugte Eindringen von Herrn X in die Wohnung.

Insoweit würde der Jurist u. U. das „menschliche Drama" vergangener Misshandlungen wegen ihrer eskalierenden Wirkung nach Möglichkeit aus dem Verfahren

---

79 Rackow (2013, § 123 Rn 14).

aussparen und sich auf die leichter beweisbaren Fakten des unerlaubten Betretens der Wohnung konzentrieren.

4.1.2 Der Staat als Gegner – Hilfen zur Erziehung

Aus dem Kanon möglicher Leistungen werde ich mich nachfolgend – aus Platzgründen – auf die Hilfen zur Erziehung konzentrieren (§§ 27 ff. SGB VIII). Ermächtigungsgrundlage für eine Hilfe zur Erziehung ist § 27 SGB VIII.

4.1.2.1 Materielle Voraussetzungen

§ 27 SGB VIII ist das Anwendungsbeispiel par excellence für das oben angesprochene Methodenproblem der Rechtswissenschaft: Sowohl auf Tatbestands- als auch auf Rechtsfolgenseite werden unbestimmte Rechtsbegriffe verwendet. Leistungsvoraussetzungen sind „das Vorliegen einer nicht mehr kindeswohldienlichen Erziehung" sowie die „Geeignet- und Erforderlichkeit einer erzieherischen Hilfe".

Für den unbestimmten Rechtsbegriff der *„mangelnden Kindeswohldienlichkeit der Erziehung"* findet sich folgende gängige Definition: „Eine Lebenssituation des Kindes oder Jugendlichen, die dadurch gekennzeichnet ist, dass die Erziehungsleistung nicht ausreicht, das Ziel der Erziehung zu erreichen[80]". Für die Feststellung des erzieherischen Defizits werden Faktoren herangezogen, die die Entwicklung des einzelnen Kindes oder Jugendlichen belasten sowie die mangelnde Fähigkeit der Eltern, diese aus eigener Kraft zu bewältigen[81].

Vor diesem Hintergrund kann man allenfalls versuchen, eine vorläufige Einschätzung der erzieherischen Lage vorzunehmen: Im Sachverhalt liegen einige Indikatoren für ein erheblich belastetes Aufwachsen der Kinder vor: Da wären zum einen die Gewalterfahrungen durch ihren Vater in der Vergangenheit, die – zumindest als Bedrohung – weiter virulent sind, für die Tochter auch die aktuelle Gewalt durch den Bruder, das Aufwachsen bei der alleinerziehenden Mutter, die Sondersituation der Krankheit der Mutter, die offenbar nicht in der Lage ist, den Kindern altersadäquate Grenzen zu setzen, die Tochter vor dem Bruder zu schützen bzw. die Erfüllung der Schulpflicht durch die Kinder sicherzustellen, und zuletzt natürlich der nahende Tod der Mutter und die sich daraus ergebenden Unsicherheiten für die Zukunft. Die häusliche Vermüllung könnte daneben als weiterer Indikator für eine Überforderung der Mutter bei der Gestaltung der familiären Lebensverhältnisse herangezogen werden. Die Kinder selber weisen in der Konsequenz durchaus – mit großer Wahrscheinlichkeit auf die genannten Belastungsfaktoren zurückzuführende

---

80 Winkler (2014, § 27 SGB VIII Rn 4).
81 Wiesner (2011, § 27 Rn 21).

– Auffälligkeiten auf, die befürchten lassen, dass wesentliche Erziehungsziele nicht erreicht werden: Bei der Tochter ist es vor allem ihre mangelnde Selbstständigkeit und deren zu befürchtende Implikationen für ihren weiteren Schulbesuch, aber auch die eigene Gewaltbereitschaft gegenüber der Mutter. Beim Sohn ist es sicherlich ebenfalls seine Gewaltbereitschaft gegenüber Mutter und Schwester, sodann aber auch die mangelnde berufliche Bildung.

Weiter muss Hilfe zur Erziehung als geeignete und auch notwendige Antwort auf die genannten belastenden Faktoren erforderlich sein. Dies lässt sich dann bejahen, wenn das jugendhilferechtliche Instrumentarium im Grundsatz in Betracht kommt, um die Defizite auszugleichen, also ein erzieherischer Bedarf besteht[82]. Im Fall drängt sich ein Zusammenhang zwischen den genannten belastenden Faktoren und dem Verhalten der Kinder als erzieherischer Ansatzpunkt geradezu auf: Die Mutter selber ist derzeit auf Grund ihrer Krankheit und auch ihres nahen Todes nicht in der Lage, die Defizite aufzufangen. Vor diesem Hintergrund kommen Hilfen zur Erziehung mit ihrer defizitausgleichenden Orientierung grundsätzlich in Betracht.

4.1.2.2 Rechtsfolge

Auch hier hantiert der Gesetzgeber erneut mit unbestimmten Rechtsbegriffen: Der Rechtsanspruch richtet sich auf die *„geeignete und erforderliche"* Hilfe. Die §§ 28-35 SGB VIII zählen einzelne Hilfemöglichkeiten auf, aus denen eine Auswahl zu treffen ist. Dabei stellt sich die oben genannte Schwierigkeit der Konkretisierung in noch zugespitzterer Form: Die Geeignetheit bzw. Erforderlichkeit einer Hilfe zur Erziehung kann nur auf Grund einer fachspezifischen Wertung bzw. Prognose festgelegt werden und lässt sich definitorisch gar nicht mehr erfassen. Die Rechtsprechung hat darauf reagiert und für die Auswahl der „richtigen", also geeigneten und erforderlichen Hilfe einen Beurteilungsspielraum der entscheidenden Behörde (das Jugendamt) anerkannt[83]. Insoweit ziehen sich die Gerichte auf die Kontrolle der Einhaltung der Verfahrensvorschriften zurück (§ 36 SGB VIII) und überlassen der zuständigen Fachbehörde (das Jugendamt) die Auswahl.

Derzeit kann die beratende Sozialarbeiterin daher allenfalls Perspektiven aufzeigen, diese inhaltlich vielleicht vorsortieren und über das weitere Verfahren vorinformieren, aber nur begrenzt eine Aussage über die konkret zu gewährende Hilfe treffen.

---

82 Wiesner (2011, § 27 Rn 23).
83 BVerwG ZfJ (2000, S. 31 ff., 36).

4.1.2.3 Formale Voraussetzungen: Antrag des Sorgeberechtigten

In formaler Hinsicht stellt sich sodann das Problem, dass Frau X einen derartigen Anspruch u. U. gegenüber dem Jugendamt nicht allein realisieren kann, sondern hierfür das Einverständnis ihres Ex-Mannes benötigt. Der Anspruch auf Hilfen zur Erziehung steht gem. § 27 I SGB VIII dem Personensorgeberechtigten zu. Das sind nach den Angaben im Sachverhalt beide Eltern: Zwar ist Frau X von ihrem Mann geschieden, aber nach dem Sachverhalt ist keine sorgerechtliche Entscheidung ergangen. Grundsätzlich teilt Frau X sich daher nach wie vor mit Herrn X die Sorge, wobei infolge der Trennung der Modus des § 1687 BGB gilt: Danach würde Frau X in alltäglichen Angelegenheiten allein entscheiden, wohingegen bei Angelegenheiten von erheblicher Bedeutung ein Konsens beider Elternteile vorliegen muss. Alltagsangelegenheiten liegen nach der Legaldefinition des § 1687 I 3 BGB dabei immer dann vor, wenn sie häufig vorkommen und keine schwer abzuändernden Auswirkungen auf die Entwicklung des Kindes haben.

Bezogen auf Hilfen zur Erziehung gilt: Die herrschende Meinung hält allenfalls niederschwellige oder kurzfristige Hilfen zur Erziehung für Alltagsangelegenheiten[84]. Wohingegen Hilfen, die die Lebensbedingungen des Kindes grundlegend ändern (z. B. eine Unterbringung außer Haus oder auch längerfristige ambulante Hilfen) als von erheblicher Bedeutung eingestuft werden[85].

Damit kommt es jetzt sehr auf die Art der avisierten Hilfe an: Kurzfristige ambulante Maßnahmen könnte Frau X ohne weiteres allein beantragen. Bei tiefgreifenderen Maßnahmen muss der Vater zustimmen. Sollte Herr X mit diesen nicht einverstanden sein, müsste – um überhaupt einen wirksamen Antrag auf Hilfe zur Erziehung stellen zu können – zunächst der Elternkonflikt gelöst werden. Dafür müsste Frau X ein Verfahren nach § 1628 BGB anstreben und durch einen Antrag vor dem Familiengericht versuchen, die diesbezügliche Entscheidungsbefugnis auf sich übertragen zu lassen. Die Voraussetzungen für eine gerichtliche Entscheidung sind unzweifelhaft gegeben: Bei der Grundsatzfrage über das „Ob" einer erzieherischen Hilfe für beide Kinder handelt es sich ohne Zweifel um eine einzelne Angelegenheit von erheblicher Bedeutung (§ 1628 BGB). Von der Konsequenz her wird das Familiengericht die Entscheidungsbefugnis demjenigen Elternteil übertragen, dessen Entscheidung das Wohl der Kinder besser berücksichtigt (§ 1697a BGB). Ob dies Frau X sein wird, lässt sich nicht abschließend beurteilen.

---

84 Wiesner (2011, § 27 Rn 11).
85 Wiesner (2011, § 27 Rn 11).

4.1.2.4 Einschätzung

Rein rechtlich lassen sich Wege aufzeigen, die es Frau X erlauben würden, u. U. auch ohne bzw. gegen den Willen ihres Ex-Mannes, Hilfen zur Erziehung für die Kinder zu initiieren. Ob sie bereits jetzt dahingehende Maßnahmen ergreifen möchte, die im Übrigen u. U. weitere Konflikte mit ihrem Ex-Mann implizieren, wäre von Frau X zu entscheiden. Wie ein gerichtliches Verfahren nach § 1628 BGB ausgehen würde, muss als völlig offen bezeichnet werden.

In jedem Fall stellt sich das Problem, dass Frau X das Ende des Verfahrens nicht mehr erlebt bzw. kurz nach Beginn der Hilfe verstirbt. Ihr elterlicher Gestaltungsspielraum für die Zukunft ist ohnehin beschränkt: Mit ihrem Tod endet ihre Sorge und würde vollumfänglich allein Herrn X zustehen (§ 1680 I BGB). Vorgaben, die Herrn X in der Sorge einschränken würden, kann sie nicht machen. Dies stellt die Sinnhaftigkeit etwaiger rechtlicher Schritte in Frage.

4.2 Die Tochter und ihre Ansprüche

Rechtlich mögliche Ansprüche der Tochter gegenüber Mutter und Bruder scheinen nicht gefragt zu sein. Daher befasse ich mich lediglich mit der im Vordergrund stehenden Problematik ihres Verbleibs nach dem Tod der Mutter.

4.2.1 Der Vater als Gegner

Perspektivisch stellt sich die Frage, ob Herr X nach dem Tod seiner Frau von seiner Tochter verlangen kann, dass sie zu ihm zieht. Anspruchsgrundlage für ein entsprechendes Begehren ist § 1631 I BGB. Nach dem Tod seiner Frau ist Herr X gem. § 1680 I BGB automatisch alleinsorgeberechtigt und kraft seines von der Personensorge mitumfassten Aufenthaltsbestimmungsrechts befugt, von der Tochter zu verlangen, dass sie zu ihm zieht. Ein direkter Rechtsschutz gegen die väterliche Entscheidung steht der Tochter nicht zu. Eine abweichende Entscheidung kann nicht durch die Tochter erzwungen werden, sondern nur von dritter Seite – dem Familiengericht – durch einen Eingriff in die väterliche Sorge. Es stellt sich die Frage, ob ein solcher realistisch ist:

Voraussetzungen eines Eingriffes in die Sorge durch die Gerichte sind das Vorliegen einer Kindeswohlgefährdung sowie die Nichtabwendung derselben durch den Vater (§ 1666 I BGB). Für die Annahme einer Kindeswohlgefährdung sind – trotz der Schwammigkeit bei der begrifflichen Konkretisierung – hohe Hürden anzusetzen: Es bedarf einer konkreten und gegenwärtigen, in solchem Maß vorhandenen Gefahr, dass sich bei der weiteren Entwicklung der Dinge eine erhebliche Schädigung des geistigen, seelischen oder körperlichen Wohls des Kindes mit ziemlicher Sicherheit voraussehen lässt[86]. Dabei ist eine Abwägung sämtlicher Umstände unter Berücksichtigung der Anlagen und des Verhaltens des Kindes vorzunehmen[87].

Im Sachverhalt spricht einiges dafür, dass der Vater gravierende Erziehungsfehler begeht, die als kindeswohlgefährdend einzustufen sind[88]: In diesem Rahmen ist zum einen das bedrohliche Verhalten des Vaters zu nennen, seine einengende Haltung, die die notwendige Verselbstständigung der Tochter zusätzlich beeinträchtigt, sowie auch den entgegenstehenden Willen der Tochter, der in ihrem Alter als relevanter Autonomiekonflikt einzuordnen ist. Aus den Äußerungen der Tochter über ihre Lebensmüdigkeit ließe sich herleiten, dass die Beeinträchtigungen bereits die Schwelle zur Kindeswohlgefährdung überschreiten. Ob das so ist, ist in einem gerichtlichen Verfahren, notfalls unter Hinzuziehung eines Sachverständigen (§ 163 FamFG) zu entscheiden.

Weiter setzt ein Eingriff in die väterliche Sorge voraus, dass der Vater nicht willens oder fähig ist, diese Situation zu vermeiden. Insoweit muss der Vater zunächst Gelegenheit erhalten, die Thematik zu reflektieren und ggf. mit geeigneten Maßnahmen auf sie zu reagieren. Eine Entspannung der Situation könnte durch die Inanspruchnahme geeigneter Jugendhilfemaßnahmen erfolgen, ist aber nicht darauf beschränkt. Erst wenn dahingehende Verhandlungen bzw. Versuche scheitern oder von vornherein als nicht zielführend zu bewerten sind, darf es zu einem Eingriff kommen. Vor diesem Hintergrund ist ein sorgerechtlicher Eingriff auf Grund der gemutmaßten Kindeswohlgefährdung allein auf der Basis des Gesprächs mit der Tochter zum jetzigen Zeitpunkt ausgeschlossen.

Vom Ziel eines sorgerechtlichen Eingriffes her, deutet der Wunsch der Tochter darauf hin, außerhäusig untergebracht zu werden. Sollte der Vater damit nicht einverstanden sein, müsste der sorgerechtliche Eingriff der Gerichte auf eine trennende Maßnahme gerichtet sein. Auch das wirft hier Probleme auf: Gerichtliche Maßnahmen müssen dem Grundsatz der Verhältnismäßigkeit entsprechen. Konkret bedeutet dies, dass sorgerechtliche Eingriffe, die eine Trennung des Kindes von der Herkunftsfamilie beinhalten, nur als ultima ratio in Betracht kommen und voraussetzen, dass entsprechende öffentliche Hilfen die Gefahr nicht abwenden können (§ 1666a I BGB). Dahingehende im Grundsatz geeignete Hilfen müssen u. U. – wenn sich der Vater darauf einlässt – zumindest geprüft, wenn nicht sogar „ausprobiert" werden. Auch unter diesem Aspekt kann das Begehren der Tochter nicht auf die Schnelle erfolgversprechend angegangen werden.

---

86 BVerfG FamRZ (2010, S. 713, 714).
87 OLG Brandenburg FamRZ (2008, S. 1556).
88 Veit (2011, § 1666 Rn 18).

4.2.2 Der Staat als Gegner (Helfer)

Staatliche Hilfen sind für die Tochter nur begrenzt erreichbar:

4.2.2.1 Leben außerhalb des häuslichen Umfeldes

Eine außerhäusige Unterbringung ist zwar in verschiedenen Leistungen des SGB VIII vorgesehen (§§ 13, 27, 35a SGB VIII). Allerdings sind diese der Tochter – unabhängig von der Frage, ob deren Voraussetzungen überhaupt vorliegen – über den Kopf ihres Vaters hinweg nicht zugänglich: Soweit der Anspruch überhaupt dem Kind selber zugeordnet ist (so z. B. für §§ 13 und 35a SGB VIII), fehlt der Tochter auf Grund ihres Alters die notwendige Verfahrensfähigkeit, um ihre Ansprüche unabhängig von ihrem Vater zu beantragen und zu verfolgen (§ 36 SGB I). Vor diesem Hintergrund kann die Tochter ohne ihren Vater nicht eigenständig über ihre Wohnmöglichkeiten entscheiden. Insoweit müssten zunächst die sorgerechtlichen Befugnisse des Vaters aufgehoben werden. Dies kann nur über einen sorgerechtlichen Eingriff gem. § 1666 BGB erfolgen, dessen Voraussetzungen noch nicht vorliegen.

4.2.2.2 Schutz

Unmittelbaren Schutz im Sinne, dass sich die Tochter räumlich vom Vater fernhält, erlaubt ihr § 42 I Nr. 1 SGB VIII. Danach ist das Jugendamt zur Inobhutnahme verpflichtet, wenn ein Kind oder Jugendlicher darum bittet. Im Gegensatz zu den eben genannten Leistungen steht dieser Anspruch nicht nur der minderjährigen Tochter selber zu. Er kann auch von ihr ungeachtet ihres Alters und der fehlenden Verfahrensfähigkeit geltend gemacht werden[89].

Allerdings bietet dieser Weg keine dauerhafte Perspektive: Von der Rechtsfolge her beinhaltet die Inobhutnahme lediglich die vorübergehende Unterbringung in einer geeigneten Einrichtung, Wohnform oder bei einer anderen Person (§ 42 I 2 SGB VIII). Perspektivisch hat das Jugendamt nach der Inobhutnahme den Vater als personensorgeberechtigten Elternteil einzuschalten, um die weiteren Perspektiven zu klären und zu erarbeiten. Kooperiert der Vater nicht, so hat das Jugendamt die Tochter an den Vater herauszugeben. Erscheint bereits dies mit Blick auf das Kindeswohl als zu gefährlich, ist das Familiengericht einzuschalten (§ 42 III SGB VIII), das dann auf der Basis des § 1666 BGB über den künftigen Verbleib der Tochter entscheiden muss.

---

89 Winkler (2014, § 42 SGB VIII Rn 3).

4.2.2.3 Einschätzung

Der Konflikt zwischen der Tochter und dem Vater ist derzeit noch nicht akut. In der Sache läuft er auf einen sorgerechtlichen Eingriff nach § 1666 BGB hinaus. Dieser ist verfahrenstechnisch nicht antragsgebunden und kann sowohl von der Tochter als auch von dritter Stelle, z. B. dem Jugendamt oder der beratenden Sozialarbeiterin, eingeleitet werden.

5 Fazit

Das eingangs benannte Unbehagen ist vermutlich bestehen geblieben. Methodisch gerät die „menschliche Komponente" zunächst nahezu zwingend aus dem Blick: Was Frau X eigentlich wichtig ist, ist z. T. rechtlich irrelevant, z. T. nicht durchsetzbar. Im Gegenteil: Die Lösungsmöglichkeiten des Rechts implizieren den Konflikt und werden so den eigentlichen Wunsch von Frau X, „in Frieden zu sterben", konterkarieren. Für die Tochter bietet das Recht allerdings durchaus Perspektiven.

Was die rechtliche Seite der Falllösung anbetrifft, ist der Fall nur teilweise eindeutig im Sinne einer einzig richtigen Lösung bearbeitbar. Vor allem soweit unbestimmte Rechtsbegriffe zur Anwendung kommen, muss der Rechtsanwender vor Ort (hier die beratende Sozialarbeiterin) auf der Basis einer vorläufigen Rechtskonkretisierung eine eigene Einschätzung vornehmen, die u. U. später von den Gerichten nicht geteilt wird. Der Schwerpunkt der Problematik liegt dabei allerdings im Leben selber begründet: Die „gerichtsfeste" Feststellung des rechtlich relevanten Sachverhalts. Ein Vorgehen ist vor diesem Hintergrund immer risikobehaftet.

Literatur

Berger Christian (2014) § 1004. In: Jauernig Othmar et al. (Hrsg) Bürgerliches Gesetzbuch. Kommentar. 15. Aufl., München: C.H. Beck.
Bringewat Peter (2013) Methodik der juristischen Fallbearbeitung. 2. Aufl., Stuttgart u. a.: Kohlhammer.
Buchholz-Schuster Eckardt (2009) Recht im Spannungsfeld zwischen sozialpädagogischer und juristischer Methodik (Teil 1). ZKJ 12: 470–477.
Buchholz-Schuster Eckardt (2010) Recht im Spannungsfeld zwischen sozialpädagogischer und juristischer Methodik (Teil 2). ZKJ 1: 17-21.

Engisch Karl (1983) Einführung in das juristische Denken. 8. Aufl., Stuttgart u.a.: Kohlhammer.
Erichsen Hans-Uwe et al. (1981) Extra Studium und Examen mit Beiträgen zur Anfertigung von Klausuren und Hausarbeiten – zu Studiengang und Examen – zu BAföG. Berlin, New York: Walter de Gruyter.
Derrida Jacques (2002) Gesetzeskraft. Der „mythische Grund der Autorität". In: Horn Christoph, Scarano Nico (Hrsg) Philosophie der Gerechtigkeit. S 417-427. Frankfurt a.M.: Suhrkamp.
Detterbeck Steffen (2011) Allgemeines Verwaltungsrecht mit Verwaltungsprozessrecht. 9. Aufl., München: C.H. Beck.
Di Fabio Udo (2003) Der Schutz von Ehe und Familie: Verfassungsentscheidung für die vitale Gesellschaft. NJW 14: 993-998.
Falterbaum Johannes (2003) Rechtliche Grundlagen Sozialer Arbeit. Eine praxisorientierte Einführung. Stuttgart: Kohlhammer.
Fritzsche Jörg (1.5.2014) §§ 856, 858, 861, 1004. In: Bamberger Heinz Georg, Roth Herbert (Hrsg) Beck'scher Online-Kommentar zum BGB. Edition 31. München: C.H. Beck.
Harnach Viola (2011) Psychosoziale Diagnostik in der Jugendhilfe. Grundlagen und Methoden für Hilfeplan, Bericht und Stellungnahme. 6. Aufl., Weinheim/München: Juventa.
Hammerschmidt Peter et al. (2013) Einführung. In: Dies (Hrsg) Unheimliche Verbündete: Recht und Soziale Arbeit in Geschichte und Gegenwart, S 9-28. München: Schriftenreihe Soziale Arbeit der Fakultät für angewandte Sozialwissenschaften der Hochschule – Bd 4.
Hassemer Winfried (2007) Gesetzesbindung und Methodenlehre. ZRP 7: 213-219.
Holznagel Bernd et al. (2012) Juristische Arbeitstechniken und Methoden. Wissenschaftliches Arbeiten für Juristen in Zeiten des Internets. 2. Aufl., Baden-Baden: Nomos.
Jordan Erwin (2001) Zwischen Kunst und Fertigkeit – Sozialpädagogisches Können auf dem Prüfstand. ZfJ 2: 48-53.
Kelsen Hans (2008) Reine Rechtslehre. Studienausgabe der 1. Aufl. 1934, Tübingen: Mohr Siebeck.
Kunkel Peter-Christian (1997) Wider einen „Perspektivenwechsel in der Jugendhilfe". FamRZ 4: 193-201.
Lakies Thomas (1996) Probleme des Jugendhilferechts im System des Sozialgesetzbuches. ZfJ 11: 451-457.
Lorenz Annegret (2014) Zivil- und familienrechtliche Grundlagen der Sozialen Arbeit. 2. Aufl., Baden-Baden: Nomos.
Maas Udo (1996) Soziale Arbeit als Verwaltungshandeln. Systematische Grundlegung für die Praxis. 2. Aufl., Weinheim/München: Juventa.
Maas Udo (1997) Das mißverstandene KJHG. ZfJ 3: 70-76.
Maurer Hartmut (1999) Allgemeines Verwaltungsrecht. 12. Aufl., München: C.H. Beck.
Möllers Thomas M.J. (2010) Juristische Arbeitstechnik und wissenschaftliches Arbeiten. 5. Aufl., München: Vahlen.
Mörsberger Thomas (1997) Wer mißversteht hier das KJHG?. ZfJ 5: 157-159.
Münchmeier Richard (2010) Sozialpädagogik und Recht. Gemeinsames Sonderheft JAmt/ZKJ 2010: 9-12.
Münder Johannes (1994) Gesellschaft, Recht, Soziale Arbeit. Die Bedeutung des Rechts für die Berufspraxis der sozialen Arbeit. In: Kreft Dieter, Münder Johannes et al. Soziale Arbeit und Recht. 4. Aufl., S 1-33. Weinheim Basel: Beltz.

Oberloskamp Helga, Brosch Dieter (2007) Jugendhilferechtliche Fälle für Studium und Praxis. 11. Aufl., Köln: Luchterhand.
Peine Franz-Joseph (2000) Allgemeines Verwaltungsrecht. 5. Aufl., Heidelberg: C.F.Müller.
Puppe Ingeborg (2011) Kleine Schule des juristischen Denkens. 2. Aufl., Göttingen: Vandenhoeck & Ruprecht.
Rackow Peter (22.7.2013) § 123. In: v. Heintschel-Heinegg Bernd (Hrsg) Online-Kommentar zum StGB. Edition 23. München: C.H. Beck.
Reinken Werner (1.5.2014) § 1 GewSchG. In: Bamberger Heinz Georg, Roth Herbert (Hrsg) Beck'scher Online-Kommentar zum BGB. Edition 31. München: C.H. Beck.
Rüthers Bernd (2008) Rechtstheorie. 4. Aufl., München: C.H. Beck.
Schwab Dieter (2000) Einführung in das Zivilrecht. Einschließlich BGB – Allgemeiner Teil. 14. Aufl., Heidelberg: C.F.Müller.
Schwerdtfeger Gunther (1982) Öffentliches Recht in der Fallbearbeitung. 6. Aufl., München: C.H. Beck.
Spindler Gerald (1.11.2013) § 823. In: Bamberger Heinz Georg, Roth Herbert (Hrsg) Beck'scher Online-Kommentar zum BGB. Edition 31. München: C.H. Beck.
Veit Barbara (1.11.2013) § 1666. In: Bamberger Heinz Georg, Roth Herbert (Hrsg) Beck'scher Online-Kommentar zum BGB. Edition 31. München: C.H. Beck.
v. Sturm Chrys (1986) Sozialpädagogische Entscheidungsfreiräume und rechtliche Tatbestandsbindung. ZfJ 11: 483-495.
Wenzel Joachim (2008) Die Bindung des Richters an Gesetz und Recht. NJW 6: 345-349.
Werner Heinz Herman (1995) Erziehungshilfe nach dem SGB VIII/KJHG im Spannungsfeld von Recht und Fachlichkeit. NDV 9: 367-372.
Wesel Uwe (1999) Fast alles, was Recht ist. Jura für Nicht-Juristen. 6. Aufl., Frankfurt a.M.: Eichborn.
Wiesner Reinhard (2011) § 27 SGB VIII. In: Ders et al. (Hrsg) SGB VIII Kinder- und Jugendhilfe. 4. Aufl., München: C.H. Beck.
Winkler Jürgen (15.7.2014) §§ 27, 42 SGB VIII. In: Rolfs Christian et al. (Hrsg) Beck'scher Online-Kommentar Sozialrecht. Edition 34. München: C.H. Beck.
Wittmer Stephan et al. (1989) Juristische Aufbauschemata im Zivil- und Arbeitsrecht, Strafrecht, Staats- und Verwaltungsrecht mit Kurzkommentierungen. Neuwied/Frankfurt a.M.: Alfred Metzner.
Zippelius Reinhold (2006) Juristische Methodenlehre. 10. Aufl., München: C.H. Beck.

Zugang zum Fall: Ökonomik
Ökonomische Modelle und Erklärungen für Partizipationshemmnisse

Gisela Kubon-Gilke

Einleitung

Die Ökonomik als Wissenschaft zur Erklärung wirtschaftlicher und gesellschaftlicher Zusammenhänge wird von der Sozialarbeitswissenschaft in einem gewissen distanzierten Verhältnis und mit etwas Misstrauen betrachtet, so als ob die Beschäftigung mit ökonomischen Zusammenhängen und die üblicherweise verwendete Methodologie bereits ebenso problematisch ist wie manche konkrete und kritisch kommentierte ökonomische Entwicklungen. Die Gründe für das distanzierte Verhältnis liegen in hohem Maße an der unterschiedlichen Modellierung gesellschaftlicher Phänomene durch die Disziplinen, der sehr verschieden verwendeten Begrifflichkeiten und der Interpretation der Ergebnisse ökonomischer Modelle (vgl. Kubon-Gilke 2012a). In diesem Beitrag soll dargelegt werden, welche Beiträge speziell die Ökonomik zur Erklärung des skizzierten Falles und zur Methodik der Sozialen Arbeit bieten kann, wo aber auch die Grenzen der ökonomischen Modellierung für die konkrete Fragestellung liegen. Dazu sind zunächst einige methodologische Vorbemerkungen unumgänglich, um anschließend konkreter die potentiell nützlichen Beiträge der Ökonomik für die Soziale Arbeit zu benennen.

1 Ökonomik: Fragen und Methodologie

In diesem Sammelband geht es um bezugswissenschaftliche Perspektiven zur Methodik der Sozialen Arbeit. In einem engen Sinne ist durch die Ökonomik im Hinblick auf die Methodenauswahl zur Unterstützung der betrachteten Familie oder gar zu Handlungsempfehlungen kein genuiner Beitrag zum Verständnis möglich. Das liegt daran, dass die Ökonomik explizit keine individual- oder gruppenbezogene Psychologie ihren Analysen unterlegt, sondern unmittelbar mit Hilfe einer deduktiven Vorgehensweise Aussagen über Aggregate und Systemzusammenhänge trifft und dafür jeweils die einfachsten Annahmen sucht, die zur Herleitung, Erklärung und Prognose notwendig sind (vgl. dazu und den folgenden Ausführungen Kubon-Gilke 2013: Kap. 3.2).

Die gewählten Verhaltensannahmen sind in der ökonomischen Modellwelt nicht durch konkrete Vorstellungen über tatsächliche Verhaltensdispositionen der Menschen begründet, sondern in einem „als-ob"-Sinne zu verstehen. Wenn z. B. bei Marktanalysen rationale Nutzenmaximierung der Individuen unterstellt wird, heißt das nicht, dass vermutet wird, die Menschen setzten das konkret tatsächlich so um oder seien dazu überhaupt kognitiv und emotional in der Lage. Stattdessen wird unterstellt, man könne viele Markt- und Wettbewerbsprozesse geeignet so modellieren, „als ob" die Individuen rational ihren Nutzen maximiert hätten. Das ist ähnlich zu biologischen Modellen der Evolution, in denen der konkrete individuelle Anpassungsprozess auch nicht thematisiert wird und ebenso keine Aussage über ein einzelnes Exemplar einer Population getroffen wird. Erst wenn die Prognosefähigkeit mit solchen Vereinfachungen bei bestimmten Fragen und Zusammenhängen der Ökonomik zu schwach wird mit solchermaßen vereinfachten Annahmen, werden Erweiterungen oder Alternativen in Erwägung gezogen. Ein spezielles Menschenbild liegt dem homo-oeconomicus-Konstrukt analytisch und damit der ganzen Ökonomik nicht zu Grunde. Deshalb ist es auch etwas irreführend, die Ökonomik als Disziplin von einer Sozio- oder Sozialökonomik zu unterscheiden. In der Sozioökonomik gängiger Charakterisierung wird das Wechselspiel von Gesellschaft und Wirtschaft stärker betont (vgl. Maurer o. J.), aber die jeweils gewählte Methodik in der Modellierung hängt konkret von der zu untersuchenden Frage ab und von den *Begründungen* für die jeweils gewählten Annahmen über das menschliche Verhalten. Diese Herangehensweise ist typisch für die gesamte Ökonomik. Das diskutierte bereits Max Weber, der selbst die gesellschaftliche Bedingtheit der Wirtschaft herausstellte, eine Sozialökonomik formulierte, dennoch aber betonte, dass auch „einfache" Annahmenwelten wie die homo-oeconomicus-Annahme bei guter Erklärungsleistung zu rechtfertigen sind (vgl. Erlei 2010: 80f. und Weber 1972/1922: 1; 12; 181; 199; 382f.). In kommunitaristischen und anderen Ansätzen werden zwar andere Notwendigkeiten zur Erweiterung des Datenkranzes ausgemacht als etwa in der ökonomischen Neoklassik, dennoch sollte man für die Sozialarbeitswissenschaft nicht den Fehler machen, nur eine spezielle Herangehensweise der Ökonomik als zielführend für Impulse einzuschätzen. Dabei ist nicht zu verschweigen, dass das Forschungsprogramm der Neoklassik z. T. als eine Art „catch-all"-Modell verwendet wurde. So hat z. B. Gary Becker homo-oeconomicus-Modelle zur „rationalen Sucht" (vgl. Becker und

Murphy 1988) oder zur Ökonomie des Verbrechens (vgl. Becker 1986) konzipiert, die auch von der eigenen Disziplin methodisch angezweifelt wurden. Selbst wenn man die Reichweite der homo-oeconomicus-Annahme in den Wirtschaftswissenschaften durchaus nicht einheitlich sieht, sollte man entsprechende Modelle incl. des gesamten neoklassischen Programms nicht vorschnell ad acta für den transdisziplinären Diskurs legen. Das grenzte die Möglichkeiten der gegenseitigen Befruchtung der Disziplinen von vornherein viel zu stark ein.

Sinnvoll ist es, die Ökonomik in ihrem gesamten Forschungsprogramm zu betrachten und explizit die (deduktive) methodologische Herangehensweise zu berücksichtigen, die sich vor allem im Isolationsprinzip niederschlägt. Nach diesem Prinzip wird der jeweils denkbar einfachste Annahmenkranz zur Rekonstruktion und Modellierung eines spezifischen Untersuchungsgegenstandes gewählt. Ebenso richten sich die gewählten Definitionen nach der konkreten Frage und werden nach Nützlichkeitsaspekten ausgewählt. Der Begriff Humankapital ist ein gutes Beispiel dafür. In bildungsökonomischen Modellen wird beispielsweise ein viel breiterer Bildungsbegriff verwendet als etwa in Modellen, in denen spezielle arbeitsmarkttheoretische Fragen behandelt werden.

Für die konkrete Auswahl von variablen und konstant gehaltenen Modellgrößen müssen stets Begründungen gegeben werden. Das Isolationsprinzip sagt nun aus, tatsächlich veränderbare Größen fiktiv nur dann in der Abstraktion des Modells als Konstante zu betrachten, wenn 1. im gewählten Zeithorizont der Fragestellung keine substantiellen Änderung der Größen zu erwarten sind, sie sich z. B. nur in größeren Zeitabständen oder langsam ändern. 2. ist zu prüfen, ob es von dem im Modell untersuchten Prozess systematische Rückwirkungen auf die Größen gibt. Ist das nicht der Fall, ist es ebenso zulässig, sie zur Vereinfachung konstant zu halten (vgl. Kubon-Gilke 2013: Kap. 3.2.1). Diese Vorabbetrachtung verhindert es, dass die Annahmenwelt der Ökonomik willkürlich wird. Es ist begründungsfähig und –notwendig zu zeigen, warum bei bestimmten Fragen wettbewerblicher Prozesse z. B. die homo-oeconomicus-Annahme sinnvoll ist und bei welchen Fragen (z. B. bei systematisch sich ändernden Präferenzen) alternative oder ergänzte Annahmen getroffen werden müssen.

Konkrete Fragen mit Bezug zum Fall, speziell zu den familiären Konflikten und der Gewalt, der Unselbständigkeit der Tochter, deren wahrgenommener fehlender Lebensperspektive, dem patriarchalischen Verhalten des Vaters und des Sohnes, zu den konkreten rassistischen Äußerungen der MitschülerInnen, dem „vermüllten" Hauszustand u. a. sind in diesem Forschungsprogramm mangels psychologischer Grundlegung durch die Ökonomik nicht beantwortbar. In einem weiteren Sinne sind für das Verständnis der Situation und möglicher sozialpolitischer und sozialarbeiterischer Abhilfen durch die Ökonomik dennoch sehr wohl Erkenntnisse für die Soziale Arbeit relevant. Erstens können die Beiträge dazu dienen, strukturelle Verursachungen von Ungleichheiten, Diskriminierungen, Armut etc. zu verstehen und somit zu verhindern helfen, dass individuelle Schuldzuschreibungen vorgenommen werden. Zweitens kann die Ökonomik durch die Wirkungsanalyse politischer Rahmungen und Interventionen dem politischen Mandat der Sozialen Arbeit argumentativ dienen, indem perspektivenreiche, aber auch problematische Reformen für die AdressatInnen und für die Profession der Sozialen Arbeit aufgedeckt werden können. Im nächsten Abschnitt dieses Beitrages werden die wichtigsten Teilgebiete der Ökonomik mit ihren Kernaussagen bzw. -methoden beschrieben, die indirekten Bezug zum Fall haben.

2 Sozialarbeiterische und sozialpolitisch relevante Fragen und Ansätze der ökonomischen Analyse

Soziale Arbeit hat wesentlich mit Ausschließungsprozessen, Armut und mangelnder Teilhabe – oft in einem komplexen Verursachungsgefüge – zu tun. Die Ökonomik kann helfen, diese Phänomene zu durchdringen, auch die Rolle der Sozialen Arbeit incl. der Notwendigkeit staatlicher Finanzierung zu verdeutlichen.

2.1 Das ökonomische Koordinationsproblem und die Erklärung von Einkommensungleichheit

Die Ausgangsfrage der Ökonomik dreht sich darum, wie angesichts knapper Ressourcen (Grund und Boden, Rohstoffe, Arbeit verschiedener Qualifikationen, Kapital i. S. von Gebäuden und Maschinen) eine zufriedenstellende materielle Versorgung der Individuen gelingt. Normativ wird häufig argumentiert, dass die materiellen Grundlagen Nebenbedingung für eine gute Lebensgestaltung seien (vgl. z. B. Rüstow 1960), das Materielle aber keineswegs allein die Lebensqualität bestimme. Es wird in grundsätzlichen Überlegungen durch die Ökonomik zunächst gezeigt, dass alle Individuen von *Arbeitsteilung und Spezialisierung* (in gewissen Grenzen) profitieren können. Dies gilt immer, also auch für den Fall, dass bestimmte Individuen bei der Herstellung sämtlicher Güter und Dienstleistungen Produktivitätsnachteile haben sollten. Selbst in diesem Fall profitieren sowohl die besonders Leistungsfähigen als auch die weniger Produktiven von der Arbeitsteilung. Mit den knappen Ressourcen können durch Spezialisierung mehr Güter hergestellt werden oder eine gegebene Gütermenge mit geringerem Ressourcenverbrauch. Das ist zunächst eine rein statische Betrachtung, die aber auch dynamisiert und auch z. B. in einen Nachhaltigkeitszusammenhang gebracht werden kann. Aus der Arbeitsteilung folgt allerdings ein Koordinationsproblem für die Gesellschaften, weil zu klären ist, welche Güter und Dienstleistungen in welchen Mengen die Menschen im Rahmen der Knappheit wünschen und wer nun wie, womit, wann, wo, mit wem etc. diese Güter und Dienste herstellen soll. Das ist das ökonomische Allokationsproblem. Und zum Schluss muss natürlich noch entschieden werden, wer welche Mengen dieser Güter erhalten soll. Das ist das Verteilungsproblem einer Gesellschaft (vgl. Kubon-Gilke 2013: Kap.2).

Es gibt drei grundsätzliche Lösungsmöglichkeiten: Zentralverwaltung, Tradition (Reziprozität) und Markt. Der „Charme" einer Marktlösung wird darin gesehen, dass unter geeigneten Rahmenbedingungen wie Konkurrenz die Individuen nur für sich selbst planen und entscheiden müssen und der Markt spontan über den Angebots- und Nachfragemechanismus eine Lösung generiert, die keine perfekt informierte und wohlwollende Planungsinstanz anders getroffen hätte. Die Marktlösung ist in dem Sinne vorteilhaft, weil sie informationssparsam ist, da alle Informationen in den Preisen implizit inkorporiert sind. In einem „perfekten" Marktsystem kann zudem die Verteilungsfrage nach Belieben und gesellschaftlichen Gerechtigkeitsvorstellungen gelöst werden durch eine geeignete Wahl der Erstausstattung für die Individuen (1. und 2. Theorem der Wohlfahrtsökonomie, vgl. Kubon-Gilke 2013: 170).

Die Vorstellung perfekter Märkte auf allen Ebenen beinhaltet allerdings keine Idee zu realen Verhältnissen innerhalb einer Marktgesellschaft. Stattdessen ist sie als Referenzwelt zu verstehen, an der sich reale Marktabläufe und -ergebnisse messen lassen. Allein das Problem der Festlegung einer geeigneten Anfangsausstattung für gewünschte Verteilungsergebnisse ist in der Abfolge der Generationen real nur schwer lösbar. Die einzelnen Märkte steuern die Knappheiten. Ist ein Gut besonders gewünscht und ist nur unter Verwendung vieler Ressourcen herstellbar, dann ist es knapp und der Preis wird hoch sein. Ähnlich ist es auf dem Arbeitsmarkt. Kann eine Person etwas, was nicht viele andere Menschen können und kann sie zur Produktion eines besonders präferierten Gutes substantielle Beiträge leisten, dann kann sie einen höheren Lohn erwarten als wenn es viele Individuen mit diesem speziellen Leistungsvermögen gibt und/oder das hergestellte Gut nicht sonderlich begehrt ist. In diesem Sinne wird es durch verschiedene Knappheiten stets verschieden hohe Löhne für die Erwerbsarbeit geben und damit auch eine ungleiche Einkommensverteilung. Dies kann ein erstes Kennzeichen für gesellschaftlichen Ausschluss andeuten.

Es entsteht daraus vor allem dann ein ernsthaftes gesellschaftliches Problem, wenn sich Positionen verfestigen, also es nicht durch Vermögensumverteilung, ein geeignetes Bildungssystem u. a. gelingt, allen Menschen zumindest ähnliche

Chancen einzuräumen und sie dadurch z. T. zu geringe Perspektiven für sich selbst im System sehen, um eigenständig ihre Existenz zu sichern und ein befriedigendes Leben zu gestalten. Die Väter der Sozialen Marktwirtschaft hatten gerade diese Aspekte der Chancengerechtigkeit im Sinn. Sie wollten einen „starken" Staat, der einerseits die geeigneten Rahmenbedingungen für Konkurrenzmärkte durchsetzen sollte, aber auch Maßnahmen über Vermögensumverteilung und ein durchlässiges Bildungssystem, um die Startpositionen im Markt für die Individuen annähernd gleich zu gestalten (vgl. Rüstow 1960). In Deutschland sieht man in den letzten Jahren eine deutliche Verkrustung, d. h. der Aufstieg von Menschen, die einmal in eine prekäre Lage geraten sind, ist weniger gut als früher möglich.

Die Frage der Ungleichheit ist nun allerdings nur ein kleiner Punkt in der Ausschließungsdebatte. Im weitgehend perfekten Marktsystem kann z. B. keine Arbeitslosigkeit auftreten, keine Diskriminierung u. a. Deshalb werden weitergehende Abweichungen von der fiktiv perfekten Marktwelt betrachtet, um systematisch auch die Probleme marktlicher Koordination herauszuarbeiten und Schlüsse für politische Rahmungen und Interventionen zu ziehen.

2.2 Grenzen der wettbewerblichen Steuerung, Ungleichheit, Diskriminierung und sozialer Ausschluss

2.2.1 Externe Effekte und die Notwendigkeit gemeinschaftlicher Finanzierung der Sozialen Arbeit

Auf perfekten Märkten werden private Güter gehandelt, bei denen sämtliche Kosten und Nutzen nur bei den jeweiligen TauschpartnerInnen anfallen. Es gibt allerdings eine Reihe von Gütern und Dienstleistungen, bei denen auch Dritte systematisch tangiert sind, ohne dass dies über den Preismechanismus vermittelt würde. Dies nennt man externe Effekte (vgl. Kubon-Gilke 2013: Kap. 4.1). Dritte können geschädigt werden (z. B. bei Umweltverschmutzung) oder begünstigt. In beiden Fällen zeigt sich, dass die Marktkoordination nicht zu einem gesellschaftlich effizienten Ergebnis führt. Bei negativen externen Effekten gibt es ineffizient zu viele Güter, bei positiven externen Effekten ineffizient zu wenige. Das liegt daran, dass die MarktteilnehmerInnen stets nur die eigenen Kosten und Nutzen ihren Kalkülen zu Grunde legen, aber nicht oder nur ungenügend beachten, dass sie mit ihrem Handeln andere schädigen oder begünstigen. In diesem Fall ist eine staatliche Intervention unumgänglich. Bei einigen Konstellationen reichen Steuern oder Subventionen, bei sehr hohen externen Effekten ist auch die Übernahme in eine rein staatliche Zentralsteuerung u. U. sinnvoll. Soziale Arbeit ist z. B. durch hohe positive externe Effekte gekennzeichnet. Es profitieren nicht allein die AdressatInnen, sondern auch Familienmitglieder, das Gemeinwesen, z. T. die gesamte Gesellschaft. Eine effiziente Bereitstellung der Leistungen ist nur mit staatlicher (Mit-)Finanzierung, z. T. kompletter staatlicher Steuerung und Finanzierung möglich. Insbesondere, wenn die Gesellschaft eine normative Orientierung an Inklusions- und Befähigungsansätzen hat, spielen diese Zusammenhänge eine wesentliche Rolle. Sie zeigen allerdings auch Dilemmata auf, da der gesellschaftliche Nutzen z. T. von den Gesellschaftsmitgliedern in anderen Formen und Methoden der Sozialen Arbeit gesehen werden mag als von der Profession selbst. Der gesellschaftliche Auftrag ist nun aber Finanzierungsgrundlage, was häufig das Problem eröffnet, die Soziale Arbeit gleichsam neben der Unterstützung Benachteiligter gesellschaftlich mit Sanktionsaufgaben zu betrauen, die dem Professionsverständnis eigentlich widersprechen.

Neben externen Effekten i. e. S. gibt es noch Konstellationen, bei denen durch Massenphänomene Ineffizienzen entstehen, indem die Schädigungen Dritter erst dann auftreten, wenn es viele gleiche Entscheidungen und Handlungen einer größeren Gruppe von Individuen gibt. Auch supermodulare Strukturen mit multiplen Gleichgewichten können ähnliche staatliche Aktivitäten notwendig machen (vgl. Kubon-Gilke 2013: Kap. 4.1.3 und 4.5).

2.2.2 Asymmetrische Informationen und die Funktionsfähigkeit des Arbeitsmarktes

Erst seit etwa vierzig Jahren wird theoretisch systematisch thematisiert, dass Märkte zwar mit relativ wenig zentral bekannten Informationen bereits eine gute Koordinierungsleistung vollbringen können, aber die Marktsteuerung vor erheblichen Problemen steht, wenn relevante Informationen ungleich auf die MarktteilnehmerInnen verteilt sind. Bei Gütern und Diensten betrifft es vor allem ungleiche Informationen über deren Qualität, bei Versicherungen Kenntnisse über vor Vertragsabschluss bestehende Risiken oder über das Verhalten der Versicherten nach Vertragsabschluss. Bei Krediten betrifft es die Einschätzung des Risikos, dass Kredite nicht zurückgezahlt werden können. In all diesen Fällen zeigt sich, dass eine reine Marktsteuerung erhebliche Ineffizienzen nach sich zieht, z. T. brechen Teilmärkte (z. B. für gute Qualität oder bei der Versicherung bestimmter Risikoklassen) vollständig zusammen. Es gibt zwar teilweise marktendogene Lösungen über bestimmte Vertragsformen oder Institutionalisierungen, aber auch die erreichen i. d. R. nicht das first-best-Ergebnis der fiktiven Referenzwelt perfekter Märkte (vgl. Kubon-Gilke 2013: Kap. 4.3). Das gilt auch für Arbeitsmärkte. Wenn Unternehmungen schlechter als BewerberInnen über deren Fähigkeiten informiert sind oder sie nach Vertragsschluss die Anstrengungen und Arbeitsleistungen nicht oder nur kostenintensiv überprüfen können, zeigt sich, dass die betroffenen Arbeitsmärkte erhebliche Koordinierungsschwierigkeiten aufweisen. Es entsteht kein Gleichgewicht im Schnittpunkt von Angebot und Nachfrage, sondern bei einem höheren Lohn. Dann aber gibt es ein höheres Angebot an Arbeit durch ArbeitnehmerInnen, als die Nachfrage von Unternehmungen ausmacht. Im Gleichschritt entsteht damit Arbeitslosigkeit, die auch Diskriminierungsmöglichkeiten eröffnet bzw. Diskriminierung nicht bestraft. Bei einem Angebotsüberschuss an ArbeitnehmerInnen können Unternehmungen sich aussuchen, wen sie einstellen und können potentiellen Vorurteilen oder auch nur Abneigungen gegenüber bestimmten Personen und Gruppen ungestraft folgen.

2.2.3 Arbeitslosigkeit und Diskriminierung im perfekten und im funktionseingeschränkten Markt

Gesamtwirtschaftliche Arbeitslosigkeit erklärt sich daraus noch nicht unmittelbar. Wenn aber auf einem Teilarbeitsmarkt (i. d. R. bei besonders qualifizierten Tätigkeiten) die Nachfrage zum geltenden Lohn zu gering ist, werden sich die dort nicht Beschäftigten auf einen anderen Arbeitsmarkt mit etwas geringerer Qualifikationsstufe umsehen und haben dort auch relativ gute Chancen. Es gibt in einer Art Kaskade Durchreichungseffekte, bis bei den Berufen, die wenig Qualifikation erfordern und die relativ einfach kontrollierbar sind, sich ein großes Sammelbecken an ArbeitsanbieterInnen einer relativ geringen Nachfrage gegenüber sieht. Die Folgen sind entweder sehr geringe Löhne für die dort Beschäftigten (prekäre Löhne), oder bei staatlich höher fixierten Löhnen droht Erwerbslosigkeit. Sowohl die ineffizient hohe Lohnspreizung als auch Arbeitslosigkeit und Diskriminierung sind dadurch erklärbar. Die Ökonomik sagt selbst nichts über die betroffenen Gruppen aus, aber es ist evident, dass z. B. Menschen mit Migrationshintergrund von derartigen Diskriminierungen besonders betroffen sind. Reine Qualifizierungsmaßnahmen für Benachteiligte reichen nicht zur Lösung, da das grundsätzliche Problem nicht funktionsfähiger Arbeitsmärkte für Qualifizierte das eigentliche Problem ist, was durch staatliche Interventionen (wie etwa eine höhere Steuerprogression) gelöst werden muss. Bei falsch gesetzten Mindestlöhnen oder anderen funktionseinschränkenden staatlichen Eingriffen können ähnliche Phänomene unmittelbar auch auf unteren Qualifikationsstufen entstehen (vgl. Kubon-Gilke 2013: Kap. 4.3.3).

2.2.4 Werte vs. Präferenzen

Eine ganz andere Debatte zur Frage der Beiträge der Ökonomik für die Soziale Arbeit und zu Grenzen der Marktsteuerung berührt einen eher normativen Diskurs, in dem es darum geht, welche Gründe es dafür geben mag, freiwillig getroffene Absprachen und Verträge zu unterbinden und durch staatliche Vorgaben zu ersetzen. Dazu sei nur ein Beispiel genannt. Im gängigen Sprachgebrauch der Ökonomik werden den Menschen bestimmte Präferenzen unterstellt. Wenn sie sich die entsprechenden Wünsche erfüllen, dann müssen sie i. d. R. dafür Kosten in Kauf nehmen, also einen Preis entrichten, wenn sie Kleidungsstücke, Nahrungsmittel kaufen oder einen Urlaub buchen, auf Einkommen verzichten, wenn sie aus anderen Interessen heraus keine Vollzeiterwerbstätigkeit planen. Basu (2011) hat allerdings darauf hingewiesen, dass es neben einfachen Präferenzen und Wünschen auch bestimmte Werte gibt, die diesem Schema nicht zugeordnet werden können oder sollen. Eine Präferenz für würdevolle Behandlung oder für Versammlungs- und Meinungsfreiheit ist etwas anderes als eine Präferenz für Äpfel und Birnen. Es sei normativ unzulässig, beides gleich zu behandeln. Es kann nach Basu nicht sein, dass man für solche Werte wie Menschenwürde einen Preis zahlen müsse, wenn man sie für sich verlangt. Das aber wäre der Fall, wenn etwa Personen einen höheren Lohn erzielten, sofern sie auf grundlegende ArbeitnehmerInnenrechte verzichteten. Deshalb seien Menschenrechte und andere grundlegende Werte grundsätzlich nicht über Märkte steuerbar, sondern müssten auf anderen Wegen im gesellschaftlichen Kontext politisch festgelegt und dann auch erzwungen werden.

2.3 Ökonomische Analyse der Sozialpolitik

Eine besondere Stärke der Ökonomik liegt in der Wirkungsanalyse. Politische Maßnahmen entfalten unmittelbare oder mittelbare Rückwirkungen über Markteffekte. Preise und Mengen können sich ändern und dadurch Vor- oder Nachteile politischer Maßnahmen komplett gegenüber der eigentlichen Intention verändern. Das zeigen in einfachen Marktumgebungen bereits homo-oeconomicus-Modelle, bei komplexeren Problemen entsprechend angepasste Theorien bzw. die empirischen Tests dazu. Für sozialpolitische und sozialarbeiterische Fragen bzw. das politische Mandat der Sozialen Arbeit sind u. a. folgende Ergebnisse relevant, die man bedenken sollte, wenn Missstände beanstandet und Reformvorschläge unterbreitet werden sollen:

- Auf dem Wohnungsmarkt können durch Diskriminierungsmöglichkeiten oder Preiswirkungen Mietpreisbremsen, Höchstmieten und auch Wohngeld de facto die Nachteile einkommensschwacher Personen weiter verstärken. Die gewünschte Wirkung der politischen Setzungen hinsichtlich der Stadtteilstruktur und der Unterstützung ärmerer Bevölkerungsschichten stellt sich höchstens kurzfristig ein, langfristig können die Folgen fatal sein (vgl. Kubon-Gilke 2013: Kap. 3.4.7).
- In der politischen Diskussion wird vielfach diskutiert, welche prozentualen Anteile Unternehmungen und ArbeitnehmerInnen für die Sozialversiche-

rungsbeiträge tragen sollen. Sozialverbände sehen es z. B. kritisch, wenn die ArbeitnehmerInnen einen höheren Prozentanteil als die Unternehmen tragen sollen. Tatsächlich ist die Aufteilung der Beiträge völlig irrelevant, weil sich über Preis-, hier Lohnwirkungen in allen Fällen ein identisches Belastungsergebnis für die beiden Marktseiten ergibt, das ausschließlich von den Steigungen der Angebots- und Nachfragekurve abhängt. Das ist ein allgemeines Ergebnis: Zumindest in funktionsfähigen Märkten spielt es keine Rolle, wer z. b. Steuern an den Staat abführt oder Subventionen erhält. Die Belastungen bzw. Vorteile für AnbieterInnen und NachfragerInnen sind immer identisch (vgl. Kubon-Gilke 2013: Kap. 3.4.7). Es handelt sich de facto um politische Scheingefechte.

- Mindestlöhne sind nicht so einfach wie Höchstmieten zu beurteilen. In einem perfekten Arbeitsmarkt, der stets das Gleichgewicht bei Angebot und Nachfrage erreichte, würde ein Mindestlohn oberhalb dieses Gleichgewichtniveaus Arbeitslosigkeit verursachen. Bei staatlichen Setzungen wie etwa „Aufstockung" der Löhne bis Hartz-IV-Niveau und potentiellen Mitnahmeeffekten der Unternehmungen muss das ebenso wenig der Fall sein wie bei endogenen Marktproblemen etwa durch asymmetrische Informationen. Theoretisch ist es nicht eindeutig prognostizierbar. Empirische Studien deuten darauf hin, dass zumindest in Westdeutschland durch Mindestlöhne keine substantiellen Wirkungen auf die Höhe der Arbeitslosigkeit zu erwarten sind.
- Weiterbildungsmaßnahmen und Umschulungen, die für Langzeitarbeitslose durch die Agentur für Arbeit finanziert werden, zeigen ebenfalls ein ambivalentes Ergebnis. Kurzfristig deutet einiges darauf hin, dass sie dysfunktional sind, indem die unterstützten Personen sogar noch schlechter eine neue Arbeitsstelle finden als Personen ohne diese Maßnahmen. Das hängt mit den Suchbemühungen und -möglichkeiten der Arbeitslosen während der Bildungsmaßnahme zusammen. Langfristig wird das Bild günstiger. Mit Bildungs- und Umschulungsmaßnahmen ist das Problem grundsätzlich nicht zu lösen, solange der Arbeitsmarkt die skizzierten bislang noch nicht gelösten Funktionsprobleme hat. Es sind dann stets die *relativ* am schlechtesten Ausgebildeten diejenigen, die prekäre Löhne erhalten oder arbeitslos sind. Ohne Lösung dieses strukturellen Problems ist mit Bildungsanstrengungen allein keine spürbare Verbesserung für die Benachteiligten möglich.
- ArbeitnehmerInnenschutzrechte wie ein Verbot von Kinderarbeit oder normierte Arbeitszeiten sind über externe Effekte und Massenphänomene ökonomisch problemlos rechtfertigungsfähig. Dennoch kann z. B. ein ausgeprägter Kündigungsschutz Arbeitslosigkeitsprobleme bei Funktionsproblemen des Arbeitsmarktes verstärken. Es ist dann zu überlegen, ob leichte Lockerungen des Kündigungsschutzes, evtl. ergänzt durch veränderte Regeln beim Bezug von

Zugang zum Fall: Ökonomik 115

Arbeitslosengeld, zwar „nicht gut klingen", tatsächlich aber Ausschließungsprozesse verringern helfen.
- Elterngeld und Betreuungsgeld haben systematische Rückwirkungen auf den Arbeitsmarkt, insbesondere wenn asymmetrische Informationen vorliegen. Frauen verdienen im Durchschnitt weniger als Männer in Deutschland. Die gültigen Elterngeldregeln sehen vor, dass der Elternteil, der dies in Anspruch nimmt, Lohnersatzleistungen erhält. Es gibt mindestens 300,-€ und bis zu 67% des letzten gemittelten Nettoeinkommens bis zu einer Höchstgrenze von 1800,-€. In diesem Regelgefüge ist es immer günstiger, wenn der Elternteil mit dem geringeren Einkommen das Elterngeld in Anspruch nimmt (und der andere Elternteil höchstens die zwei Extramonate, die finanziert werden, falls beide Eltern Elternzeit in Anspruch nehmen). Das sind – ganz unabhängig von Rollenvorstellungen – meistens die Mütter, da die Frauen durchschnittlich weniger verdienen. Damit ist es aber wahrscheinlicher, dass eher Frauen als Männer eine längere Erwerbsunterbrechung haben werden. Bei asymmetrischen Informationen über die aktuelle und spätere Produktivität von BewerberInnen reicht dieser kleine Unterschied bereits, dass Unternehmungen eher Männer als Frauen einstellen, Frauen schlechtere Karrierechancen haben oder nur gegen geringeres Gehalt den Posten erhalten. In diesem Sinne schließt sich ein Teufelskreis: Frauen verdienen weniger als Männer, sie unterbrechen deshalb bei gegebenen Elterngeldregeln mit höherer Wahrscheinlichkeit die Erwerbszeit und bekommen deshalb niedrigere Löhne usw. (vgl. Kubon-Gilke 2013: Kap. 7.4.3.2 und 7.5.5). Die Folgen sind für Frauen auch längerfristig spürbar, etwa bzgl. der späteren Rentenansprüche (und evtl. Altersarmut) oder bei der Höhe von Arbeitslosen- und Krankengeld.
- Die Ökonomik kann nicht nur begründen, warum Soziale Arbeit nicht allein über Märkte gesteuert werden kann, sondern sie kann helfen zu diskutieren, in welcher Weise der Staat den sozialen Bereich steuern sollte. Auch hier können die Analysen spezifischer Marktsteuerungsprobleme z. B. bei asymmetrischen Informationen hilfreich sein zum Verständnis, ob und welche Wettbewerbselemente zur Steuerung funktional sein könnten, damit die gewünschte Quantität und Qualität möglichst ressourcensparsam erbracht wird (vgl. Kubon-Gilke 2012b). Das ist ebenso möglich bei den überaus komplexen Fragen zu Steuerungsproblemen im Bereich der Gesundheits- und Bildungspolitik, die geradezu durchwirkt sind von interdependenten Problemen asymmetrischer Informationen. Für unseren speziell betrachteten Fall sind diese Zusammenhänge nicht unerheblich, wenn es um die Krankheit der Mutter, die Bildung der Kinder und insgesamt um die finanzielle Situation der gesamten Familie geht. Für Letzteres spielen

Arbeitsmarktfragen und die sozialpolitische Logik mit ihren ökonomischen Rückwirkungen zudem eine wesentliche Rolle.

3 Zusammenfassung und Ausblick

In diesem Beitrag wurde zunächst auf methodologische Besonderheiten der ökonomischen Methode hingewiesen. Die meisten anderen Bezugswissenschaften und auch die Sozialarbeitswissenschaft selbst gehen eher induktiv vor, die Ökonomik überwiegend deduktiv. Das fördert einerseits Missverständnisse über Begriffe und Konzepte. Andererseits zeigte sich, dass die Ökonomik zwar spezielle Verhaltensannahmen den Modellen unterlegt, diese aber nur im Sinne extremer Abstraktion zur Herleitung von Systemergebnissen, z. B. Marktgleichgewichten, nutzt. Durch die fehlende psychologische Grundlegung kann die Ökonomik keine validen Aussagen zu individuellen Schicksalen, Handlungsweisen etc. machen. Sie kann aber strukturelle gesellschaftliche Probleme verdeutlichen, Erklärungen für Einkommensungleichheiten, Armut und Unterversorgung, für Arbeitslosigkeit und Diskriminierung beisteuern und vor allem in einer Wirkungsanalyse verdeutlichen, ob politische Maßnahmen tatsächlich zielführend sind oder gar eine gegenteilige Wirkung i. S. der Ungleichheitsverschärfung nach sich ziehen. Nicht alle wohlklingenden Maßnahmen entfalten die gewünschten Wirkungen. All dies wurde im zweiten Abschnitt diskutiert.

Zum Schluss sei darauf hingewiesen, dass das Verhältnis der Ökonomik zur Sozialarbeitswissenschaft keine Einbahnstraße ist und auch nicht so von der Ökonomik selbst so gesehen werden sollte. Erstens ist die normative Grundlegung der Ökonomik im Verlauf der wissenschaftlichen Spezialisierung eine Zeitlang deutlich vernachlässigt worden – obwohl die Disziplin aus der Moralphilosophie heraus entwickelt wurde. Da können die Diskurse innerhalb der Sozialarbeitswissenschaft die Ökonomik wesentlich befruchten. Zweitens kann die Ökonomik für ihr analytisches Problem des Isolationsproblems profitieren. Wenn ökonomische Fragen eine Abkehr von der homo-oeconomicus-Annahme z. B. durch systematisch endogene Präferenzen erzwingen, stellt sich die Frage nach der Alternative. Um abschätzen zu können, mit welcher psychologisch reichhaltigeren Verhaltensannahme dem Isolationsprinzip Genüge getan wird, kann einerseits eine sozialpsychologische Grundlegung an sich sinnvoll sein, aber auch der Methodendiskurs der Sozialarbeitswissenschaft nach geeigneten Unterstützungsformen kann dazu dienlich sein, da es dabei u. a. auch darum geht, aus verschiedenen und teilweise widersprüchlichen psychologischen Theorien ein Handlungskonzept zu konstruieren. Allein diese Methodik kann der Ökonomik behilflich sein bei der Lösung ihres grundlegenden analytischen Problems.

Einige Schwachpunkte bei der Beurteilung sozialpolitischer Setzungen durch die Ökonomik sind zudem nicht zu leugnen. Einer davon betrifft die gesellschaftliche Kodifizierung sozialpolitischer Programme. Zuschreibungen z. B. der Unmündigkeit an bestimmte Gruppen hängen stark von geteilten gesellschaftlichen Normen ab. Das hat jeweils weitreichende Konsequenzen für das konkrete sozialpolitische Programm. Inklusionsvorstellungen betonen viel stärker die (partielle) Verantwortungsfähigkeit z. b. beeinträchtigter Menschen, als das noch vor wenigen Jahrzehnten der Fall war. Das führte u. a. zu gänzlich neuen Unterstützungsformen wie dem Persönlichen Budget, mit dem die Betroffenen selbst über ihre Unterstützung entscheiden sollen und nicht andere Personen oder Institutionen *für* sie. Gewandelte Frauen- und Familienbilder fokussieren die Sozialpolitik immer wieder etwas anders. Die Ökonomik vermag im Wesentlichen nur zu analysieren, wie konkrete sozialpolitische Setzungen wirken, aber die Grundsatzfrage nach der Verantwortungsfähigkeit und Autonomie bzw. nach der gesellschaftlichen Bedingtheit individueller Lebensentwürfe und Entscheidungen kann die Ökonomik nur gemeinsam mit anderen Disziplinen analytisch besser durchdringen. Solche Grundsatzfragen zu behandeln ist aber auch für unseren konkreten Fall relevant, weil sie die Interdependenz von Freiheit und Gerechtigkeit andeuten, was leitend sein kann für die konkreten methodischen Ansätze der Sozialen Arbeit mit der betrachteten Familie, will man nicht in die Fallen einer deterministischen Prädetermination oder ethischen Beliebigkeit (Relativität) geraten. Das würde zumindest sowohl für die Sozialpolitik als auch die Soziale Arbeit deutlich eingeschränkte oder sehr spezielle Handlungsmöglichkeiten nach sich ziehen.

Literatur

Basu, Kaushik (2011): Beyond the Invisible Hand. Groundwork for a Nee Economics. Princeton/Oxford: Princeton University Press.

Becker, Gary S. (1986): Crime and Punishment: An Economic Approach. In: Journal of Political Economy, 76(2), S. 169-217.

Becker, Gary S. und Kevin M. Murphy (1988): A Theory of Rational Addiction. In: Journal of Political Economy 96, S. 675-700.

Erlei, Mathias (2010): Neoklassik, Institutionenökonomik und Max Weber, in: Maurer, Andrea (Hrsg.): Wirtschaftssoziologie nach Max Weber. S. 69-93. Wiesbaden: VS Verlag für Sozialwissenschaften.

Kubon-Gilke, Gisela (2012a): Stolz und Vorurteil: zum ambivalenten Verhältnis von Sozialarbeitswissenschaft und Ökonomik, in: neue praxis – Zeitschrift für Sozialarbeit, Sozialpädagogik und Sozialpolitik 42 (6), S. 585-602.

Kubon-Gilke, Gisela (2012b): Die Debatte um die Ökonomisierung des Sozialen: Befähigungen vs. Anreize: neoliberale und neoklassische Politikberatung und ihre Konsequenzen für den Sozialstaat, in: Behindertenpädagogik 51 (3), S. 300-312.

Kubon-Gilke, Gisela (2013): Außer Konkurrenz. Sozialpolitik und Soziale Arbeit im Spannungsfeld der Koordinationsmechanismen Markt, Befehl und Pflicht, 2., aktualisierte und erweiterte Ausgabe. Marburg: Metropolis.

Maurer, Andrea (o. J.): Sozioökonomik, http://wirtschaftslexikon.gabler.de/Definition/soziooekonomie.html, Abruf: 8. August 2014.

Rüstow, Alexander (1960): Wirtschaft als Dienerin der Menschlichkeit. In: Aktionsgemeinschaft Soziale Marktwirtschaft (Hrsg.): Was wichtiger ist als Wirtschaft. Tagungsprotokoll Nr. 15. Vorträge auf der fünfzehnten Jahrestagung der Aktionsgemeinschaft Soziale Marktwirtschaft am 29. Juni 1960 in Bad Godesberg. S. 7-16. Ludwigsburg: Martin Hoch.

Weber, Max (1972/1922): Wirtschaft und Gesellschaft. Grundriss der verstehenden Soziologie, 5. rev. Auflage (Nachdruck 1980), Tübingen: Mohr Siebeck.

Politologie/Politikwissenschaft und methodisches Handeln in der Sozialen Arbeit

Günter Rieger

Einleitung: Problemwahrnehmung und Herangehensweisen von Politik und Sozialer Arbeit

Nähert man sich aus der Perspektive der Politikwissenschaft dem methodischen Handeln in der Sozialen Arbeit, dann zeigt sich ein seltsam widersprüchliches Bild. Einerseits ist die enge Verbindung zwischen Politik und Sozialer Arbeit nicht zu leugnen. Soziale Arbeit ist ohne Politik nicht zu denken. Sie ist „angewandte Sozialpolitik" (Lorenz 2006). Ihre „Politikimmanenz" (Olk u. a. 2000) ist unabweisbar. Sie erscheint als „Policy Based Profession" (Popple/Leiphninger ⁵2011). Hier zeigt sich die Abhängigkeit Sozialer Arbeit von Politik. Es sind wesentlich politische Entscheidungen, welche Soziale Arbeit (in Form von Gesetzen und Programmen) beauftragen und ihr Ressourcen (Rechte und Geld) (vgl. Luhmann 1997: S. 633 f.) zuweisen, um diese Aufträge umzusetzen und entsprechende Unterstützungsprozesse zu organisieren.

Andererseits könnten Problemwahrnehmung und Herangehensweise von Politik und Sozialer Arbeit unterschiedlicher nicht sein. Hans Scherpner sah sich in seiner posthum veröffentlichten „Theorie der Fürsorge" in diesem Zusammenhang gar veranlasst den „Typus des Fürsorgers oder Helfers" von „seinem Gegentypus dem Politiker" (²1974: 133) abzugrenzen. „Der Politiker ist ... in seinem Wesen beherrscht vom Streben nach Macht und in seinem Handeln getrieben vom Willen zur Herrschaft. ... Der Helfer dagegen ... ist in seiner ganzen menschlichen Haltung und in den Motivationen seiner Handlungen bestimmt durch die spontane Hilfsbereitschaft dem Schwachen und Hilflosen gegenüber" (ebd.). Einmal abgesehen davon, dass es sich hier, auch mit Blick auf die heuristisch manchmal durchaus sinnvolle Bildung von Idealtypen, um eine ziemlich grobe Vereinfachung handelt und man PolitikerInnen und SozialarbeiterInnen sicher nicht zuverlässig über ihre Motivationen unterscheiden kann (auch PolitikerInnen wollen (manchmal) helfen und auch SozialpädagogInnen sollten sich ihrer Machtimpulse bewusst sein), weist die von Scherpner gemachte Unterscheidung auf grundverschiedene gesellschaftliche Funktionen und damit verbundene Herangehensweisen von Politik und Sozialer Arbeit hin. Politik (als gesellschaftliches Funktionssystem) zielt auf die allgemeinverbindliche Regelung öffentlicher Angelegenheiten (oder in Luhmannscher Diktion „*auf das Bereithalten der Kapazität zu kollektiv bindendem Entscheiden* (2000: 84; Herv. i. O.)), muss mithin vom Einzelfall abstrahieren, um zu erkennen, ob und inwiefern hinter dem Einzelfall ein gesellschaftliches, soziales Problem steckt, das es gilt, mit Hilfe von Gesetzen, Verordnungen, Erlassen, Programmen usw. öffentlich zu bearbeiten und *allgemeinverbindlich* zu regeln. Die Soziale Arbeit dagegen denkt stets vom Fall her und arbeitet auf den Fall hin. Ihre Funktion ist es, Menschen dabei zu helfen, ihren „Alltag" (Thiersch [7]2009) gelingender zu gestalten und „Lebensbewältigung" angesichts der im Lebenslauf anstehenden Entwicklungsaufgaben (Böhnisch [6]2012) zu ermöglichen. Menschen dort zu „autonome(r) Lebensführung" (Sommerfeld u. a. 2011: S. 308) zu verhelfen, wo sie dazu aus eigener Kraft (Hilfe zur Selbsthilfe) nicht (mehr) im Stande sind oder ihre Selbstständigkeit mindestens gefährdet erscheint (Prävention) (vgl. das für diesen Band gewählte Fallbeispiel). Um es mit der Sozialarbeiterin und Nationalökonomin Alice Salomon (1872-1948) zusammenzufassen: „Mögen Sozialpolitiker das Recht und die Pflicht haben, weitausschauende Reformpläne auszuarbeiten und vorzubereiten, der Armenpfleger hat zu untersuchen, wie er – neben den Bemühungen zur Besserung des Loses ganzer Klassen – die gegenwärtige Lage des einzelnen Hilfebedürftigen verbessern kann." (Salomon 1908, zit. nach Kuhlmann 2000: 21).

Allerdings – um hier das Bild noch komplexer zu gestalten – hat die Soziale Arbeit doch bei aller Fallorientierung (oder gerade wegen ihrer Fallorientierung) die Politik im Blick. Stets entwickelt sie sich im Spannungsfeld von individueller Hilfe und Strukturveränderung, zwischen Systemerhaltung und Systemgestaltung. Wenngleich die individuelle Hilfe meist im Vordergrund stand, bilden Konzepte und Methoden, wie sie von der Settlement-Bewegung über das Community Development bis zur Randgruppenstrategie und kritischen Sozialarbeit ihren Ausdruck fanden und finden, den in politischem Bewusstsein und sozialreformerischen Gestaltungswillen gründenden, unverzichtbaren zweiten Traditionsstrang Sozialer Arbeit (vgl. Mühlum 2007). Wiewohl „Unfaithful Angels" (Specht/Courtney 1994) gehören sie also doch zusammen. Entsprechend rufen die Berufscodizes Sozialer Arbeit (international (IFSW) wie national (DBSH)) stets zu politischem Handeln auf der Grundlage von Menschenrechten und sozialer Gerechtigkeit auf. Für die Theorie Sozialer Arbeit hat diesen Anspruch Silvia Staub-Bernasconi im Konzept der „Menschenrechtsprofession" (Staub-Bernasconi 1998) gefasst.

Zweifellos, Politik ist von großer Bedeutung für die Soziale Arbeit. Aber welchen Beitrag genau kann Politikwissenschaft für das methodische Handeln, also den Kernbereich Sozialer Arbeit, leisten? Politikwissenschaft beschäftigt sich damit, *wie*, *welche* allgemeinverbindlichen Regelungen öffentlicher Angelegenheiten in einer bestimmten Gemeinschaft (Staat, Kommune, Organisation) zustande kommen (*funktionaler Politikbegriff*)? Mit Hilfe (quantitativer wie qualitativer) sozialwissenschaftlicher Forschungsmethoden untersucht sie dazu politische Inhalte (*policy*), Institutionen (*polity*) und Prozesse (*politics*). Sie liefert aber auch normative Reflexionen zur Frage, *was* eine gute, gerechte, gemeinwohlorientierte, demokratische Politik sein könnte, und hinterfragt vor dem Hintergrund von Aufklärung und Emanzipation offene und verdeckte Interessen politischer Akteure (*normativer bzw. kritisch dialektischer Politikbegriff*). Bezogen auf den Wohlfahrtsstaat heißt das, sie liefert Wissen zu seiner Konstruktion und Funktionsweise, versucht zu erklären, *wie* er sich entwickelt (hat) und *wann* er sich *warum* als reform(un)fähig erweist. Sie analysiert und evaluiert spezifische Programme und Leistungen des Sozialstaats; identifiziert relevante politische Akteure und ihre institutionell ermöglichten wie begrenzten Handlungsmöglichkeiten und Einflusschancen. Sie stellt aber ebenso Begriffe und Theorien der Kritik wohlfahrtstaatlicher Politik zur Verfügung, deckt Interessen auf und bewertet Reformalternativen. Mit den Fragen methodischen Handelns in der Sozialen Arbeit beschäftigt sie sich nicht. Was kann uns politikwissenschaftliches Wissen also für die konkrete Fallarbeit nützen? Was tragen politikwissenschaftliche Erkenntnisse zum methodischen Handeln der Sozialen Arbeit bei (vgl. einführend Benz/Rieger 2015)?

Nimmt man konsequent die Perspektive einer am Fall (hier Frau X und ihre Familie) arbeitenden SozialarbeiterIn (sozialpädagogische Familienhelferin, Mitarbeiterin des ASD, Schulsozialarbeiterin, Krankenhaussozialarbeiterin usw.) ein, dann zeigen sich m. E. drei zentrale, im folgenden zu erörternde Beiträge einer sozialarbeitswissenschaftlich fragenden Politikwissenschaft zum methodischen Handeln der SozialarbeiterIn: Politikwissenschaft kann (1) Wissen um das wohlfahrtsstaatliche Leistungssystem zur Verfügung stellen (*Orientierungsfunktion*); (2) zur Klärung des Auftrags und kritischen Reflexion der Haltung der Sozialarbeiterin beitragen (*Aufklärungsfunktion*) und (3) Anleitung/Beratung zur politischen Intervention (policy practice (vgl. Cummins u. a. 2011)) bieten (*Gestaltungsfunktion*).

1 Methodisches Handeln: gut orientiert

Politikwissenschaft hat zunächst eine *Orientierungsfunktion* für die Soziale Arbeit. Denn Soziale Arbeit ist „in ihrer institutionellen und organisatorischen Grundstruktur öffentlich strukturiert und legitimiert" (Böhnisch/Schröer 2012: S. 9), sie erbringt ihre Leistungen also stets in einem politisch strukturierten Feld. Orientierungsfunktion meint hier zunächst nur, dass Politikwissenschaft im Sinne politischer Systemlehre und Wohlfahrtsstaatsforschung Wissen zu den Strukturen des Sozialstaats und den Prozessen der Sozialpolitik zur Verfügung stellt. Dieses Wissen (vgl. einführend Bellermann ⁶2011; Benz 2010) erlaubt es der Fallarbeiterin, ihre Tätigkeit einzuordnen und zu erkennen, welche wohlfahrtsstaatlichen Versorgungs-, Versicherungs- und Fürsorgestrukturen im konkreten Fall von Bedeutung sind, wie sie ineinander greifen, sich allerdings in ihren Zielen und Folgen manchmal auch widersprechen.

Im Fall der krebskranken Frau X und ihrer Familie sind im wesentlichen vier sozialstaatliche Regelungsbereiche ((Sub)Politikfelder) von Relevanz: die Gesundheitspolitik (vgl. einführend Schmidt 2014), die Jugendhilfepolitik (vgl. Chassé/Lindner 2014), die Bildungspolitik (vgl. Fischer 2014) und die Integrationspolitik (vgl. Krummacher 2011; Többe-Schukalla 2014). Mit dem Fall beschäftigte SozialarbeiterInnen können also wissen, dass Frau X Leistungsansprüche aus der gesetzlichen Krankenversicherung (GKV) nach dem Versicherungsprinzip hat und wie das Gesundheitssystem welche Leistungen in welcher Form (ambulant, teilstationär, stationär; Geld, Sachleistungen, personenbezogene Dienstleistungen; professionell, ehrenamtlich) über welche Organisationen (AOK, Krankenhäuser, niedergelassene Ärzte (Hausärzte wie Fachärzte), ambulante Pflegedienste, Selbsthilfegruppen usw.) zur Verfügung stellt. Aufgabe Sozialer Arbeit (durch SozialarbeiterInnen innerhalb des Gesundheitswesens wie durch externe FallmanagerInnen des ASD oder anderer Einrichtungen) ist es, hier den Zugang zu den Einrichtungen und Leistungen des Gesundheitswesens zu erschließen. Fundierte Kenntnisse des Leistungssystems sind Voraussetzung für eine umfassende Beratung und ggf. Vermittlung (an eigentlich zuständige AnsprechpartnerInnen). Als typisch sozialarbeiterischer/sozialpädagogischer Fall (Multiproblemfall) ist das sozialarbeiterische Handeln aber nicht auf einen (politischen) Regelungsbereich beschränkt. Am Fall beteiligte SozialarbeiterInnen müssen und können auch die Bereiche der Jugendhilfepolitik (Fürsorgeprinzip (SGB VIII), kommunale Trägerschaft (Jugendamt), öffentliche und frei-gemeinnützige Leistungserbringung, ggf. Sozialraumbudget usw.), der Bildungspolitik (Ganztagsschule, Bildungspaket, kommunale Bildungslandschaften, Schulsozialarbeit usw.), und der Integrationspolitik (nationaler Integrationsplan, (kommunaler) Integrationsbeauftragter, politische Bildungsarbeit, Anti-Diskriminierungsprojekte usw.) in ihren je eigenen Leistungen (Arten und Prinzipien), Infrastrukturen, Zusammenhängen und Zielen kennen und berücksichtigen.

2 Methodisches Handeln: aufgeklärt

Die Orientierungsfunktion wandelt und erweitert sich im Rahmen sozialpädagogischer/sozialarbeiterischer Reflexivität zur *Aufklärungsfunktion*. Entscheidungsentlastet kann Politikwissenschaft politisch reflexives Wissen generieren und entsprechende Kompetenzen in der Lehre vermitteln, um die selbstreflexive Kontrolle der alltäglichen sozialarbeiterischen/sozialpädagogischen Praxis zu ermöglichen und voranzutreiben. Gerade in den Ambivalenzen eines aktivierenden Sozialstaats, zwischen neuen Professionalisierungsmöglichkeiten und Instrumentalisierung der Sozialen Arbeit durch die Politik, bedarf es einer Wissenschaft, die in ideologiekritischer Absicht, sorgfältig argumentierend, gerechtfertigte sozialpolitische Ziele und Strategien für die Soziale Arbeit herausarbeitet, aber ebenso ihre mögliche Vereinnahmungen aufzeigt. Dies reicht von der Aufdeckung spezifischer Zusammenhänge, Interessen und politischer Strategien (vgl. bspw. Dahme/Wohlfahrt (Hrsg.) 2005) bis hin zu grundlegenden Analysen politisch gesellschaftlicher Machtstrukturen und der Verstrickung Sozialer Arbeit bei der Erzeugung und Aufrechterhaltung herrschender Deutungsmuster (vgl. Kessl 2005; Anhorn u. a. (Hrsg.) 2007; Kraus/Krieger 2007).

Die in den Fall involvierte SozialarbeiterIn kann und muss sich ihrer unvermeidlich politischen Rolle und Funktion auch dort bewusst sein, wo sie scheinbar nur im Einzelfall hilft. Denn Soziale Arbeit ist immer auch Politikimplementation. Als „angewandte Sozialpolitik" (Lorenz 2006: S. 261) bewegt sie sich in ihrem professionellen Handeln stets in einem politisch gestalteten Umfeld. Ihr obliegt es, allgemeine (sozial)politische Vorgaben in Form von Gesetzen und Programmen für die individuelle Hilfe in komplexen Problemlagen anzupassen und anzuwenden. Indem sie dies tut, handelt sie, bewusst oder unbewusst, politisch; ist sie Teil des politischen/wohlfahrtsstaatlichen Systems und muss sich entsprechend positionieren[1]. Denn unvermeidlich werden bereits im „Mikrobereich persönlichen 'Helfens' sozialpolitische Grundfragen ... verhandelt" (ebd., 263). So macht es „einen fundamentalen Unterschied, ob Sozialarbeiterinnen bei einer Familie an die Tür klopfen und einen Staat repräsentieren, der im Interesse der Gleichheit und Gerechtigkeit

---

1 Sie muss beispielsweise klären was „Parteilichkeit" für das Handeln im vorliegenden Fall bedeuten könnte (vgl. Hartwig/Merchel (Hrsg.) 2000).

allen Bürgerinnen und Bürgern ein bedingungsloses Recht auf Hilfe einräumt, um ungleiche Lebenschancen zu überwinden, oder einen Staat, der Individuen in Notlagen grundsätzlich mit Argwohn betrachtet und zuerst überprüfen will, ob sie auch genügend zu ihrer eigenen Vorsorge getan haben oder jetzt zu tun bereit sind" (ebd., 268). Soziale Arbeit kann als „angewandte Sozialpolitik" nicht nicht-politisch handeln. Sie agiert dort politisch, wo sie die sozialpolitischen Vorgaben ohne Bewusstsein ihrer sozialpolitischen Implikationen umsetzt, wie auch dort, wo sie ihren erheblichen Gestaltungsspielraum vor Ort in die eine oder andere Richtung nutzt. Für die „Mikropolitik" Sozialer Arbeit öffnen sich stets „Spielräume ..., die unterschiedlich genutzt werden können" (Fritsche/Güntner 2012: 61). Viele für sich zunächst wenig bedeutungsvoll erscheinende Entscheidungen formieren dann die politische Ausrichtung einer Einrichtung, eines Projekts oder Handlungsfeldes.

Politische/politikwissenschaftliche Reflexion trägt mithin dazu bei, die normative Ausrichtung des fallbezogenen Handelns zu klären (Bürgerrechte, soziale Gerechtigkeit, Partizipation usw.) und damit ggf. die Haltung der handelnden Sozialarbeiterin zu prägen; die Verstrickungen in exkludierende, diskriminierende oder Schuld zuweisende Praktiken aufzudecken und darüber Handlungs- bzw. Gestaltungsspielräume zu erkennen.

3   Methodisches Handeln: politisch gewendet

Wissenschaftliche Reflexion politischer Inhalte und Zusammenhänge erschöpft sich aber keineswegs darin, das methodische Handeln der Sozialen Arbeit zu informieren (vgl. (1)) und aufzuklären (vgl. (2)). Gerade eine politisch aufgeklärte Soziale Arbeit weiß auch um ihren politischen Auftrag (vgl. Lallinger/Rieger (Hrsg.) 2007; Merten (Hrsg.) 2001). Politikwissenschaft hat mithin auch eine *Gestaltungsfunktion* mit Blick auf das methodische Handeln der Soziale Arbeit. Politikwissenschaftliches Wissen wird hier benötigt, um professionell politisch intervenieren zu können, um das politisch methodische Handeln der Sozialen Arbeit zu entwickeln und für eine „Politik als Hilfe" (Rieger 2006) zu nutzen. Politikwissenschaft sucht und findet hier Antworten darauf, welche (politischen) Interventionen (Empowerment, Anwaltschaft, Netzwerkarbeit, Politikberatung, (Sozial)Lobbying, Gremienarbeit usw.) geeignet sind, Politiken in Richtung auf ein besseres (effektiveres, effizienteres, gerechteres) Hilfesystem und die Verbesserung der Lebenslagen des Klientels zu verändern. Politikwissenschaftliche Erkenntnisse liefern insofern nicht nur einen indirekten Beitrag zum methodischen Handeln Sozialer Arbeit, sondern erweitern/ gestalten ihr methodisches Handlungsrepertoire im Sinne von „policy practice":

"The term *policy practice* reflects an understanding of where this social work role fits with other roles within the profession. Policy is not just a topic social workers study and understand in oder to help clients access programs and resources. The policy arena is also an arena for social work action, for social work practice, just as social workers practice with individuales, families, organizations and communities" (Cummins u. a. 2011: 9; Herv. i. O.).
"Policy practice is defined as using social work skills to propose and change policies in order to achieve the goal of social and economic justice" (ebd., 2).

Soziale Arbeit ist „(f)allbezogene und fallübergreifende Arbeit mit dem Klientensystem *und* dem Leistungssystem" (vgl. Heiner 2007: 121-159; Herv. v. A.). Sie zielt auf die „Veränderung des Verhaltens von Personen" ebenso wie auf die „Veränderung der Verhältnisse" (ebd., 124). Um KlientInnen in ihren prekären Lebenslagen zu unterstützen, ihre Lebensbedingungen wie Lebensweisen zu verbessern, reicht die individuelle Kompetenz der Professionsangehörigen (SozialarbeiterInnen und SozialpädagogInnen) nicht aus. Die Qualität ihrer Arbeit bleibt stets abhängig von strukturellen Rahmenbedingungen der Meso- und Makroebene. Als organisierte Hilfe (vgl. Luhmann 1973: 31 ff.) ist die Wirkung Sozialer Arbeit wesentlich auf die Qualität ihrer Organisationen (Einrichtungen, Verbände) sowie die rechtlichen, finanziellen, organisatorischen, administrativen und gesellschaftspolitischen Rahmenbedingungen der Sozialpolitik („internes und externes Leistungssystem" (vgl. Heiner 2007: 126 f.)) verwiesen. Soziale Arbeit muss deshalb 'politische Methoden' der Interessenvertretung (Anwaltschaft (Advocacy (vgl. Rieger 2003; Urban-Stahl [5]2015), des (Sozial)Lobbying (vgl. Rieger [2]2013; 2014), der Gremienarbeit (vgl. Rieger [2]2013)), der Sozialplanung (vgl. Böhmer 2015a, 2015b) oder der Politikberatung (vgl. Rieger 2014, [5]2015)) ausbilden, um auch hier *professionell* auf eine Verbesserung der Rahmenbedingungen für Soziale Arbeit und der Lebensbedingungen für die betroffenen Klienten hinzuarbeiten[2].

Dabei lässt sich das politische Handeln der Sozialen Arbeit unterschiedlich systematisieren. Praxisnah unterscheiden beispielsweise Kusche/Krüger (2001) nach den „Mitteln des politischen Handelns", die der Profession zur Verfügung stehen:

---

2   Die hier angeführten Methoden sind im disziplinären wie professionsbezogenen Methodendiskurs Sozialer Arbeit als struktur- und organisationsbezogene Methoden einzuordnen. Generell ist festzustellen, dass die „Bedeutung von planungs- und organisationsbezogenen Methoden (z. B. Sozialmanagement; Jugendhilfeplanung)" (Galuske [6]2005: S. 337; vgl. ebenso S. 166) zunimmt. Die klassischen, direkt-fallbezogenen Interventionen der einzelfall-, gruppen- und gemeinwesen-/sozialraumorientierten Methoden werden nicht nur durch indirekte interventionsbezogene Methoden (Supervision; Selbstevaluation) ergänzt. Zunehmend finden „(s)truktur- und organisationsbezogene Methoden" (z. B. Sozialmanagement und Sozialplanung, Politikberatung usw.) Aufnahme in den Kanon sozialarbeiterischer Methoden (vgl. ebd., S. 167 (Graphik)).

(1) „Mitbestimmung und Mitentscheidung", (2) „Mitplanung", (3) „Aktivierung von Öffentlichkeit" sowie (4) „Sozialarbeiterisches Alltagshandeln als politisches Handeln" (ebd., S. 18 ff.). Popple/Leighninger (⁵2011) dagegen differenzieren nach den für die „politiy practice" von SozialarbeiterInnen notwendigen „skills" einer „action-oriented profession": (1) „analytical skills" die als Voraussetzung methodischen politischen Handelns dienen (Fähigkeiten zur Analyse sozialer und politischer Probleme, Programmanalyse usw.) (2) „interactional skills" (wie Verhandeln, Überzeugen, Entscheiden usw.) [3], sowie (3) die im eigentlichen Sinne „political skills" (wie „building coalitions, information, dissemination, lobbying, candidate support, and running for office" (ebd., S. 267 f.)).

Orientiert an der Politikfeldanalyse als Teildisziplin der Politikwissenschaft (hier am Modell des Policy Cycle) und angesichts der Tatsache, der „doppelte(n) Aufgabenstellung Sozialer Arbeit" von fallbezogene(r) Arbeit am Klientensytem und fallübergreifende(r) Arbeit am Leistungssystem" (Heiner 2007, S. 121) kann einerseits zwischen politischer Arbeit in der Phase der Politikimplementation und der Phase der Politikgestaltung (hierunter fallen die Phasen Problemdefinition, Agendasetting, Entscheidung und Evaluation (vgl. Güntner/Langer 2014) und andererseits zwischen direkten politischen Interventionen der Akteure Sozialer Arbeit und indirekter politischer Arbeit, die auf die Ermächtigung (Empowerment) der KlientInnen zur Selbstorganisation und Selbstvertretung zielt (vgl. Tab 1), unterschieden werden.

Tab. 1 Methoden der Sozialarbeitspolitik

	indirekte politische Intervention	direkte politische Intervention
Politik-implemen-tation	• Politische Bildung (bildungsferner Schichten in der Kinder- und Jugendhilfe sowie Erwachsenenbildung) • Partizipationsförderung (Empowerment von Einzelnen und Gruppen, Consumer Involvement, Institutionengestaltung (Werkstattrat, Heimbeirat usw.))	• politisch reflektierte Fallarbeit (mit Einzelnen, in Gruppen und mit dem Gemeinwesen) • Mikropolitische (Beiträge zur) Organisationsentwicklung (Leitbildentwicklung, strategische Ausrichtung der Organisation (Organisationspolitik), Personalpolitik, organisationsinterne Gremienarbeit (z. B. in internen Arbeitsgruppen, Steuerungsgruppen, Qualitätszirkeln, Teambesprechungen usw.)

---

3 Die „interactional skills" verweisen auf die Mikroebene politischen Handelns (vgl. Rieger ²2004).

Politik-gestaltung	• Politische Bildung und Aktivierung (z. B. aktivierende Befragung; gem. pol. Aktionen in Sozialer Gruppenarbeit; Planning for Real usw.) • Empowerment und Unterstützung der Selbstorganisation von Betroffeneninteressen (materielle Unterstützung, Beratung, als MitarbeiterIn von Betroffenenorganisationen; Organisationsberatung; Political Consulting)	• Politikberatung (einschl. Sozialplanung und Sozialberichterstattung) • Gremienarbeit (in organisationsexternen AGs, Steuerungsgruppen, Planungsgruppen, Ausschüssen usw.) • Soziallobbying (einschließlich politischer Öffentlichkeitsarbeit (public affairs))

(Graphik Rieger 2014)

Politisches Handeln ist Teil des fachlichen Auftrags Sozialer Arbeit. Es gehört in „jedem Fall zum Profil der Sozialen Arbeit als Beruf" (Heiner 2007: 129). Es muss deshalb methodisch, d. h. systematisch, wissensbasiert und ethisch reflektiert, umgesetzt werden. Dabei ist politisches Handeln sicher nicht die Haupttätigkeit einer jeden Basisfachkraft. Auch für die Soziale Arbeit gilt das Prinzip der Arbeitsteilung. Grundsätzlich ist davon auszugehen, dass der Umfang notwendigen, fachlich begründeten politischen Handelns (a) mit der politischen Brisanz der Aufgabenstellung (z. B. GWA im sozialen Brennpunkt, ReferentIn in einem Verband) und des Tätigkeitsfeldes (z. B. Arbeit mit AsylbewerberInnen) sowie (b) mit dem Umfang der wahrgenommenen Leitungsfunktionen korreliert.

Für unsere Sozialarbeiterin im Fall heißt das, sie wird sich nicht (grundsätzlich) darauf beschränken können, in ihrer Arbeit mit der Familie (oder einzelnen Familienangehörigen) zu beraten, zu betreuen, Ressourcen zu beschaffen und manchmal auch gegen deren Willen (z. B. bei Gefährdung des Kindeswohls) zu intervenieren (vgl. Lüssi ²1992) (wiewohl wir gesehen haben (vgl. (2)), dass sie selbst dort, wo sie dies bewusst versucht, politisch handelt!). Ihr Handeln kann und darf sich „nicht in der 'face-to-face-Arbeit' mit Klienten erschöpfen ..., sondern (muss) die Arbeit an Strukturen, am Gemeinwesen, im Stadtteil, mit Institutionen, Ämtern und politischen Gremien" (Münchmeier ⁶2008: 222) einschließen. Dort wo sie in ihrer Fallarbeit an institutionelle Grenzen stößt, wo das Leistungssystem lückenhaft ist oder der Familie (widerrechtlich) Leistungen vorenthalten, sie (die Familienangehörigen) nicht umfassend aufgeklärt, die KlientInnen diskriminiert oder ausgeschlossen werden, wird sie in den Modus der „Fürsprache" bzw. Anwaltschaft wechseln (vgl. Teasdale 2002). Im Gegensatz zu anderen Handlungsformen der Sozialen Arbeit (Beraten, Beschaffen, Betreuen, Intervenieren (vgl. Lüssi ²1992) erkennt anwaltschaftliches Handeln Hindernisse und Probleme der Alltagbewältigung nicht mehr (oder zumindest nicht nur) intern als Defizite der Familie, sondern extern als Defizite des Leistungssystems. Anwaltschaftliches Handeln zielt auf Probleme, die vom Leistungssystem vernachlässigt, ignoriert, manchmal auch verursacht werden oder die in der sozialen Umwelt der Betroffenen zu suchen sind. Die FallarbeiterIn wird ihr Engagement zunächst sicher als Anwaltschaft im Einzelfall ausüben. D. h., sie wird versuchen, kooperativ oder konfrontativ, ihren KlientInnen zu ihrem Recht und Anerkennung zu verhelfen. Sie muss vielleicht gegen die jeweiligen Verwaltungen (Krankenkasse, Sozialamt) die Klientin dabei unterstützen, ihre Ansprüche auf Versicherungs- oder Sozialhilfeleistungen durchzusetzen. Gegebenenfalls wird sie dabei aber feststellen, dass es sich bei den auftretenden Widerständen und Problemen nicht um ein Versagen der Institution(en) am Einzelfall (Überlastung einzelner MitarbeiterInnen, Nachlässigkeit, Vorurteile einzelner SachbearbeiterInnen, Amtsmissbrauch o. ä.), sondern um systematische Lücken im Hilfesystem bzw. systembedingte Ungerechtigkeiten, Diskriminierung oder Exklusionsmechanismen handelt. Nun muss sich die Anwaltschaft im Einzelfall zur politischen Anwaltschaft wandeln. Jetzt geht es nicht mehr allein darum, unmittelbar und zeitnah die konkrete Lebenslage der Familie zu verbessern, sondern es gilt politisch zu intervenieren, um das Leistungssystem selbst weiter zu entwickeln. Ggf. müssen Verwaltungsvorschriften verändert, interne Handlungsanweisungen und Verhaltensregeln überprüft, zusätzlich Haushaltsmittel zur Verfügung gestellt oder Gesetze geändert werden. Hier sind die Einflussmöglichkeiten der individuellen Sozialarbeiterin selbstverständlich begrenzt. Aber vor Ort, auf kommunaler Ebene kann sie sich in Arbeitskreisen, Netzwerken und Gremien mit ihren Erfahrungen und ihrer Expertise durchaus einmischen (zur Einmischungsstrategie vgl. Mielenz 1981; Münchmeier [6]2008) oder auch selbst zur Gründung von Initiativen anregen. Sie kann auf Versorgungslücken hinweisen, Mängel im System anprangern (Skandalisierung und Whistleblowing[4]) und Verbesserungsvorschläge an geeigneter Stelle (in der eigenen Organisation/im eigenen Verband; gegenüber Angehörigen der kommunalen Sozialverwaltung, gegenüber politischen Entscheidungsträgern) einzubringen versuchen. Dabei geht es immer darum herauszuarbeiten, was am konkreten Fall verallgemeinerungsfähig und -bedürftig, also politisch, ist.

Voraussetzung dafür, dass die FallarbeiterIn ihrem (fachlichen) politischen Auftrag gerecht werden kann, ist es, dass sie in ihrem Wissen (vgl. (1)) und in ihrer Haltung (vgl. (2)) sensibilisiert ist für politische Fragestellungen und Herausforderungen. Denn zunächst einmal muss sie erkennen, wo die Probleme des Leistungssystems

---

4   Von Wistleblowing (Verpfeifen) spricht man dann, wenn MitarbeiterInnen auf Missstände in ihren eigenen Einrichtungen aufmerksam machen (vgl. Hüner/Stagge 2012).

(Organisationen, Gesetze, Verordnungen, Verwaltungsvorschriften, Programme usw.) liegen und inwiefern diese Problematiken einer allgemeinverbindlichen, generellen Lösung bedürfen und zugänglich sind (Test der Verallgemeinerungsfähigkeit). Die Probleme des Leistungssystems lassen sich dabei in zwei Kategorien differenzieren:

- *Probleme der Funktionsfähigkeit des Leistungssystems:* Maja Heiner identifiziert in diesem Zusammenhang als „in allen Berufsfeldern und Organisationstypen der Sozialen Arbeit immer wieder auftauchenden Probleme" (Heiner 2007: 208) die „Selektivität der Hilfen", die zu „geringe Responsivität standardisierter Leistungen sowie die „mangelnde Koordination im Einzelfall" und die unzureichende Abstimmung der Angebote im Rahmen der regionalen Infrastruktur" (ebd., 208 – 213). Hier gilt es über den Fall zu erkennen, wo und inwiefern die eigene oder andere Organisationen bestimmte Klienten systematisch bevorzugen oder ausgrenzen, inwiefern sie ausreichend auf die individuellen Bedarfe der Klienten reagieren und wo die Zusammenarbeit und Abstimmungen der am Fall arbeitenden Dienstleister nicht bzw. unzureichend funktioniert.
- *Lücken des Leistungssystems:* hier gilt über den Fall zu erkennen, welche bearbeitungsbedürftigen soziale Probleme (beim vorliegenden Fall möglicherweise Wohnungsnot, Armut, Diskriminierung) bisher vom sozialpolitischen Leistungssystem nicht oder nicht ausreichend adressiert werden (allgemein zum Zusammenhang zwischen Politik und sozialen Problemen vgl. Groenemeyer u. a. ²2012). Es geht darum, Gesetze zu ergänzen, Verwaltungsabläufe zu optimieren, Planungsprozesse zu initiieren. U. a. zielt Sozialplanung (vgl. Böhmer 2015a; 2015b) darauf künftige Versorgungslücken zu vermeiden.

Abhängig vom identifizierten Problem gilt es dann die eigene (mögliche und notwendige) politische Intervention professionell anzugehen. Professionelles politisches Handeln folgt dabei grundsätzlich dem methodischen Kreislauf rationalen Handelns: politisches Handeln setzt (a) die Analyse der Situation voraus, bedarf (b) der Planung, diese muss (c) dann professionell durchgeführt (Phase der Umsetzung) und schließlich (d) in ihren Wirkungen evaluiert werden. Beispiel: Ein/e SchulsozialarbeiterIn stößt in Zusammenhang mit ihrem Kontakt zur „Tochter" von Frau X auf die Problematik, dass „die Kinder wegen ihres in der Umgebung abweichenden Aussehens von Mitschülern rassistisch und ausländerfeindlich beleidigt und wohl auch bedroht" (Fallbeschreibung) werden. Auf diese Weise sensibilisiert, stellt sie fest, dass Diskriminierung und Ausgrenzung von Menschen mit Migrationshintergrund an ihrer Schule kein Einzelfall sind, sondern es unter Schülern wie auch von Seiten der Lehrerschaft ein vorurteilsbeladenes Klima der Ausgrenzung und

Ablehnung gegenüber allem 'Fremden' gibt. In der weiteren Beschäftigung mit dem Thema und im Gespräch mit Kolleginnen anderer Jugendhilfeeinrichtungen wird (ihr) zunehmend deutlich, dass es eine aktive rechte Szene in ihrer Region gibt, die ein Klima der Ressentiments und der Angst verbreitet und zunehmend Einfluss auf die lokale Öffentlichkeit erlangt. Sie wird überlegen, wie sie das Thema in ihrer Schule auf die Tagesordnung setzen kann. Welche Maßnahmen und Projekte einer antidiskriminierenden Praxis in ihrer Schule fachlich angezeigt sein könnten und wie sie sich dort in Kooperation und/oder Auseinandersetzung mit dem Lehrkörper, dem Rektorat, der Verwaltung durchsetzen und implementieren lassen. Sie wird darüber hinaus aber auch versuchen, sich mit anderen Jugendhilfeeinrichtungen, zivilgesellschaftlichen Initiativen und kommunalpolitischen Entscheidungsträgern in ihrer Region zu diesem Thema zu vernetzen oder zur Vernetzung anregen, um im Jugendhilfeausschuss und anderen kommunalen Gremien eine Sensibilisierung mit Blick auf das ausländerfeindliche Klima in der Region und die Problematik einer sich ausbreitenden rechtsextremen Szene zu schaffen. Gemeinsam kann dann versucht werden, 'Strategien gegen Rechts' (vgl. die Website Dossier Rechtsextremismus der Bundeszentrale für politische Bildung (www.bpb.de) und für Toleranz, Verständigung und Solidarität zu entwickeln. Systematisch geht es weiterhin darum, die Situation (mit Blick auf die veränderungsbedürftige Problematik wie auf die herrschenden Macht- bzw. Einflussverhältnisse) zu analysieren, Bündnispartner zu identifizieren, Projekte zu initiieren und zu koordinieren, Öffentlichkeitsarbeit zu gestalten, Reformen umzusetzen und in ihren Wirkungen zu evaluieren. Hier öffnet sich für die Schulsozialarbeiterin ein weiter Kosmos politischen Engagements und Handelns.

Wie bereits festgestellt, sind die Einflussmöglichkeiten der Basisfachkraft durchaus vielfältig, aber in ihrem Wirkungskreis begrenzt (individuell, aufgrund des Arbeitsauftrags und der Arbeitsbelastung; strukturell, weil politischer Einfluss wesentlich von Organisationsfähigkeit abhängt). Dort wo es darum geht, Gesetzesänderungen anzustoßen oder Fördermittel für Pilotprojekte und neue Programme einzufordern und deshalb das engere lokale Umfeld nicht mehr der alleinige Adressat für Reformbestrebungen ist, bedarf es notwendig der Organisation. Politisch muss Soziale Arbeit hier über ihre Einrichtungen und Verbände Einfluss nehmen. Oder anders ausgedrückt, die Fallarbeiterin wirkt hier nur noch indirekt über ihren Träger und die Teilnahme auf Tagungen und Fachforen. Es sind die Verbände der Sozialen Arbeit, die hier durch geeignete Anstrengungen der Politikberatung, des Lobbyings und der Gremienarbeit auf allen politischen Ebenen (Kommune, Land, Bund, EU) im Sinne der Verbesserung des Leistungssystems wie der Lebenslagen der Klientel intervenieren müssen. Sie halten (hoffentlich) entsprechendes Personal (ReferentInnen) und Ressourcen bereit, um strategie- und politikfähig zu sein.

Welche Rolle und Bedeutung dabei der FallarbeiterIn vor Ort zukommen kann, ist davon abhängig, wie gut (partizipativ und responsiv) die Kommunikation zwischen politisch agierenden Stabstellen und Organisationsleitungen einerseits und Fallpraxis andererseits innerhalb der Einrichtungen und Verbände angelegt ist. Es wurde gezeigt, dass auch die Bezugswissenschaft Politikwissenschaft einiges zum professionellen Handeln der Sozialen Arbeit und damit zur sozialarbeiterischen/ sozialpädagogischen Fallarbeit beizutragen hat. Allerdings – und auch dies sollte nun zum Abschluss nochmals betont werden – kann die Politikwissenschaft nur wenig zur konkreten Hilfeplanung und Hilfeleistung im Einzelfall (hier Individuen und Familie) beitragen. Wichtige Beiträge liefert sie aber, weil Fallarbeit sich (1) im und am sozialstaatlichen Sicherungssystem orientieren muss, (2) SozialarbeiterInnen/SozialpädagogInnen ihre Arbeit sozialpolitisch reflektieren sollten und ihre Haltung sozialpolitischer Aufklärung bedarf sowie sie (3) stets auch im Blick behalten sollen, dass Soziale Arbeit nicht auf das Klientensystem beschränkt sein darf, sondern auch auf Veränderungen im Leistungssystem hinwirken muss, weil auch Hindernisse und Probleme mit Blick auf einen „gelingenderen Alltag" nie nur intern bedingt sondern immer auch extern (mit)verursacht sind. In diesem Sinne müssen politikwissenschaftliches Wissen und Methoden als Sozialarbeitspolitik in die Sozialarbeitswissenschaft integriert werden. Die Hilfestellung im Einzelfall liefert die Problemstellung und Fragerichtung auch für politikwissenschaftliches Fragen.

Literatur

Anhorn, Roland u. a. (Hrsg.) 2007: Foucaults Machtanalytik und Soziale Arbeit. Einführung und Bestandsaufnahme. Perspektiven kritischer Sozialer Arbeit Bd. 1, Wiesbaden: VS Verlag.
Bellermann, Martin [6]2011: Sozialpolitik. Eine Einführung für Soziale Berufe, , Freiburg i. B.: Lambertus Verlag.
Benz, Benjamin 2010: Sozialpolitik und Soziale Arbeit, in: Ders. u. a. (Hrsg.): Soziale Politik – Soziale Lage – Soziale Arbeit, S. 317-336, Wiesbaden: VS Verlag.
Benz, Benjamin/Rieger, Günter 2015: Politikwissenschaft für die Soziale Arbeit. Eine Einführung, Wiesbaden.
Böhmer, Anselm 2015a: Konzepte der Sozialplanung. Grundwissen für die Soziale Arbeit, Bd. 1, Berlin: Springer.
Böhmer, Anselm 2015b: Verfahren und Handlungsfelder der Sozialplanung. Grundwissen für die Soziale Arbeit, Bd. 2, Berlin: Springer.
Böhnisch, Lothar/Schröer, Wolfgang 2012: Sozialpolitik und Soziale Arbeit. Eine Einführung, Weinheim, Basel: Juventa.

Böhnisch, Lothar ⁶2012: Sozialpädagogik der Lebensalter. Eine Einführung, Weinheim, Basel: Juventa.
Chassé, Karl August/Lindner, Werner 2014: Kommunale Jugendhilfepolitik, in: Benz, Benjamin/Rieger, Günter/Schönig, Werner/Többe-Schukalla, Monika (Hrsg.): Politik Sozialer Arbeit, Band 2: Akteure, Handlungsfelder und Methoden, , S. 157-169.Weinheim, Basel: Beltz Juventa.
Cummis, Linda K./Byers, Katherine V./Pedrick, Laura 2011: Policy Practice for Social Workers. New Strategies for a New Era, , Boston: Allyn&Bacon.
Dahme, Hans-Jürgen/Wohlfahrt, Norbert (Hrsg.) 2005: Aktivierende Soziale Arbeit. Theorie – Handlungsfelder – Praxis, Hohengehren: Schneider Verlag.
Fischer, Jörg 2014: Soziale Arbeit in einer integrierten Bildungs- und Sozialpolitik, in: Benz, Benjamin/Rieger, Günter/Schönig, Werner/Többe-Schukalla, Monika (Hrsg.): Politik Sozialer Arbeit, Band 2: Akteure, Handlungsfelder und Methoden, S. 141 –156, Weinheim, Basel: Beltz Juventa.
Galuske, Michael ⁶2005: Methoden der Sozialen Arbeit. Eine Einführung, , Weinheim, München: Juventa Verlag.
Groenemeyer, Axel/Hohage, Christoph/Ratzka, Melanie ²2012: Die Politik sozialer Probleme, in: Albrecht, Günter/Groenemeyer, Axel (Hrsg.): Handbuch soziale Probleme, Band 1, S. 117-191, Wiesbaden: Springer VS.
Güntner, Simon/Langer, Andreas 2014: Sozialarbeitspolitik zwischen Professionspolitik und Gesellschaftsgestaltung, in: Benz, Benjamin/Rieger, Günter/Schönig, Werner/Többe-Schukalla, Monika (Hrsg.): Politik Sozialer Arbeit, Band 2: Akteure, Handlungsfelder und Methoden, S. 238-254, Weinheim, Basel, Beltz Juventa.
Hartwig, Luise/Merchel, Joachim (Hg.) (2000): Parteilichkeit in der Sozialen Arbeit, Münster: Waxmann.
Haynes, Karen S./Mickelson, James S. ⁷2010: Affecting Change. Social Workers in the Political Arena, Boston usw.
Heiner, Maja 2007: Soziale Arbeit als Beruf. Fälle – Felder – Fähigkeiten, München: Reinhardt.
Hüner, Stefanie/Stagge, Maya 2012: Whistleblowing als Möglichkeit der Bewältigung ethischer Dilemmata in der Sozialen Arbeit, in: NDV, Heft Juli 2012, S. 349- 355.
Kessl, Fabian 2005: Der Gebrauch der eigenen Kräfte. Eine Gouvernementalität Sozialer Arbeit, Weinheim/München: Juventa.
Kraus, Björn/ Krieger, Wolfgang (Hrsg.) 2007: Macht in der Sozialen Arbeit. Interaktionsverhältnisse zwischen Kontrolle, Partizipation und Freisetzung, Lage: Jacobs.
Krummacher, Michael 2011: Kommunale Integrationspolitik, in: Dahme, Hans-Jürgen/ Wohlfahrt, Norbert (Hrsg.): Handbuch kommunale Sozialpolitik, Wiesbaden: VS Verlag.
Kuhlmann, Carola (2000): Parteilichkeit in der sozialpädagogischen Tradition – Alice Salomons Position zu professionellen Standards und ethischer Verantwortung, in: Hartwig, Luise/Merchel, Joachim (Hg.) (2000): Parteilichkeit in der Sozialen Arbeit, S. 11-23, Münster: Waxmann.
Kusche, Christoph/Krüger, Rolf 2001: Sozialarbeit muss sich endlich zu ihrem politischen Mandat bekennen!, in: Merten, Roland (Hrsg.): S. 15-25.
Lallinger, Manfred/Rieger, Günter (Hrsg.) 2007: Repolitisierung Sozialer Arbeit. Engagiert und professionell, Rottenburg-Stuttgart: Akademie d. Diözese Rottenb.-Stgt.
Lindner, Werner 2012 Political (Re)Turn. Zum Verhältnis von Jugendarbeit und Jugendpolitik, Wiesbaden: VS Verlag.

Lorenz, Walter 2006: Soziale Arbeit als angewandte Sozialpolitik – eine europäische Perspektive, in: Böllert, Karin u. a. (Hrsg.): Die Produktivität des Sozialen – den sozialen Staat aktivieren, Wiesbaden: VS Verlag.
Lüssi, Peter ²1992 (⁶2008): Systemische Sozialarbeit. Praktisches Lehrbuch der Sozialberatung, Bern: Haupt.
Luhmann, Niklas 1973: Formen des Helfens im Wandel gesellschaftlicher Bedingungen, in: Otto, Hans-Uwe/Schneider, Siegfried (Hrsg.): Gesellschaftliche Perspektiven der Sozialarbeit, S. 21-43, Neuwied, Berlin: Luchterhand.
Luhmann, Niklas 1997: Die Gesellschaft der Gesellschaft, Bd. 2, Frankfurt/M.: Suhrkamp Verlag.
Luhmann, Niklas 2000: Die Politik der Gesellschaft, , Frankfurt/M.: Suhrkamp Verlag.
Merten, Roland (Hrsg.) 2001: Hat Soziale Arbeit ein politisches Mandat? Positionen zu einem strittigen Thema, Opladen: Leske & Budrich.
Mielenz, Ingrid 1981: Die Strategie der Einmischung. Sozialarbeit zwischen sozialer Kommunalpolitik und Selbsthilfe, in: Müller, Siegfried/Olk, Thomas/Otto, Hans-Uwe (Hrsg.): Soziale Arbeit als soziale Kommunalpolitik. Ansätze zur aktiven Gestaltung lokaler Lebensverhältnisse, neue praxis, Sonderheft 6. S. 57 ff.
Mühlum, Albert 2007: Hat Soziale Arbeit ein politisches Mandat? Ein Rückblick in die Zukunft, in: Lallinger, Manfred/Rieger, Günter (Hrsg.): Repolitisierung Sozialer Arbeit. Engagiert und professionell, Rottenburg-Stuttgart: Verlag der Diözese Rottenburg-Stuttgart.
Münchmeier, Richard ⁶2008: Einmischungsstrategie, in: Kreft, Dieter/Mielenz, Ingrid (Hrsg.): Wörterbuch Soziale Arbeit, S.221-223, Weinheim, München: Juventa Verlag.
Munsch, Chantal 2007: Bürgerschaftliches Engagement und soziale Ausgrenzung, in: Lallinger, Manfred/Rieger, Günter (Hrsg.): Repolitisierung Sozialer Arbeit. Engagiert und professionell, S. 121-131, Rottenburg-Stuttgart: Verlag der Diözese Rottenburg-Stuttgart.
Olk, Thomas u.a. 2000: Sozialarbeitspolitik in der Kommune. Argumente für eine aktive Politisierung der Sozialarbeit (zuerst 1981), in: Gintzel, Ulrich u. a. (Hrsg.): Jahrbuch der Sozialen Arbeit 2000. Herausragende Beiträge des 20. Jahrhunderts, S. 60-87, Münster: Votum Verlag.
Popple, Philip R./Leighninger, Leslie ⁵2011: The Policy Based Profession. An Introduction to Social Welfare Policy Analysis for Social Workers, Boston usw.
Rieger, Günter 2003: Anwaltschaftlichkeit – ein Herzstück Sozialer Arbeit, in: Soziale Arbeit, 52. Jg., Heft 3, S. 96-105.
Rieger, Günter ²2004: Mikropolitik, in: Nohlen, Dieter/Schultze, Rainer-Olaf (Hrsg.): Lexikon der Politikwissenschaft, Band 1 A-M, S. 550-551, München: C. H. Beck.
Rieger, Günter 2006: Weniger Staat, mehr Politik. Soziale Arbeit als politischer Unternehmer, in: Blätter der Wohlfahrtspflege, Jg. 153, Heft 3, S. 90-93.
Rieger, Günter 2010: Das Mandat für eine angewandte Sozialpolitik. Ein Wegweiser zu einer politischen Professionalisierung Sozialer Arbeit, in: SozialAktuell, Nr. 7/8, S. 10-14.
Rieger, Günter ² 2013a: Gremienarbeit, in: Grunwald, Klaus/Horcher, Georg/Maelicke, Bernd (Hrsg.): Lexikon der Sozialwirtschaft, S. 441-443, Baden-Baden: Nomos.
Rieger, Günter² 2013b: Lobbying, in: Grunwald, Klaus/Horcher, Georg/Maelicke, Bernd (Hrsg.): Lexikon der Sozialwirtschaft, S. 632-634, Baden-Baden: Nomos.
Rieger, Günter 2013c: Das Politikfeld Sozialarbeitspolitik, in: Benz, Benjamin/Rieger, Günter/ Schönig, Werner/Többe-Schukalla, Monika (Hrsg.): Politik Sozialer Arbeit, Band 1: Grundlagen, theoretische Perspektiven und Diskurse, S. 5469, Weinheim, Basel: Beltz Juventa.

Rieger, Günter 2014: Soziallobbying und Politikberatung, in: Benz, Benjamin/Rieger, Günter/Schönig, Werner/Többe-Schukalla, Monika (Hrsg.): Politik Sozialer Arbeit, Band 2: Akteure, Handlungsfelder und Methoden, S. 329-350, Weinheim, Basel: Beltz Juventa.

Rieger, G. ⁵2015: Politikberatung, in: Otto, Hans-Uwe/Thiersch, Hans (Hrsg.): Handbuch Soziale Arbeit S. 1203 - 1209, München: Waxmann Verlag.

Scherpner, Hans ²1974: Theorie der Fürsorge, Göttingen: Vandenhoeck und Ruprecht.

Sommerfeld, Peter/Hollenstein, Lea/Calzaferri, Raphael 2011: Integration und Lebensführung. Ein forschungsgestützter Beitrag zur Theoriebildung der Sozialen Arbeit, Wiesbaden: VS Verlag.

Specht, Harry/Courtney, Mark E. (1994): Unfaithful Angels. How Social Work has abandoned its Mission, Free Press.

Staub-Bernasconi, Silvia 1998: Soziale Arbeit als Menschenrechtsprofession, in: Wöhrle Armin (Hrsg.): Profession und Wissenschaft Sozialer Arbeit, S. 305-332, Pfaffenweiler: Centaurus Verlag.

Stövesand, Sabine u. a. (Hrsg.) 2012: Handbuch Gemeinwesenarbeit. Traditionen und Positionen, Konzepte und Methoden, Opladen: Verlag Barbara Budrich.

Teasdale, Kevin 2002: Fürsprache in der Gesundheitsversorgung. Praxishandbuch für Pflege- und Gesundheitsberufe, Bern: Verlag Hans Huber.

Thiersch, Hans ⁷2009: Lebensweltorientierte Soziale Arbeit. Aufgaben der Praxis im sozialen Wandel, Weinheim/München. Beltz Juventa.

Többe-Schukalla, Monika 2014: Soziale Arbeit im Kontext von Migrations- und Integrationspolitik, in: Benz, Benjamin/Rieger, Günter/Schönig, Werner/Többe-Schukalla, Monika (Hrsg.): Politik Sozialer Arbeit, Band 2: Akteure, Handlungsfelder und Methoden, S. 217-235, Weinheim, Basel: Beltz Juventa.

Urban-Stahl, Ulrike ⁵2015: Anwaltschaft, in: Otto, Hans-Uwe/Thiersch, Hans (Hrsg.): Handbuch Soziale Arbeit, S. 91-100, München, Basel: Ernst Reinhardt Verlag.

Philosophische Impulse für ein professionelles Sozialarbeitshandeln

Thomas Schumacher

1 Die Philosophie als Bezugswissenschaft

1.1 Philosophie und Soziale Arbeit

Im Kanon der Bezugswissenschaften Sozialer Arbeit spielt die Philosophie keine direkt augenfällige Rolle. Sie wirkt im Hintergrund, aber ihr Wirken ist, nach Maßgabe der generellen Bedeutung bezugswissenschaftlichen Wissens, für die Ausprägung des sozialarbeiterischen Wissensbestandes unverzichtbar. Um zu einer Falleinschätzung aus philosophischer Sicht zu gelangen – und daran Handlungsideen anknüpfen zu können – ist es wichtig, die Philosophie in das Feld der bezugswissenschaftlichen Einflüsse auf das Sozialarbeitsverständnis passend einzuordnen. Das gilt umso mehr, als das Hintergrundwirken philosophischen Wissens in der Sozialen Arbeit durchaus weit gefasst werden kann.

Für derartiges bezugswissenschaftliches Wirken ist – das deutet sich hier bereits an – ganz allgemein davon auszugehen, dass es nicht einem wie auch immer gearteten sozialarbeitlichen Interesse der Bezugswissenschaft entspringt, sondern einem unmittelbaren Sozialarbeitsinteresse folgt. Das gilt auch und besonders für die Philosophie, die für den Zusammenhang eines ins Einzelne gehenden und dort kontingente Problemaspekte aufgreifenden Handelns wenig Berührungspunkte aufweist. So ist als Erstes zu sehen, dass die Philosophie als Bezugswissenschaft nicht anders als nach Maßgabe der wissenschaftlichen Anliegen der Sozialen Arbeit zur Geltung gelangt. Für die Philosophie liegt ein Vorzug darin, dass sie sich ihrerseits mit den sozialarbeitlichen Anliegen nicht befassen muss. Das freilich bedeutet auch, dass von ihr keine *spezifische*, an Sozialarbeitsanliegen ausgerichtete Unterstützung zu erwarten ist (dazu Schumacher, 2011, S. 146).

Den Ausgangspunkt für jede Einschätzung zum Einfluss philosophischen Wissens im Bereich Sozialer Arbeit liefert also der Kontext der philosophischen Bedarfe in diesem Bereich. Das verlangt Sozialer Arbeit etwas ab: Sie muss sich, wenn sie philosophisches Wissen nutzen möchte, selber in die Lage bringen, solches Wissen stichhaltig zu erfassen und plausibel einzuspeisen. Sie gelangt zu dieser Kompetenz – das gilt für bezugswissenschaftliche Zusammenhänge ganz allgemein – über bezugswissenschaftliche Lehre, die in den hochschulischen Kontext eingebracht wird. Der maßgebliche Akt für den Kompetenzerwerb – auch das gilt allgemein – liegt dann im Abgleich zu und in der Auseinandersetzung mit dieser Lehre. Das Besondere, das im Fall der Philosophie zu beachten ist, liegt allerdings darin, dass sie, anders als die meisten anderen Bezugswissenschaften, als Bezugspunkt in der Handlungssituation nicht unmittelbar aufscheint. Das gilt für die Problemeinschätzung ebenso wie für die Formulierung der Handlungsziele.

Während also pädagogische, psychologische, rechtliche oder medizinische Momente in der Fallsituation oft direkt greifbar werden und während soziologische, politische oder ökonomische Zusammenhänge mit der Fallsituation in der Regel unmittelbar verbunden werden können, sind direkte philosophische Anknüpfungspunkte eher nicht zu erwarten. Das liegt an der schon angesprochenen *Ferne* der Philosophie zu den sozialarbeitlichen Anliegen; es liegt aber auch daran, dass sich menschliche Lebenspraxis einer philosophischen Analyse gegenüber oft eigensinnig sperrt. Der Gedanke der Eigensinnigkeit scheint im Rahmen der lebensweltlich orientierten Betrachtung innerhalb Sozialer Arbeit als strukturelles Merkmal auf (vgl. dazu bei Thiersch, 2014, S. 52). Der vor diesem Hintergrund angemahnte „Respekt vor der Eigensinnigkeit von Deutungsmöglichkeiten und Ressourcen in der Lebenswelt" (Thiersch, 2000, S. 23) bietet philosophischem Denken nicht wirklich Anhalt. Es mag menschliche Individualität *im Grundsatz* – als „Wahrheit" – erfassen (vgl. Descartes, 1960, S. 53) und als Lebenswelt „alles aktuelle Leben" begreifen (vgl. bei Husserl, 1996, S. 64); doch rührt das nicht an die dort begegnenden Merkmale von Eigensinnigkeit und an die Begründungsfiguren im Zuge individueller Lebensorientierung.

1.2 Philosophische Bezugspunkte

Die Philosophie zeigt ein anderes Interesse am Menschen als die Soziale Arbeit. Das muss man festhalten, wenn der gesuchte philosophische Zugang zum Fall nicht zu einem – für das eigentliche Fallhandeln im Grunde nutzlosen – Gemeinplatz führen soll. Aber es gibt im Ganzen drei Verbindungslinien, entlang derer die Philosophie als Bezugswissenschaft in den Sozialarbeitskontext einbezogen werden kann – und muss.

Die erste zeigt sich durchaus im Kontext der Lebensweltorientierung. Nicht nur, dass von der Philosophie der Anstoß für das Lebensweltverständnis kam –

den Begriff hat Edmund Husserl als Symbol eines phänomenologischen Zugangs zur Wirklichkeitserfahrung des Menschen ausgeprägt (dazu siehe besonders bei Husserl, ebd., S. 55); der entsprechende philosophische Ansatz bietet auch eine Grundlage, die lebensweltliche Erfahrung von Menschen als Hinweis auf eine „in unserem konkreten Welterleben uns ständig als wirklich gegebene Welt" ernst zu nehmen (Husserl, ebd.). Daraus lassen sich tragende Argumente dafür gewinnen, den Alltag von Adressaten über Beobachtungen und Einschätzungen als realen – und relevanten – Anknüpfungspunkt aufzunehmen. Der *Fall*, sofern er eine lebensweltorientierte Herangehensweise nahelegt, wird so, genau besehen, immer schon auf der Basis eines philosophischen Zugangs erschlossen.

Eine zweite Verbindungslinie – und das zeigt zugleich die Tür, durch die die Philosophie das Haus der Sozialen Arbeit betritt – wird aus dem Gewicht von philosophischer Erkenntnisarbeit gezogen. Die unbestrittene Kompetenz der Philosophie in Fragen der Wissenschafts- und der Erkenntnistheorie erzeugt, um im Bild zu bleiben, eine argumentative Schwerkraft, die jedes wissenschaftliche Erkenntnisanliegen zuletzt philosophisch „erdet". Dazu sei skizzenhaft angemerkt, dass von der Grundlegung des Wissenschaftsverständnisses durch Aristoteles bis hin zur kritischen Bestandsaufnahme der Art, wie Menschen Wissen gewinnen, durch Kant die Koordinaten für eine richtige resp. angemessene wissenschaftliche Haltung aus der philosophischen Betrachtung gewonnen werden. Der Rahmen berührt und trägt auch das Motiv, Soziale Arbeit als Wissenschaft zu demonstrieren. Das wird nicht zuletzt auch in der Fachdiskussion der vergangenen Jahre zum wissenschaftlichen Anliegen der Profession deutlich (dazu Göppner/Hämäläinen, 2004; Engelke /u.a., 2009). Philosophisches Wissen stützt den Klärungsprozess maßgeblich. Zugespitzt zeigt sich das dort, wo für Soziale Arbeit als Wissenschaft strukturell ein Gegenstandsbezug gefordert wird (vgl. Lambers, 2013, S. 227). Neben wissenschaftstheoretischen Aspekten wirken im Sozialarbeitskontext aber vor allem die Ansätze der philosophischen Erkenntnistheorie. Die Wissensgewinnung erfolgt durchaus vielschichtig. So wird, in positivistischer Manier, Datenmaterial gesammelt und ausgewertet; so werden Beobachtungen, vor allem im lebensweltlichen Zugang, nach dem phänomenologischen Modell eingeordnet und bearbeitet; so erfolgt Fallverstehen anhand von Grundannahmen in hermeneutisch strukturierter Vorgehensweise. Systemische Ansätze wiederum lenken den Blick auf eine konstruktivistische Deutung. Für jede Erkenntnishaltung liefert der philosophische Bezug die Legitimation.

Die dritte Verbindungslinie schließlich tritt im Feld der Ethiküberlegungen in der Sozialen Arbeit hervor. Das ist, auch wenn man die Philosophie als eigentliche Quelle für ethisches Wissen betrachtet, allerdings keineswegs selbsterklärend. Auf der einen Seite könnte man das Vorhaben, ethisches Wissen zu gewinnen, unter die Erkenntnisanliegen einreihen. Ethik begegnet in der philosophischen Tradition als eine Praxis des Wissens. Welche Konzepte auch immer im Lauf der Zeit zum Vorschein gekommen sind: sie geben alle Antwort auf die Frage, welches Wissen Menschen zu einer akzeptablen Lebensführung und zu einer tragfähigen Sozialstruktur führen kann. So verstanden wäre die philosophisch gestützte Ethikbetrachtung Teil der oben skizzierten zweiten Verbindungslinie. Auf der anderen Seite ist die Orientierung ethischen Sozialarbeitswissens an philosophischem Wissen nicht überall sichtbar, weil sich darin – das ist auch historischen Entwicklungsverläufen geschuldet – philosophische und theologische Inhalte überlagern (vgl. Schumacher, 2010, S. 478). Dennoch ist hier festzuhalten: Die Soziale Arbeit braucht als Profession, die unter anderem auch nach einem ethischen Profil strebt, die Unterstützung aus der Ethikwerkstatt der Philosophie, im Rahmen derer es möglich wird, theologische Ethik in die Riege der wissenschaftlichen Ethikkonzepte einzureihen. Nach einer adäquaten ethischen Ausrichtung zu suchen, bedeutet für die Soziale Arbeit, dass sie klärt, wie relevant ihr ethische Bezüge erscheinen, und dann ethische Inhalte passend anbindet. Das läuft schließlich darauf hinaus, die Sozialarbeitsethik über einschlägige Wertebezüge im beruflichen Selbstverständnis zu verankern. Der Ausgangspunkt für diesen Gestaltungsprozess ist die sozialarbeiterische Fachlichkeit; die wissenschaftlichen Mittel finden sich im philosophischen Ethikdiskurs.

1.3   Der Impuls für das Menschenbild

Geht man nun von diesem Ethikanliegen im Selbstverständnis und, auf die Praxis gewendet, im beruflichen Handeln aus, wird noch etwas anderes deutlich: Es ist notwendig, Festlegungen so zu treffen, dass sie die Handlungsmöglichkeiten und die Verlässlichkeit Sozialer Arbeit gleichermaßen anzeigen. Das gelingt nur, wenn ethische Ideen nicht einfach aus einem Konzept übernommen werden, sondern aus dem, was Soziale Arbeit erreichen will, heraus erwachsen. Das impliziert deren Fähigkeit, eigenständig ethische Konzeptarbeit zu leisten. Die Philosophie kann diese wissenschaftliche Anstrengung nicht übernehmen, aber sie vermag sie anzuleiten. Dabei ist zu sehen, dass es wichtig ist, Soziale Arbeit auf philosophisches Wissen bezogen zu halten. Aus dem Bezug heraus ist dann zu bewerkstelligen, dass philosophisch akzeptable ethische Konzeptarbeit im Rahmen sozialarbeitswissenschaftlicher Praxis geschieht. Das wiederum zeigt, wie einmal mehr eine philosophisch gestützte, erkenntniskritische Haltung unabdingbar ist, wo es darum geht, verbindliche Festlegungen zu treffen.

Im Ergebnis heißt das, dass sich der bezugswissenschaftliche Beitrag der Philosophie im Blick auf Ethik im Wesentlichen auf die wissenschafts- und erkenntnistheoretische Kompetenz dieser Disziplin gründet. Der Beitrag wird *in* der Sozialen

Arbeit, nach Maßgabe des sich dort abzeichnenden Wissens- und Erkenntnisbedarfs, realisiert. Die Soziale Arbeit demonstriert dabei ihre philosophischen Grundlagen und bestätigt die philosophische Ausrichtung der in ihr versammelten Zielvorstellungen. Drei Kernpunkte treten hervor:

1. der Dienst am Menschen als Handlungsansatz, der sich *nicht* in der Vereinzelung individueller Alltagsbewältigung verliert;
2. der Dienst an der Gesellschaft im Sinn einer kritischen Analyse, die auf ein gelingendes Zusammenleben zielt;
3. die Fähigkeit zur wissenschaftlichen Durchdringung der Dynamik, die im menschlichen Lebensalltag zu Belastungen führt.

So begegnet der Mensch unter drei zentralen Gesichtspunkten: als Individuum, das in seinem Daseinsrecht nicht hinter andere Individuen zurückfällt; als Sozialpartner, der gegenüber anderen in einer Verantwortungssituation steht; als verletzliches Wesen, dessen Lebensvollzug steter Wachsamkeit und Korrekturbereitschaft bedarf.

Die drei Gesichtspunkte zeigen das Sozialarbeitsgeschäft in einer bemerkenswerten philosophischen Rückbindung. Die Akzentsetzung erinnert die Grundfragen, unter die Kant das gesamte „Feld der Philosophie" im Ansatz einer „weltbürgerlichen Bedeutung" fasst: die Frage *Was kann ich wissen?* – Wert und Recht des Individuums leiten sich ganz aus dem Wissen um seine Existenz ab; die Frage *Was soll ich tun?* – menschliche Praxis lenkt den Blick auf nicht hintergehbare soziale Pflichten; die Frage *Was darf ich hoffen?* – Hoffnung gewährt die Aussicht der Heilung in verzweifelter Lage; und schließlich die Frage *Was ist der Mensch?* – dorthin führen die ersten drei Fragen; Sozialer Arbeit erwächst hier die Aufgabe, das berufliche Denken und Handeln nach Maßgabe der genannten drei Gesichtspunkte in einem Menschenbild zu befestigen. (Vgl. für die *vier Grundfragen* Kant, 1968, S. 25)

2 Die Falleinschätzung aus philosophischer Sicht

2.1 Der transdisziplinäre Zugang

Wenn bei der Einschätzung des vorliegenden Falls der Familie X eine philosophische Sicht zum Tragen kommen soll, ist zu bedenken, dass die Philosophie den Blick eher auf das Ideal und auf das Grundsätzliche als auf das Flüchtige und Kontingente richtet. Wenn überhaupt ein Interesse an den *Niederungen des Daseins* deutlich wird, dann dergestalt, dass dem Einzelnen Anhalt geboten wird, die eigene Lage durch Geisteskraft zu durchdringen und in das Ganze menschlichen Daseins einzuordnen. Auch der philosophische Ansatz von Peter Sloterdijk, der auf den Menschen „als Krüppel" blickt und herausstellt, dass „Menschen ausnahmslos auf verschiedene Weisen Krüppel sind" (Sloterdijk, 2009, S. 98), hat nichts anderes als ein allgemeines Merkmal im Visier und zielt auf den Menschen als „Artisten", der sich widrigen und ihn „behindernden" Umständen zum Trotz behauptet (vgl. dazu auch Schumacher, 2011, S. 148). Die Kraft, die gewonnen werden soll, entspringt der Einsicht und der Selbstreflexion. Das ist erst einmal wenig Handhabe, um die Not der Familie X überhaupt adäquat zu erfassen, geschweige denn zu beseitigen.

Zwei Hinweise führen hier aber weiter: Zum einen ist zu sehen, dass sich die Philosophie für die Verstrickungen des Menschen *interessiert*. Sie ordnet sie ein und überhöht sie als Indiz für Existenz. Dem Dasein als Mensch legt sie in idealer Weise die Gestaltungsmöglichkeiten offen, die den Menschen zu sich selber bringen. Die Wahrnehmung und Deutung menschlicher Lebenswelt, die hier als Aufgabe angestoßen sind, finden im Zugehen der Philosophie gut Anhalt. Zum andern – das ist der zweite Hinweis – ist zu merken, dass die philosophische Sicht in diesem Zugehen nicht unmittelbar an die Situation der Familie X, sondern an das sozialarbeiterische Interesse an dieser Situation angebunden ist. So geht es nicht um die Konfrontation mit dem in Daseinswirren verstrickten Menschen, dem Philosophie pathetisch mit dem Zuruf begegnet: „Du musst dein Leben ändern!" (Sloterdijk); sondern es geht darum, das sozialarbeiterische Anliegen, dem die Aufmerksamkeit für die Tragik der Gesamtsituation überhaupt zu verdanken ist, anhand philosophischer Aufmerksamkeitsmerkmale zu stützen. Soziale Arbeit tritt dabei in einer Verbindung mit der Philosophie auf. Die Verbindung ist nicht lose und zufällig, sondern fachlich eingebettet. Sie demonstriert auch an dieser Stelle die Transdisziplinarität der Sozialen Arbeit.

2.2 Der analytische Anspruch

Die Philosophie liefert Sozialer Arbeit so etwas wie die Grundlage oder den Ausgangspunkt für das eigene Wissensanliegen. Man muss moderne Wissenschaftstheorien nicht ausblenden, um doch zu sehen, dass Genauigkeit und Disziplin bei der Wissensgewinnung, dass Vorgehensweise und die Anwendung von Schlussverfahren auf ein Grundgerüst hinweisen, für das philosophische Wissenschaft die Koordinaten bereitstellt. Das reicht von den – als „Werkzeug" (Organon) verstandenen – analytischen und logischen Schriften des Aristoteles bis zu den sprachlogischen Überlegungen der Moderne, die die Rolle der Logik bei der Darstellung von Sachverhalten betrachten (vgl. Patzig, 1981). Die Abbildung wissenschaftlicher

Philosophische Impulse für ein professionelles Sozialarbeitshandeln 141

Erkenntnis in Sprache erfordert – das ist der philosophische Ansatz darin –, die Differenzpunkte im Wechsel von Alltags- zu wissenschaftlichem Sprachgebrauch – „den Übergang von ‚empraktischem' zu theoretischem Sprechen" (ebd., S. 25) – zu klären. Zuletzt geht es um die Frage, inwieweit Menschen überhaupt in der Lage sind, einen wissenschaftlichen Gegenstand in Sprache angemessen abzubilden. Soziale Arbeit kann sich hier auf die entsprechende philosophische Diskussion beziehen (vgl. Feinbier, 1992).

Dieser Hintergrund grundsätzlichen Erwägens, wo es darum geht, zu einer stimmigen Einschätzung zu gelangen, ist wichtig. Der Zugang zum Fall der Familie X erfordert zunächst kein wissenschaftliches Statement, doch er setzt dreierlei voraus: Das Erste ist Sorgfalt und Genauigkeit bei der Erhebung der relevanten Informationen; das Zweite ist die Fähigkeit, die so erhobenen Fakten als Fallwissen angemessen sprachlich abzubilden; das Dritte ist ein klarer Blick für die dann auch handlungsleitende Beurteilung der Lage. Hier können Fehler passieren, und es steht fest, dass die Qualität des auf diese Weise generierten Problem- und Erklärungswissens für die Passung und die Erfolgschancen der dort ansetzenden Lösungs- und Zielideen ausschlaggebend ist. Der in die sozialarbeiterische Wissensgewinnung eingewobene philosophische Anspruch fordert auch von den Praktiker_innen Sinn und Verständnis für die Bedeutung der *sprachlichen* Handlungsmöglichkeiten.

In der Skizze zum Fall der Familie X ist zu sehen, dass sich das vorliegende Fallwissen aus zweierlei Quellen speist: zum einen aus *Daten*, die ein Faktenwissen signalisieren, zum andern aus Informationen, die dem *Erleben* der Klienten entstammen. Dieses Erleben greift der sachlichen Beurteilung der Situation vor und ist daher anders zu bewerten. Die paraphrasierend protokollierte Aussage der Mutter, ihre Kinder seien „eigentlich lieb", aber der Sohn schlage wohl dem Vater nach, liefert kein zusätzliches Faktenwissen, gewährt aber Einblick in die Seelenlage von Frau X.

Die Falldarstellung insgesamt macht deutlich, dass das Verstehen im Sinne der oben genannten drei Voraussetzungen bereits vorangekommen ist. Informationen sind in der erkennbaren Absicht, das Wesentliche zu erfassen, zusammengetragen; der Sprachstil ist narrativ und gewährt die Möglichkeit, Einzelnes fachbezogen in Kategorien einzuordnen; eine umfassende Beurteilung der Lage ist zwar nicht vorgenommen, aber der für sie notwendige, klare Blick wird – und darauf kommt es an – über die Art, wie die Darstellung das Wesentliche erfasst, erkennbar. Damit bietet die vorliegende Fallskizze Anhalt für Einschätzungen und Aussagen zur Lage der Familie X und, im nächsten Schritt, für Ideen und Forderungen, die in der verfahrenen Situation Auswege präsentieren. Eines freilich bleibt aus philosophischer Sicht zu beachten: Einen Wahrheitsgehalt lässt die Schilderung des Falls nicht erwarten. Vielmehr liefert sie, die Verlässlichkeit der Darstellung vorausgesetzt, *Anhaltspunkte*, die der fachlichen Analyse als Wegweisung dienen. Wenn etwa gesagt wird, dass sich das Haus der Familie X „in einem annähernd vermüllten Zustand" befinde, kann das tatsächliche Ausmaß der Vermüllung offenbleiben; dafür ist die Aussage als Hinweis auf einen Belastungsaspekt zu nehmen, möglicherweise auch – das zeigt der Kontext an – als Hinweis auf ein Überforderungssignal seitens der Mutter oder der Tochter. Das legt nahe, die verstehende Betrachtung zum Fall dort beginnen zu sehen, wo eine bedachte Handhabung von verfügbarer Information sichergestellt ist. Akteur_innen der Sozialen Arbeit mag das vielfach normale Routine im beruflichen Alltag sein – genau besehen folgen sie damit einem philosophischen Impuls.

2.3 Kriterien und Muster

Das Fallverstehen in der Sozialen Arbeit vollzieht sich in zwei Schritten: Der erste Schritt besteht in der Hinwendung zu den relevanten Fakten und Informationen, die es angemessen wahrzunehmen gilt. Was wichtig ist und inwiefern es wichtig ist, entscheidet sich anhand verschiedener Filter. Zu Filtern werden bezugswissenschaftliche Kriterien der Wahrnehmung. Die Philosophie setzt hier den Basisbezug Menschenbild. Der zweite Schritt führt in die Bewertung der gesammelten Wissensstücke. Hier öffnet sich auch der Weg in die philosophische Deutung. Die Muster, denen diese Deutung folgt, setzen wiederum beim Menschenbild an und entfalten von dort her das wissenschaftliche Verständnis.

Die Schilderung des Falls der Familie X bietet dem besorgten *sozialpädagogischen Blick* direkt Anhaltspunkte. Es geht um eine Frau, die auf den Tod erkrankt ist und um die Handhabung ihrer Lebenssituation ringt. Es geht um sie auch als Mutter, der die Verantwortlichkeit für ihre beiden Kinder entgleitet. Es geht um die 14-jährige Tochter, die der Mutter mit Wut und Resignation begegnet und die von ihrem Bruder eingeschüchtert wird. Es geht um diesen 16-jährigen Sohn der Frau X, der die Mutter verachtet und für sie kein Verständnis aufbringen will. Es geht schließlich auch um den geschiedenen Mann von Frau X, der sich weiterhin in einer patriarchalisch stilisierten Zuständigkeit für seine frühere Familie sieht und dieser damit keinen Raum zur Neuorientierung lässt, der ungebeten auftaucht und sich einmischt, der Frau X unmittelbar bedroht und die Kinder durch seine autoritären Vorstellungen verunsichert. Die familiäre Lage wird durch äußerst prekäre Lebensumstände weiter verschärft. Es fehlt an Geld, und die Wohnsituation scheint außer Kontrolle. Hinzu kommen ernstzunehmende Schulprobleme der Kinder.

Die grobe Skizze zur Falldarstellung zeigt Einschlägiges. Dazu zählt auch der Hinweis auf die Sozialarbeiterin, die sich ein Bild von der Lage macht. Vieles spricht dafür, dass Sozialer Arbeit hier eine klare Aufgabenstellung entgegentritt: Der Familie muss geholfen werden! Offenbar sind Maßnahmen dazu schon eingeleitet; es braucht – nur das scheint als Schritt noch offen zu sein – einen fachlichen Zugang, der die dynamische Gemengelage handhaben und verändern lässt. Und vielleicht noch weitergedacht: Ein lebensweltorientiertes Herangehen wüsste für jeden der Beteiligten Bedarfe herauszuheben, die sich aus den Hinweisen ergeben und deren Einlösung eine Verbesserung der Lage erwarten ließe; ein systemisches Verständnis wiederum böte den Ansatz, die Beziehungskonstellation im Ganzen zu betrachten und zu bearbeiten.

Der Fall lässt in der Prägnanz seiner Darstellung erahnen, wie über Bilder, die in der beruflichen Praxis musterhaft begegnen, eine Unmittelbarkeit entsteht, die professionelles Handeln direkt anregt. In der Darstellung liegt so bereits ein Handlungsanstoß. Zugleich bietet sie Anhalt auch für Theorieperspektiven. Noch mag die Genauigkeit fehlen, aber man könnte erwarten, dass die wiederum durch bezugswissenschaftliche Kompetenzen möglich wird. Als Fingerzeig der Philosophie könnte man den Eindruck werten, dass nicht erst der beruflich erfahrene Blick einen Handlungsbedarf erfasst, sondern auch schon der gesunde Menschenverstand. Es ist schließlich nicht von der Hand zu weisen, dass die geschilderte Lage der Familie X *leidvoll* ist; dass Frau X in ihrer schweren Krankheitssituation, die sich niemand für sich wünscht, alleingelassen ist; dass ihr Sohn in pubertärer Impulsivität Fehler begeht; dass ihre Tochter in ihrer Jugend und Unerfahrenheit keinen Ausweg weiß; und dass die Familie insgesamt vor dem übergriffigen Verhalten des Vaters geschützt werden muss. Liegt der Beitrag der Philosophie aber wirklich darin, einen unmittelbar aufscheinenden Anstoß zum Handeln zu verstärken? Ist ihr eigener Anstoß der einer Bestätigung und Bekräftigung?

Beide Fragen sind mit Nein zu beantworten. Ganz im Gegenteil: Gerade dort, wo gesammeltes Wissen direktes Handeln zu erfordern scheint, mahnt die Philosophie zur Vorsicht. Die Mahnung gilt jedem Handeln, das ganz aus einem mehr oder weniger spontanen Hilfeimpuls heraus in Gang kommt. Die Gefahr ist, übereilt und uninformiert in den Lebensalltag von Menschen einzugreifen und dort *in guter Absicht* Schaden anzurichten. Die Mahnung betrifft in besonderer Weise die Soziale Arbeit. Die Philosophie tritt ihr mit der Forderung entgegen, sich nicht auf den gesunden Menschenverstand zu verlassen, der trügerisch ist, weil er den Dingen nicht auf den Grund geht. Auch hier ist von Descartes zu lernen, der in scharfzüngiger Kritik den gesunden Menschenverstand zur „bestverteilten Sache der Welt" erklärt und festhält, dass „jeder glaubt, so gut damit versehen zu sein, dass selbst einer, der in allen anderen Dingen nur sehr schwer zu befriedigen ist, für gewöhnlich nicht mehr davon wünscht, als er besitzt" (vgl. Descartes, 1960, S. 3). Sozialer Arbeit wird aus philosophischer Perspektive daher zum Kriterium die

Pflicht, wissenschaftliche Sorgfalt so walten zu lassen, dass vor den Hilfeimpuls die Klarstellung tritt, in welchem Kontext Hilfebedarf aufscheint und Hilfeleistung notwendig ist. Für den Beruf ist das so keine Neuigkeit. Auf die Beobachtung von C. Wolfgang Müller ist hinzuweisen, der darauf aufmerksam gemacht hat, wie sich bei Sozialarbeitenden der Blick weg von der Frage *Wie kann ich helfen?* hin zu der Frage *Warum denn ist Hilfe notwendig?* wendet (vgl. Müller, 1995, S. 35 f.). Gleichwohl zeigt diese Wendung den philosophischen Anspruch.

Ein weiteres Kriterium, das die Philosophie einbringt, liegt im Autonomiegedanken. Auch dieser ist längst fester Bezugspunkt in der Sozialarbeitspraxis geworden. Sozialarbeitshandeln setzt genau dann angemessen an, wenn es das Selbstbestimmungsmotiv von Adressaten respektiert und Unterstützung so ausrichtet, dass nicht nur Handlungsfähigkeit, sondern auch die Fähigkeit zur Wahrnehmung eigener Interessen zurückgewonnen wird. Vordergründig ist das Ziel, jemanden an den Punkt zu führen, wo es ihm möglich wird, Verantwortung für sein Leben zu übernehmen. Auch wenn das nicht in jedem Fall gelingen kann, ist der Anstoß doch der, das Umfeld der Person und zuletzt die Gesellschaft hinsichtlich dort entstehender Solidarverantwortung zu entlasten. Manchen reicht dieser Anstoß. Professionelles Sozialarbeitshandeln aber trägt als Hintergrund der Gedanke, Menschen im sozialen Raum wieder Geltung zu verschaffen. Die Entlastung anderer im Umfeld ist erstrebenswert; die Entlastung der Person, der sich Soziale Arbeit zuwendet, aber ist entscheidend. Für das berufliche Handeln im Fall der Familie X heißt das ein Herangehen *geleitet von den Interessen der Beteiligten*. Die im Fall bereits involvierte Sozialarbeiterin findet diesen Zugang, wenn sie, wie notiert ist, *im Einzelgespräch* Frau X und die Kinder nach ihren *Wünschen für die Zukunft* fragt. Solche Fragen, ernsthaft gestellt, legen den Grundstein für eine Unterstützung, die dem Anliegen des Menschen, der aus Hilflosigkeit in einen öffentlichen Fokus gerät, gerecht wird.

Vom Autonomieansatz aus weiter gedacht, begegnet als drittes Kriterium die Aufgabe, den Umgang mit Adressaten an einem erklärten Menschenbild auszurichten. Darin wirken wiederum drei wesentliche Motive:

1. Soziale Arbeit rückt in ihrem Handeln Menschen *nahe*. Sie sollte das, zumal damit häufig präskriptive Ansinnen und Grenzüberschreitung verbunden sind, nicht ohne eine Klärung ihres Zugangs und der dort zu suchenden Legitimation tun.
2. Das Klärungsanliegen findet Anhalt in der philosophischen Orientierungsarbeit zum Menschen. Hier gibt es unterschiedliche Schwerpunkte; ausschlaggebend ist die Erwartung an die Soziale Arbeit, den philosophischen Impuls aufzunehmen und einen Rahmen abzustecken, der für die Anliegen der Profession passt.

3. Die Verpflichtung auf ein Menschenbild ist die Grundlage für Berechenbarkeit und Verlässlichkeit. Sie trägt eine Haltung und ein Bekenntnis nach außen und bietet professionellem Handeln argumentativen Bezug. Das Menschenbild ist nicht beliebig. Es folgt einer philosophischen Diktion und genügt fachlichem Anspruch.

Das Menschenbild verschafft der intervenierenden Praxis also Legitimation; es bezieht das Sozialarbeitshandeln auf eine Deutungsgrundlage, in deren Kontext sich dem Anspruch nach auch die moderne, demokratische Gesellschaft bewegt; und es sorgt im Blick auf die Erwartungen aller Kooperationspartner, Adressaten ausdrücklich mit eingeschlossen, für Transparenz.

Die Linien, die über die Philosophie in der Fallsituation deutlich werden, zeigen und bilden Angriffspunkte für das fachliche Handeln. Philosophie orientiert die Wahrnehmung, so dass auch andere bezugswissenschaftliche Zugänge entsprechend Ausrichtung erfahren; und sie liefert die grundlegenden Muster für die Deutung, aus denen heraus wissenschaftliches und fachliches Herangehen Legitimation erfahren. Dabei verbindet sich die Forderung nach Sorgfalt bei der Wissensgewinnung mit der Erwartung, dass die berufliche Praxis ihre Kraft aus professionell abgeklärtem, sozialarbeiterischem Selbstverständnis zieht (formaler Aspekt). Dort hinein zielt wiederum der Impuls, menschliche Autonomie – in einem Zugriff, der „die Person und ihr empirisches Wollen" (Tugendhat, 2010, S. 129) fokussiert – zur Basis für die Deutung zu nehmen und daran weitere zentrale Merkmale für das professionelles Handeln leitende Menschenbild anzubinden (inhaltlicher Aspekt).

3 Zentrale Praxisaspekte im philosophischen Abgleich

3.1 Der Hilfebedarf

Soziale Arbeit findet ihren Handlungsansatz über den Hilfebedarf. Sie tritt dort in Aktion, wo sie gebraucht wird. Ihr Wissen und ihre Handlungskompetenz beziehen sich dabei auf die sozialen Schnittstellen in der Gesellschaft. Das wendet sich im Kern an den Menschen, der in diesen Schnittstellen unbeholfen – und verhängnisvoll - agiert; das richtet sich aber auch auf die Strukturen, die das soziale Leben prägen. Der Fall der Familie X offenbart entsprechenden Hilfebedarf. Allerdings wird der Bedarf – auch wenn das Herz des Praktikers unmittelbar bewegt ist – erst greifbar, wenn die den Fall konturierenden Fakten bewertet werden. Die Deutung ist entscheidend. Aufmerksam macht hier die Philosophie; die Deutung wiederum nimmt die Soziale Arbeit *in summa* vor. Bezugswissenschaftliche Einschätzungen kommen dabei zum Tragen.

Am Anfang steht durchaus eine Weichenstellung. Die Schilderung zur Situation der Familie X präsentiert ein Netz an Fallmomenten, das nahelegen könnte, die Familie als Ganzes zu betrachten. Erforderlich wird dann ein Handeln, das darauf aus ist, die Beziehungen der im Blick stehenden Personen zueinander zu klären, und das dabei auch die Rolle und die Interessen des Vaters der beiden Kinder mit einbezieht. Ein systemischer Ansatz würde sich eventuell eignen, Bedarf und Zielperspektive zu erfassen. Im Detail wäre allerdings darauf zu achten – das ist hier der philosophische Impuls –, dass das Situationserleben der Beteiligten jeweils mit zum Ausgangspunkt für das Handeln genommen wird. Darin liegt die Forderung, auch die systemfunktionelle Betrachtung in den Dienst am Wohlergehen des Einzelnen zu stellen. Das begründet zugleich die Option, das Unterstützungshandeln gegebenenfalls ganz an den individuellen Bedarfen auszurichten.

Das ist der zweite denkbare Ansatz: Auch wenn in der Fallschilderung ein dysfunktionales, familiäres Beziehungssystem entgegentritt und, auch in seinen Wirkungen, für die vorherrschende Irritation sorgt, gibt es Hinweise auf besonderes individuelles Leid: Frau X, die in ihrer schweren Krankheit Trost und Rückhalt braucht, stattdessen aber in die Überforderungssituation alleiniger Verantwortung für ihre beiden minderjährigen Kinder geraten ist; die Tochter, die durch die Krankheit der Mutter und die Aussicht, dass die Mutter sterben wird, in unbeherrschbare Angst gedrängt ist, die sich mehr und mehr auch in ihrem Verhalten verfestigt; der Sohn, der unter dem fehlenden familiären Rückhalt besonders leidet und auf diskriminierende Übergriffe aus seinem Umfeld unbeholfen mit Trotz und Verweigerung reagiert. Auch der Vater der Kinder und geschiedene Ehemann von Frau X leidet unter der Situation. Er mag derjenige sein, der sich der Dynamik durch räumliche Distanz am leichtesten entziehen kann; aber es wird deutlich, dass er sich, aus welchen Motiven heraus auch immer, um die Familie sorgt, dabei aber so agiert, dass er Probleme – die auch *seine* Probleme sind – nicht löst, sondern verschärft. Der philosophische Anstoß für eine Sozialarbeitspraxis, die in dieser Weise alltagsorientiert vorgeht, liegt in der Pflicht, die existenzielle Lage des Menschen ernst zu nehmen.

Wenn deutlich wird, dass sich Fallverstehen und Fallhandeln im Horizont der Bestimmung der Leitpunkte zum Hilfebedarf bewegen; wenn dabei *unterschiedliche* Leitpunkte vorstellbar sind; wenn aber auch deutlich wird, dass nicht nur divergierende Leitpunkte, sondern auch Theorie- und Konzeptideen, die unterschiedlich gangbare Wege anzeigen, verbunden werden können: dann liegt darin ein Hinweis auf einen Grundbezugspunkt im Selbstverständnis des Sozialarbeitsberufs, der Verschiedenheit zulässt und Profil gewährleistet. Der Grundbezugspunkt ist das

Anliegen einer Ausrichtung von Hilfe, die Lebenssituationen entspannt, die den Alltag entlastet, die Lebensqualität in die sozialen Beziehungen trägt. Wenn dort der Erfolg von Hilfe daran gemessen wird, dass erwirkte Entspannung und Entlastung Selbsthilfepotenziale freilegt, und wenn im Kontext tragfähiger sozialer Beziehungen eigenständiges und eigenverantwortliches Adressatenhandeln neuen Entfaltungsraum erhält, greift einmal mehr die philosophische Prämisse grundsätzlicher Ausrichtung am Selbstbestimmungsanspruch des Menschen.

3.2 Das Kulturmoment

Ein weiterer Impuls, den die Philosophie in die Fallbetrachtung einbringt, betrifft den Problemaspekt, dass der Vater der Kinder „Orientale" ist, nur gebrochen Deutsch spricht und sich auch immer wieder über Monate „in seinem Heimatland" aufhält. Daraus ist zu entnehmen – und freilich ist auch das zu überprüfen –, dass die Lage der Familie X von einer aus kulturellen Differenzen herrührenden Spannung mit bestimmt wird. Ein entsprechender Einfluss des Vaters auf den bei der Mutter lebenden Sohn geht aus der Fallschilderung hervor. Und auch die Tochter ist davon betroffen, auf die wiederum ihr Bruder mit Vorstellungen einwirkt, die dem Kulturverständnis des Vaters entstammen. Der Vater seinerseits scheint eher weniger in der Kulturperspektive seiner früheren Frau angekommen zu sein; vielmehr ist in Bezug auf ihn statt von Herkunftsland vom *Heimatland* und regelmäßigen längeren Aufenthalten dort die Rede. Deshalb ist davon auszugehen, dass die Einmischung des Vaters in die Situation seiner früheren Familie, die abseits von Sorgerechts- und Umgangsregelungen an sich schon Konfliktpotenzial böte, durch divergierende kulturelle Vorstellungen, etwa im Blick auf Geschlechterrollen und Erziehungsfragen, die Selbstregulierungskräfte des sozialen Mikrosystems signifikant überfordert. Insbesondere die beiden Kinder – das zeigt die Falldarstellung auch – sind zwischen zwei Kulturen geworfen und in ihrem Ringen um lebbare Orientierung alleingelassen.

Für die Arbeit mit der Familie X wird interkulturelle Kompetenz wichtig sein. Deren Basis liegt in einer kultursensiblen Vorgehensweise. Auch hier liefert die Philosophie einen wichtigen Ansatzpunkt. Der Mensch, der als Individuum gesehen und in seinen Interessen ernst genommen wird, bewegt sich in kulturell abgestimmten Wertekontexten. Seine wertegestützten Maßstäbe entfalten jeweils nur begrenzte Gültigkeit. Entscheidend ist zu sehen, dass außerhalb des Gültigkeitsbereichs andere Maßstäbe begegnen, die vergleichbaren Abstimmungsprozessen entstammen. Für die Philosophie, die entschieden den Autonomieanspruch des Menschen vertritt, ist das stimmig. Auch wenn sie selbst die Suche nach schlüssigen

Wertekonzepten betreibt, weiß sie doch, dass im globalen Miteinander der Kulturen nicht Bevormundung, sondern Dialogfähigkeit zählt.

Die Arbeit an und mit Werten wird für die Soziale Arbeit so zur Herausforderung. Die Fallsituation fordert sie zu Zurückhaltung und Offenheit auf. Das Zweite ist, dass sie um ihre eigene Kulturanbindung weiß und darum, dass sie sich im gesellschaftlichen Rahmen auf einer dort die Akzente setzenden Wertegrundlage bewegt. Als Drittes folgt sie im beruflichen Handeln selbst einer Werteorientierung, die ihr im Blick auf den Menschen normativen Zugang ermöglicht. Geht aus diesem dritten Punkt ein Werteprofil hervor, das klare Positionen, z. B. einen Menschenrechtsbezug, stützt, enthält der zweite Punkt bereits die Perspektive einer Auseinandersetzung mit Dynamiken, die Werte verschieben und verändern. Es gilt hier, Soziale Arbeit auf einen grundlegenden Werteanspruch bezogen zu sehen, aber zu wissen, dass sie diesen Anspruch in der Dynamik gesellschaftlichen Wertewandels behaupten muss. Zum Argument wird der fachliche Anspruch, das berufliche Selbstverständnis, das die klare Position begründet; zugleich begegnet Wertebildung als ein offener Prozess, der wenig Steuerung erlaubt.

Wenn nun in der Fallsituation hinsichtlich der Werteorientierung der Adressaten Zurückhaltung und Offenheit anzumahnen sind, folgt das konsequent einer philosophischen Grundlinie. Wenn sich Soziale Arbeit zugleich auch in der Lage – und in der Pflicht – sieht, *ihrem* Werteanspruch Geltung zu verschaffen,

- indem sie darauf hinwirkt, dass Frau X in ihrer verzweifelten Lage Raum findet, die Dinge für sich zu ordnen
- indem sie sich bemüht, die Tochter zu einem anpackenden Lebensmut zu führen
- indem sie den Sohn im Prozess des Erwachsenwerdens so unterstützt, dass er lernen kann, anderen und sich selbst mit Wertschätzung zu begegnen
- indem sie die Beziehungen der drei Familienmitglieder auf solcher Basis neu zu justieren sucht
- indem sie den Vater in Schranken weist und zu konstruktivem Verhalten anhält
- indem sie die Lebensumstände – die Wohnverhältnisse, die finanzielle Lage, die Ausbildungssituation der Kinder – entspannt und stabilisiert

tut sie gleichwohl im Sinne der philosophischen Linienführung das Richtige. Sie streckt sich nach Idealität – und gestaltet Realität.

3.3 Das Handlungsziel

In der angeführten, nicht abschließend gefüllten Liste von Handlungszielen wird ein Sozialarbeitshandeln greifbar, das seine Kriterien nach Maßgabe der Profession setzt. Die Grundlage dafür ist der Wertebereich, in dem sich Theorie und Praxis der Sozialen Arbeit bewegen. Dabei liegt es auf der Hand, dass Werte die Problemeinschätzung und den Lösungsansatz in der Sozialen Arbeit konstituieren. Anders wären Wege zu Lebensqualität und besserem Gelingen nicht zu beschreiben. Zugleich wird der professionelle Wertebezug im Abgleich mit fachlichen Handlungsansprüchen und in enger Anbindung an das Leistungsprofil gewonnen, dem sich die Profession selbst zuordnet. Ihren Wertebereich erschließt sich Soziale Arbeit daher ganz aus dem heraus, was sie als ihre Aufgabe und als ihre Funktion begreift. Sie nutzt aber die Philosophie, um aufscheinende Werteperspektiven abzuklären und abzusichern.

Genau besehen geht es um einen Abwägungsprozess, bei dem der sozialarbeiterische Blick das Feld philosophischer Ethiküberlegungen sondiert und nach kongruenten Ideen absucht. Ihr berufliches Handlungsverständnis, ihr Beharren auf Solidarpflichten in der Gesellschaft, zuletzt auch ihr Menschenrechtsverständnis sprechen dafür, dass Soziale Arbeit so zu einem *deontischen Grundverständnis* gelangt (vgl. Schumacher, 2013, S. 127). Solches Grundverständnis wird durch die Profession gefasst und akzentuiert; zu Plausibilität und Evidenz aber verhilft ihm die Philosophie. Entsprechend schlüssig kommt es in der Fallarbeit zum Tragen. Die Sorge um die Familie X, die Sorge um Frau X und ihre beiden Kinder und der Blick auf den Vater entspringen *einem Ausgangspunkt*, in dem zuletzt alle Werteperspektiven der Sozialen Arbeit zusammenlaufen. Es geht um den Menschen und darum, ihm dort, wo er diese Unterstützung braucht, darin beizustehen, dass er Gestaltungskraft – und Gestaltungsmotivation – im Blick auf sein Leben in den sozialen Bezügen, die es tragen, zurückgewinnt.

Die Betrachtung der Situation der Familie X zeigt viele Ziele, die durch Soziale Arbeit greifbar werden. Manches wird sich richten lassen, manches möglicherweise nicht. Aber jeder Schritt, der erfolgt, ist, wenn er im Wertekontext ausrichtet ist, ein Schritt nach vorne. Freilich schmerzt auch nicht Erreichtes. Das Ideal, von dem oben zu reden war, entfaltet Wirkung auch und gerade dort, wo Ansprüche nicht erfüllt werden können. Doch es klärt auch den Alltag und stärkt die Perspektive des Möglichen. Professionell Handelnde in der Sozialen Arbeit können sicher sein, dass durch ihr Zugehen *ein* Handlungsziel in jedem Fall erreicht wird: der wertschätzende Zuspruch für den Menschen, der im Kräftespiel der sozialen Dynamik, die ihn umfängt, in Strudel geraten ist, die ihn genau solchem Zuspruch entrissen haben. Den Zuspruch aber gewährt nicht schon jemand, der Verständnis signalisiert und Hilfe anbietet; der Zuspruch realisiert sich dort, wo Hilfe greift und wo deutlich wird, dass jemand bereit ist, auch nicht locker zu lassen, wenn Veränderung schwerfällt, wenn Rückschläge demotivieren oder wenn Dankbarkeit ausbleibt. Es ist und bleibt *ein* Ziel, das Soziale Arbeit in immer neuer Weise akzentuiert: dem Menschen darin beizustehen, zu dem zu gelangen, was ihn als Menschen auszeichnet und was ihn als Menschen mit Leben erfüllt. Philosophie stärkt diesen Impuls, weil sie deutlich macht, dass nichts anderes zählt, als den Menschen zu sich selbst zu führen. Die Inhalte, die Soziale Arbeit, aus ihrem Berufswissen heraus, setzt, helfen wahrzunehmen, dass Menschen dort bei sich selber ankommen, wo sie sich von sozialen Strukturen getragen und von denen, die ihnen nahestehen, angenommen wissen. Fallstricke im sozialen Umgang bleiben. Eitelkeit, Machtstreben, aber auch Verbitterung und Ignoranz werden auch künftig verletzend Triebkraft entfalten. Zuletzt aber bleibt Soziale Arbeit auf das Ziel bezogen, für den Menschen, dem sie Nähe zu sich selbst verschaffen will, die sozialen Strukturen, die ihn tragen sollen, abzusichern und dazu beizutragen, dass das Zusammenleben in der Gesellschaft gelingt.

Das Handeln im Fall, die professionelle Unterstützung, die notwendig erscheint, um eine verfahrene Situation aufzulösen, um Frau X wieder ein Stück weit Initiative zu ermöglichen, um das Selbstbewusstsein der Tochter zu beleben, um die Impulsivität des Sohnes auf ein verantwortliches Handeln hinzulenken, um schließlich auch das destabilisierende Verhalten des Vaters der Kinder einzufangen und im Sinne der Familie zu verändern – dieses Fallhandeln erschöpft sich nicht dort, wo Erleichterungen erreicht werden. Es geht vordergründig freilich genau darum, dorthin voranzukommen. Und doch ist das professionelle Eintreten Sozialer Arbeit für die Familie X auch ein Signal an die Gesellschaft, die diese Hilfe wollen muss, weil sie weiß, dass sie neben der Pflicht, dem Einzelnen in Nöten beizustehen, immer auch einen entscheidenden Nutzen hat: Sie trägt dazu bei, selbst besser zu werden.

Literatur

Descartes, René (1960): Discours de la méthode. Von der Methode des richtigen Vernunftgebrauchs und der wissenschaftlichen Forschung, übers. u. hg. v. L. Gäbe, Hamburg: Meiner.
Engelke, Ernst/Borrmann, Stefan/Spatschek, Christian (2009): Die Wissenschaft Soziale Arbeit. Werdegang und Grundlagen, 3. Aufl. Freiburg i. Br.: Lambertus Verlag.
Feinbier, Robert J. (1992): Wissen schaffen in der Sozialarbeit/Sozialpädagogik. Erkennen – Wissen – Handeln, Sankt Augustin: Asgard-Verl. Hippe.
Galuske, Michael (2013): Methoden der Sozialen Arbeit. Eine Einführung, bearb. v. K. Bock u. J. Fernandez Martinez, 10. Aufl. Weinheim-Basel: Beltz Juventa.

Göppner, Hans-Jürgen/Hämäläinen, Juha (2004): Die Debatte um Sozialarbeitswissenschaft. Auf der Suche nach Elementen für eine Programmatik, Freiburg i. Br.: Lambertus.

Husserl, Edmund (1996): Die Krisis der europäischen Wissenschaften und die transzendentale Phänomenologie. Eine Einleitung in die phänomenologische Philosophie, hg., eingel. u. m. Registern vers. v. E. Ströker, 3. Aufl. Hamburg: Felix Meiner.

Kant, Immanuel (1968): Logik; s. Kants Werke. Akademie Textausgabe Bd. IX, Berlin: Walter de Gruyter.

Lambers, Helmut (2013): Theorien der Sozialen Arbeit. Ein Kompendium und Vergleich, Opladen: Verlag Barbara Budrich.

Müller, C. Wolfgang (1995): Vom Vorwärtskommen in unübersichtlichem Gelände. Erfahrungen aus 40 Jahren Sozialer Arbeit, in: Soziale Arbeit im Wandel ihres Selbstverständnisses. Beruf und Identität, S. 30-42, hg. v. W. R. Wendt, Freiburg i. Br.: Lambertus.

Nida-Rümelin, Julian (2010): Lebensform und Philosophie, hg. v. W. Hogrebe, Göttingen: V&R unipress.

Patzig, Günther (1981): Sprache und Logik, 2. Aufl. Göttingen: Vandenhoek & Ruprecht.

Puntel, Lorenz Bruno (1993): Wahrheitstheorien in der neueren Philosophie. Eine kritisch-systematische Darstellung, 3. Aufl. Darmstadt: Wissenschaftliche Buchgesellschaft.

Schumacher, Thomas (2007): Soziale Arbeit als ethische Wissenschaft. Topologie einer Profession, Stuttgart: Lucius & Lucius.

Schumacher, Thomas (2008): Konstruktion und Wirklichkeit. Von Sinn und Unsinn einer konstruktivistischen Erkenntnishaltung in der Sozialen Arbeit, in: Neue Praxis 38, S. 287-295.

Schumacher, Thomas (2010): Soziale Arbeit und die Philosophie. Ansatzpunkte für eine Verhältnisbestimmung, in: Soziale Arbeit 59, S. 475-479.

Schumacher, Thomas (2011): Grundlagen des Erkennens in der Sozialen Arbeit, in: ders. (Hg.), Die Soziale Arbeit und ihre Bezugswissenschaften, S. 145-163, Stuttgart: Lucius & Lucius.

Schumacher, Thomas (2013): Lehrbuch der Ethik in der Sozialen Arbeit, Weinheim-Basel: Beltz Juventa.

Sloterdijk, Peter (2009): Du mußt dein Leben ändern. Über Anthropotechnik, Frankfurt a. M.: Suhrkamp.

v. Spiegel, Hiltrud (2011): Methodisches Handeln in der Sozialen Arbeit. Grundlagen und Arbeitshilfen für die Praxis, 4. Aufl. München-Basel: Reinhardt Verlag.

Thiersch, Hans (2000): Strukturierte Offenheit. Zur Methodenfrage einer lebensweltorientierten Sozialen Arbeit, in: Der sozialpädagogische Blick. Lebensweltorientierte Methoden in der Sozialen Arbeit, hg. v. T. Rauschenbach u. a., 2. Aufl. , S. 11-28. Weinheim-München: Juventa.

Thiersch, Hans (2014): Lebensweltorientierte Soziale Arbeit. Aufgaben der Praxis im sozialen Wandel, 9. Aufl. Weinheim-München: Juventa.

Tugendhat, Ernst (2010): Anthropologie statt Metaphysik, München: C.H. Beck.

„Kein Mensch weiß, wie er wirklich ist."
Der Zugang zum „Fall" aus theologischer Perspektive

Andrea Tafferner

Einführung

„Kein Mensch weiß, wie er wirklich ist. Das gibt's gar nicht: wirklich." In dem Film „Oktober November" von Götz Spielmann (2013) sagt diesen Satz eine der beiden Protagonistinnen des Films: zwei Schwestern, deren Leben sich unterschiedlich entwickeln; die eine übernimmt zuhause die Gastwirtschaft der Eltern, die andere, die jüngere, wird Schauspielerin in Berlin. „Du hast es dir doch ausgesucht", sagt die Schauspielerin zu ihrer Schwester, die zuhause geblieben ist. Am nächsten Morgen antwortet diese ihr: „Ja, ich bin eifersüchtig, dass du so frei bist. Was aber nicht stimmt, ist, dass ich mir des ausg'sucht hab, des Leben." Was im Leben ist ausgesucht? Was ist nicht ausgesucht? Welche Rollen spielen wir? Welchen Lebensentwürfen folgen wir? „In diesem Film ist niemand, wofür die anderen ihn halten und was er selbst zu sein vorgibt."[1] Aber nicht nur in diesem Film.

1 Grundannahmen der Theologie

„Das gibt's gar nicht: wirklich" – das ist ein Satz für den Konstruktivismus, aber auch für die Theologie. Anders als der Konstruktivismus bezieht die Theologie aber die Frage „Wie wirklich ist die Wirklichkeit?" auf die Dimension der Transzendenz – eine Dimension des Unbegreifbaren im Begreifbaren, des Formlosen in der Form, der Stille hinter den Lauten, der Gegenwart Gottes in allem, was geschieht. Die Theologie geht davon aus, dass diese Dimension der Transzendenz von zentraler

---

1 Thomas Frings: Predigt zu dem Film „Oktober November" am 21.06.2014 in der Heilig Kreuz Kirche Münster.

Bedeutung für ein erfülltes Leben ist. „(W)er das metaphysische Bedürfnis verrät, unterbietet dramatisch die menschlichen Möglichkeiten und liefert sich den sinnverlassenen Selbstbehauptungskämpfen aus."[2]

Theologie in der Sozialen Arbeit hat die Aufgabe, auf diese Dimension der Transzendenz aufmerksam zu machen, sie zu reflektieren und für die Praxis zu erschließen. Als christliche Theologie reflektiert und erschließt sie die christliche Botschaft auf der Grundlage der biblischen Schriften, einer Vielzahl von zum Teil sehr unterschiedlichen Büchern, die durch ihren Gottesbezug miteinander verbunden sind. In der Heiligen Schrift gibt es keine systematische Anthropologie, aber doch einige zentrale Grundannahmen zum Menschsein.

1.1 Ein unverfügbarer Ruf

Eine erste Grundannahme ist, dass der Ursprung, der „Anfang" jedes Menschen, über den elterlichen Ursprung hinausgeht. Theologisch wird damit nicht nur ausgesagt, dass das Leben jedes Menschen verdanktes Leben ist, sondern dass es unter einer Verheißung steht. „Biblisch gedeutet ist der Anfang des Menschen ein wundervoller Anruf, der nicht von den Eltern kommt – ein unverfügbarer Ruf. Von diesem sieghaften Gewolltsein gegen alle menschlichen Widerstände weiß die religiöse Überlieferung, wissen auch die Mythen. ... Dasein lebt daraus, gewollt zu sein – als Geschenk, grundlos, ‚umsonst', *gratis e con amore*. Solches Glück ist unerschöpflich, endlos kraftvoll. Daraus beziehen Frauen, Männer, Kinder im Märchen, ob niedrig oder hochgeboren, ob arm, töricht, gescheit oder reich, ihre Kraft – vom Glück des Anfangs her wittern sie das Glück des Ausgangs, das unzerstörbare Gelingen. Daraus hebt immer wieder alles neue Beginnen an, das nicht zu Entmutigende trotz aller Rückschläge, der Verkennungen, der Arbeiten in Küche und Stall, unter den Schlägen der Stiefmutter und des bösen Vaters. Sogar die selbstverschuldeten Fehler sind Anlass, sich weiter ins Bestehen des Abenteuers hineinzuwerfen."[3]

1.2 Leiblichkeit und Lebenswelt

Eine zweite Grundannahme betrifft die leibliche Existenz des Menschen als *die* Grunddimension des Menschseins. Mit Leiblichkeit ist nicht nur die körperliche

---

2 Safranski 1999, 14f.
3 Gerl-Falkovitz 2013, 313f.

Seite des Menschen gemeint, sondern sein spezifisches In-der-Welt-Sein.[4] „Allein in ihrer Leiblichkeit können Menschen die Welt erfahren, und in ihrer Leiblichkeit sind sie untrennbar mit ihrer Welt verbunden: In der sinnlichen Erfahrung ist nicht zu unterscheiden, was ‚innen' und was ‚außen' ist"; über unseren Leib „kommunizieren wir miteinander, indem wir uns berühren, indem wir miteinander sprechen, einander fühlen."[5] Mit der Kategorie der Leiblichkeit kommen Bedürftigkeit, Verletzbarkeit und letztlich Sterblichkeit allen Lebens in den Blick. Eine Phänomenologie des Leibes macht daher auch die Erfahrungen von Kranksein, von körperlichen und seelischen Schmerzen zum Thema.[6] Und auch die sozialen und spirituellen Schmerzen sind leiblich verortet.[7] Die sozialen, weil Menschen durch Sorgen um ihre Familie, um Wohnung, Arbeit, Geld etc. in ihren Grundbedürfnissen bedroht sind. Die spirituellen, weil spätestens dort, wo bislang äußere Sicherheiten Halt gaben (Gesundheit, Hab und Gut, aber auch feste Beziehungen), Fragen nach der wahren Identität aufbrechen, nach dem, was Halt gibt, wenn vieles wegbricht.

Anders als die griechische Philosophie kennt das altorientalisch-biblische Denken keinen Dualismus von Leib und Seele. Die „Seele" ist im alttestamentlichen Hebräisch die Kehle („nefesch") als das zentrale leibliche Organ, durch das alle menschlichen Bedürfnisse fließen: der Atem, das Wasser und die Nahrung, das Sprechen, die Kommunikation. Auch unser „Schrei" nach Liebe und Zuwendung fließt durch die Kehle. Die Kehle kann aus Angst zugeschnürt sein oder gelöst beim Singen vor Freude. Selbst die Auferstehung nach dem Tod wird leiblich verstanden: als Verwandlung des sterblichen Leibes in einen pneumatischen, geistdurchwirkten Leib (vgl. 1 Kor 15,44).[8] Der Leib ist also die Weise, wie wir in der Welt sind: verletzbar und vergänglich, und doch in dieser Vergänglichkeit „ein Tempel des Heiligen Geistes" (1 Kor 6,19).

Die Leiblichkeit der Menschen ist daher der Blick auf ihre Lebenswelt: Jedes Kind wird in eine Welt hineingeboren, die vor ihm bestand. In das schon bestehende

---

4   Vgl. Schoberth 2006, 136.
5   Ebd. 137. Vgl. auch Fuchs 2013.
6   Vgl. Böhme 2003.
7   Cicely Saunders, die Gründerin der Hospizbewegung, hat in ihrem Konzept des „total pain" diese vier Arten von Schmerzen unterschieden: physischer, psychischer, sozialer und spiritueller Schmerz.
8   Daneben gibt es auch in der Bibel die stärker dem griechischen Denken entsprechende Sicht, wonach der Leib zur Erde, der Lebensatem (griechisch: die Seele) aber zu Gott zurückkehrt (vgl. Koh 12,7).

Beziehungsgewebe schlägt jeder Mensch seine eigenen Fäden[9] – und weiß doch nicht, inwiefern diese Fäden wirklich seine eigenen sind.

So entwickeln die biblischen Schriften anders als die spätere Theologie, die sich an der griechischen Philosophie orientiert, keine abstrakte Lehre über *den* Menschen. Aber das biblische Denken ist interessiert an der menschlichen Lebenswelt und ihrer Vielfalt an Beziehungen.[10]

1.3 Gerechtigkeit

Die Vielfalt an Beziehungen – so die dritte Grundannahme – erfordert ein „gemeinschaftsgemäßes Verhalten". Mit diesem Ausdruck übersetzt man am besten das Wort, das im Hebräischen „zedaqa"/„Gerechtigkeit" heißt. Schon die Beziehung der ersten von Adam (wörtlich: „Erdling") und Eva („Mutter allen Lebens") gezeugten und geborenen Menschen endet im Brudermord.[11] Der Konflikt ist in die Schöpfung eingestiftet. Das Beziehungsgewebe kennt nicht nur Zuwendung und Hilfsbereitschaft, sondern auch Abhängigkeiten, Machtkämpfe, Unterdrückung, Gewalt – auch in ihrer strukturellen, systembedingten Form.

„Zedaqa"/„Gerechtigkeit" meint „ein an der Gemeinschaft orientiertes, solidarisches Handeln"[12]. Zu dieser Gemeinschaft gehört die ganze Schöpfung, also auch die Natur und die Tiere. Gerechtigkeit dient dem Schutz der Freiheit und geht in den biblischen Texten immer zusammen mit Treue – Treue zu dem Bund, den Gott mit der Schöpfung geschlossen hat.[13] So ist Gerechtigkeit eine Haltung des Glaubens ebenso wie ein sozialethisches Strukturprinzip.

Zur wirksamen Umsetzung von Gerechtigkeit bedarf es des Rechts. Zum Gottesbild der Bibel gehört, dass Gott selbst gefährdeten Personen und Personengruppen (Witwen, Waisen, Fremden) Recht verschafft: die Aufforderung zur Achtung von Rechten wird mit der sog. Gottesformel verstärkt („Ich bin der Herr dein Gott").[14] Heute sind die Kirchen und die Theologie nach einem längeren Lernprozess zivilgesellschaftliche Akteure und Vertreterinnen der kodifzierten Menschenrechte.

---

9   Vgl. Arendt 2002, 226f.
10 Vgl. Schoberth 2006, 108-114.
11 Vgl. Gen 4,1-16: Kain erschlägt seinen Bruder Abel.
12 Limbeck 2005, 6.
13 Vgl. Ps 85,11; Hos 2,21f; Mt 23,23.
14 Vgl. z. B. Lev 19.

Es gilt: Der Mensch ist „ein Subjekt von Rechten, die niemand verletzen darf" (Johannes Paul II.).[15]

1.4 Glaube

Was bedeutet der Glaube für das Menschsein? Die christliche Botschaft beinhaltet, dass wir in der Liebe Gottes geborgen sind und daher – so die vierte Grundannahme – nicht aus der Angst um uns selbst leben müssen.[16] Der Theologe Henri Nouwen (1932-1996) erzählt in einem seiner Bücher von einer schweren Zeit geistiger und seelischer Erschöpfung. Das führte ihn zu der Frage, wie man überhaupt inmitten einer Welt leben könne, „die gekennzeichnet ist von Angst, Haß und Gewalt, ohne von ihr zerstört zu werden?"[17] Die christliche Botschaft behauptet, auf diese Frage eine Antwort zu haben: Der Glaube daran, nicht auf sich allein gestellt zu sein, sondern mit Gott Gemeinschaft zu haben, führt dazu, sich nicht von seinen Ängsten bestimmen zu lassen. Henri Nouwen hat das in seiner Krise so erfahren: Er hat in dieser Zeit immer wieder lange und still vor einer Ikone verweilt. Es war eine Reproduktion der berühmten Ikone der Heiligen Dreifaltigkeit, 1425 von Andrej Rublev gemalt. Man sieht auf ihr drei Engel um einen Tisch sitzen, einander zugeneigt. Nouwen schreibt dazu: „Während ich lange Stunden vor Rublevs Dreifaltigkeit saß, merkte ich, wie allmählich mein Schauen zum Gebet wurde. Dieses schweigende Gebet ließ nach und nach meine innere Unrast hinwegschmelzen und hob mich empor in den Kreis der Liebe, einen Kreis, der von den Mächten der Welt nicht durchbrochen werden konnte. Auch wenn ich von der Ikone wegging und in die vielen Pflichten des täglichen Lebens hineingezogen wurde, kam es mir vor, als bräuchte ich den heiligen Ort, den ich gefunden hatte, nicht zu verlassen und könnte dort wohnen bleiben, was auch immer ich täte und wohin auch immer ich ginge. Ich wusste, daß das Haus der Liebe, in das ich eingetreten war, keine Grenzen hat und jeden umgibt, der dort wohnen will."[18] „Im Haus der Liebe wohnen" wird für Nouwen zur Metapher für das, was er im Glauben erlebt. „Rublevs Ikone läßt uns das Haus der vollkommenen Liebe erahnen. Immer werden zahlreiche Ängste von allen Seiten uns überfallen, aber wenn wir in Gott zu Hause bleiben, können diese Ängste der Welt keine endgültige Macht über uns gewinnen."[19]

---

15 Enzyklika Centesimus annus Nr. 44.
16 Vgl. Knauer 2007, 19.
17 Nouwen 1987, 19.
18 Ebd. 21f.
19 Ebd. 23.

Die christliche Theologie versteht dieses „Haus der Liebe" als den einen Gott in Vater, Sohn und Heiligem Geist. Dieser eine Gott „ist die Liebe" (1 Joh 4,16). Es ist „die ewige Liebe Gottes zu Gott, des Vaters zum Sohn ... Diese Liebe ist selbst Gott, der Heilige Geist"[20]. Während unsere menschliche Liebe immer wieder an ihre Grenzen stößt, ist die Liebe Gottes unbegrenzt. Durch die Menschwerdung Gottes in Jesus von Nazareth wurde uns diese Liebe offenbar gemacht. „Durch Jesu Wort ist uns offenbar geworden, daß wir in die Liebe Gottes zu Gott, des Vaters zum Sohn aufgenommen sind, die der Heilige Geist ist. Glauben bedeutet ja nichts anderes als das Anteilhaben am Gottesverhältnis Jesu, das Erfülltsein von seinem Heiligen Geist."[21] Eben weil diese Liebe Gottes an nichts Geschaffenem ihr Maß hat, deshalb begründet sie eine Gemeinschaft mit Gott, auf die auch im Tod Verlass ist. Im Glauben geht es um die Gemeinschaft mit Gott, gegen die selbst der Tod keine Macht hat.

1.5 Gott erbarmt sich

Bei allem Bemühen: unser Leben wird immer Fragment bleiben; vieles bleibt für immer ungeklärt, ungesagt, ungesühnt. Die biblische Botschaft stellt diese Brüchigkeit in einen größeren Zusammenhang: in das Erbarmen Gottes. In dem bereits erwähnten Film „Oktober November" versucht die jüngere Schwester Klarheit in die Verstrickungen ihres Lebens zu bekommen. Man sieht sie auf einer Wanderung und schließlich sitzt sie auf einem Berg. „Dass sie unter einem Kreuz sitzt, kann man nur wissen – was steht sonst so aufgerichtet in den Bergen –, aber es wird erst gezeigt, nachdem eine Wanderexerzitiengruppe denselben Berg besteigt und unter dem Kreuz das Vater unser betet. Die Schauspielerin geht langsam weg, das Kreuz wird sichtbar und man hört die Gruppe beten – bis zu der Stelle ,… und vergib uns unsere Schuld …'. Diese Wanderexerzitiengruppe kehrt in den ansonsten leeren Gasthof ein und man hört sie ein Tischgebet singen, in dem immer wieder das Erbarmen Gottes angerufen wird. Schöner kann Religion, der christliche Glaube nicht in ein solches Szenario von Menschen eingefügt werden."[22]

---

20 Knauer 2007, 38.
21 Ebd. 43.
22 Thomas Frings: Predigt zur dem Film „Oktober November" am 21.06.2014 in der Heilig Kreuz Kirche Münster. Ähnlich eindrücklich hat schon 1961 Pier Paolo Pasolini seinen Film „Accattone" mit der Matthäus-Passion von J. S. Bach hinterlegt. Diese Sozialstudie eines römischen Vorstadtviertels erzählt die Geschichte des Zuhälters Accattone. Sich aus der Armut zu befreien, scheint ausweglos zu sein. Bei einer Schlägerei im Staub des Armutsviertels erklingt im Hintergrund J. S. Bachs „Wir setzen uns mit Tränen nieder."

Das Erbarmen Gottes ist Trost und Aufforderung zugleich. In der hebräischen, alttestamentlichen Sprache ist das Wort für trösten wieder ein ganz leibliches: wörtlich bedeutet es „jemanden zum Aufatmen bringen"[23]. Trost ist körperlich spürbar, er gibt einem wieder Luft zum Atmen und zum Handeln. Das Erbarmen Gottes entschuldigt nichts, aber die „Religion mutet dem Menschen das Eingeständnis der Ohnmacht, Endlichkeit, Fehlbarkeit und Schuldfähigkeit zu. Und" – das ist die fünfte Grundannahme – „sie macht sie zugleich lebbar"[24].

2 Spirituelle Grundhaltungen in der Sozialen Arbeit

Jede Sozialarbeiterin, jeder Sozialarbeiter bringt seine eigene Persönlichkeit in das berufliche Handeln ein. Daher ist es für Sozialarbeiter/innen unabdingbar, eine personale Kompetenz oder „Haltungskompetenz" zu erlangen.[25] Spirituelle Grundhaltungen knüpfen an moralische Haltungen an, aber sie gehen einen Schritt weiter. Sie transzendieren die aus ethischen Überlegungen abgeleiteten Haltungen auf eine tiefere Ebene der Selbsterkenntnis und des Vertrauens. Diese Haltungen sind daher nicht zu haben, ohne sich selbst immer wieder in Frage zu stellen und die Bereitschaft zur „Umkehr" zu haben.

2.1 Eine Haltung des Vertrauens

Welche Haltungen zählen zu diesen spirituellen Grundhaltungen? Für Martin Buber ist Vertrauen „das höchste Gut …, das im menschlichen Dasein erlangt werden kann", „nicht ‚blindes‘, vielmehr sehendes, einsehendes Vertrauen, nicht ‚ergebenes‘, vielmehr kühnes, ringendes, mitwirkendes".[26] Und bei Roger Schutz heißt es: „Wäre das Vertrauen des Herzens aller Dinge Anfang …"[27] – ja, was wäre dann? In der Sozialen Arbeit wird immer wieder erlebt, wie fehlendes oder gestörtes

---

Pasolini wollte das Kreuzzeichen am Schluss des Films nicht als Hoffnung verstanden wissen. Aber jeder hat die Möglichkeit, das so zu sehen.
23 Ebach 1996, 42.
24 Safranski 1999, 327. Zum Erbarmen Gottes im Islam vgl. Khorchide 2012.
25 Vgl. Freise 2011.
26 Buber 1956, 5.
27 Zit. bei Feldmann 2006, 78

Vertrauen in die eigenen Kräfte, in die eigenen Handlungsmöglichkeiten, in die Personen des familiären Umfelds usw. Menschen in ihrer Lebensführung blockiert.

Im christlichen Glauben ist das „Vertrauen des Herzens" ein Vertrauen auf eine letzte Geborgenheit in Gott und gerade dadurch ist es ein Vertrauen in die eigenen Kräfte. Die berühmte Maxime ignatianischer Spiritualität formuliert das so: „Das sei die erste Regel für das, was zu tun ist: Vertraue so auf Gott, als hinge der Erfolg der Dinge ganz von dir, nichts von Gott ab; wende ihnen jedoch so alle Mühe zu, als werdest du nichts, Gott allein alles tun."[28] Ignatius will damit sagen, dass das „Vertrauen auf Gott ... gerade darin bestehen (solle), dass man alle seine eigenen Kräfte und Fähigkeiten einsetzt. Und eben dieser volle Einsatz soll selber Ausdruck des vollständigen Vertrauens auf Gott allein sein. Es geht also nicht etwa darum, dass man neben dem vollen Einsatz das Vertrauen auf Gott nicht vergessen solle, sondern umgekehrt gerade darum, dass dieser Einsatz selber bereits aus dem Vertrauen auf Gott lebt und dass man also aus der Geborgenheit in der Gemeinschaft mit Gott alle seine Kräfte einsetzt."[29] In neuester Zeit ist eine verstärkte Forschungstätigkeit über das Phänomen des Vertrauens zu beobachten, in einer Zeit, in der in mehreren Bereichen der Verlust an Vertrauen als Gefahr für den gesellschaftlichen Zusammenhalt genauso angesehen wird wie für das Wohlbefinden des einzelnen.[30] Im biblischen Denken erklären sich „glauben" und „vertrauen" gegenseitig. „Glauben" heißt „vertrauen". Wer glaubt, d.h. wer sich in die Gemeinschaft mit Gott aufgenommen weiß, lebt aus einem Vertrauen, das auch in Zeiten der Bedrängnis trägt. Phänomenologisch zeigt sich Vertrauen u.a. als Bereitschaft, Unsicherheit und Verletzbarkeit zu akzeptieren und sich damit in jeder Situation eine grundsätzliche Offenheit zu bewahren. Für den therapeutischen Bereich formulieren Meibert und Michalak das so: „Grundvertrauen ist also aus unserer Sicht eine Haltung der Offenheit dem Leben gegenüber, die sich besonders in Krisenzeiten zeigt oder dort weiterentwickeln kann. Diese Haltung wird u.a. durch die Bereitschaft charakterisiert, Nicht-Wissen und Unsicherheit zu akzeptieren in der Gewissheit, dass sich in dem inneren oder auch äußeren Freiraum, der dadurch entsteht, Lösungen und Auswege zeigen werden. Dieses Nicht-Wissen auszuhalten, erfordert Mut, ist aber gleichzeitig die Voraussetzung dafür, dass etwas wirklich Neues sich zeigen kann. Und das ist etwas, was in der Krise hilfreich sein kann. Die innere Kraft, die zu diesem Mut führt, steht manchen Menschen vielleicht auf natürliche Weise zur Verfügung, andere wiederum können möglicherweise

---

28 Zit. bei Knauer 2006, 39. Die ignatianische Spiritualität geht auf Ignatius von Loyola (1491-1556), den Gründer des Jesuitenordens, zurück.
29 Ebd. 41.
30 Vgl. Hartmann 2011; Dalferth/Peng-Keller 2013.

darin unterstützt werden, diesen ‚Mut zum Unsicher-Sein' zu entwickeln."[31] Eine Möglichkeit, die „Quelle des Vertrauens" zu erschließen, sehen die Autoren in der Einübung von Achtsamkeit.[32]

2.2 Achtsamkeit

In relativ kurzer Zeit hat sich die Haltung der Achtsamkeit (awareness) zum Standardverfahren in der Psychotherapie, zu einer „Ethik der Achtsamkeit"[33] und zum Kern spiritueller Schulungen entwickelt. Die aus der buddhistischen Lehre stammende Haltung der Achtsamkeit ist das Instrument, um unsere Wahrnehmungen, Denkmuster und Emotionen zu beobachten und zu schulen. „Achtsamkeit besteht in vollständiger Bewusstheit bezüglich all dessen, was in uns und um uns herum von Moment zu Moment geschieht, also Bewusstheit darüber, was wir sehen, hören, fühlen und denken. Sie schließt auch das korrekte Verständnis der Natur unserer Wahrnehmungen ein, frei von den Verzerrungen, die dazu führen, dass wir von Objekten angezogen oder abgestoßen werden. Weiter enthält Achtsamkeit eine ethische Komponente: Sie ermöglicht uns, zwischen heilsamen und schädlichen oder sinnlosen Geisteszuständen zu unterscheiden. Diese verschiedenen Bestandteile der Achtsamkeit versetzen uns in die Lage, zu entscheiden, welche Geisteszustände kultiviert werden sollten, um von Leiden frei zu werden."[34]

Im Kontext von Sozialer Arbeit ist Achtsamkeit die Basis einer spirituell sensiblen sozialen Praxis[35], die zu einer aufmerksamen Präsenz führt[36]. „At all times, avoid being carried away by inner mental chatter ... Our inner chatter labels, analyzes, categorizes, and judges ourselves and our clients, and misses what is really happening."[37] Achtsamkeit lehrt also zunächst eine Form der Zurückhaltung, auch eine Zurückhaltung mit sogenanntem „Erklärungswissen". „Kaum nehmen wir etwas wahr, fallen wir sofort ins Denken, Überlegen, Erwägen, Beurteilen und oft ins Grübeln. Das Ende dieser Überlegungen ist meistens, dass wir mit vielem nicht einverstanden sind und alles verändern wollen. Damit taucht in uns der ‚große Macher' auf, der in hektische Überaktivität fällt. Die Wahrnehmung kommt zu

---

31 Meibert, Michalak 2013, 107f.
32 Vgl. ebd.
33 Vgl. Conradi 2001.
34 Ricard 2012, 49.
35 Von „spiritually sensitive social work" sprechen Canda und Furman 1999.
36 Vgl. Tafferner 2006.
37 Canda, Furman 1999, 188.

kurz."[38] Wahrnehmung und Achtsamkeit zeigen sich daher als erstes in der Form des Sich-Zurücknehmens und des Zuhörens. Aber Achtsamkeit ist auch Wachsamkeit! Wachsamkeit für das in der jeweiligen Situation angemessene Handeln. Achtsamkeit, so der buddhistische Mönch Thich Nhat Hanh, meint, wach und bereit zu sein, „mit jeder Situation, die entsteht, geschickt und intelligent umzugehen"[39]. Es geht um die Bereitschaft, „nach besten Kräften zu handeln"[40].

2.3 „Die Schuhe der Distanz ausziehen"

In der ignatianischen Spiritualität gibt es eine Form, Achtsamkeit einzuüben, die als „Exerzitien auf der Straße" in den letzten Jahren bekannt geworden ist. Ausgehend von der biblischen Erzählung von Mose und dem brennenden Dornbusch, der brennt und doch nicht verbrennt (vgl. Exodus 3), werden die Teilnehmer/innen aufgefordert, sich wie Mose voller Neugier dem brennenden Dornbusch zuzuwenden und sich (zumindest bildlich) die Schuhe auszuziehen. Mit der Begründung „Das ist heiliger Boden" hört Mose, wie er sich dem Dornbusch nähert, die Aufforderung, sich die Schuhe auszuziehen. Dadurch entledigt sich Mose der Distanz zum Boden, des „alltäglichen Abstands zur Realität"[41] und „hört nun neu von der Versklavung seines Volkes und damit auch von seiner eigenen verdrängten Not und wie ihm eine wichtige Rolle auf dem Weg der Befreiung zugedacht ist."[42]

Zu einem brennenden Dornbusch kann im Prinzip jede Begegnung werden; in den Exerzitien sind es Orte in einer Stadt, zu denen es die Teilnehmer/innen hinzieht, weil sie merken, „dass ihre Interessen, ihre Gefühle, ihre Sehnsüchte angesprochen werden. Dort bleiben sie stehen und ziehen zumindest innerlich ihre Schuhe aus und üben sich in Aufmerksamkeit: Sie meditieren, beten, versuchen vor ihren Ängsten nicht zu fliehen, werden ansprechbar."[43] Das Ausziehen der Schuhe ist ein Bild dafür, respektvoll sehen und hören zu wollen. Es geht darum, die „Schuhe des Herzens aus(zu)ziehen und ganz konkret die Schuhe des Weglaufens, der Distanz, des Größerseins, des Vergleichens, des Urteilens und des verletzenden Zutretens ab(zu)legen. Das Leben, ja Gott selbst will mit uns sprechen, an welchem Ort und aus welchem stacheligen Dornbusch heraus dies auch immer geschehen soll. Dann

---

38 Jalics 2003, 36.
39 Thich Nhat Hanh 2002, 26.
40 Ebd. 26.
41 Herwartz 2006, 53.
42 Herwartz 2004, 295.
43 Ebd. 294.

stehen wir plötzlich auf heiligem Boden, mitten auf den Straßen des Lebens. Wir sind zum Hören und Fragen eingeladen."[44]

2.4 Lieben, achten, verbunden sein

„Die Schuhe der Distanz ausziehen" bezieht sich auf die Distanz, die durch fehlende Wertschätzung anderen gegenüber einen Graben zwischen mir und der anderen Person zieht. Die „Distanz", die in der Sozialen Arbeit mit der richtigen „Balance zwischen Nähe und Distanz" angesprochen wird, nimmt Distanz noch in anderer Weise in den Blick. Zum einen geht es darum, eine Achtung vor dem anderen zu haben, die dafür sorgt, nicht übergriffig zu werden. Und zum anderen darum, sich nicht mit den Problemen des anderen zu identifizieren. Diese Form der angemessenen Distanz bei gleichzeitiger Nähe ist auch im biblischen Gebot der Nächstenliebe gemeint. Denn dieses Gebot verbindet eine Haltung des Wohlwollens, die dem anderen Gutes will, mit der Achtung vor dem Eigensein des anderen. Drei Beobachtungen zu diesem Gebot machen das deutlich:

Erstens: Bei dem Gebot, den Nächsten zu lieben wie sich selbst, das sich im Alten Testament im Buch Levitikus 19,18 findet[45], fällt auf, dass das Verbum „lieben" nicht wie sonst üblich mit einem Akkusativ verbunden ist („jemanden lieben"), sondern mit einem Dativ. Die richtige Übersetzung wäre daher „jemandem Liebe erweisen, liebevoll handeln gegenüber jemandem, jemandem Gutes tun"[46].

Zweitens: Das Gebot der Nächstenliebe ist Teil eines sorgfältig komponierten Textes, der im 19. Kapitel des Buches Levitikus 37 Verse umfasst und von der Aufforderung gerahmt wird, „heilig" zu sein, wie Gott heilig ist (vgl. Lev 19,2). Die Heiligung des eigenen Lebens wird in den einzelnen Versen durch einen heiligenden Umgang mit dem Leben insbesondere von Personen, Pflanzen und Tieren näher beschrieben. Das Leben zu heiligen bedeutet: Alles Leben verlangt Achtung seines „Eigenseins, Eigensinns und Eigenwertes"[47]. Oder anders gesagt: Heiligung bedeutet den Schutz und die „Absicherung" von Personen, Tieren, Pflanzen und Dingen „vor meinen Übergriffen"[48]. Levitikus 19 verlangt die Einhaltung von Grenzen dort,

---

44 Herwartz 2006, 53. „Sehen, Hören, Wertschätzen des Anderen sind an solchen Orten die vorrangigen Tätigkeiten." (Ebd. 32)
45 Im Neuen Testament findet sich das Gebot in Mk 12,28-31; Mt 22, 34-40; Lk 10,25-28; Röm 13,8-10; Gal 5,14.
46 Zenger 1993, 165.
47 Krochmalnik 2003,64.
48 Ebd.

wo die Würde und die Rechte anderer ins Spiel kommen. „Das gilt insbesondere dann, wenn sie ihre Rechte uns gegenüber nicht selber behaupten können oder wenn eine Verletzung ihrer Rechte nicht geahndet werden kann, so dass sie ihre Sache ganz auf Gott stellen müssen. ... ‚Heiligkeit' bedeutet ... Absicherung der Dinge vor meinen Übergriffen, denen sie sonst wehr- und schutzlos ausgeliefert sind – der Reihe nach: die Eltern, die Alten und die Feiertage, Gott selber und seine Opfer; die Armen, die Betrogenen, die Tagelöhner, die Blinden, die Tauben, die Benachteiligten, die Verleumdeten, die Gehassten, die Sklaven, die Fremden, die Tiere, die Pflanzen und Früchte – und nicht zuletzt unser eigener Leib."[49] „Lieben", jemandem wohlwollend begegnen, heißt vor allem die Würde des anderen zu achten und seine Rechte zu respektieren. Gerade dort, wo man mit der Lebenswelt auch die Privatsphäre eines Menschen betritt, ist die Haltung der Achtung unabdingbar. Auch „Liebe" kann übergriffig werden.

Drittens: Die Begründung, warum ich „Taten der Liebe erweisen"[50] soll, steckt in der zweiten Hälfte des Gebotes. Der Text gewinnt an Klarheit, wenn das „im Judentum breit bezeugte andere Verständnis"[51] herangezogen wird, das anstelle des „wie dich selbst" übersetzt: „Liebe deinen Nächsten, denn er ist wie du" – will sagen: *„Er ist ein Mensch wie du!"*[52]. „‚Sei liebend zu deinem Genossen als zu einem der wie du ist', heißt es in der Schrift ... Ich soll, buchstäblich übersetzt, ‚ihm lieben': mich ihm liebend zuwenden, ihm Liebe erzeigen, Liebe antun; und zwar als einem, der ‚wie ich' ist: liebesbedürftig wie ich, der Liebestat eines Rea [hebräisch: Nächster] bedürftig wie ich, – wie ich es eben von meiner eigenen Seele her weiß."[53] In der Liebe zum Nächsten entdecken wir unser gemeinsames Menschsein mit all seinen Abgründen, seinen Verletzungen, seinem Wunsch nach Anerkennung und Liebe. Aus dieser Erfahrung gemeinsamen Menschseins erwächst das Gefühl der Verbundenheit mit allen Menschen und die Fähigkeit zu Mitgefühl und Solidarität.

2.5   Mitgefühl

Eine fünfte Haltung erfährt neuerdings verstärkte Aufmerksamkeit: das *Mitgefühl*. In der sozialarbeiterischen, psychologischen, philosophischen und theologischen

---

49   Ebd.
50   Vgl. Zenger 1993, 165.
51   Ebd. 166.
52   Ebd. 167.
53   Buber 1935, 6.

Literatur gibt es neben dem Begriff des Mitgefühls auch die Rede von *Mitleid*, *Barmherzigkeit* und *Empathie*.

Der zentrale Begriff der Theologie ist *Barmherzigkeit* (mit den Verben „barmherzig sein", „sich erbarmen"). Ursprünglich gibt es in den biblischen Sprachen Hebräisch und Griechisch sogar mehrere Worte für das, was im Deutschen mit „Barmherzigkeit" ausgedrückt wird. Diese Vielfalt weist darauf hin, dass in der altorientalischen und in der antiken griechischen Kultur ein sehr differenziertes Gespür für das vorhanden war, was in einem Menschen vorgeht, wenn er vom Leid eines anderen getroffen wird. Jeweils eines dieser Worte bezieht sich interessanterweise auf ein Körperorgan, das sozusagen als Sitz des Mitgefühls angesehen wurde: So kommt das hebräische Wort „rachamim"/„Barmherzigkeit" von „rechem" Gebärmutter. Es bringt zum Ausdruck, dass einem das Leid eines anderen so nahe geht wie einer schwangeren Frau ihr Kind. Das griechische Verb „splanchnizestai"/ „Mitleid haben" kommt von „splanchna" Eingeweide. Die lateinische Bibelübersetzung gibt den hebräischen und den griechischen Begriff mit dem lateinischen „misericordia" wieder; darin steckt das Wort „miser" für elend/unglücklich und „cor" für „Herz". Also: ein Herz für Menschen im Elend haben. Das lateinische „misericordia" wurde dann im Deutschen mit „Barm*herz*igkeit" übersetzt. Auch hier ist das „Herz" der Sitz des Mitgefühls.

Die Wortgeschichte macht deutlich, dass mit „Barmherzigkeit" etwas bezeichnet wird, was einem nahe geht und einen zum Handeln bewegt. Es geht bei Barmherzigkeit um eine leibliche Empfindung und um die Übernahme von Verantwortung.[54] Das deutsche Wort „Mitleid" kam erst im 17. Jahrhundert dazu, als man begann, das griechische „sympatheia" („sym" = mit; „pathein" = leiden) und das lateinische „compassio" („com" = mit; „pati" = leiden) ganz wörtlich mit Mit-leid zu übersetzen.

„*Empathie*" als Einfühlungsvermögen ist vor allem durch den personzentrierten Ansatz von Carl Rogers eine zentrale Haltung für Sozialarbeiter/innen geworden. Rogers versteht darunter „'die Fähigkeit, genau und empfindsam die Erfahrungen und Gefühle des Klienten und die Bedeutung, die sie für ihn haben, zu verstehen."[55] „*Empathie*" ist auch in der Gewaltfreien Kommunikation von Marshall Rosenberg die zentrale innere Haltung. Die Aufmerksamkeit, die Empathie dem anderen schenkt, zeigt sich durch Gegenwärtigkeit und Präsenz. Dadurch wird

---

54 Vgl. Tafferner 2009, 42-47. Aufgrund dieser Tradition wurde „Barmherzigkeit" schließlich der Fachausdruck für die Zuwendung zu den Armen. Mit der Etablierung des Sozialstaats seit dem Ende des 19. Jahrhunderts und mit dem zunehmenden Bewusstsein, dass Menschenrechte Anspruchsrechte sind, ist der Begriff der Barmherzigkeit allmählich aus der Fachsprache verschwunden. Er war zu sehr mit dem alten System sozialer Fürsorge verknüpft.

55 Bäumer, Plattig 1998, 153.

möglich, sich mit dem, was im anderen an Gefühlen und Bedürfnissen lebendig ist, zu verbinden. Letztlich aber ist Empathie für Rosenberg eine Verbindung mit der „göttlichen Energie".[56]

Die aktuelle Diskussion orientiert sich überwiegend an dem Begriff des *Mitgefühls* und nimmt dabei vielfach auf buddhistische Lehren Bezug. Neben Liebe, Freude und Gleichmut zählt Mitgefühl im Buddhismus zu den „Vier Unermesslichen". Ähnlich wie bei Rogers hat das Mitgefühl im buddhistischen Verständnis mit „Verstehen" zu tun, aber weniger mit einem (kognitiven) Nachvollziehen dessen, was einen Klienten bewegt, sondern zunächst grundsätzlicher mit einem Verstehen, das aus der „Einsicht in das Wesen der Erscheinungsformen"[57] folgt. Da das Leiden der Menschen nach buddhistischer Lehre aus dem „Durst" und dem Greifen nach Dingen, die keine Erfüllung bieten können, besteht, ist der Weg aus dem Leiden durch die Freiheit vom Anhaften zu erreichen. „Verwirklichte Lehrer betrachten alle fühlenden Wesen mit großem Mitgefühl, weil sie sehen, wie erschöpft die Wesen durch ihr ständiges Greifen sind. Die meisten von uns haben wenig Sinn oder Richtung in ihrem Leben."[58] Der Buddhismus lehrt, „daß alle Erfahrungen, wie begrenzend und frustrierend sie auch sein mögen, eine im Grunde offene Dimension haben. Deshalb brauchen wir nicht zu versuchen, ihnen zu entfliehen. Aus dieser Einsicht entsteht spontan Mitgefühl für andere, denn unsere eigene Lage erscheint uns nicht mehr so begrenzt, unsicher oder frustrierend. Wir nehmen an den Schwierigkeiten anderer mehr teil und können uns erlauben, ihnen Hilfe zu leisten. Da diese Art des Mitgefühls mehr auf einem Verstehen als auf sentimentalen Projektionen beruht, ist es zumeist angemessen und hilfreich."[59] Aus buddhistischer Sicht ist Mitgefühl daher „eine gesunde psychologische Haltung, da es weder Erwartungen noch Forderungen beinhaltet."[60] Es lebt aus dem innigsten Wunsch, dass „alle fühlenden Wesen" Glück erfahren mögen.[61]

Von Jesus heißt es, dass er Mitleid hatte mit den Menschen, „denn sie waren wie Schafe, die keinen Hirten haben" (Mk 6,34). Sie versuchen, das Leben zu gewinnen und verlieren es doch. Wohl wegen dieses vergeblichen „Greifens" heißt es: „er lehrte sie lange." (Mk 6,34)

---

56 Vgl. Rosenberg 2009, 44, 55.
57 Tarthang Tulku 1997, 18.
58 Ebd. 41.
59 Ebd. 18.
60 Ebd. 61.
61 Vgl. ebd. 63f.

3 Handlungsansätze

Welche Handlungsansätze ergeben sich aus den eben dargestellten Grundannahmen und Grundhaltungen? Dies soll an einem konkreten Fall vorgestellt werden. Der diesem Band zugrunde gelegte Fall stellt sich folgendermaßen dar[62]:

Falldarstellung

Frau X ist an Krebs erkrankt; sie lebt mit ihrer 14-jährigen Tochter und ihrem 16-jährigen Sohn in ländlicher Lage. Der Gesundheitszustand der Frau X wird von den behandelnden Medizinern als hoffnungslos mit nur noch geringer Lebenserwartung eingestuft. Die Erkrankung ist der Familie seit fünf Jahren bekannt.

Frau X ist deutscher Herkunft, ihr geschiedener Ehemann, Vater der Kinder, ist Orientale und spricht nur gebrochen Deutsch. Er lebt in einem anderen Ort, hält sich jedoch über mehrere Monate im Jahr in seinem Heimatland auf. Er überweist dann und wann Geld in unterschiedlicher Höhe für die gemeinsamen Kinder. Frau X und ihre Kinder leben unterhalb der Armutsgrenze von öffentlichen Leistungen.

Die Kinder werden wegen ihres in der Umgebung abweichenden Aussehens von Mitschülern rassistisch und ausländerfeindlich beleidigt und wohl auch bedroht. Die 14-jährige Tochter ist sehr verschüchtert und verlässt das Haus so gut wie nie. Sie ist hauptsächlich für die Führung des Haushalts verantwortlich. Seit mehreren Wochen vermeidet sie die Schule und wird von ihrer Mutter krank gemeldet. Beide Kinder besuchen dieselbe Gemeinschaftsschule. Der Junge wird diese Schule im Sommer mit oder ohne Abschluss verlassen. Ab dem neuen Schuljahr wird seine Schwester erstmalig den Schulweg allein bewältigen müssen. Aufgrund ihrer Unselbstständigkeit traut sie sich die Strecke nicht allein zu. Seit Jahren bleibt sie der Schule fern, wenn ihr Bruder, z. B. aufgrund von Krankheit, nicht zum Unterricht geht.

Das Verhältnis zwischen den Geschwistern ist sehr konfliktreich. Das Mädchen unterhält keine eigenen Freundschaften und begibt sich nur im Schutz ihres Bruders aus dem Haus. Die Rolle des Beschützers bestätigt den Jungen in seinen partiarchalen Vorstellungen, die er im Gegenzug durchsetzt. Beispielsweise hat seine Schwester sein Zimmer aufzuräumen und zu reinigen. Darüber hinaus wird er gewalttätig gegenüber seiner Mutter und seiner Schwester, weil er, so seine Begründung, in Abwesenheit seines Vaters die Verantwortung für das Wohl der Familie trage. Insbesondere seine Schwester habe sich ihm unterzuordnen. Diese patriarchale Sicht hat er offenbar von seinem Vater übernommen. Dieser besucht die Familie gelegentlich. Sofern er anwesend ist, wird er vor allem von seiner

---

62 Für ein Gespräch über diesen Fall danke ich meinem Kollegen Josef Freise.

Tochter als einengend erlebt, da er sie in ihrer Freiheit stark einschränke. In seiner traditionellen Weltsicht hat die Frau sich dem Mann unterzuordnen.

Die Beziehungen zwischen den Mitgliedern der Familie X sind offenbar schwierig. Einigkeit zwischen Mutter und Kindern besteht nur in der Angst gegenüber dem Ehemann und Vater. Die Ehe ist zwar geschieden und beide Seiten bewohnen eigene Wohnungen in unterschiedlichen Orten, dennoch kommt der Vater nach eigenem Ermessen und ohne Ankündigung in den Haushalt von Mutter und Kindern, um dort „nach dem Rechten" zu sehen. Mutter und Kinder geben an, ihn nicht in seiner Gewaltbereitschaft einschätzen zu können, wenn sie sich konsequent abgrenzen würden. Er drohe mit konkreten Strafen.

Das Haus befindet sich in einem annähernd vermüllten Zustand. Die Verantwortung dafür wird sowohl der Mutter als auch der Tochter zugeschrieben, weil beide nicht in der Lage seien, sich von Unwichtigem zu trennen.

Die Mutter hat aufgrund ihrer Erkrankung seit zwei Jahren ihre Wohnung nicht mehr verlassen. Unterstützung bekommt sie neben einem Pflegedienst und ärztlicher Versorgung durch eine Haushaltshilfe, die zwei Mal wöchentlich haushälterische Tätigkeiten übernimmt. Die Kosten trägt die Krankenversicherung.

Trotz ihrer Erkrankung ist die Mutter innerhalb der Familie sehr präsent. Sie versucht ihre mütterliche Verantwortung zu tragen, soweit es ihr möglich ist. Die Loslösung von ihren Kindern fällt ihr überaus schwer. Selbstverständlichkeiten, die altersgemäße Verselbständigung zur Folge haben, gelingen ihr nicht (so weckt sie ihre Kinder regelmäßig, packt die Schultaschen, belegt die Brote etc.). Andererseits schafft sie es nicht, altersangemessene Grenzen zu setzen und durchzuhalten. Sie setzt „Psychotricks" ein und nutzt die Ängste ihrer Kinder. Anweisungen der Mutter ignorieren die Kinder und konfrontieren sie mit ihrer körperlichen Gebrechlichkeit, die auch Gewalt gegen die Mutter beinhaltet, ebenso wie Diebstahl von Geld etc.

Die Sozialarbeiterin befragt Mutter und Kinder in Einzelgesprächen nach ihrer Einschätzung der Lebenssituation und ihren Wünschen für die Zukunft.

Frau X sagt aus, ihre Kinder seien „eigentlich lieb", aber der Sohn schlage wohl dem Vater nach. Er „spiele den starken Mann", übe gegen seine Schwester und auch gegen sie, seine Mutter, Gewalt aus, dabei sei er im Herzen ein kleiner Junge, der sich fürchte. Ihre Tochter sei noch viel ängstlicher, aber wolle sich an ihr, der Mutter, rächen für ihr trauriges Leben. Sie, Frau X, wolle ein ruhiges Lebensende und ihren Kindern noch die Liebe geben, die sie bräuchten, um erwachsen werden zu können. Vor allem wünsche sie, dass ihr geschiedener Mann nicht mehr käme, der auf alles, was ihm nicht in den Kram passe, mit Schimpfen und Schlägen reagiere. Sie habe sich nicht von ihm scheiden lassen, um seine Gewalttätigkeiten weiterhin ertragen zu müssen.

Der Sohn erklärt, er sei bereits ein Mann und müsse sich nichts mehr sagen lassen von Frauen, auch nicht von Lehrerinnen in der Schule oder von Sozialarbeiterinnen. Er wolle Soldat werden und für den Schutz von Frauen und Kindern sorgen. Dafür müsse er dann Anerkennung bekommen. Einen echten Mann kümmere aber nicht das Weinen schwacher Frauen. Über seinen Vater wolle er nicht reden. Der sei grausam, aber eben ein starker Mann. Wenn seine Mutter bald sterben müsse, sei das eben so, das könne er nicht ändern. Eigentlich könne er sich das nicht vorstellen und möge auch nicht daran glauben, seine Mutter spiele so oft Theater, er wisse meist nicht, ob sie das, was sie sage, auch ernst meine. Beständig bringe sie ihn dazu, etwas zu tun, was er nicht wolle, dann sei er wütend auf sie. Als richtiger Mann müsse er dann seine „angeborene Macht" zeigen. Er werde sich nach der Schule bei der Bundeswehr bewerben und „bei Auslandseinsätzen mitmischen" oder – noch besser – als Legionär nach Afrika gehen. Aber dann müsse er vorher noch seine kleine Schwester verheiraten, denn auf die müsse ja ein Mann aufpassen.

Die Tochter sagt aus, sie wäre am liebsten tot. Ihre Mutter müsse bald sterben und das mache sie wütend. Sie habe keinen Lebensmut. Ihr Bruder drangsaliere sie und sie habe Angst vor ihm, aber ohne ihn habe sie auch Angst – vor der Welt da draußen. Sie unterscheidet zwischen der Innenwelt der Familie und der Außenwelt vor der Tür und fürchtet sich vor beiden. In der Außenwelt habe sie keinen Platz, in der Innenwelt sei ihr Platz durch ihre Mutter und ihren Bruder bestimmt. Wenn beide weg wären, bliebe gar nichts mehr. Der Vater habe angekündigt, sie nach dem Tod der Mutter zu sich nehmen zu wollen, aber ihr Vater sei die Hölle, der lasse ihr nicht mal die Luft zum Atmen. Nein, sie wolle sterben. Deshalb brauche man über eine Zukunft nicht zu reden.

Der Blick auf Handlungsansätze aus theologischer Perspektive geht davon aus, dass sich die Familie angesichts des nahenden Todes von Frau X in einer extremen Übergangssituation befindet. Diesen Übergang professionell zu unterstützen[63], ließe sich wohl am besten in Form einer sozialpädagogischen Familienhilfe gewährleisten. Das würde bedeuten, dass die Sozialarbeiterin mehrmals die Woche für mehrere Stunden (vielleicht sogar jeden Tag für einige Stunden) in die Familie kommt und den Alltag – jenseits der Haushaltshilfe – organisieren hilft (die Kinder auf den Schulweg bringen, bei Hausaufgaben unterstützen, Berufsperspektiven des Jungen klären, Formen der ärztlichen und gegebenenfalls palliativen Versorgung organisieren helfen usw.).

---

63 Auf die hohe Bedeutung einer bewussten Gestaltung von Übergängen in Situationen der Trauer verweist eindringlich Kerstin Lammer.

Eine leitende Frage könnte sein: Wie kann die verbleibende Lebenszeit für Frau X und wie die verbleibende Zeit mit der Mutter für die beiden Kinder so begleitet werden, dass für alle Brücken gebaut werden, die ihnen den Übergang erleichtern? Aus der Trauerforschung ist nicht nur bekannt, wie wichtig die Fähigkeit zu trauern ist, sondern auch, dass Hinterbliebene „nicht nur um ‚geliebte' Menschen (trauern), sondern allgemein um Menschen, die für das eigene Leben in irgendeiner Weise *bedeutsam* bzw. *prägend* waren ... Bedeutend und prägend kann jemand auch dann gewesen sein, wenn man einander negativ oder sehr ambivalent gegenüberstand. ... Man betrauert nicht nur, was gewesen, sondern auch, was *nicht* gewesen ist – und nun endgültig nicht mehr sein wird."[64]

Wichtig wäre, dass die Sozialarbeiterin eine Ressourcenerhebung vornimmt: Was können die Kinder? Wenn es heißt, dass sie im Grunde lieb seien: Welche Fähigkeiten stecken dahinter? Haben Sie Freunde (auch wenn es heißt, die Tochter würde keine eigenen Freundschaften unterhalten)? Kann man mit den Klassenlehrer/innen sprechen, wer aus der Klasse ermutigt werden könnte, mehr Kontakt zu dem Jungen und dem Mädchen aus der Familie zu halten? Haben die Kinder Interessen, die sie verstärkt pflegen könnten, um einfach auch Abwechslung zu haben, Erfolgserlebnisse zu bekommen? Hat die kranke Mutter Beziehungen, die sie stärken könnte/n? Wie ist die Beziehung zur bereits tätigen Haushaltshilfe und zu den Pflegekräften und Ärzt/innen? Welche weiteren Personen im Umfeld der Familie gibt es? Bezüglich des Vaters wäre frühzeitig zu klären, dass die Tochter nach dem Tod der Mutter nicht zu ihm muss, wenn sie nicht will. Der Vater sollte auch keine Möglichkeit mehr haben, ins Haus der Mutter kommen zu können; jedoch sollte mit dem Vater gleichzeitig dahingehend gesprochen werden, dass er als Vater für die Kinder wichtig bleibt, insbesondere wenn die Mutter stirbt. Es wäre zu fragen, ob es Orte und Formen der Begegnung außerhalb der Wohnung gibt, die für Vater und Kinder hilfreich wären.

Die Sozialarbeiterin sollte die Fähigkeit haben, die bevorstehende Übergangssituation ganz bewusst in den Blick zu nehmen und gemeinsam mit allen Beteiligten nach hilfreichen Formen und Gesten zur Bewältigung dieses Einschnitts zu suchen. Genau dabei könnten nun die oben genannten Grundannahmen und Grundhaltungen zum Tragen kommen.

Im Sinne der Nächstenliebe, der Achtsamkeit und des „Ausziehens der Schuhe" ginge es darum, in der Begegnung mit der Mutter, mit den Kindern respektvoll zu sehen, zu hören, zu fragen, ansprechbar zu werden. Die Haltung des Mitgefühls ermöglicht dabei eine Verbundenheit, die durchaus leiblich spürbar sein kann, z. B. durch eigene Gefühle von Trauer, durch eigene Ängste vor der Konfrontation mit

---

64 Lammer 2004, 47.

dem Sterben, vor der Wut und den Gewalttätigkeiten in der Familie. Aber Mitgefühl ermöglicht zu bleiben und zu verstehen, „daß alle Erfahrungen, wie begrenzend und frustrierend sie auch sein mögen, eine im Grunde offene Dimension haben. Deshalb brauchen wir nicht zu versuchen, ihnen zu entfliehen."[65]

Die Gewaltfreie Kommunikation nach Rosenberg[66] würde ermöglichen, empathisch die Gefühle ernst zu nehmen: die Trauer der Mutter, die Wut der Kinder auf die Mutter, die Angst vor dem Vater. Damit würden die in den Gefühlen verborgenen und verletzten Bedürfnisse wahrgenommen. Gleichzeitig ist es Ziel der Gewaltfreien Kommunikation, Grenzen bei den Strategien des Umgangs mit diesen Gefühlen zu ziehen und Alternativen aufzuzeigen, die auf die Bedürfnisse eingehen, ohne andere zu verletzen: wenn der Bruder die Schwester drangsaliert, wenn die Tochter es ihrer Mutter schwer macht usw.

Insbesondere die Haltung des Vertrauens ist angesichts des bevorstehenden Todes der Mutter bei der Sozialarbeiterin gefragt. Wie hat sich die Sozialarbeiterin selber mit dem Tod auseinander gesetzt? Was bedeutet der Tod für sie? Wenn sie selber vor diesen Fragen flieht, wird sie den Kindern und der kranken Frau keine Hilfe darin sein können. Wenn sie sich selber der Frage des Todes gestellt hat und vielleicht sogar schon den Tod von Familienangehörigen selber durchlitten und durchlebt hat, kann sie eine wichtige Gesprächspartnerin sein – nicht, um ihre eigenen Antworten als Rezept weiterzugeben, aber um in der Haltung des Vertrauens danach zu fragen, wo die Ressourcen bei den Kindern und der Frau sind, mit dem Tod zu leben.[67] Es wird in dem Fallbeispiel nicht gesagt, welche Religion die Beteiligten haben und wie wichtig ihnen die Religion ist. Das respektvoll zu erfragen, könnte für die Bewältigung des bevorstehenden Todes von Bedeutung sein.

Die Haltung der Solidarität und Gerechtigkeit hält dazu an, alle Möglichkeiten regulärer Leistungsansprüche zu prüfen und gegebenenfalls auch weitere Mittel (z. B. der Deutschen Krebshilfe) zu akquirieren.

---

65 Tarthang Tulku 1997, 18.
66 Rosenberg selber sagt, dass sie mehr eine innere Haltung als eine Methode ist (Rosenberg 2009, 47f).
67 Die Verfasserin dieses Artikels erinnert sich an eine ähnliche Situation während ihres Studiums: Gemeinsam mit der Sozialarbeiterin suchte ich eine Familie auf, von der wir wussten, dass die Mutter aufgrund einer Krebserkrankung im Sterben lag. Wir trafen nur die zwei Kinder im Grundschulalter an. Die Mutter war wieder ins Krankenhaus gekommen, der Vater war nicht zu Hause (vielleicht bei seiner Frau im Krankenhaus?), die Wohnung machte einen vernachlässigten Eindruck. Da sagte eines der beiden Kinder zu mir: „Bleibst *du* jetzt bei uns?"

Vielleicht kann die Sozialarbeiterin durch ihren persönlichen Glauben einen „heiligen Ort", wie Henri Nouwen das nannte, einen Moment innerer Ruhe in die Belastungen des Alltags der Familie X und damit ihres eigenen beruflichen Alltags hineintragen. Das Wissen um das Erbarmen Gottes könnte dann dazu beitragen, wieder Luft zu kriegen und durchzuatmen.

„*Kein Mensch weiß, wie er wirklich ist*", aber jeder Mensch soll in der Gewissheit leben, unbedingt gewollt zu sein und trotz aller Widrigkeiten vertrauensvoll durch dieses Leben und auch durch den Tod gehen zu können.

Literatur

Arendt, Hannah (2002): Vita activa oder Vom tätigen Leben, München: Piper.
Bäumer, Regina; Plattig, Michael (1998): Aufmerksamkeit ist das natürliche Gebet der Seele. Geistliche Begleitung in der Zeit der Wüstenväter und der personzentrierte Ansatz nach Carl R. Rogers – eine Seelenverwandtschaft?! Würzburg: Echter.
Böhme, Gernot (2003): Leibsein als Aufgabe. Leibphilosophie in pragmatischer Hinsicht, Kusterdingen: Die Graue Edition.
Buber, Martin (1956): Stationen des Glaubens. Aus den Schriften gesammelt, Wiesbaden: Insel.
Buber, Martin (1935): Vorbemerkung, in: Cohen, Hermann, Der Nächste. Vier Abhandlungen über das Verhalten von Mensch zu Mensch nach der Lehre des Judentums. Mit einer Vorbemerkung von Martin Buber, Berlin: Schocken.
Canda, Edward R.; Furman, Leola Dyrud (1999): Spiritual Diversity in Social Work Practice. The Heart of Helping, New York: The Free Press.
Conradi, Elisabeth (2001): Take Care. Grundlagen einer Ethik der Achtsamkeit, Frankfurt/New York: Campus.
Dalferth, Ingolf U.; Peng-Keller, Simon (Hrsg.) (2013): Grundvertrauen. Hermeneutik eines Grenzphänomens, Leipzig : Evangelische Verlagsanstalt.
Ebach, Jürgen (1996): Streiten mit Gott. Hiob. Teil 1. Hiob 1-20, Neukirchen-Vluyn: Neukirchener.
Feldmann, Christian (2006): Frère Roger, Taizé. Gelebtes Vertrauen, 2. Aufl., Freiburg: Herder.
Freise, Josef (2011): Kompetenzen in der Interkulturellen Sozialen Arbeit: Respekt, Empathie, Konfliktfähigkeit, Unvoreingenommenheit, in: Thomas Kunz, Ria Puhl (Hrsg.), Arbeitsfeld Interkulturalität. Grundlagen, Methoden und Praxisansätze der Sozialen Arbeit in der Zuwanderungsgesellschaft, S. 193-203. Weinheim und München: Juventa.
Fuchs, Thomas (2013): Zwischen Leib und Körper, in: Martin Hähnel, Marcus Knaup (Hrsg.), Leib und Leben. Perspektiven für eine neue Kultur der Körperlichkeit, S. 82-93. Darmstadt: Wissenschaftliche Buchgesellschaft.
Gerl-Falkovitz, Hanna-Barbara (2013): „Glaubt nicht, Schicksal sei mehr, als das Dichte der Kindheit." (Rilke). Religionsphilosophisches Nachdenken, in: Giovanni Maio (Hrsg.), Abschaffung des Schicksals? Menschsein zwischen Gegebenheit des Lebens und medizinisch-technischer Gestaltbarkeit, 2. Aufl., S. 300-317. Freiburg: Herder.

Hartmann, Martin (2011): Die Praxis des Vertrauens, Berlin: Suhrkamp.
Herwartz, Christian (Hrsg.) (2004): Gastfreundschaft. Der ständige Wechsel vom Gast zum Gastgeber und wieder zum Gast. Textsammlung aus Anlaß des 25jährigen Bestehens der Wohngemeinschaft Naunynstraße und darin der Jesuitenkommunität Kreuzberg, Berlin.
Herwartz, Christian (2006): Auf nackten Sohlen. Exerzitien auf der Straße, (Ignatianische Impulse Bd. 18), Würzburg: Echter.
Jalics, Franz (2003): Kontemplative Exerzitien. Eine Einführung in die kontemplative Lebenshaltung und in das Jesusgebet, 8. Aufl., Würzburg: Echter.
Johannes Paul II. (1991): Enzyklika Centesimus annus zum hundertsten Jahrestag von Rerum novarum, (Verlautbarungen des Apostolischen Stuhls Nr. 101), hrsg. v. Sekretariat der Deutschen Bischofskonferenz, Bonn.
Knauer, Peter (2006): Hinführung zu Ignatius von Loyola, Freiburg: Herder.
Knauer, Peter (2007): Unseren Glauben verstehen, 7. Aufl., Würzburg: Echter.
Khorchide, Mouhanad (2012): Islam ist Barmherzigkeit. Grundzüge einer modernen Religion, Freiburg: Herder.
Krochmalnik, Daniel (2003): Schriftauslegung. Die Bücher Levitikus, Numeri, Deuteronomium im Judentum, (Neuer Stuttgarter Kommentar – Altes Testament 33/5), Stuttgart: Verlag Katholisches Bibelwerk.
Lammer, Kerstin (2004): Trauer verstehen. Formen, Erklärungen, Hilfen, Neukirchen-Vluyn: Neukirchener Verlagshaus.
Limbeck Meinrad (2005): Was meint die Bibel mit Gerechtigkeit? Ein Überblick, in: Bibel heute 4. Quartal, S. 4-7.
Meibert, Petra; Michalak, Johannes (2013): Erleben, erfassen und entwickeln von Grundvertrauen im Rahmen achtsamkeitsbasierter Psychotherapie, in: Dalferth, Ingolf U.; Peng-Keller, Simon (Hrsg.), Grundvertrauen. Hermeneutik eines Grenzphänomens, S. 87-108, Leipzig: Evangelische Verlagsanstalt.
Nouwen, Henri J. M. (1987): Bilder göttlichen Lebens. Ikonen schauen und beten, Freiburg: Herder.
Ricard, Mathieu (2012): Achtsamkeit – ein Zustand vollkommener Einfachheit, in: Zimmermann, Michael; Spitz, Christof; Schmidt, Stefan (Hrsg.), Achtsamkeit. Ein buddhistisches Konzept erobert die Wissenschaft. Mit einem Beitrag S. H. des Dalai Lama, S. 49-55. Bern: Huber.
Rosenberg, Marshall (2009): Konflikte lösen durch gewaltfreie Kommunikation. Ein Gespräch mit Gabriele Seils, 11. Aufl., Freiburg: Herder.
Safranski, Rüdiger (1999): Das Böse oder das Drama der Freiheit, Frankfurt a. M.: Fischer.
Schoberth, Wolfgang (2006): Einführung in die theologische Anthropologie, Darmstadt: Wissenschaftliche Buchgesellschaft.
Tafferner, Andrea (2006): „Hört mir denn keiner zu?" Aufmerksame Präsenz als Zentrum einer spirituell sensiblen Sozialen Arbeit, in: Krockauer, Rainer; Bohlen, Stephanie; Lehner, Markus (Hrsg.), Theologie und Soziale Arbeit. Handbuch für Studium, Weiterbildung und Beruf, S. 116-124. München: Kösel.
Tafferner, Andrea (2009): „Die Welt ist Gottes so voll." Die theologische Sicht auf den Menschen, in: Heinrich Greving, Wolfgang M. Heffels (Hrsg.), Pädagogik und Soziale Arbeit. Kernkompetenzen zentraler Aufgaben, (Kernkompetenzen Soziale Arbeit und Pädagogik), S. 29-51. Bad Heilbrunn: Klinkhardt.
Tarthang Tulku (1997): Wege zum Gleichgewicht. Höhere Bewußtheit, Selbstheilen und Meditation, Münster: Dharma Publishing Deutschland.

Thich Nhat Hanh (2002): Das Wunder der Achtsamkeit. Einführung in die Meditation, 11., überarb. Aufl., Berlin: Theseus.

Zenger, Erich (1993): Am Fuß des Sinai. Gottesbilder des Ersten Testaments, Düsseldorf: Patmos.

II
Transdisziplinäre Perspektiven

Die Systemisch-Konstruktivistische Perspektive

Dagmar Hosemann

Systemische Theorien sind Gedanken Konstrukte.
Systemische Methoden sind Handwerkszeug.
Systemisches Arbeiten ist Haltung.
D. H.

1 Die Systemisch-Konstruktivistische Perspektive

Viele, die sich heute als systemische Sozialarbeiterinnen/Sozialarbeiter sehen, würden ihre Philosophie, ihr Weltbild als konstruktivistisch bezeichnen. Der Konstruktivismus[1] setzt sich damit auseinander, wie Menschen wahrnehmen, wie sie erkennen und was sie für Wirklichkeit halten.

Als Wurzeln des Konstruktivismus werden die Kybernetik (die Lehre von der Steuerung von Systemen), sprach-entwicklungspsychologische und kommunikationswissenschaftliche Erkenntnisse sowie biologisches und neurologisches Wissen gesehen. Konstruktivismus steht ursprünglich als Sammelbegriff für eine Reihe Anfang des 20. Jh. entwickelter Ansätze in der Philosophie der Mathematik, deren gemeinsames Ziel die Neubegründung der mathematischen Logik war[2].

Im heutigen Sprachgebrauch wird der Begriff viel weiter gefasst und steht für die Gesamtheit der Konzepte, die sich erkenntnistheoretisch mit dem Wie des Erkennens beschäftigen und ihre Aufmerksamkeit auf die aktive Rolle der Erkennenden im Erkenntnisprozess lenken. Realismusbezogene wissenschaftliche Erklärungsmodelle gehen davon aus, dass Erkenntnis das geistige Abbild äußerlich vorgefundener Tatsachen ist[3]. Dem widersprechen alle Modelle des Konstruktivis-

---

1 Vgl. Förster, Heinz von/Glasersfeld, Ernst von (2010)
2 Vgl. http://plato.standford.edu/entries/mathematics-constructive/
3 Vgl. Ameln, Falko von (2004, S. 9)

mus. Konstruktivismus sieht die Beobachterin/den Beobachter und das beobachtete Phänomen sowie den Prozess der Beobachtung als eine Ganzheit und damit auch die Beobachterin/den Beobachter als Teil der Wirklichkeitsbeschreibung. Damit kann Wahrnehmung und Erkennen von Wirklichkeit nie objektiv sein. Der Konstruktivismus bricht mit dem Mythos der Objektivität[4]. Der radikale Konstruktivismus verschärft diese Erkenntnis philosophisch dahingehend, dass er auf der Annahme beruht *„dass alles Wissen wie immer man es auch definieren mag, nur in den Köpfen von Menschen existiert und dass das denkende Subjekt sein Wissen nur auf der Grundlage eigener Erfahrungen konstruieren kann"*[5]. Das heißt, dass aus der Erfahrung, die wir machen, gleichzeitig unsere Welt gebildet wird, in der wir leben. Eine Erkenntnis ist nie objektiv, sondern immer relativ. Jede Wahrnehmung ist bereits eine konstruierte, eine durch einen selbstreferenziellen Prozess des erkennenden Systems hervorgerufene Wahrnehmung. Wir können unsere Welt zwar aufteilen in Dinge, Personen, Mitmenschen usw., trotzdem bleibt alles, was wir erfahren, subjektiv. Dies wiederum bedeutet, dass Erfahrungen von Menschen zwar ähnlich sein können (intersubjektiv), aber es nie überprüft werden kann, ob sie identisch sind.

Eine solche Annahme bedeutet, dass Menschen autopoetische, selbstreferenzielle, operationale geschlossene Systeme sind, denen äußere Realität sensorisch und kognitiv unzugänglich ist[6]. Menschen sind mit ihrer Umwelt lediglich *strukturell* gekoppelt, *„d. h. sie wandeln Impulse von außen in ihrem Nervensystem strukturdeterminiert um, d. h. auf der Grundlage biographisch geprägter psycho-physischer, kognitiver und emotionaler Strukturen. Die so erzeugte Wirklichkeit ist keine Repräsentation keine Abbildung der Außenwelt, sondern eine funktionale viable Konstruktion, die von anderen Menschen geteilt wird und die sich biographisch und gattungsgeschichtlich als lebensdienlich erwiesen hat. Menschen als selbst gesteuerte Systeme können von der Umwelt nicht determiniert werden, sondern allenfalls pertubiert, d. h. gestört und angeregt werden"*[7]. Wenn man diese Erkenntnistheorie ernst

---

4 Vgl. Segal, Lynn (1988: 29 – 31)
5 Ernst von Glasersfeld: Auf Grund der vielfältigen Zitation dieses Aussage in sehr unterschiedlichen Werken, konnte ich die Orginalangabe nicht mehr ermitteln. Zu finden ist das Zitat unter: www.hyperkommunikation.ch/literatur/von_glasersfeld_konstuktivismus.htm
6 Vgl. Schlippe, Arist von/Schweizer, Jochen (1996, S. 49 – 57)
7 Ernst von Glasersfeld: Auf Grund der vielfältigen Zitation dieser Aussage in sehr unterschiedlichen Werken konnte ich die Orginalangabe nicht mehr ermitteln. Zu finden ist das Zitat unter: www.hyperkommunikation.ch/literatur/von_glasersfeld_konstuktivismus.htm . Es wurde z. B. auch ohne korrekte Angabe in arbeitsblaetter.stang-taller.at/LERNEN/LerntheorienKonstruktive.shmtl zitiert.

nimmt, so bedeutet dies für die Soziale Arbeit, dass Menschen nicht auf Grund von Umweltbedingungen, sozialen Gegebenheiten, psychischen und körperlichen Beeinträchtigungen ein problematisches Verhalten zeigen, sondern auf Grund der Verarbeitung dieser Phänomene werden Verhaltensweisen zu ihrer Realität, die Beobachterinnen/Beobachter als problematisch bezeichnen. An dieser Stelle bricht gewöhnlich der Aufschrei der Empörung los: Ja gibt es nicht Naturkatastrophen, menschenentwürdigende Herrschaftssysteme, Macht und Gewalt, Diskriminierung und soziale Ungleichheit oder erfinden sich das die Menschen nur durch ihre Wahrnehmung? Um dieser Empörung Einhalt zu gebieten, möchte ich darauf hinweisen, dass es im Konstruktivismus nicht darum geht, was es als Umwelt für das System Mensch gibt, sondern darum, was als Konstrukt jeder Mensch aus diesen Umweltbedingungen macht. Als Beispiel lässt sich die *Liebe zum Kind* anführen, ein Phänomen, was historisch erst dann konstruiert werden konnte, als sich der Existenz der Nachkommen eine entsprechende Bedeutung zumessen ließ[8]. In einem biografischen Roman über das China des 19. Jh. wird eine Frau beschrieben, die 27 Schwangerschaften erlebte, von denen drei Kinder überlebten[9]. Man stelle sich vor, wie diese Frau hätte trauern müssen, wenn die Wahrnehmung des Verlustes eines Embryos, Fötus oder Babys den heutigen Normen entsprechen würde. Niemand wird mit dem radikalen Konstruktivismus bestreiten, dass von den 27 Schwangerschaften dieser Frau 24 nicht zu überlebensfähigen Nachkommen geführt haben. Aber die Annahme, dass der Verlust eines Kindes zu jeder Zeit und überall eine traumatische Erfahrung sein muss, die einer entsprechenden Trauerarbeit bedarf, ist ein Konstrukt par excellence.

Zusammenfassend ist zu sagen, Wissen repräsentiert keineswegs eine Welt, die jenseits unserer Erfahrung existiert. Wissen bezieht sich vielmehr auf die Art und Weise, wie wir unsere Erfahrungswelt organisieren. Der Konstruktivismus leugnet nicht die Existenz einer äußeren Realität, er stellt lediglich fest, dass eine solche Realität dem Erkennenden nicht zugänglich ist. Alles menschliche Wissen ist eine menschliche Konstruktion, die nicht an wahrer Erkenntnis orientiert ist, sondern auf Viabilität – d. h. auf Anpassung an die Umwelt – beruht.

Für die Sozialarbeit bedeutet dies: Alles was Professionelle wahrnehmen, ist ihr Konstrukt von sozialer Wirklichkeit. Beschreibungen von Abweichung, von Problematiken und Beeinträchtigungen sind Beschreibungen darüber, wie sich die Handelnden an ihre Umwelt ankoppeln. Es sind Beschreibungen von Differenzen, die die Professionellen in Bezug auf ihre Adressatinnen/Adressaten wahrnehmen. Gemäß dieser Thesen dürfte es nie eine Beschreibung geben wie z. B.: *Kind Y ist*

---

8   Vgl. Rutschky, Katharina (2003)
9   Vgl. Kingston, Maxine Hong (1975)

hyperaktiv, sondern es müsste heißen: *Ich, die Professionelle, nehme etwas wahr, was ich auf der Basis meiner vorherigen Erfahrungen, meines Austausches mit meiner Umwelt als hyperaktiv bezeichne.* Der Handlungsschritt dürfte dann auch nicht heißen: *Wir müssen etwas gegen die Hyperaktivität von Kind Y tun*, sondern vielmehr: *die Umwelt ist so zu gestalten, dass ich Kind Y nicht mehr als hyperaktiv wahrnehme.* Das gilt natürlich nicht nur für die einzelne Sozialarbeiterin/den einzelnen Sozialarbeiter, sondern für all die Personen, die ähnlich wie die Professionellen, Kind Y als hyperaktiv wahrnehmen.

Dies ist der grundlegende Unterschied zwischen systemisch-konstruktivistischer Sichtweise und Betrachtungen, die auf anderen Erklärungsmustern basieren. Die Systemikerin/der Systemiker sieht im Prinzip kein irgendwie etikettiertes Verhalten, sondern nimmt Phänomene wahr, für die sie/er eine anders geartete Umwelt bieten muss, damit diese Phänomene andere Beschreibungen erlangen können. Das heißt, als systemisch denkend und handelnde Sozialarbeiterin/Sozialarbeiter wird man seine Adressatinnen und Adressaten nicht verändern wollen, sondern hat ein Interesse daran, ihre Umwelt so zu gestalten, dass Veränderungen passieren oder Neudefinitionen entstehen können.

Nach Heiko Kleve[10] passen die konstruktivistischen Denkansätze in die heutige Diskussion der postmodernen Sozialarbeitswissenschaft. Ähnlich wie der Konstruktivismus stützen sich die vielfältigen Aufgabenbereiche Sozialer Arbeit auf verschiedene Theorien u. a. aus biologischen, psychologischen, kulturanalytischen, kommunikationstheoretischen und soziologischen Disziplinen. Auch Soziale Arbeit lässt sich nicht einengen auf eine Richtung, sondern schafft durch die ganzheitliche Ausrichtung der vielfältigen Aufgabenbereiche, um mit Heinz von Foerster zu sprechen, *verschiedenen Handlungsmöglichkeiten.* Hier stößt Soziale Arbeit immer wieder auf die Kritik der *Eigenschaftslosigkeit* (Kybernetik der Sozialen Arbeit)[11]. Theodor M. Bardmann sieht jedoch gerade darin die Chance und Professionalität der Sozialen Arbeit. Seine These lautet: "*Eigenschaftslosigkeit ist die hervorragende und maßgebliche professionelle Eigenschaft der praktischen Sozialarbeit*"[12]. Im täglichen Kontakt sieht sich Soziale Arbeit konfrontiert mit diversen Beschreibungen, Erklärungen, Bewertungen sozialer Realität in einer lebensweltlich, pluralistisch ausdifferenzierten Gesellschaft[13]. Um diesem Pluralismus gerecht zu werden, muss Soziale Arbeit die vielfältigen Realitätskonstruktionen anerkennen und ihr Handeln danach ausrichten. Dies heißt hier die Abwendung des traditionellen Verständnis-

---

10 Vgl. Kleve, Heiko (2003)
11 Bardmann, Theodor: http://systemmagazin.de/
12 Ebd., S.2
13 Vgl. Kleve, Heiko (2003, S.34 – 36)

ses von Sozialarbeit als *Normalisierungsarbeit*[14] und Fürsorge. Konkret kann der Konstruktivismus für Soziale Arbeit folgendes bedeuten:

- Ausgehend von der Annahme, dass der Mensch sich und seine Umwelt nicht unmittelbar, sondern nur vermittelt durch seine Sinne wahrnehmen kann, heißt das, dass professionelles Handeln bei der subjektiven Lebenswirklichkeit der Beteiligten ansetzen muss (keine Gewährung von Hilfen, sondern Begleitung/ Assistenz).
- Konstruktivismus sieht die Beobachter, dass beobachtete Phänomen und den Prozess der Beobachtung als eine Ganzheit und somit ist der Beobachter immer Teil der Wirklichkeitsbeschreibung.
- Bisher vorgegebene Hilfsangebote sollten überdacht werden und eine neue Ausrichtung erfahren, d. h. Hilfesuchende sind viel stärker in den Hilfeprozess zu integrieren. Eigene Ressourcen zu aktivieren, heißt, so Heinz von Foerster: *„Handle so, dass du die Anzahl der Möglichkeiten vergößerst"*[15].

Kleve geht in seinen Ausführungen sogar soweit, dass das konstruktivistische Denken Kritik üben sollte an alten Begriffen. Z. B. kommt die Bezeichnung *Klient* aus dem Lateinischen (*Kluenz bzw. Klienz und bedeutet übersetzt: der Hörige, der Abhängige, der Schutzbefohlene*). Dies passt überhaupt nicht zu den Grundlagen der Autopoiese und deren Forderungen nach Selbstorganisation und Eigenverantwortung eines jeden Menschen.[16]

Systemisch-Konstruktivistische Soziale Arbeit versteht sich nicht als Bezugswissenschaft, sondern als Sozialarbeitswissenschaft[17]. Systemische Sicht auf soziale Probleme und ihre Einbindung in einen erweiterten Kontext als den der personenbezogenen Psychodynamik ist etwas, was Soziale Arbeit seit ihrer Professionalisierung Ende des 19., Beginn des 20. Jahrhunderts auszeichnet. Betrachtet man die Projekte von Jane Adams in Chicago, Toynbee Hall in London oder die frühen Anfänge der systematischen Hilfen für arme Familien in Deutschland durch bürgerliche Frauen in der Funktion der *Friendly Visiters*, so ist ihnen allen gemeinsam, dass sie den Menschen mit Bildung, besserem Wissen um Hygiene und Gesundheitsfragen, Unterstützung bei der Erziehung und Zugang zu kulturellem Leben helfen wollten,

---

14 Vgl. ebd.
15 Schlippe, Arist von/Schweizer, Jochen (1996, S.116)
16 Vgl. Kleve, Heiko (2003, S.51 – 53)
17 Ausgearbeitet ist dieses Thema u. a. bei Kleve, Heiko (1999), Pfeifer-Schaupp, Hans-Ulrich (1995), Hosemann, Wilfried/Geiling, Wolfgang (2013)

den marginalen Lebenslagen zu entkommen[18]. Auch die Anfänge der systemischen Familientherapie sind der Sozialen Arbeit zu zuordnen (Virginia Satir, Salvador Menuchin, Bill Haley u. a.). Dass der Begriff *Family Therapy* mit Familientherapie und nicht mit Familienhilfe übersetzt wurde, denn darum handelte es sich bei vielen der sogenannten familientherapeutischen Projekte in den USA, haben wir den unterschiedlichen Sozialstaatssystemen in Deutschland und den USA zu verdanken und dem Statusdenken der psychosozialen Berufe, nicht einer Unterschiedlichkeit in den Vorgehensweisen. Noch viel deutlicher wird es bei der lösungsorientierten Kurzzeittherapie und den ersten Veröffentlichungen dazu[19]. Soziale Arbeit kommt im Prinzip ohne einen ganzheitlichen Blick und eine Ressourcen- und Lösungsorientierung nicht aus, will sie ihre Adressatinnen und Adressaten nicht nur ruhig stellen, soziale Problemlagen perpetuieren oder sich als Kontrollsystem staatlicher Wohlfahrtsverwaltung verstehen.

Trotzdem ist die systemische Perspektive auf sozialarbeiterisches/sozialpädagogisches Handeln nicht als genuin in der Sozialarbeit entwickelte Wissenschaft entstanden, was unter anderen darauf zurück zu führen ist, dass Soziale Arbeit in Deutschland nicht als eigenständiges Studium an den Universitäten vertreten ist. So haben sich Theorien zur Sozialen Arbeit über die sozialpädagogischen Studiengänge an den erziehungswissenschaftlichen Fakultäten entwickelt. Erst mit der zunehmenden Verwissenschaftlichung der Sozialen Arbeit an den Fachhochschulen – bzw. heute den Hochschulen, konnten eigenständige Theorieentwicklungen breiteren Raum finden.

2 Wahrnehmungskriterien aus systemischer Sicht von Sozialer Arbeit

Systemische Soziale Arbeit ist als wissenschaftlich fundiertes Handeln zu verstehen, welches der permanenten ethischen Reflexion bedarf[20]. Unter der Kategorie Wahrnehmungskriterien sollen die wichtigsten Prämissen zusammengefasst werden,

---

18 Mehr darüber veröffentlicht findet man u. a. bei Müller, C. Wolfgang (1982), Die ideologischen Aspekte damaliger Intentionen und die damit verbundenen Werte-Fragen werden in diesem Artikel nicht weiter ausgeführt. Dies bedarf einer gesonderten Diskussion, die im Rahmen dieses Buches nicht vorgesehen ist.
19 Vgl. Hosemann, Dagmar (1992)
20 Wie übrigens alle professionellen Handlungsbegründungen in der Sozialen Arbeit, auch wenn einige Theorie Bezüge eine implizite Ethik enthalten und es sich deshalb *sparen*, diese explizit zu diskutieren.

die allen systemischen Beratungsansätzen gemeinsam sind und diese von anderen beraterischen Richtungen abgrenzen.

1. Eine Auffälligkeit/schwierige Situation/Störung wird unter dem Aspekt des an der Störung beteiligten Systems betrachtet. Deshalb setzen Interventionen an der Struktur des Systems an, anstatt an der individuellen Problematik.
2. Im Mittelpunkt der beraterischen Arbeit stehen Beziehungs- und Interaktionsmuster innerhalb eines Systems. Interventionen zielen auf Veränderungen der Wahrnehmungsmuster von Beziehungen und Interaktionen ab.
3. Nicht die Beraterin/der Berater geben Themen oder Ziele vor, sondern die betroffenen Mitglieder eines Systems bringen ein, was sie als Leid erzeugend und veränderungsbedürftig ansehen. Die Beraterin/der Berater ist für den Prozess verantwortlich.
4. Professionelle Neugier, d. h. sich Einlassen auf Beobachtung (Neugier), ist der Versuch nachzuvollziehen, wie das Gegenüber seine Welt wahrnimmt. Dies ist m. E. das wesentlichste Merkmal dessen, was systemisches Denken und Handeln von anderen methodischen Formen und theoretischen Begründungen innerhalb der Sozialen Arbeit unterscheidet. Mit *professioneller Neugier* wird versucht, die Lebenswelt und die Interpretationen der Adressatinnen und Adressaten zu erfassen und dies als Ausgangspunkt für die Handlungsoptionen zu nehmen.[21]
5. Einer der Hauptpunkte der Wahrnehmungskriterien ist die Prämisse, Soziale Arbeit als praktizierten Konstruktivismus zu sehen. Die Konfrontation der Sozialarbeiterinnen/Sozialarbeiter mit ihren Adressatinnen/Adressaten ist ein erkenntnistheoretischer Prozess, der Beschreibungen, Erklärungen und Bewertungen sozialer Realität herstellt.
6. Die Theorie des Konstruktivismus ist eine Epistemologie. Aus ihr ist ableitbar, dass jede Problemdefinition von der Beschreibung, Bewertung oder Erklärung der Beobachtenden (der einzelnen Sozialarbeiterinnen/Sozialarbeiter) abhängt. Wirklichkeit wird als ein durch das Bewusstsein und die Kommunikation gesteuertes Konstrukt gesehen. Auf den gesellschaftlichen Kontext bezogen bedeutet das, es ist unmöglich, allgemeingültige Normen und Werte für alle Menschen

---

21 Natürlich hat auch die Theorie der lebensweltorientierten Soziale Arbeit einen ähnlichen Focus. Das Ableiten von genuinen Handlungsoptionen ist diesem Ansatz nicht eigen. Es wird auf Partizipation und Gemeinwesenarbeit zurückgegriffen, ein Handlungsrepertoire der Sozialen Arbeit, das die persönliche Leidenssituation der einzelnen Adressaten/innen nicht vorrangig im Blick hat. Ich plädiere dafür, dass beide Ansätze nicht als konkurrierende gesehen werden, sondern als sich ergänzende, was theoretischen Schulen immer sehr schwer fällt, aber sehr typisch für Soziale Arbeit als Wissenschaft und Arbeitsfeld ist.

bindend aufzustellen. Jede Perspektive (Wirklichkeitskonstruktion) führt zu anderen Beurteilungen. Dies ist keine Aufforderung zur Gesetzlosigkeit oder Beliebigkeit von Werten und Normen, wie dem Konstruktivismus oft unterstellt wird. Das sich permanente Auseinandersetzen mit eigenen Wert- und Normvorstellungen und das Abgleichen mit denen der Adressatinnen/Adressaten und denen in Gesetzen und gesellschaftlichen Anforderungen verankerten, ist die Voraussetzung für aus der konstruktivistischen Perspektive abgeleitete Handlungen.[22]

3 Soziale Arbeit als Konstruktivistische Praxis

Falldarstellungen können aus konstruktivistischer Sicht nur als Beobachtung einer Beobachterin/eines Beobachters gewertet werden, denn die verschriftete Wahrnehmung einer anderen Person als Grundlage für die eigene Wahrnehmung ist eine Beobachtung zweiter Ordnung. Da es hier darum geht, Wahrnehmungen zu der dargestellten Familie zu erörtern, ergibt sich die Schwierigkeit, zunächst so zu tun, als wäre die Falldarstellung die eigene Wahrnehmung. Dies ist leider nicht möglich, denn gleichzeitig wird mit dem Lesen etwas über die Schreiberin/den Schreiber wahrgenommen. Es gilt also die Wahrnehmungsfelder genauer aufzuschlüsseln. Zunächst stellt sich für die Leserin/den Leser des Falles eine Reihe von Fragen, die aus der Sicht von systemisch-konstruktivistisch arbeitenden Sozialarbeiterinnen/ Sozialarbeitern hätte erhoben werden müssen. Es geht darum, ein möglichst differenziertes Bild von der Wirklichkeit des Gegenübers zu bekommen, nachzuvollziehen, wie die Welt – das Lebenskonstrukt der/des Anderen aussieht. Da jede Frage gleichzeitig ein Input – eine Intervention ist, kann es sein, dass die Adressatinnen/ Adressaten bereits durch die Fragen über ihre eigenen Konstrukte nachdenken. Letztendlich gilt es, mit ihnen gemeinsam Richtungen, Lösungsmöglichkeiten heraus zu arbeiten, mit denen sie einverstanden sind und die zu ihnen passen. Im Falle der Fallinterpretation können nur angenommene Interventionen vorgestellt werden, von denen die Interpretin glaubt, dass sie zu der Familie passen könnten.

Auch die Beschreibung der Lebenssituation der Familie ist die Wahrnehmung der Interpretin über die Interpretation der Falldarstellerin/des Falldarstellers der Familie. Was die Leserin/der Leser nachvollziehen kann, sind die Wirklichkeitskonstruktionen, die sich die Interpretin über den vorgegeben Text macht.

---

22 Vgl. Bardmann, Theodor: http://systemmagazin.de/

Die Systemisch-Konstruktivistische Perspektive

Deshalb habe ich die Fallbeschreibung noch einmal vollständig in eine Tabelle gefasst, um aufzuzeigen, wo Fragen bereits zu einer Wahrnehmungserweiterung führen können und in der Kategorie *Begründung/Interpretation* meine Wahrnehmungen ausgeführt[23]. Nach der Tabelle gebe ich eine Zusammenfassung meiner Hypothesen über die Beschreibung und stelle einige Handlungsoptionen vor, die mir angemessen erscheinen.

Fall	Frage	Begründung/Interpretation
Frau X ist an Krebs erkrankt;	Welche Krebserkrankung?	Krebserkrankungen sind immer mit den Phantasien zu den Krebsarten verbunden und beeinflussen die Selbst- und Fremdwahrnehmung zu der Erkrankung.
sie lebt mit ihrer 14jährigen Tochter und ihrem 16jährigen Sohn in ländlicher Lage.	Welche ländliche Lage?	Ländlich ist nicht gleich ländlich. Ländliche Gegenden bieten unterschiedliche Ressourcen und Einschränkungen.
Der Gesundheitszustand der Frau X wird von den behandelnden Medizinern als hoffnungslos mit nur noch geringer Lebenserwartung eingestuft.	Was ist damit genau gemeint? Welche Mediziner haben das gesagt? Welche Zeit wurde angegeben? Wer ist hier dem Medizinsystem *gläubig*?	Eine Frage der *Self-fulfilling-Prophecy*. Wenn Menschen an eine bestimmte Lebenserwartung glauben, so ist die Wahrscheinlichkeit hoch, dass diese auch eintrifft.
Die Erkrankung ist der Familie seit 5 Jahren bekannt.	Was bedeutet das? Wie lernte die Familie damit zu leben? Welche Ressourcen hat sie aufgebracht um die Situation bis jetzt zu bewältigen?	Hier zeigt die Familie Ressourcen, denn der Umgang mit einem chronisch erkrankten Familienmitglied erfordert besonderes *Können*. Dieses zu erfragen würde Ansätze für zukünftiges anderes Verhalten bieten.
Frau X ist deutscher Herkunft, ihr geschiedener Ehemann, Vater der Kinder, ist Orientale ...	Aus welchem Land und Kulturkreis kommt der Vater?	Der Begriff „Orientale" generalisiert und negiert die Besonderheiten der unterschiedlichen Kulturen. Damit wird auch der Blick auf mögliche Ressourcen verstellt und Vorurteilen wird Vorschub geleistet. Schließlich umfasst der „Orient" mindestens 10 Länder und ca. 3x so viele Kulturen.

---

23 Einige Abschnitte werden nicht interpretiert, da sie mit vorhergehenden etliche Überschneidungen zeigen. Sie stehen zwischen den Tabellenteilen.

Fall	Frage	Begründung/Interpretation
... und spricht nur gebrochen Deutsch.	Was heißt gebrochen? Spricht er unvollständige Sätze? Hat er eine schwer nachvollziehbare Artikulation? Ist das Sprachverständnis genau so schwierig wie die Ausdrucksform?	Eine Fremdsprache zu sprechen bringt verschiedene Herausforderungen mit sich. Die Ressource liegt darin, sich die Sprache angeeignet zu haben und in dem Bemühen, sich in ihr ausdrücken zu wollen. Würde man diese Leistung gegenüber dem Vater wertschätzen, könnte sich ein besserer Kontakt ermöglichen.
Er lebt in einem anderen Ort ...	Wo? Wie weit hat er es zum Lebensbereich der Familie? Was ist an diesen Ort anders als am familiären Wohnsitz?	Hier ergibt sich eine Reihe von Fragen, die die Wahrnehmung des Vaters von seiner Lebensweise und der Familien genauer aufzeigen könnten. Diese Informationen wären dienlich, um auch die von der Mutter empfundene Bedrohung genauer besprechen zu können.
... hält sich jedoch über mehrere Monate im Jahr in seinem Heimatland auf.	Wann genau? Was macht er dann da?	Auch hier könnten die Informationen mehr Verständnis für den Vater bringen, seine Lebenswelt deutlicher zeigen und die Chance, Ressourcen zu entdecken, würde sich erweitern.
Er überweist dann und wann Geld in unterschiedlicher Höhe für die gemeinsamen Kinder.	Wieviel genau?	Siehe die beiden darüber liegenden Kommentare.
Frau X und ihre Kinder leben unterhalb der Armutsgrenze von öffentlichen Leistungen (Krankengeld, Kindergeld und Sozialhilfe)	Was hat das für eine Bedeutung für die Familie? Kommen sie damit aus? Wo liegen ggf. die Beeinträchtigungen? Gibt es für die kranke Mutter Sonderleistungen? Gibt es Informationsdefizite?	Anwaltliches Handeln ist Kernaufgabe der Sozialen Arbeit. Das sich Erkundigen nach den materiellen Bedingungen ermöglicht sowohl Empathie zu zeigen, Leistung zu würdigen (wie schafft man es, mit so wenig auszukommen) als auch ggf. die Ressourcen zu erweitern.
Die Kinder werden wegen ihres in der Umgebung abweichenden Aussehens ...	Welches Aussehen? Was weicht von was ab?	Hier wird die Leserin ihren/der Leser seinen Phantasien überlassen. Sind es die abstammungsbedingten körperlichen Merkmale, eine auf Grund der Armut andere Kleidung als die der Mitschüler, oder was sonst? Eine Spezifizierung könnte Lösungen aufzeigen.

Die Systemisch-Konstruktivistische Perspektive

Fall	Frage	Begründung/Interpretation
... von Mitschülern rassistisch und ausländerfeindlich beleidigt und wohl auch bedroht	Wie, wann, von wem genau?	Dies zu spezifizieren hilft, eine allgemeinen Bedrohung in eine konkrete um zu wandeln. Durch Generalisierungen werden Ängste unspezifisch und damit überwältigender. Konkrete Bedrohungen ermöglichen Handlungsoptionen.
Die 14-jährige Tochter ist sehr verschüchtert und verlässt das Haus so gut wie nie. Sie ist hauptsächlich für die Führung des Haushalts verantwortlich.	Was genau macht sie? Wie nimmt sie die Verpflichtung selbst wahr? Was bedeutet so gut wie nie?	Auch dies ist ein Bereich, wo mit der Führung des Haushaltes Fähigkeiten gezeigt werden, die sich vielleicht auch auf andere Lebensreiche übertragen lassen. *So gut wie nie* – ist eine Generalisierung, die es zu spezifizieren gilt.

Seit mehreren Wochen vermeidet sie die Schule und wird von ihrer Mutter krank gemeldet. Beide Kinder besuchen dieselbe Gemeinschaftsschule. Der Junge wird diese Schule im Sommer mit oder ohne Abschluss verlassen. Ab dem neuen Schuljahr wird seine Schwester erstmalig den Schulweg allein bewältigen müssen.

Fall	Frage	Begründung/Interpretation
Aufgrund ihrer Unselbstständigkeit ...	Interpretation! Von wem? Über was genau? Was macht die Tochter genau? Was vermeidet sie?	Unselbstständig ist eine Messlatte, die normative Vorstellungen beinhaltet. Eine genauere Beschreibung lässt vielleicht Bereiche entdecken, wo die Tochter sich und/ oder andere schützt.
... traut sie sich die Strecke nicht allein zu. Seit Jahren bleibt sie der Schule fern, wenn ihr Bruder, z.B. aufgrund von Krankheit, nicht zum Unterricht geht.	Was heißt zutrauen? Wo ist die Feststellung über die Bedrohung durch andere Schüler geblieben?	Wieso Schutzhandeln vor der Bedrohung durch andere Schüler zu Unselbstständigkeit der bedrohten Person umdefiniert wird, ist schwer nachvollziehbar. Hier müssten die einzelnen Aspekte genauer betrachtet und dahingehend differenziert werden, was die Tochter mit was verknüpft und wo sie Unterschiede wahrnehmen kann.
Das Verhältnis zwischen den Geschwistern ist sehr konfliktreich.	Was genau heißt das? Wie sehen die Konflikte aus? Um was gehen sie?	Konflikte sind Potentiale. Hier wird Energie für etwas eingesetzt. Wenn man weiß, um was es geht, lässt sich die Energie vielleicht auch anders einsetzen.
Das Mädchen unterhält keine eigenen Freundschaften und begibt sich nur im Schutz ihres Bruders aus dem Haus.	Woran wird der Schutz festgemacht?	Könnte ein positives Element der Geschwisterbeziehung sein. Der Aspekt, etwas für den Anderen zu tun, kann eine Rolle spielen. Ressourcen könnten erfragt werden.

Die Rolle des Beschützers bestätigt den Jungen in seinen patriarchalen Vorstellungen ...	Was wird darunter verstanden? Wie und wo zeigt sich patriarchales Verhalten?	Patriarchal ist eine Generalisierung, die nicht ausführt, was beobachtet wurde. Es können passende oder weniger passende Handlungen sein. Dies ist aus der Perspektive der Beteiligten zu definieren und von ihnen in ihren Kontext einzuordnen.
... die er im Gegenzug durchsetzt. Beispielsweise hat seine Schwester sein Zimmer aufzuräumen und zu reinigen.	Ist dies das patriarchale Verhalten?	Könnte auch Rollenteilung – ein Deal auf Gegenseitigkeit sein. Weitere Ausführungen: siehe die Punkte oben.
Darüber hinaus wird er gewalttätig gegenüber seiner Mutter und seiner Schwester ...	Welches Verhalten wird gezeigt? Wie sehen die Situationen aus?	Gewalt ist in der Regel ein Ausdruck von Hilflosigkeit. Kann man die Situationen genauer betrachten, ergeben sich vielleicht auch andere Handlungsmöglichkeiten.
...weil er, so seine Begründung, in Abwesenheit seines Vaters die Verantwortung für das Wohl der Familie trage.	Was genau ist damit gemeint? Wie sieht der Sohn das? Was be-/entlastet ihn bei dieser Rollendefinition?	Verantwortung für das Wohl der Familie zu tragen, ist eine Bürde und eine Fähigkeit. Auch hier geht es um Spezifizierung, wenn neue Handlungsoptionen kennen gelernt werden sollen.
Insbesondere seine Schwester habe sich ihm unterzuordnen. Diese patriarchale Sicht hat er offenbar von seinem Vater übernommen.	Woran wird das festgemacht? Wer sagt das?	Bürde oder Entlastung? Schließt an die vorherige Bemerkung an.
Dieser besucht die Familie gelegentlich. Sofern er anwesend ist, wird er vor allem von seiner Tochter als einengend erlebt da er sie in ihrer Freiheit stark einschränke.	Woran macht die Tochter das fest? Was erleben die Anderen dazu? Welche Freiheit in Bezug auf was?	Wieder eine unspezifische generalisierende Beschreibung. Wenn klar ist, was eingeengt wird, lassen sich auch Alternativen entwickeln.

In seiner traditionellen Weltsicht hat die Frau sich dem Mann unterzuordnen.	Welche Tradition? Was heißt *unterordnen*? Wer hat wovon einen Vor- bzw. Nachteil?	Unterordnen kann auch heißen, Verantwortung abgeben, sich zurückziehen. Was die Dynamik in diesen Beziehungen bedeutet, gilt es genauer zu klären.
Die Beziehungen zwischen den Mitgliedern der Familie X sind offenbar schwierig.	Was genau ist schwierig? Zwischen wem und in welchem Kontext?	Dies ist eine Pauschalisierung, die die Probleme betont, ohne zu differenzieren, um was es sich genau handelt. Umdeutungen (Reframing) und Spezifizierungen ermöglichen einen Perspektivwechsel.
Einigkeit zwischen Mutter und Kindern besteht nur in der Angst gegenüber dem Ehemann und Vater.	Was heißt Einigkeit? Wie zeigt sich das? Ist es wirklich das einzige? Gibt, gab es andere Situationen, wo man zusammenstand?	*NUR* ist eine Generalisierung, die Handlungsoptionen einschränkt. Es gibt immer Ausnahmen. Oft muss gezielt danach gefragt werden. „Wenn du weißt, was funktioniert, mach' mehr davon!"[24]
Die Ehe ist zwar geschieden und beide Seiten bewohnen eigene Wohnungen in unterschiedlichen Orten, dennoch kommt der Vater nach eigenem Ermessen und ohne Ankündigung in den Haushalt von Mutter und Kindern ...	Von wem wird das so wahrgenommen? Beschreibt es die Mutter, der Sohn, die Tochter so? Was heißt *eigenes Ermessen*? Wie sieht es der Vater?	Wichtig sind die Wahrnehmungen und Bewertungen der Beteiligten – und nicht die der Sozialarbeiterin/des Sozialarbeiters. Adressaten sind die Experten ihrer Lebenswelt und nur wenn sie etwas anderes wahrnehmen können, können sie auch etwas verändern.
... um dort „nach dem Rechten" zu sehen.	Was genau macht der Vater, wenn er nach dem Rechten sieht?	Könnte das nicht auch eine Ressource sein? Kontrolle hat auch unterstützende Anteile, die sich gezielter herausarbeiten ließen.

---

24 Berg, Insoo Kim (1992) S.145

Mutter und Kinder geben an, ihn nicht in seiner Gewaltbereitschaft einschätzen zu können, wenn sie sich konsequent abgrenzen würden. Er drohe mit konkreten Strafen.	Was brauchen Mutter und Kinder für eine bessere Einschätzung? Was für einen besseren Schutz? Welche Strafen sind das und für was werden sie angedroht?	Um eingefahrene Beziehungsmuster verändern zu können, muss man diese kennenlernen und frühzeitig erkennen können, so lassen sich ggf. Alternativen entwickeln.
Das Haus befindet sich in einem annähernd vermüllten Zustand.	Was bedeutet *vermüllt*? Wer definiert hier? Wer setzt den Maßstab? Wie nehmen es die einzelnen Familienmitglieder wahr?	Normative Kategorien können zur Dringlichkeit des Hilfebedarfs benannt werden, sie unterliegen jedoch auch der Gefahr, stigmatisierend zu wirken. Hier wäre es wichtig zu wissen, in welchem Kontext diese Beschreibung benutzt wird.
Die Verantwortung dafür wird sowohl der Mutter als auch der Tochter zugeschrieben, weil beide nicht in der Lage seien, sich von Unwichtigem zu trennen	Was heißt *Unwichtiges*? Unwichtig für wen?	Die Bedeutung von Dingen ist mit den betreffenden Personen zu klären. Externe Einschätzungen übergehen die Lebensentwürfe der Betroffenen. Von daher wehren sich die Adressatinnen/Adressaten oft dagegen.
Die Mutter hat aufgrund ihrer Erkrankung seit 2 Jahren ihre Wohnung nicht mehr verlassen. Unterstützung bekommt sie neben einem Pflegedienst und ärztlicher Versorgung durch eine Haushaltshilfe, die 2x wöchentlich haushälterische Tätigkeiten übernimmt. Die Kosten trägt die Krankenversicherung.	Was genau machen diese Dienste? Wie werden sie geschult/ unterstützt? Wie sieht die Kooperation zwischen den Diensten und der Sozialarbeit aus?	Hier sind große Ressourcen im Hilfesystem, die oft untergehen, weil man in Konkurrenz zu einander arbeitet, die Personen nicht entsprechend geschult sind und es Kompetenzstreitigkeiten gibt. Dass sich wenig verändert, wird dann häufig den Adressatinnen/Adressaten angelastet und nicht den Kooperationsschwierigkeiten der Hilfesysteme.

Trotz ihrer Erkrankung ist die Mutter innerhalb der Familie sehr präsent.	Was heißt das?	Wieder eine Pauschalisierung, die Ressourcen und Lösungen eher verschleiert, als dass sie sie erkennen lässt.
Sie versucht ihre mütterliche Verantwortung zu tragen, ...	Was ist damit gemeint? Was sagt die Mutter dazu? Wie sehen es die Kinder?	Auch hier könnten viele Ressourcen sein.
... soweit es ihr möglich ist.	Was ist ihr möglich? Wie zeigt sich das?	Der zweite Satzteil hebt den positiven Aspekt des ersten wieder auf, eine semantische Verknüpfung, die im Fachjargon der Sozialen Arbeit sehr gebräuchlich ist und damit den Blick auf Ressourcen minimiert.
Die Loslösung von ihren Kindern fällt ihr überaus schwer.	Was genau fällt ihr schwer?	Loslassen und Sterbe-Prozess sind in Beziehung zu sehen. Ohne zu wissen, um was sie sich genau Sorgen macht, von was sie denkt, wofür sie verantwortlich ist, lassen sich kaum Handlungsalternativen entwickeln.
Selbstverständlichkeiten, ...	Welche?	Pauschalisierenden Begriff.
... die altersgemäße Verselbstständigung zur Folge haben, ...	Wie sieht dies konkret aus? Was ist Folge von was? Wer legt das fest?	Hier werden Sachverhalte mit einander verknüpft, die in ihrer Bedeutung unklar bleiben.
... gelingen ihr nicht (so weckt sie ihre Kinder regelmäßig, packt die Schultaschen, belegt die Brote etc.).	Was genau gelingt ihr nicht? Was leistet sie mit ihrem Handel?	Dieses Handeln als defizitär zu bezeichnen ist sehr kulturell geprägt! Hier werden Leistungen und Ressourcen, die die Mutter erbringt, als Mangel beschrieben. Damit wird ihr Engagement entwertet. Wie sollen da Ressourcen entdeckt werden können, wenn die professionelle Perspektive selbst deutliches Engagement negativ bewertet?
Andererseits schafft sie es nicht, altersangemessene Grenzen zu setzen und durchzuhalten.	Anderseits wovon? Wie sehen die Grenzen aus? Wie sollten sie aussehen?	Unspezifische Beschreibungen, die Handlungserweiterungen erschweren.
Sie setzt „Psychotricks" ein ...	Was ist damit gemeint?	Dies ist eindeutig ein stigmatisierender Begriff, der Anerkennung und Wertschätzung missen lässt.

... *und nutzt die Ängste ihrer Kinder.*	Welche Ängste in Bezug auf was?	Hier wird eine komplexe Dynamik in den Beziehungen der Beteiligten bagatellisiert, was wenig zur Erweiterung von Möglichkeiten der Beteiligten beiträgt.
Anweisungen der Mutter ignorieren die Kinder ...	Wie genau sieht das aus? Was wird von wem ignoriert?	Die Sätze sind voll von Generalisierungen, Verzerrungen und Verknüpfungen, die bei der Interpretin eine Wirklichkeit von *Ein ganz schlimmer Fall* entstehen lassen. Für das Lesen ist das kein Problem. Man kann sagen: *Wie schrecklich!* Für die Adressatinnen/Adressaten wird es zum Problem, denn Professionelle definieren ihre Wirklichkeit, ihr Leben und entmündigen sie damit. Und dann wird ihnen zum Vorwurf gemacht, dass sie nicht eigenständig und verantwortungsvoll handeln.
... und konfrontieren sie mit ihrer körperlichen Gebrechlichkeit, die auch Gewalt gegen die Mutter beinhaltet ...	Wie genau zeigt sich das?	Siehe oben
... ebenso wie Diebstahl von Geld etc.	Wer nimmt was für was?	Siehe oben
Die Sozialarbeiterin befragt Mutter und Kinder in Einzelgesprächen nach ihrer Einschätzung der Lebenssituation und ihren Wünschen für die Zukunft.	Was ist die Begründung für die Einzelgespräche?	Hinter Einzelgesprächen steht oft die Annahme, die Personen würden mehr oder andere Informationen preisgeben als in Gegenwart anderer Familienmitglieder. Da es in der Systemischen Sozialen Arbeit aber nicht nur um die individuellen Wirklichkeiten geht, sondern darum, auf welcher Basis von Konstrukten funktioniert das System, wäre ein Familien-Interview angebracht. Dies wäre gleichzeitig eine Intervention, denn durch fachlich versiertes Fragen bekämen die anderen Familienmitglieder Informationen über sich und ihre Mitmenschen, die ihnen oft so nicht bekannt sind.
Frau X sagt aus, ihre Kinder seien „eigentlich lieb" ...	Was ist damit gemeint? Woran wird Lieb-sein festgemacht?	Es gibt offensichtlich positive Wahrnehmungen in den familiären Beziehungen. Diese heraus zu arbeiten und zu verstärken könnte zu positiven Änderungen führen.

... aber der Sohn schlage wohl dem Vater nach.	Was genau ist damit gemeint? Wo sind Parallelen, wo Unterschiede?	Unterschiede wahrzunehmen ist weiterführender, als auf Parallelen zu fokussieren. Letzteres negiert Differenzen und engt die Möglichkeiten ein, anstatt sie zu erweitern.
Er „spiele den starken Mann", übe gegen seine Schwester und auch gegen sie, seine Mutter, Gewalt aus, dabei sei er im Herzen ein kleiner Junge, der sich fürchte.	Wo genau zeigt sich das Verhalten? Was heißt *im Herzen ein kleiner Junge* sein?	Gewalt und Furcht sind keine Gegensätze – beides ist näher zu beschreiben. Ist der kleine Junge vielleicht eine Ressource?
Ihre Tochter sei noch viel ängstlicher ...	Ängstlicher als was oder wer?	Der Umgang mit Angst scheint in der Familie ein wichtiger Aspekt zu sein, der viele Handlungen steuert. Hier ist genauer heraus zu arbeiten, was diese Angst ist, wie sie sich für die Einzelnen darstellt und welche Bedeutung sie hat. Es gilt die Tiefenstruktur der Aussagen zu erfassen, um die damit verknüpften Wahrnehmungen zu erweitern[25].
... aber wolle sich an ihr, der Mutter, rächen für ihr trauriges Leben.	Was genau ist damit gemeint? Wer hat das formuliert?	Siehe oben.
Sie, Frau X, wolle ein ruhiges Lebensende und ihren Kindern noch die Liebe geben, die sie bräuchten, um erwachsen werden zu können.	Was konkret stellt sie sich darunter vor? Was genau kann sie geben?	Hier sind deutlich Ressourcen benannt, die sich ausbauen ließen – vielleicht mangelt es an einer genaueren Vorstellung?

Vor allem wünsche sie, dass ihr geschiedener Mann nicht mehr käme, der auf alles, was ihm nicht in den Kram passe, mit Schimpfen und Schlägen reagiere. Sie habe sich nicht von ihm scheiden lassen, um seine Gewalttätigkeiten weiterhin ertragen zu müssen.

---

25 Vgl. Bandler, Richard/Grinder, John (1981, S. 46 – 61)

Der Sohn erklärt, er sei bereits ein Mann und müsse sich nichts mehr sagen lassen von Frauen, auch nicht von Lehrerinnen in der Schule oder von Sozialarbeiterinnen.	Wie kommt er zu der Sichtweise? Wer hat für ihn das Sagen? Von wem, denkt er, kann er lernen? Wer darf ihm was sagen?	Rollenvorstellungen, kulturelle Abgrenzung, Migrationsverunsicherung, Identitätsfindung – das ist ernst zu nehmen. Wo wird das aufgenommen? Wie und wo wird dafür Verständnis gezeigt?
Er wolle Soldat werden und für den Schutz von Frauen und Kindern sorgen.	Wie und wo, womit genau?	Hier wird eine Ressource benannt, an der sich weiter arbeiten ließe.
Dafür müsse er dann Anerkennung bekommen.	Welche? Von wem?	Identitätsentwicklung, ein Hauptthema des jungen Mannes.
Einen echten Mann kümmere aber nicht das Weinen schwacher Frauen. Über seinen Vater wolle er nicht reden. Der sei grausam, aber eben ein starker Mann.	Was kümmert ihn anstatt? Was bedeutet es ein starker Mann zu sein? Geht das nur mit Grausamkeiten oder auch anders?	Rollen Vorstellungen – Identitätsfragen, ein Bereich, wo der junge Mann sicher viele Fragen hat, die er vielleicht auch besprechen möchte.
Wenn seine Mutter bald sterben müsse, sei das eben so, das könne er nicht ändern.		Seine gegenwärtige Form der Verlustbearbeitung. Als Akzeptanz umdefinieren und dafür Anerkennung zollen.

Eigentlich könne er sich das nicht vorstellen und möge auch nicht daran glauben, seine Mutter spiele so oft Theater, er wisse meist nicht, ob sie das, was sie sage, auch ernst meine.

Beständig bringe sie ihn dazu, etwas zu tun, was er nicht wolle, ...	Wie schafft sie das? Was müsste sie sagen, dass er nicht gegen seinen Willen etwas tut?	Hier zeigt sich, dass er in Beziehung zur Mutter treten kann. Die Kommunikationsmuster müssten bewusster werden.
... dann sei er wütend auf sie.	Und was genau mache ihn dann wütend?	Siehe oben.

Als richtiger Mann müsse er dann seine „angeborene Macht" zeigen.	Welche Macht? Wie genau ist die zu zeigen?	Siehe Identitätsentwicklung.

Er werde sich nach der Schule bei der Bundeswehr bewerben und „bei Auslandseinsätzen mitmischen" oder – noch besser – als Legionär nach Afrika gehen. Aber dann müsse er vorher noch seine kleine Schwester verheiraten, denn auf die müsse ja ein Mann aufpassen.

Die Tochter sagt aus, sie wäre am liebsten tot	Was bedeutet tot sein für sie? Wer profitiert wie davon?	Tod als Lösungsversuch ist für viele Menschen die Vorstellung, plötzlich vermisst zu werden, eine Bedeutung für andere zu bekommen. Hier gilt es herauszuarbeiten, was die Tochter damit meint und ob sie Alternativen denken kann?
Ihre Mutter müsse bald sterben und das mache sie wütend. Sie habe keinen Lebensmut.	Wie zeigt sich die Wut? Wie sieht Lebensmut aus?	Das ist vielleicht die Trauerarbeit der Tochter. In der Wut liegt oft Kraft, die es zu entdecken gilt und wenn man keinen Lebensmut hat, muss man aber eine Vorstellung davon haben, was Lebensmut ist. Auch hier können sich Ressourcen befinden.
Ihr Bruder drangsaliere sie und sie habe Angst vor ihm ...	Was genau ist drangsalieren? Wann, wo und wie findet es statt? Vor was genau hatt sie Angst?	Das Differenzieren der Pauschalisierungen eröffnet Handlungsmöglichkeiten.
... aber ohne ihn habe sie auch Angst – vor der Welt da draußen.	Was genau ist da draußen? Wann, wie und wo zeigt sich die Angst?	Das schließt an die Arbeit mit der Tiefenstruktur der Sprache an. Je stärker etwas pauschalisiert wird, je mächtiger wirkt es auf die Empfindungen.[26]
Sie unterscheidet zwischen der Innenwelt der Familie und der Außenwelt vor der Tür und fürchtet sich vor beiden.	Was macht diese Unterscheidung aus? Wo gibt es Ähnlichkeiten? Wo treffen sich die Welten vielleicht?	Auch hier gilt es, die Situationen zu spezifizieren und Unterschiede heraus zu arbeiten, um Handlungsfähigkeiten heraus zu arbeiten.

---

26 Vgl. ebd.

In der Außenwelt habe sie keinen Platz, in der Innenwelt sei ihr Platz durch ihre Mutter und ihren Bruder bestimmt.	Welche Plätze kennt sie? Was genau bestimmen Mutter und Bruder?	Die Unterscheidung zwischen Innen- und Außenwelt zeigt, dass sie zwischen Selbst- und Fremdwahrnehmung differenzieren kann. Auch dies ist eine Möglichkeit, die sich ausbauen lässt.
Wenn beide weg wären, bliebe gar nichts mehr.	Was heißt *gar nichts mehr*? Für wen *gar nichts mehr*?	Konstruktionen erfragen, denn ihr Blick über ihre momentane Gefühlssituation muss erweitert werden. Vielleicht auch Phantasien über den Tod hinaus erfragen, denn diese haben oft mit den Vorstellungen von der Gegenwart zu tun.

Der Vater habe angekündigt, sie nach dem Tod der Mutter zu sich nehmen zu wollen, aber ihr Vater sei die Hölle, der lasse ihr nicht mal die Luft zum Atmen.

Nein, sie wolle sterben. Deshalb brauche man über eine Zukunft nicht zu reden.	Was ist mit *Zukunft* gemeint – Morgen, nächste Woche, in fünf Jahren?	Zukunft ist alles, was über den gegenwärtigen Augenblick hinausgeht, also auch der kommende Abend, der nächste Tag usw. In diesem Rahmen lässt sich mit der jungen Frau über Zukunft eher reden als in der Langzeitperspektive. Auch über die Zukunft nach dem eigenen Tod kann man reden. Was wird darüber phantasiert? Wie sieht die „Erlösung" aus? Die Zukunftsvorstellungen, die damit herausgearbeitet werden, lassen sich auf die nahe Zukunft und das lebende Dasein herunter brechen.

Dieses Familiensystem scheint sich auf bestimmte Grundannahmen geeinigt zu haben, die alle befolgen:

- Männer sind stärker und bedeutender als Frauen.
- Gewalt ist eine Lösung.
- Schicksalsschläge (Krankheiten) und lebensweltbezogene Besonderheiten (z. B. anderer Kulturhintergrund) werden nicht kommuniziert.
- Lösungen innerhalb der Familienbeziehungen gibt es nicht. Veränderungen werden durch Ausgliederung, Flucht oder Resignation gesucht und sind vor allem individuell.

Diese Prämissen gilt es in der systemisch-konstruktivistischen Sozialen Arbeit zu *verflüssigen*, d. h. die Wahrnehmungen der Beteiligten zu erweitern und mit ihnen neue, für alle angemessenere Wege zu erarbeiten. Handlungsoptionen lassen sich nicht ohne die Beteiligten benennen, denn das, was Soziale Arbeit als Maßnahmen bietet, ist, wenn die Familie dies nicht als Lösung für sich annehmen kann, wenig förderlich. Dass der Weg zu eventuellen Lösungen durch differenzierteres Kennenlernen der Lebenssituation der Beteiligten führt, dürften die oben genannten Fragen gezeigt haben. Hierzu bedarf es einer gelungenen professionellen Beziehung zu allen Familienmitgliedern.

Gelungene professionelle Beziehungen zeichnen sich durch folgende Merkmale aus:

- Akzeptanz, dass Wahrnehmung subjektiv ist und zu Lebensentwürfen führt, die nicht generalisierbar sind.
- Bewusstsein über die eigenen Wirklichkeitskonstruktionen und Vorurteile.
- Respekt vor der Lebenswelt, den Erfahrungen und den Wirklichkeitskonstruktionen der Adressatinnen und Adressaten.
- Professionelle Neugier, das heißt Interesse zu haben an der Lebenswelt, den Erfahrungen und den Wirklichkeitskonstruktionen der Adressatinnen und Adressaten.
- Überzeugt sein, dass die Adressatinnen und Adressaten die Experten ihres Lebens sind und die Fähigkeiten haben, Lösungen zu entwickeln und Ressourcen zu entdecken.
- Pfadfinderin, Pfadfinder zu sein für das Entdecken von Lösungen und Ressourcen.
- Die Überzeugung entwickeln, dass die Erweiterung von Möglichkeiten den Adressatinnen und Adressaten angemesseneres Handeln eröffnet.
- Das Bewusstsein, die eigene Haltung permanent in Bezug auf ethische und moralische Prämissen zu hinterfragen.

Ein konsequentes systemisches Arbeiten, bezogen auf die Lebenswelt sowie die Fähigkeiten und Ressourcen der Adressatinnen und Adressaten, birgt die Chance, dass diese für sich andere erweiterte Möglichkeiten entdecken und anders handeln als bisher, wenn sie erkennen, dass „mehr des Selben"[27] nicht zu einer entlastenderen Lebensweise führt.

Sicher, die Mutter ist an Krebs erkrankt und wird wohl bald sterben. Sie hat jedoch den Wunsch und die Kraft, ihren Kindern noch so viel wie möglich an Liebe und Zuwendung mitzugeben. Hier gilt es, die Möglichkeiten herauszuarbeiten, die

---

27 Watzlawick, Paul/Weakland, John H./Fisch, Richard (1974, S. 51 – 59).

den Kindern nutzen und die Mutter in ihren Bemühungen zu stärken. Die Mutter könnte eine gute Sterbebegleitung benötigen. Die Zusammenarbeit mit einem Hospiz und der Palliativ-Medizin wäre sinnvoll. Sie braucht die Gewissheit, dass ihre Kinder geschützt und gut versorgt sind, um sich verabschieden zu können. Eine Anerkennung für ihren enormen Einsatz für die Familie würde ihr sicher auch gut tun.

Der Sohn sucht seine Rolle und seine Identität in der Familie und auch außerhalb. Die Voraussetzungen dafür sind sehr kompliziert, denn der Vater ist ein Vorbild, von dem er sich abgrenzen muss, und die Mutter ist das Abgrenzungselement für seine Identitätsentwicklung, um die er sich kümmern muss, der er nahe sein muss. In diese Triangulation verstrickt, sucht er Lösungen durch Gewalt und Flucht. Hier ist hoher Handlungsbedarf. Dem Sohn wäre wohl gedient, wenn er andere Identifikationsmöglichkeiten fände, den Blick auf den Vater relativieren und ggf. mit diesem in Kontakt treten kann, um so zwischen Idealisierung und Vorbild differenzieren zu können. Auch eine Auseinandersetzung mit seinem Männerbild in einer vermutlich islamischen Kultur (im Fall wird nichts Genaues dazu gesagt) scheint erforderlich. Hier wäre die Hinzuziehung von entsprechenden Fachkräften anzudenken, z. B. eine islamische Jugendgruppe oder einen Sozialpädagogen mit islamischer Kulturerfahrung.

Der Sohn trägt viel zum Erhalt und zum Schutz der Familie bei. Seine Erklärungsformen und die daraus abgeleiteten Handlungen und Sprüche irritieren Menschen mit anderen Wertesystemen. Seine Werte ernst nehmen, das Positive herausarbeiten und Handlungsoptionen aufzuzeigen, mit denen er seine Werte so umsetzen kann, dass die Anderen davon profitieren, könnte Veränderung bringen. Je mehr er sich in seiner Wertehaltung bedroht fühlt, desto stärker wird er sich hineinsteigern. Die *Bewunderung* des Vaters als starken Mann hängt wohl mit der eigenen Identitätsunsicherheit zusammen. Ihm Optionen auf eine stabile Identitätsentwicklung zu ermöglichen, würde ihn vielleicht auch kritischer auf den Vater blicken lassen. Die Ablehnung des Vaters bindet ihn zusätzlich, denn der ist *sein Vorbild*, ob er es will oder nicht. Elternteile sind immer Identifikationsfiguren, in der Übereinstimmung oder in der Ablehnung. Nur eine differenzierte Wahrnehmung ließe hier Varianten zu. Der Sohn benötigt mit hoher Wahrscheinlichkeit Unterstützung bei der Identitätsfindung. Anschluss an eine gemäßigte islamische Gemeinde, Versöhnung mit dem Vater, vielleicht gemeinsame Bearbeitung der Migrationserfahrungen, wären als Ziele denkbar.

Die Tochter besitzt eine Reihe von Fähigkeiten, die sie selbst und ihre nähere Umwelt nicht als solche wahrnehmen. Aber nur das, was wahrgenommen wird, existiert. Hier gilt es, alle Beteiligten zu befähigen, diese Fähigkeiten und ihre Beiträge zum Erhalt des familiären Gefüges zu erkennen und zu würdigen. Ihre

Hoffnungslosigkeit ist für sie eine Lösung, die es ernst zu nehmen gilt; sie hängt wohl mit der mangelnden Wahrnehmung von Perspektiven zusammen. Diese sind aber vorhanden, sie und die anderen sehen sie nur nicht. Z. B. könnte sie mit ihrem Bruder eine stärkere Solidargemeinschaft bilden. Ihre Funktion als *Hausfrau* in ihrer Bedeutung für die anderen ist zu würdigen und wertzuschätzen. Sie kann eine Bedeutung für die Mutter in ihrer Belastung erlangen, sich selbst als kraftvoll und viel schaffend wahrnehmen u. v. m.. Hier gilt es, die Augen dafür zu öffnen.

Die Unterstützung für die Tochter könnte sein, dass sie für ihr Engagement gewürdigt wird, ihre Bedeutung für das Funktionieren der Familie herausgearbeitet wird, ihr Einsatz für die Mutter und ihren Respekt und ihre Geduld in Bezug auf Bruder und Vater anerkannt werden. Wenn sie sich darüber im Klaren ist, was sie für die Familie bedeutet, gewinnt sie vielleicht auch wieder Lebensmut. Auch sie steckt in der Phase der Identitätsfindung und die Perspektivlosigkeit kann auch einen Bezug dazu haben, nicht zu wissen, wer sie ist, was sie will und wohin es gehen soll. Zu wissen, dass sie ihre wohl wichtigste Bezugsperson bald verlieren wird, ist ein hoher emotionaler Belastungsfaktor. Hier könnte eine familienbezogene Sterbebegleitung sehr unterstützend sein. Erst danach werden wohl weiterführende Unterstützungen für die Zukunft der jungen Frau benötigt.

Der Vater ist eine Schlüsselfigur in diesem Familiensystem. Alle definieren sich in Abhängigkeit zu ihm. Ihm wird eine Machtposition zugeschrieben, der man sich aufgrund von Gewaltandrohung unterordnet. Auch die den Fall beschreibende Person unterwirft sich diesem Mythos. Betrachtet man den Vater als völlig verunsicherten Menschen, der einen Kulturwechsel hinter sich hat, seine Identität in Frage stellen muss, dessen Träume vom besseren Leben zerbrochen sind, der hilflos um sich schlägt, um nicht unterzugehen, so ergeben sich völlig andere Handlungs- und Beschreibungsmöglichkeiten. Wahrnehmung konstruiert Wirklichkeit und ein solcher Vater bedarf der Unterstützung und nicht der Ausgrenzung. Der Vater wird vermutlich eher wenig Interesse an Kontakten zu einer Sozialarbeiterin/einem Sozialarbeiter haben, denn so wie er beschrieben wird, ist er ja der Böse. Und warum sollen die, die sich verurteilt fühlen, diejenigen akzeptieren, von denen sie die Verurteilung wahrnehmen? Seine Interessen und sein Einsatz für die Familie werden nicht gesehen. Mit viel Einfühlsamkeit und Familiengesprächen durch die Professionellen könnten veränderte Wahrnehmungen entstehen. Dies würde sich mit Sicherheit für die Familie lohnen, denn nach dem Tod der Mutter ist der Vater ggf. für die Kinder sorgeberechtigt.

All diese Schritte setzen eine engagierte Familienarbeit voraus, die so im gegenwärtigen System der Hilfen zur Erziehung nicht vorgesehen sind. Selbst eine aufsuchende Familientherapie, die es als Angebot gibt, hat kaum die Rahmenbedingungen, für diesen Fall angemessene Familiengespräche zu implementieren.

Hier müssten je eine sehr gut qualifizierte Sozialarbeiterin/Sozialpädagogin und ein eben solcher Sozialarbeiter/Sozialpädagoge im Team mit der Familie in unterschiedlichen Gesprächssettings arbeiten, je nach Bedarf und Bereitschaft der einzelnen Beteiligten. Darüber hinaus ist konkrete Hilfe im Haushalt und beim täglichen Leben erforderlich, was Abstimmung mit den anderen Hilfen bedeutet und so etwas wie Case-Management beinhaltet, denn ggf. sind die Hilfeangebote, wie oben benannt, zu erweitern und zu koordinieren.

Hier zeigen sich schnell die Grenzen der gegenwärtigen Sozialen Arbeit. Modelle von Case-Management sind wenig etabliert und andere Hilfesysteme geben Verantwortungen ungerne ab. Darüber hinaus ist Soziale Arbeit in Deutschland z. Z. leider eher wenig systemisch-konstruktivistisch organisiert und Hilfen werden nicht volkswirtschaftlich kalkuliert sondern betriebswirtschaftlich[28]. Da eine Maßnahme wie oben beschrieben von der Kommune getragen werden müsste, die aber solche finanziellen Ressourcen gar nicht hat, von der Fachlichkeit mal ganz abgesehen, werden die Maßnahmen, die angeboten werden können, für die Beteiligten wenig hilfreich sein. So ironisch es auch klingen mag, es ist zu erwarten, dass man die Tochter in psychiatrische Behandlung gibt, der Sohn sich über kurz oder lang einer extremen Gruppe anschließen und/oder mit dem Gesetz in Konflikt kommen wird, der Vater für das Hilfesystem nicht relevant ist und die Mutter wird mit schlechtem Gewissen und einsam sterben.

Literatur

Ameln, Falko von (2004): Konstruktivismus. A.Franke, Tübingen und Basel: UTB (Universitäts Taschenbuch Nr. 2585).
Bandler, Richard/Grinder, John (1981): Metasprache und Psychotherapie. Struktur der Magie I., Paderborn: Junfermann.
Berg, Insoo Kim (1992): Familien-Zusammenhalt(en). Ein kurz-therapeutisches und lösungs-orientiertes Arbeitsbuch. Dortmund: modernes lernen.
Dumke, Thomas/Kubon-Gilke, Gisela (2014): Ist neo- noch besonders liberal? Wissenschaftliche Thesen, Deutungen und Zuschreibungen zu aktuellen gesellschaftlichen Entwicklungen und sozialpolitischen Orientierungen. Noch nicht veröffentlichtes Manuskript, Evangelische Hochschule Darmstadt.
Förster, Heinz von/Glasersfeld, Ernst von (2010): Wie wir uns erfinden. Eine Autobiographie des radikalen Konstruktivismus., 4. Auflage (Erstausgabe 1999) Heidelberg: Carl-Auer-Systeme.

---

28 Vgl. Dumke, Thomas/Kubon-Gilke, Gisela (2014).

Hosemann, Dagmar (1992): Vorwort zu Berg, Insoo Kim, Familien-Zusammenhalt(en). Ein kurz-therapeutisches und lösungs-orientiertes Arbeitsbuch. Dortmund: modernes lernen.
Hosemann, Wilfried/Geiling, Wolfgang (2013): Einführung in die Systemische Soziale Arbeit., München: Ernst Reinhardt (UTB 4008).
Kingston, Maxine Hong (1975): The woman worrier. USA: Vintage Books.
Kleve, Heiko (1999): Postmoderne Sozialarbeit: ein systemtheoretisch-konstruktivistischer Beitrag zur Sozialarbeitswissenschaft. Aachen: Wissenschaftsverlag des Instituts für Beratung und Supervision.
Kleve, Heiko (2003): Konstruktivismus und Soziale Arbeit, 2. durchgesehene Auflage (erste Auflage 1996). Nordlingen: Steinmeier.
Müller, C. Wolfgang (1982): Wie Helfen zum Beruf wurde. Eine Methodengeschichte der Sozialarbeit. Weinheim und Basel: Beltz.
Pfeifer-Schaupp, Hans-Ulrich (1995): Jenseits der Familientherapie. Systemische Konzepte in der Sozialen Arbeit., Freiburg im Breisgau: Lambertus.
Rutschky, Katharina (2003): Deutsche Kinder-Chronik. 400 Jahre Kindheitsgeschichte. Lizenzausgabe Parkland, Köln, Orginal:, Köln 1983: Kiepenheuer & Witsch.
Schlippe, Arist von/Schweizer, Jochen (1996): Lehrbuch der systemischen Therapie und Beratung., 2. durchges. Aufl., Göttingen, Zürich: Vandenhoeck & Ruprecht.
Segal, Lynn (1988): Das 18. Kamel oder Die Welt als Erfindung. Zum Konstruktivismus Heinz von Foersters. München. Piper.
Watzlawick, Paul/Weakland, John H./Fisch, Richard (1974): Lösungen. Zur Theorie und Praxis menschlichen Wandels. Bern/Stuttgart/Wien: Hans Huber.

Internetverweise

arbeitsblaetter.stang-taller.at/LERNEN/LerntheorienKonstruktive.shmtl Zugegriffen 22.10.2014.
Bardmann, Theodor: Eigenschaftslosigkeit als Eigenschaft. Soziale Arbeit im Lichte der Kybernetik des Heinz von Foerster, http://systemmagazin.de/bibliothek/texte/bardmann_eigenschaftslosigkeit.pdf Zugegriffen 20.10.2014.
Hyperkommunikation, www.hyperkommunikation.ch/literatur/von_glasersfeld_konstuktivismus.htm.
Standford Encyclopedia of philosophy, Construtive Mathematics, http://plato.standford. edu/entries/mathematics-constructive/Zugegriffen 20.10.2014.

Sozialmedizin und Gesundheitswissenschaften

Angela Gosch

Einleitung

In ihrer praktischen Tätigkeit treffen Sozialarbeiterinnen und Sozialarbeiter auf Problemkonstellationen, die mit Stress und erhöhten Anpassungs- sowie Bewältigungsanforderungen für die einzelnen Familienmitglieder und die gesamte Familie einhergehen, und bei denen einzelne Familienmitglieder oder deren Angehörige oftmals in ihrer Gesundheit und ihrer gesundheitsbezogenen Lebensqualität beeinträchtigt sind. Zusätzlich können gesundheitliche Risikoverhaltensweisen damit – auch als Entlastung oder Lösungsstrategie – verknüpft sein, oder die Betroffenen können aufgrund ihrer sozioökonomischen Lage vermehrt von Gesundheitsrisiken betroffen sein (z. B. Wohnen unter Lärmbelastung).

Eine Beschäftigung mit sozialmedizinischen und gesundheitswissenschaftlichen Erklärungsansätzen und Konzepten wird als hilfreich angesehen, um die theoretische Auseinandersetzung und das praktische Handeln der Sozialen Arbeit um diese Wahrnehmungsmöglichkeiten sowie die Einbeziehung dieser Erklärungs- und Handlungsansätze zu erweitern.

Die Sozialmedizin beschäftigt sich mit dem Gesundheitszustand der Bevölkerung und analysiert die Wechselwirkungen von Gesundheit und Krankheit sowie den Einfluss von Risiko- und Schutzfaktoren unter Einbeziehung des gesellschaftlichen Kontextes. Nach der Deutschen Gesellschaft für Sozialmedizin und Prävention (DGSMP) gilt: „Soziale Einflussfaktoren prägen auch heute ganz entscheidend die Gesunderhaltung und die Entstehung und den Verlauf von Krankheiten." Die Analyse der Determinanten von Gesundheit sowie der Wechselwirkungen von Gesundheit und Krankheit erfolgt unter ätiologischen, präventiven, rehabilitativen, versorgungsmedizinischen und ökonomischen Gesichtspunkten.

Nach Hurrelmann und Razum (2012) befassen sich die Gesundheitswissenschaften, auch Public Health, „mit den körperlichen, psychischen und gesellschaftlichen

Bedingungen von Gesundheit und Krankheit, der systematischen Erfassung der Verbreitung von gesundheitlichen Störungen in der Bevölkerung und den Konsequenzen für Organisation und Struktur des medizinischen und psychosozialen Versorgungssystems." Wie in der Sozialmedizin werden Bedingungen und Ursachen für Gesundheit und Krankheit in verschiedenen Bevölkerungsgruppen analysiert. Zusätzlich dazu werden die daraus resultierenden Konsequenzen für Versorgungssysteme, die Gesundheitspolitik und Gestaltung des Gesundheitssystems sowie für ein gesundheitsbezogenes nachhaltiges Umweltmanagement untersucht.

Während es sich bei der Sozialmedizin um ein Teilgebiet der Medizin handelt, wird bei den Gesundheitswissenschaften das multidisziplinäre Vorgehen aus der biomedizinischen (z. B. Medizin, Biologie, Ökologie, u. a.) und der sozial-verhaltenswissenschaftlichen (z. B. Pädagogik, Psychologie) Perspektive als grundlegend angesehen und für die gesundheitliche Versorgung der Bevölkerung zusätzlich eine interdisziplinäre Integration der wissenschaftlichen Erkenntnisse.

In diesem Kapitel werden für die Familie X gesundheitsbezogene Wahrnehmungen aufgelistet und daran schließen sich Beschreibungen und Analysen anhand von sozialmedizinischen und gesundheitswissenschaftlichen Konzepten und Theorien an, bevor im letzten Abschnitt mögliche Vorgehensweisen und Interventionen für die Soziale Arbeit dargestellt werden.

1 Wahrnehmung der Familie X aus sozialmedizinischer und gesundheitswissenschaftlicher Sicht

Die Wahrnehmung und Beobachtung von Menschen in ihrem sozial-kulturellen Kontext erfolgt auf der Basis des Wahrnehmungsrasters und der Eigenlogik der beobachtenden Person oder Wissenschaftsdisziplin. In diesem Kapitel wird explizit die Wahrnehmung und Beobachtung der Familie X aus einer sozialmedizinischen und gesundheitswissenschaftlichen Perspektive dargestellt. Damit geht eine Einengung der möglichen zu beschreibenden Wahrnehmungsinhalte einher und eine sprachliche Beschreibung mit Begrifflichkeiten und der Terminologie dieser Wissenschaftsdisziplinen. Da es sich gerade bei den Gesundheitswissenschaften um eine multidisziplinäre Disziplin handelt, sind Überschneidungen mit anderen Wissenschaftsdisziplinen inhärent und werden gekennzeichnet.

Im Folgenden werden auf der Basis der Fallgeschichte Wahrnehmungen zu den einzelnen Familienmitgliedern und der gesamten Familie zu ausgewählten gesundheitsbezogenen Themen, wie dem Gesundheitszustand, den Determinanten von

Gesundheit und Krankheit, Risiko- und Schutzfaktoren und den Anpassungs- und Bewältigungsleistungen, zusammengefasst und zum Teil Hypothesen formuliert.

1.1 Der Gesundheitszustand der Familie X

Laut Fallgeschichte liegt bei der Mutter eine Krebserkrankung vor, die seit fünf Jahren bekannt ist, und ihr Gesundheitszustand wird als „hoffnungslos mit nur noch geringer Lebenserwartung eingestuft."

Für die gesundheitliche Situation des 14-jährigen Mädchens wird angegeben, dass sie verschüchtert sei und das Haus so gut wie nie verlasse, nur in Gegenwart ihres Bruders. Sie vermeide die Schule und werde von der Mutter krankgeschrieben. Sie selbst äußert im Gespräch mit der Sozialarbeiterin, dass sie am liebsten tot wäre, da vor allem die zukünftige Lebenssituation mit der Vorstellung, dass sie nach dem Tod der Mutter zum Vater komme, die Hölle sei. Ihre Mutter müsse bald sterben, das mache sie wütend. Sie habe Ängste vor der Außenwelt, in der sie keinen Platz habe, und vor der Innenwelt, die durch die Mutter und den Bruder besetzt sei.

Zur gesundheitlichen Situation des 16-jährigen Sohnes wird angegeben, dass er sich gewalttätig gegenüber seiner Mutter und Schwester verhalte, aber er wird von der Mutter auch als kleiner Junge beschrieben, der sich fürchte.

Für den Vater wird beschrieben, dass er in seiner Gewaltbereitschaft für die Familienmitglieder nicht einschätzbar sein und nach Frau X mit Schimpfen und Schlägen reagiere. Weitere Hinweise zu seinem Gesundheitszustand liegen nicht vor.

Vor dem Hintergrund dieser Beschreibungen in der Fallgeschichte kann für die Familie X eine chronische Krisensituation mit Mehrfachbelastungen beschrieben werden, und es kann eine eingeschränkte Gesundheit aller Familienmitglieder angenommen werden.

1.2 Determinanten der Gesundheit

Gesundheit und Krankheit können nicht losgelöst von determinierenden Faktoren wie beispielsweise Gender, Familienform, Armut und/oder soziale Ungleichheit sowie Migrationserfahrung (u. a.) betrachtet werden. Für die Familie X gilt: Frau X ist alleinerziehend, sie und ihre Kinder leben unterhalb der Armutsgrenze; sie erhalten eine Unterstützung durch öffentliche Leistungen, durch einen Pflegedienst und eine Haushaltshilfe. Die Kinder werden laut Fallgeschichte von Mitschülern „rassistisch und ausländerfeindlich beschimpft und wohl auch bedroht." Nach Ansicht des Bruders (und auch des Vaters) habe sich die Frau in der „traditionellen Weltsicht dem Mann unterzuordnen." Der Vater komme nach Belieben und verhalte sich gewalttätig gegenüber der Familie, wobei seine Gewaltbereitschaft nicht einschätzbar sei.

Diese Determinanten können sich beeinträchtigend auf den Gesundheitszustand und die gesundheitsbezogene Lebensqualität, die Anpassungs- und Bewältigungsleistungen aller Familienmitglieder sowie der gesamten Familie auswirken. Hier wird jedoch zur differenzierten Betrachtung auf die anderen Kapitel in diesem Buch (vgl. Kapitel Diversity Studies, Sozialökonomie in ds. Buch) verwiesen.

1.3 Risiko- und Schutzfaktoren

Für Frau X können vor dem Hintergrund der Fallgeschichte folgende Ressourcen gesehen werden: sie ist von ihrem gewalttätigen Mann geschieden, und sie wird trotz ihrer Krebserkrankung in der Familie als sehr präsent beschrieben, sie versuche die mütterliche Verantwortung zu tragen und wolle ihren Kindern die Liebe geben, die sie brauchen, „um erwachsen werden zu können." Sie könne ihre Forderungen durch „Psychotricks" und Ängste der Kinder durchsetzen. Auf der anderen Seite wird sie in der Fallgeschichte als gebrechlich bezeichnet und habe die Wohnung seit zwei Jahren nicht verlassen. Die Loslösung von ihren Kindern falle ihr schwer, die Kinder und ihr Mann ignorieren ihre Wünsche und reagieren ihr gegenüber gewalttätig (Risikofaktoren).

Für die Tochter kann als Ressource angesehen werden, dass ihre Mutter sich bemühe, ihr Liebe zu geben, und ihr Bruder sie beschütze. Folgende Risikofaktoren können in der Fallgeschichte identifiziert werden: die Tochter hat zu wenig Raum für die individuelle Persönlichkeits- und Autonomieentwicklung. Ihre Beziehung zu allen Familienmitgliedern wird als konfliktreich beschrieben. Es wird für sie angegeben, dass sie keine Freunde habe, die Schule vermeide und die Wohnung so gut wie nie verlasse. Sie gibt an, keinen Lebensmut mehr zu haben, möchte sterben, fürchtet sich vor der Außenwelt, sieht ihre Innenwelt durch Mutter und Bruder besetzt und bezeichnet ihre Zukunft als „Hölle", wenn sie zu ihrem Vater komme, „bleibe ihr keine Luft zum Atmen."

Für den Sohn wird angegeben und er berichtet, dass er die Schwester und die Mutter beschütze, er verfügt über Zukunftsvorstellungen, die seinem Wunsch nach Anerkennung Rechnung tragen. Seine Mutter möchte auch ihm die notwendige Liebe für das Erwachsenwerden geben. Risiken sind seine konfliktreichen Beziehungen zu den anderen Familienmitgliedern, die erfahrene Gewalt durch den Vater, seine Gewalttätigkeit der Schwester und Mutter gegenüber, sein ungewisser Bildungsabschluss und das Bullying durch Mitschüler. Unklar ist, ob er Freunde hat.

Der Vater hält sich nach der Fallgeschichte mehrere Monate im Heimatland auf, schaue nach eigenem Ermessen, ohne Ankündigung in der Familie „nach dem Rechten" und überweise ab und zu Geld. Er verhalte sich gewalttätig gegenüber der Familie.

Für die Betrachtung weiterer Risikofaktoren, die ein gesundes Aufwachsen der Kinder beeinträchtigen können, wie beispielsweise die nicht kontinuierlichen Bindungsangebote der Eltern (z. B. bei der Mutter durch Krankenhausaufenthalte) wird auf das Kapitel Psychologie in diesem Buch verwiesen.

1.4 Anpassungs- und Bewältigungsleistungen

Für die Mutter wird beschrieben, dass sie sich ein ruhiges Lebensende wünscht, woraus geschlossen werden kann, dass sie ihren nahestehenden Tod anerkennt, allerdings liegen wenige Informationen über ihre Gefühle und Gedanken vor. Sie wird trotz ihrer Krankheit als „sehr präsent" in der Familie beschrieben. Ungeachtet ihrer krankheitsbedingten Schwäche versucht sie, wenn auch mit „Psychotricks", die Familie zusammen zu halten und ihrer Rolle als Mutter gerecht zu werden.

Der Vater komme unregelmäßig in die Familie, um dort „nach dem Rechten" zu sehen. Zusätzlich habe er angekündigt, dass die Tochter (die Kinder?) nach dem mütterlichen Tod beim Vater leben werde.

Der Sohn übernimmt in der Abwesenheit des Vaters die Verantwortung für die Familie; er begleitet seine Schwester zur Schule und will sie vor seiner angestrebten Tätigkeit in der Bundeswehr verheiraten, damit der zukünftige Mann dann auf sie aufpassen könne. Bezüglich der Schwere der mütterlichen Erkrankung, gibt er an, dass er nicht wisse, ob er seiner Mutter glauben könne, ob sie wirklich sterben werde, weil sie oft Theater spiele. Er stellt sich eine Zukunft außerhalb der Familie vor, die ihm Anerkennung verschaffen wird.

Die Tochter setzt sich für die Familie ein, indem sie Haushaltstätigkeiten übernimmt und ihre Innenwelt der Mutter und dem Bruder „überlässt". Die Jugendliche anerkennt das mütterliche Sterben, sieht dann in ihrem Leben keinen Sinn mehr.

Es kann geschlossen werden, dass jedes Familienmitglied sich innerhalb seiner Möglichkeiten und seiner kulturellen Werte und Normen an die familiäre chronische Krisensituation anpasst und versucht diese zu bewältigen. Dabei zeigt sich, dass alle Familienmitglieder aktiv zur Bewältigung der Krisensituation beitragen.

2 Theorien und Erklärungsmuster für die Familie X aus sozialmedizinischer und gesundheitswissenschaftlicher Sicht

In diesem Punkt wird der Gesundheits- und Krankheitszustand der Familienmitglieder vor dem Hintergrund von Definitionen zu Gesundheit und Krankheit analysiert. Dem schließen sich Modelle von Gesundheit und Krankheit an, wobei diese jeweils am Beispiel einer Person der Familie X analysiert werden. Danach folgen Erklärungsansätze zur Anpassung und Bewältigung von chronischer Krankheit, die auf die Bewältigungsleistung der gesamten Familie abzielen und am Beispiel der Familie X erörtert werden.

2.1 Gesundheits- bzw. Krankheitszustand der Familie X

Im Jahr 1946 definierte die Weltgesundheitsorganisation (WHO) „Gesundheit ist ein Zustand des vollständigen physischen, geistigen und sozialen Wohlbefindens und nicht nur die Abwesenheit von Krankheit und Gebrechen." Mit dieser Definition wendet sich die Weltgesundheitsorganisation von dem traditionellen Negativverständnis von Gesundheit als Abwesenheit von Krankheit ab und füllt diesen Begriff inhaltlich positiv. Gesundheit wird nicht nur mehr als körperliche Gesundheit oder Fitness beschrieben, sondern das psychische Wohlbefinden mit den Fähigkeiten, beispielsweise eigene Bedürfnisse wahrzunehmen und umzusetzen sowie sich an Situationen und Veränderungen anzupassen und sie zu bewältigen, und die sozialen Dimensionen, wie das Vorhandensein funktionierender Beziehungen und das soziale Eingebundensein, werden miteinbezogen. Es wird der Einfluss von psychischen und sozialen Faktoren auf die physische Gesundheit sowie die Wechselwirkungen zwischen den Dimensionen anerkannt.

Angesichts der Zunahme psychischer Störungen in den letzten Jahrzehnten gewinnt die psychische Gesundheit an Bedeutung: „Mental health is an integral part of health; indeed there is no health without mental health." (WHO 2014).

Nach der WHO (2005) sind Kinder und Jugendliche mit einer „guten" psychischen Gesundheit „in der Lage, ein optimales psychisches Funktionieren und soziales Eingebundensein sowie Wohlbefinden zu erreichen und aufrechtzuerhalten. Sie haben ein Gefühl der Identität und des Selbstwertes, intakte Beziehungen zur Familie und zu Gleichaltrigen, haben die Fähigkeit, produktiv zu sein und lernen zu können und können Entwicklungsaufgaben bewältigen sowie kulturelle Ressourcen für das eigene Wachstum nutzen. Außerdem ist die gute psychische Gesundheit für ihre aktive soziale und ökonomische Teilhabe ausschlaggebend" (Übers. d Autorin).

Ausgehend von diesen Definitionen muss bei der Mutter und den Kindern der Familie X eine gesundheitliche Einschränkung beschrieben werden. In der Fallgeschichte liegen kaum Daten zu dem Gesundheitszustand des Vaters vor, mit der Ausnahme, dass er sich gewalttätig verhalte und in seiner Gewaltbereitschaft nicht einschätzbar sei. Diese Art der Emotionsregulation und das damit verknüpfte Verhalten werden stark durch kulturelle Normen bewertet, und damit werden auch Fragen der „Normalität" bzw. „Auffälligkeit" eines solchen Verhaltens und die Klassifizierung als „psychische Auffälligkeit bzw. Störung" bei dem Vater berührt.

Für die Gesundheit des Vaters muss in diesem Zusammenhang ein weiterer Aspekt diskutiert werden: Mit einer Migration geht nicht unweigerlich eine Verschlechterung der Gesundheit einher, das heißt, Migrations- und Akkulturationsprozesse sind nicht per se als krankmachend zu betrachten (Bermejo & von Wolff 2009). Gleichzeitig sind mit dem Prozess der Migration physische, soziale und kulturelle Veränderungen, Veränderungen in Lebensstil und -rhythmus sowie mögliche Stigmatisierungen zu bewältigen. Oftmals geht damit ein Statusverlust in der Aufnahmegesellschaft einher, der beispielsweise aus Sprachschwierigkeiten resultieren kann, die sich in der Folge auf die beruflichen Möglichkeiten auswirken. Gerade der Statusverlust kann sich auf das gesundheitliche Wohlbefinden beeinträchtigend auswirken.

2.2 Theoretische Erklärungsansätze der familiären Gesundheitssituation aus der biopsychosozialen Perspektive

In diesem Kapitel werden drei biopsychosoziale Ansätze vorgestellt und die Annahmen beispielhaft auf je ein Familienmitglied übertragen. Zunächst wird das Modell der Salutogenese (Antonovsky 1979, 1997) auf die 14-jährige Tochter übertragen. Der Ansatz der Risiko- und Schutzfaktoren sowie Resilienz wird folgend auf den 16-jährigen Sohn angewendet, und danach wird das Modell der Internationalen Klassifikation der Funktionsfähigkeit, Behinderung und Gesundheit (Weltgesundheitsorganisation WHO 2001, DIMDI 2005) auf die Mutter bezogen.

2.2.1 Salutogenetisches Modell von Antonovsky

In seinem Modell zur Salutogenese beschäftigt sich Antonovsky (1979, 1997) mit der Entstehung und Aufrechterhaltung von Gesundheit. Krankheiten, Leiden und Tod sind dem menschlichen Leben inhärent und jeder Mensch ist andauernd vielfältigen Stimuli ausgesetzt, die eine kontinuierliche Anpassung und aktive

Bewältigung unter Einbeziehung von Widerstandsressourcen erfordern. Er geht von einem Kontinuum von Gesundheit und Krankheit mit folgenden Endpunkten aus: Gesundheit und Wohlbefinden (health-ease) und Krankheit bzw. körperliches Missempfinden (dis-ease, HEDE-Kontinuum). Auf diesem Kontinuum können sich die Menschen als mehr oder weniger gesund verorten. Das bedeutet, dass selbst schwer kranke Menschen über gesunde Anteile verfügen.

Die Einordnung auf dem HEDE-Kontinuum hängt davon ab, inwieweit Menschen Widerstandsressourcen für die Erhaltung ihrer Gesundheit einsetzen können, und dieses wird durch ihr Kohärenzgefühl, das Gefühl des inneren Zusammenhangs und der Stimmigkeit, bestimmt.

Zur Diskussion dieser Konzepte und ihrer wissenschaftlichen Überprüfung wird auf weitere Literatur (Antonovski 1997, Bengel et al. 2009, Daiminger 2015) verwiesen.

Das Modell der Salutogenese wird im Folgenden auf das 14-jährige Mädchen der Familie X bezogen und in der Abbildung 1 dargestellt.

Auf der linken Seite sind die Widerstandressourcen des Mädchens sowie ihre spezifische Lebenserfahrung dargestellt. Während bei dem soziokulturellen und historischen Kontext die gesellschaftliche Stabilität, die öffentlichen Leistungen bei Armutslagen sowie Krankenkassenleistungen bei Krankheit als positive Widerstandsressourcen gelten können, muss das Aufwachsen mit kulturellen Werten aus zwei Kulturen für das Mädchen als belastend eingestuft werden. Darüber hinaus liegen für die Jugendliche kaum psychische, soziale und ökonomische Ressourcen vor und ihre spezifische Lebenserfahrung ist bislang, dass sie Schwierigkeiten nicht erfolgreich meistern und nichts bewirken kann. Eine eigene Identitätsbildung muss als überlagert durch die Bestimmung durch ihre Mutter und ihren Bruder angesehen werden. Damit liegt eine chronische psychosoziale und ökonomische Stresssituation vor, die zu einem Spannungszustand führt, dem die Jugendliche mit Vermeidung, Hilflosigkeit, Aggressionen gegenüber der Mutter und dem Wunsch, sterben zu wollen, begegnet. Diese geringe Spannungsbewältigung führt zu einer Verortung auf dem Dis-Ease Pol des Krankheitskontinuums.

Sozialmedizin und Gesundheitswissenschaften

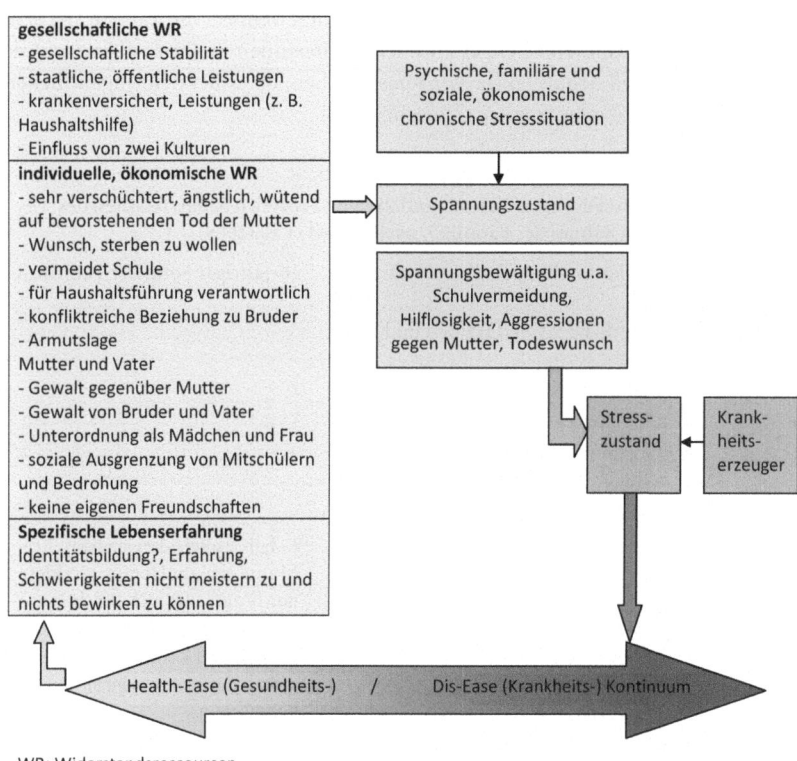

Abb. 1 Modell der Salutogenese von Antonovsky (1979, 1997) bezogen auf die 14-jährige Tochter

2.2.2 Risiko- und Schutzfaktorenmodelle, Resilienz

Bei der Formulierung von Risikofaktorenmodellen geht es darum, den Einfluss von Risiken bzw. Risikofaktoren auf die Gesundheit und Entstehung von Krankheiten zu beschreiben und empirisch zu prüfen. Dabei wird bei ihrem Vorliegen von einer höheren Störungswahrscheinlichkeit ausgegangen als bei einer unbelasteten Vergleichsgruppe (Hayward et al. 2013). Unter Resilienz wird eine psychische Widerstandsfähigkeit, d. h. eine gesunde Entwicklung trotz widriger Lebensumstände verstanden.

Im Folgenden werden die personalen, familiären und sozialen Schutzfaktoren auf den 16-jährigen Jugendlichen der Familie X angewendet (vgl. Tabelle 1). Dazu wird die Klassifikation von Bengel und Mitarbeiterinnen (2009, S. 49) zugrunde gelegt und für jeden Schutzfaktor wird beschrieben, ob er bei dem Jugendlichen vorliegt (+), nicht (-) oder fraglich (?) vorliegt.

Tab. 1 Klassifikation der personalen, familiären und sozialen Schutzfaktoren des 16-jährigen Sohnes der Familie X nach Bengel et al. (2009)

Schutz-faktoren	Klassifikation Bengel et al. (2009)	16-jähriger Sohn der Familie X
personale	• körperliche Schutzfaktoren und biologische Korrelate der Resilienz	
	• biologische Korrelate	?
	• Temperament	?
	• erstgeborenes Kind	+
	• weibliches Geschlecht	-
	• kognitive und affektive Schutzfaktoren	
	• positive Wahrnehmung der eigenen Person	? „lieb", spiele den starken Mann, sei „im Herzen ein kleiner Junge", der sich fürchte
	• positive Lebenseinstellung und Religiosität	? will für den Schutz von Frauen und Kindern sorgen, müsse dafür Anerkennung bekommen
	• kognitive Fähigkeiten und schulische Leistungen	?, schwache schulische Leistungen
	• Internale Kontrollüberzeugungen	?
	• Selbstwirksamkeitserwartung	?
	• Selbstkontrolle und Selbstregulation	– Gewalt gegenüber der Mutter und Schwester, Mutter bringe ihn dazu, etwas zu tun…dann sei er wütend
	• aktive Bewältigungsstrategien	+ Schutz der Schwester, – Nicht-Reden-Wollen über Vater, -Nicht-Glauben-Wollen des mütterlichen Sterbens
	• realistische Selbsteinschätzung und Zielorientierung	? starke Zielorientierung am Bild von Männlichkeit und Macht
	• besondere Begabungen, Ressourcen und Kreativität	?

	• interpersonale Schutzfaktoren, soziale Kompetenz	?
familiäre	• strukturelle Familienmerkmale	– Eltern geschieden, Armutslage, weitere helfende Angehörige fraglich
	• Merkmale der Eltern-Kind-Beziehung	
	• sichere Bindung und positive Beziehung zu den Eltern	– Bindung wahrscheinlich nicht sicher, – konfliktreiche Beziehung zu den Eltern
	• autoritative oder positive Erziehung	– Mutter setzt Psychotricks ein, – Vater ist in seiner Gewaltbereitschaft nicht einschätzbar
	• positives Familienklima und Kohäsion	konfliktträchtig, ?
	• positive Geschwisterbeziehungen	– sehr konfliktreich
	• Merkmale der Eltern	– Mutter hoffnungslos krank, + möchte Kindern Liebe geben für das Erwachsenwerden, – Vater grausam, gewaltbereit und -tätig, + ein starker Mann
soziale	• soziale Unterstützung	?
	• Erwachsene als Rollenmodelle oder gute Beziehung zu einem Erwachsenen	?
	• Kontakte zu Gleichaltrigen	- Beleidigung und Bedrohung durch Mitschüler, ? keine Angabe zu Freunden
	• Qualität der Bildungsinstitutionen	?
	• Einbindung in prosoziale Gruppen	?
+ Schutzfaktor ist bei dem Jugendlichen vorhanden, ? fraglich und – nicht vorhanden		

Diese Auflistung der personalen, familiären und sozialen Schutzfaktoren für den 16-jährigen Jugendlichen in der Tabelle 1 zeigt, dass für eine vertiefte Einschätzung der Schutzfaktoren eine weitergehende psychosoziale Diagnostik notwendig ist. Im Bereich personaler Ressourcen sind einige Stärken des Jugendlichen zu sehen, an die unterstützende Maßnahmen durch die Soziale Arbeit anknüpfen könnten. Der Bereich der familiären Ressourcen muss als belastet angesehen werden. Zum Beispiel muss eine unsichere Bindung zwischen den Eltern und dem Sohn diskutiert werden, die durch viele Krankenhausaufenthalte der Mutter und ihre Auseinandersetzung mit der Krankheit (ab seinem 11. Lebensjahr) sowie die Scheidung beziehungsweise das sporadische Kommen des Vaters erklärt werden kann (vgl. Kapitel Psychologie in ds. Buch). Aktuell sind die familiären Schutzfaktoren durch strukturelle Familienmerkmale, die elterlichen Erziehungspraktiken und die Beziehungen zu den anderen Familienmitgliedern eingeschränkt. Positiv sind einige Merkmale der Eltern anzusehen, z. B. dass die Mutter ihren Kindern noch die Liebe geben möchte und der Vater sich (mit seinem patriarchalem Verständnis) um die Familie kümmert.

Im Bereich sozialer Schutzfaktoren müsste weiter gefragt werden, um Ansatzpunkte für eine ressourcenorientierte Unterstützung des Jugendlichen zu identifizieren. Insgesamt wirkt der Jugendliche angesichts vieler Risikofaktoren und wenig ausgeprägter Schutzfaktoren wenig resilient.

2.2.3 Internationale Klassifikation der Funktionsfähigkeit, Behinderung und Gesundheit (ICF)

Mithilfe der Internationalen Klassifikation der Funktionsfähigkeit, Behinderung und Gesundheit (ICF, Weltgesundheitsorganisation, WHO 2001, DIMDI 2005) wird das medizinische mit dem sozialen Gesundheitsverständnis verknüpft, das heißt, es basiert auf dem biopsychosozialen Modell von Gesundheit und Krankheit.

Ausgangspunkt der ICF ist die Funktionsfähigkeit eines Menschen bzw. seine funktionale Gesundheit. Diese funktionale Gesundheit wird vor dem Hintergrund der Kontextfaktoren betrachtet.

Daraus folgt, dass jede Person mit einer Einschränkung ihrer körperlichen Funktionen und Körperstrukturen, ihrer Aktivität und Teilhabe in ihrer funktionalen Gesundheit beeinträchtigt gilt und hier von einer Behinderung gesprochen wird. Dabei wird von den Autoren „Behinderung als Oberbegriff für Schädigungen, Beeinträchtigungen der Aktivität und Beeinträchtigung der Partizipation [Teilhabe]" (DIMDI 2005) definiert. Nach Schuntermann (2013, S. 36) meint Behinderung das „Ergebnis einer negativen Wechselwirkung zwischen einer Person mit einem Gesundheitsproblem (ICD) und ihren Kontextfaktoren auf ihre funktionale Gesundheit."

Zur vertieften Erklärung der einzelnen Faktoren sowie der Wechselwirkung zwischen Gesundheitsproblem und Kontextfaktoren wird auf die vorliegende Literatur (DIMDI 2005) verwiesen.

Die Lebenssituation von Frau X wird in der Abbildung 2 anhand der Dimensionen der ICF dargestellt.

Sozialmedizin und Gesundheitswissenschaften

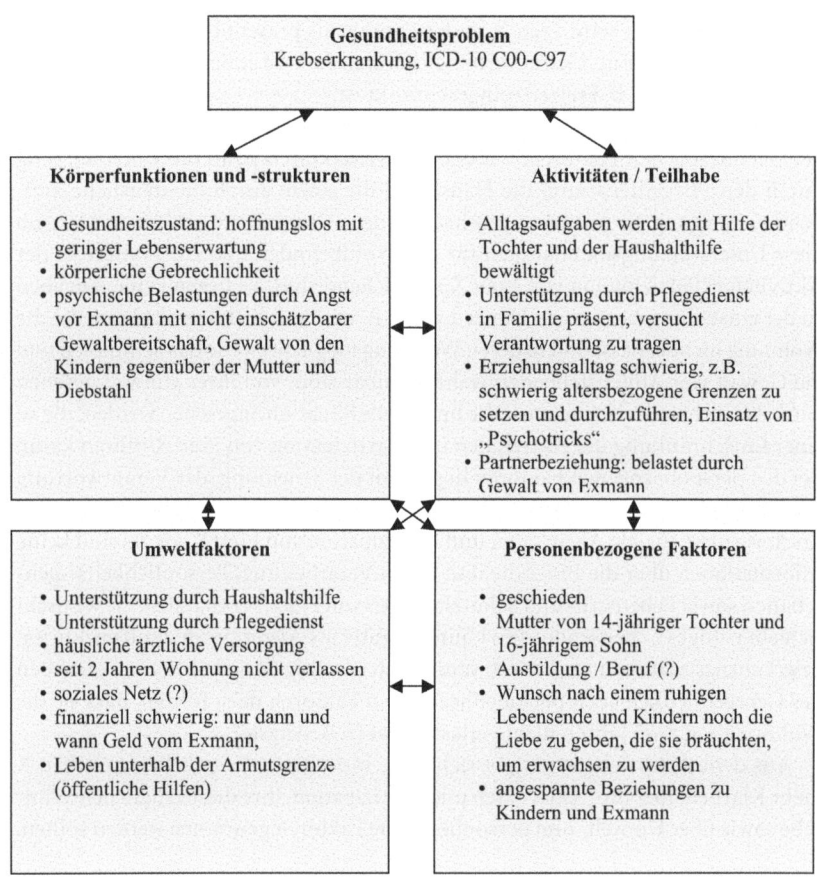

Abb. 2 Anwendung der ICF auf die Lebenslage von Frau X

Für Frau X liegt mit der Krebserkrankung ein Gesundheitsproblem mit Auffälligkeiten der Körperfunktionen und -strukturen vor. Es wird eine Gebrechlichkeit beschrieben, weitere Informationen (z. B. über die Schmerzfreiheit von Frau X, u. a.) fehlen. Das Gesundheitsproblem und die Gebrechlichkeit wirken sich auf die Aktivitäten und Partizipation von Frau X aus. Zu den Aktivitäten von Frau X, d. h. in welchen Lebensbereichen (z. B. Mobilität, Selbstversorgung, u. a.) sie welche Aufgaben und Handlungen durchführen kann, ist wenig bekannt. Bezüglich der Haushaltsführung ist die Tochter mit Unterstützung der Haushaltshilfe verantwortlich. Allerdings wird Frau X in der Familie als präsent beschrieben. Bei der Partizipation von Frau X kann vermutet werden, dass sie außer am Familienleben in ihrer Teilhabe (z. B. Freizeit) eingeschränkt ist.

Einfluss auf die Aktivitäten und Partizipation haben auch die Umwelt- und personenbezogenen Faktoren. Bei den Umweltfaktoren kann die Unterstützung durch den Pflegedienst und die Haushaltshilfe sowie durch die häusliche ärztliche Versorgung als positiv angesehen werden. Hier müsste geklärt werden, ob diese Unterstützungsmaßnahmen für das Wohlbefinden und zur Förderung der Aktivitäten/Partizipation von Frau X ausreichend sind. Es liegen keine Angaben zu der einstellungsbezogenen Umwelt vor, z. B. wie Frau X als kranke Frau, die die Wohnung nicht verlässt und in deren Wohnung möglicherweise das Schimpfen und die Gewalt von Außenstehenden wahrnehmbar sind, von ihrer Umwelt gesehen wird. Als nicht ausreichend muss die finanzielle Situation angesehen werden, die zu einer Einschränkung der Aktivitäten und Partizipation von Frau X führen kann. Bei den personbezogenen Faktoren liegen mit der Scheidung, der Verantwortung für die Kinder und die angespannten Beziehungen zu allen Familienmitgliedern Erschwernisse für die Aktivitäten und Partizipation von Frau X vor. Es sind keine Informationen über die Biografie und deren Verarbeitung, Persönlichkeitseigenschaften sowie Lebensstil- und Schutzfaktoren von Frau X vorhanden. Sie wünscht sich ein ruhiges Lebensende, dies könnte positiv als Akzeptieren der Krankheitsbzw. Lebenssituation interpretiert werden. Gleichzeitig ist nicht bekannt, ob neben der Gebrechlichkeit auch personenbezogenen Faktoren dazu führen, dass sie die Wohnung seit zwei Jahren nicht verlassen hat (z. B. Ängste).

Aus dem Beschriebenen ergibt sich, dass in weiteren Gesprächen mit Frau X mehr Klarheit über ihre Aktivitäten und Partizipation, ihre diesbezüglichen Wünsche sowie über Umwelt- und personbezogene Faktoren gewonnen werden sollten.

3 Bewältigung der Familie X aus sozialmedizinischer und gesundheitswissenschaftlicher Sicht

Eine chronische Krankheit wird oft als Zäsur in der Biographie erlebt mit der Zeit vor und nach der Erkrankung. Nach Kusch und Mitarbeitern (2013) wirkt sich eine Krebserkrankung auf das gesamte weitere Leben der Patienten und auch das ihrer Angehörigen aus.

Nach ersten diagnostischen Untersuchungen, der Diagnosestellung und der Behandlungsplanung haben Patienten im ersten Jahr massive therapiebedingte Eingriffe in den Körper und in das eigene Erleben sowie behandlungsbedingte

Funktionsstörungen und Nebenwirkungen zu bewältigen. In den folgenden fünf Jahren wird von dem „Damokles-Schwert" (Kusch et al. 2013, S. 54) des Rezidivs gesprochen und auch danach bleibt die Möglichkeit einer Neuerkrankung präsent. Das bedeutet, dass das Leben der Patienten und Angehörigen mit der Erkrankung plötzlich verändert wird, und je nach Behandlungsphase und -situation werden von ihnen kontinuierlich Anpassungs- und Bewältigungsleistungen verlangt.

Wenn ein Elternteil an Krebs erkrankt, wird nicht nur die Bewältigung der eigenen Erkrankung (z. B. Bedrohung der körperlichen Unversehrtheit, Veränderung des körperlichen Erscheinungsbildes, Begrenztheit der eigenen Lebenserwartung, Auseinandersetzung mit eigenen Lebensentwürfen, u. a.) notwendig, sondern die Eltern müssen auch mit den Familienmitgliedern und deren Erleben und Verhalten umgehen.

Verschiedene theoretische Modelle beschreiben Phasen und Modi der Krankheitsbewältigung sowie Einflussfaktoren auf die Bewältigung. Es können Modelle unterschieden werden, die den Fokus auf die subjektive Situationseinschätzung und -bewertung des Individuums beziehungsweise die Transaktion (Coping-Konzept, Lazarus und Folkmann 1984), auf das Bewältigungserleben und das Bewältigungshandeln (Schaeffer und Moers 2008), auf die Krankheitsbearbeitung und das soziale, interaktive Geschehen (vgl. Corbin und Strauss 2004/2010) sowie die familiäre Anpassung und Bewältigung (vgl. McCubbin und McCubbin 2003) legen.

Im Folgenden wird die familiäre Bewältigung analysiert.

Resilience Model of Family Stress, Adjustment, and Adaptation

Mithilfe ihres Modells beschreiben McCubbin und McCubbin (2003) Besonderheiten bei der familiären Bewältigung kritischer Lebensereignisse. Im Zentrum steht die Frage, warum manche Familie bei Krisen resilient sind und sich von Krisen erholen, während andere Familien nach Krisen vulnerabel bleiben oder sich ihre familiäre Situation verschlechtert.

Unter Resilienz verstehen die Autoren „the positive behavioral patterns and functional competence individuals and the family unit demonstrate under stressful or adverse circumstances, which determine the family's ability to recover by maintaining its integrity as a unit while insuring, and where necessary restoring, the well-being of family members, and the family unit as a whole." (McCubbin und McCubbin 2003, S. 14).

Die Autoren gehen davon aus, dass Familien einen Zustand der Harmonie und Balance anstreben und aufrechterhalten wollen. Beide werden von vier Dimensionen des Familienlebens stabil gehalten beziehungsweise wiederhergestellt: den zwischenmenschlichen Beziehungen, der Struktur und Funktionsweise der Familie, der Entwicklung, dem Wohlbefinden und der Spiritualität sowie den Beziehungen zum Gemeinwesen und zur Natur. Im Laufe der Zeit und Familienentwicklung (z. B. Pubertät) durchlaufen Familien normative Veränderungen und Krisen, die von allen Familien eine Anpassung und Bewältigung fordern und wofür sie bestimmte Muster und Ressourcen des Zusammenhalts und sozialer Gegenseitigkeit in Abhängigkeit ihrer kulturellen und ethnischen Zugehörigkeit erwerben. Zusätzlich können die Familien mit nicht-normativen Krisen konfrontiert sein (z. b. Erkrankung eines Familienmitglieds, Scheidung), die ihre Anpassung verlangt und ihre Ressourcen übersteigen kann.

Für Familien in Krisensituationen besteht das Hauptanliegen darin, diese Krise zu überwinden und eine neue Familienregeneration zu erlangen. In Abbildung 3 wird die Interaktion zwischen Komponenten der familiären Regulierung dargestellt und anschließend auf die Familie X bezogen.

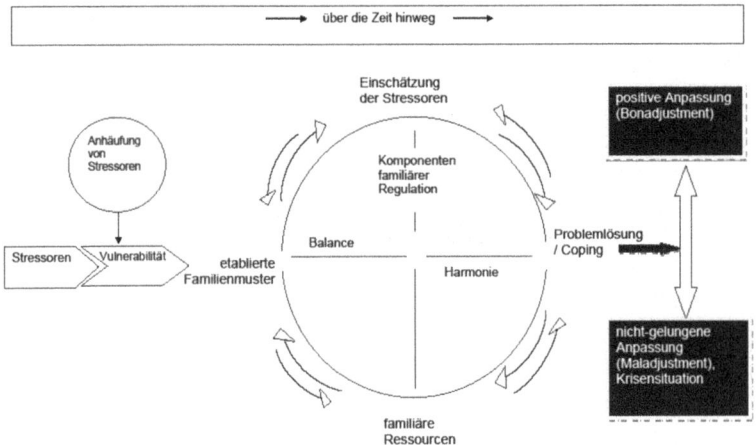

Abb. 3 Regulierungsphase nach McCubbin und McCubbin (2003, S.23)

Ausgehend von diesem Modell wird die familiäre Bewältigung der Familie X anhand der einzelnen Aspekte beleuchtet. Dabei werden ausgewählte Themen vertieft.

Stressor

Als aktueller Stressor kann die schlechte Prognose der mütterlichen Krebserkrankung bzw. ihre geringe Lebenserwartung angesehen werden.

Vulnerabilität

Die Vulnerabilität ergibt sich aus der Anhäufung von Stressoren, hier müssen die seit fünf Jahren dauernde chronische Krankheit der Mutter, die familiäre Armutslage, die Gewalt und die elterliche Scheidung genannt werden und auch das Alter der Kinder, die sich in der Pubertät befinden, eine Entwicklungsphase, die von allen Familienmitgliedern eine Anpassung verlangt.

Etablierte Muster des familiären Funktionierens

Bei den etablierten Mustern des familiären Funktionierens kann festgehalten werden, dass die Familie wenig flexibel auf die Anforderungen reagiert, und Vater und Sohn beziehen sich stark auf kulturelle Traditionen und die Beziehungen sind konfliktgeladen. Beispielhaft wird ein etabliertes, wiederhergestelltes oder neues Familienmuster (bei Vorliegen von etlichen anderen Familienmustern, wie der Umgang mit konflikthaften und gewalttätigen Beziehungen, u. a.), nämlich das Streben nach Respekt und Anerkennung, beschrieben:

Bei allen Familienmitgliedern spielen die Anerkennung und Wertschätzung der eigenen Person in ihren Bemühungen sowie der Respekt eine Rolle. Die Mutter ringt um Respekt insbesondere von ihrem Exmann, von dem sie sich habe scheiden lassen, um sich und die Kinder vor seiner Gewalttätigkeit zu schützen.

Bei dem Vater kann angenommen werden, dass er um Achtung und Respekt in der Familie und möglicherweise in der Gesellschaft ringt. Oftmals geht mit einer Migration ein Statusverlust in dem Aufnahmeland einher. Dies kann auch bei Herrn X vermutet werden, weil er „gebrochen Deutsch" spricht und damit begrenzte Berufsmöglichkeiten in Deutschland unabhängig von dem Bildungsstand einhergehen. Außerdem herrschen in der deutschen Gesellschaft andere Normen und Werte als in einer „orientalischen" Gesellschaft, was zu einem Gefühl der Herabsetzung führen kann. Somit muss Herr X die Herabsetzung der männlichen Rolle und einen niedrigeren sozio-ökonomischen Status verarbeiten und andere Wege finden, um sich Achtung und Respekt zu verschaffen.

Auch der Sohn befindet sich in einer ähnlichen Lage wie der Vater: er wird von der Schule gehen mit oder ohne Schulabschluss. Da in Deutschland Bildungsabschlüsse für die Berufsausbildung und spätere berufliche Tätigkeit bedeutsam sind, kann vermutet werden, dass auch bei dem Sohn ein niedriger sozio-ökonomischer Status wahrscheinlich ist. Darüber hinaus wird er wegen seines anderen Aussehens „rassistisch und ausländerfeindlich beleidigt und wohl auch bedroht". Der Sohn versucht Anerkennung und Respekt über seine Rollenübernahme als „Familienvorstand" und seine geplante Tätigkeit als Soldat („Schutz von Frauen und Kindern") zu erlangen.

Die Tochter ringt passiv nach Anerkennung, Wertschätzung und Respekt. Sie beschreibt, dass sie „nichts mehr habe", wenn die Mutter und der Bruder weg wären, d. h. zurzeit „hat" sie noch etwas. Außerdem kann der Wunsch, sterben zu wollen, als eine extreme Handlungsmöglichkeit, Kontrolle auszuüben und sich Respekt zu verschaffen, interpretiert werden.

Familiäre Einschätzung des Stressors

Hier unterscheiden sich die Familienmitglieder in ihrer Einschätzung. Während der bevorstehende Tod der Mutter für den Sohn nicht vorstellbar und nicht zu glauben ist, bedeutet er für die Tochter eine Katastrophe und für die Mutter etwas, worauf sie sich mit ihren Wünschen bezieht.

Familiäre Problembewältigung

Zur familiären Problembewältigung zählen einerseits das aktive Bemühen jedes Familienmitglieds zur Bewältigung der aktuellen Lebenssituation, das bereits in den vorhergehenden Punkten beschrieben wurde, und andererseits die Bewältigung der mit der Situation einhergehenden Ohnmachtsgefühle.

Die Familienmitglieder erleben sich teilweise als ohnmächtig und versuchen Macht oder Kontrolle über verschiedene Verarbeitungs- und Verhaltensweisen zu erlangen. Der Vater demonstriert seine Macht in der Familie über sein gewalttätiges Verhalten. Damit erfüllt er nicht nur seine Rolle als Mann, sondern kann auch seine „Entmachtung" in der deutschen Gesellschaft und durch die Scheidung kompensieren. Die Mutter erlebt sich aufgrund ihrer Schwäche ohnmächtig der Gewalt aller anderen Familienmitglieder ausgesetzt. Sie versucht den Kindern gegenüber Kontrolle zu gewinnen, indem sie „Psychotricks" einsetzt.

Die Kinder sind der familiären Situation mit der Gewalt des Vaters und dem Sterben der Mutter sowie der „feindlichen Umgebung" mit Gleichaltrigen, den kulturell unterschiedlichen Rollenerwartungen sowie den Anforderungen durch Entwicklungsaufgaben (z. B. eigene Identitätsfindung, Loslösung von der Familie, Hinwendung zu Gleichaltrigen, etc.) z. T. ohnmächtig ausgesetzt.

Der Sohn kann in der aktuellen Familiensituation sowie in seinem sozialen Umfeld die Entwicklungsaufgaben wenig bewältigen. Er kompensiert diese Ohnmacht in der Rollenübernahme als Mann in der Familie, der Gewalttätigkeit gegenüber Mutter und Schwester sowie der antizipierten „Macht" in seinen Berufsvorstellungen. Bemerkenswert ist, dass er eine Berufstätigkeit anstrebt („bei Auslandseinsätzen mitmischen"), in der die Möglichkeit zu sterben allgegenwärtig ist.

Die Tochter versucht ihre Ohnmacht, die zusätzlich auch noch durch die „untergeordnete Stellung als Frau" vertieft wird, durch Gewalt gegenüber der Mutter zu kompensieren. Die Tochter beschreibt, dass sie in der Außenwelt keinen Platz hat beziehungsweise sich vor ihr fürchtet und auch in der Innenwelt ist kein Platz für sie, weil diese durch die Mutter und den Bruder besetzt seien. Damit sieht die Tochter für sich keine Möglichkeiten, altersangemessene Entwicklungsaufgaben wie die Identitätsentwicklung und Autonomie zu bewältigen. Der Wunsch, sterben zu wollen, kann als Lösungsversuch, sich dieser ohnmächtigen Situation zu entziehen (und ihr etwas entgegen zu setzen, verstanden werden.

Familiäre Ressourcen

Auf die individuellen Ressourcen der Familienmitglieder wurde in dem letzten Punkt eingegangen. Zu den familiären Ressourcen können die Inanspruchnahme der Leistungen des Gesundheitssystems und der staatlichen Unterstützungsleistungen bei der vorliegenden Armutslage gezählt werden. Um Ressourcen im Familien-, Freundes- oder Bekanntenkreis einschätzen zu können, fehlen Informationen darüber, ob die Großeltern noch leben und Geschwister der Eltern vorhanden sind, die als mögliche Quellen der Unterstützung fungieren könnten. Bei den Kindern und auch den Eltern wird nicht von Freunden gesprochen oder es werden auch keine Bekanntschaften erwähnt, die helfend zur Seite stehen. Auch weitere Kontakte in die Gemeinde hinein – in ländlichen Gegenden wird noch mehr von sozialer Unterstützung durch die Nachbarschaft gesprochen – werden nicht genannt. Somit müssen die familiären Ressourcen als sehr begrenzt angesehen werden.

Zusammenfassend wird aus all diesen Punkten deutlich, dass bei der Familie X eine chronische Krisensituation mit Mehrfachbelastung vorliegt, wobei die familiären Anpassungs- und Bewältigungsleistungen überfordert sind. Neben den vielfältigen personalen und sozio-kulturellen und ökonomischen Schwierigkeiten liegen aber auch Kompetenzen der einzelnen Familienmitglieder und der Familie vor, die Anknüpfungspunkte für die Soziale Arbeit mit der Familie bieten.

4 Handlungsansätze im Umgang mit der Familie X aus sozialmedizinischer und gesundheitswissenschaftlicher Sicht

Nach Homfeldt und Sting (2005) liegen für die gesundheitsbezogene Soziale Arbeit drei zentrale Handlungsfelder vor: 1. als Gesundheitsarbeit im Sozialwesen (Berücksichtigung gesundheitlicher Aspekte in Feldern Sozialer Arbeit wie Familienhilfe, Kinder und Jugendarbeit, etc.), 2. als sozialpädagogische Gesundheitsförderung (z. B. in der schulischen und außerschulischen Prävention, u. a.) und 3. als Soziale

Arbeit im Gesundheitswesen (z. B. in verschiedenen Einrichtungen des Gesundheitswesens wie im Krankenhaus, Hospiz, in der Frühförderung/Sozialpädiatrie, u. a.). Für Familie X werden Ansätze auf allen drei Ebenen als sinnvoll angesehen und sollen im Folgenden angeführt werden. Dabei können Maßnahmen für einzelne Familienmitglieder und die gesamte Familie sowie Handlungsansätze für die Bereiche der Prävention, Rehabilitation und Palliation unterschieden werden.

Bevor jedoch auf die spezifischeren Methoden und Ansätze eingegangen wird, sollen grundlegende, allgemeine Methoden der Sozialen Arbeit und der im Gesundheitswesen genannt werden und zur weiteren Auseinandersetzung mit den Methoden wird auf weiterführende Literatur verwiesen. Wesentlich für die Soziale und Gesundheitsarbeit sind die Reflexion der eigenen Zugangsweise zum „Fall" (vgl. Müller 2012, Michel-Schwartze 2009), die psychosoziale Diagnostik (vgl. Gahleitner 2012, Müller 2012, Pantucek 2009), die Psychoedukation (vgl. Mühlig und Jacobi 2011) und die Beratung von Einzelpersonen und Familien (vgl. Döring und Eichenberg 2013, Kinderschutz-Zentren 2003, Nestmann 2008, Nestmann et al. 2007, 2013).

4.1 Prävention und Gesundheitsförderung

Nach der Weltgesundheitsorganisation (WHO) zielt „Gesundheitsförderung [...] auf einen Prozess ab, allen Menschen ein höheres Maß an Selbstbestimmung über ihre Gesundheit zu ermöglichen und sie dadurch zur Stärkung ihrer Gesundheit zu befähigen." (WHO 1986).

Dies kann beispielsweise durch die Förderung individueller Lebenskompetenzen, die „life skills", in Kindertageseinrichtungen und Schulen erfolgen. Danach ist „lebenskompetent [...], wer sich selbst kennt und mag, empathisch ist, kritisch und kreativ denkt, kommunizieren und Beziehungen führen kann, durchdachte Entscheidungen trifft, erfolgreich Probleme löst und Gefühle und Stress bewältigen kann." (Bühler und Heppekausen 2005, S. 9).

Auf der Ebene der familienbasierten seelischen Gesundheitsvorsorge wurde von Romer und Mitarbeitern (2014) eine kindzentrierte, präventiv ausgerichtete Kurzintervention für Familien mit einem körperlich kranken Elternteil entwickelt. Zielsetzungen sind u. a. die alters- und entwicklungsangemessene Informationsgabe an die Kinder, ein flexibler Umgang mit unterschiedlichen Bedürfnissen der Familienmitglieder, ein Abbau von altersunangemessenen Parentifizierungen, die Akzeptanz von eigenen Bedürfnissen und Integration von ambivalenten Gefühlen sowie die Unterstützung bei der aktiven Bewältigung und (antizipierten) Trauerarbeit.

4.2 Rehabilitation, Therapie und Trainings

In diesem Punkt werden drei verschiedene familienbezogene Maßnahmen beschrieben.

Bei der familienorientierten Rehabilitation (FOR) handelt es sich um ein stationäres Angebot für Familien mit einem chronisch schwerkranken Kind oder für Familien mit einem krebskranken Elternteil. Die meisten mehrwöchigen Angebote richten sich an Familien mit herz- (van der Mei et al. 2013) oder krebskranken Kindern.

Die Aufsuchende Familientherapie (AFT) ist ein niederschwelliges familientherapeutisches Angebot, das bei den Familien zu Hause unter Einbeziehung des Umfeldes, sowohl der Herkunftsfamilie als auch von Freunden, Nachbarn und der Helfersysteme, stattfindet (Conen 2011).

Sie richtet sich an Familien, die durch vielfältige, sich überlagernde Krisen, die beispielsweise mit einer chronischen Erkrankung einhergehen können, in ihrem gesamten Familiensystem dauerhaft überfordert sind. Sie kann eingesetzt werden, wenn Eltern ihre elterliche Autorität nur noch ungenügend oder gar nicht mehr wahrnehmen und ihre Kinder eine Zunahme an Verhaltensauffälligkeiten zeigen.

Das Ziel der aufsuchenden, multisystemischen Familientherapie ist es, „über neue/funktionale Handlungsmuster und alternative Handlungsmöglichkeiten Ressourcen freizulegen und damit der Familie die Möglichkeit für Veränderungen zu schaffen." (Deutsche Gesellschaft für Systemische Therapie, Beratung und Familientherapie, DGSF 2009).

Bei dem Multifamilientraining (MFT, auch Multifamilientherapie) handelt es sich um die simultane Arbeit mit mehreren Familien, bei denen chronische Krisen und (Beziehungs-) Konflikte vorliegen. Die Anwesenheit von Familien mit ähnlichen Störungen, Schwierigkeiten oder Krankheitsbildern ermuntert dazu, sich gegenseitig zu helfen, Erfahrungen und Ideen auszutauschen, neue Lösungen zu finden und Feedback innerhalb der Gruppe anzubieten. Ziel der Arbeit ist nach Asen und Scholz (2012), „dass die einzelne Familie und ihre Mitglieder die Potenz der Gruppe als eine Chance für sich selbst erleben." (S. 15).

4.3 Palliativ- und Hospizarbeit

Für die Arbeit mit schwerstkranken bzw. sterbenden Menschen und deren Angehörigen sind multiprofessionelle Palliative-Care-Teams mit einem mehrperspektivischen Betreuungskonzept notwendig, um Leiden zu lindern und die Lebensqualität zu verbessern. Mithilfe eines solchen multiprofessionellen Betreuungskonzepts können die physischen, psychischen, sozialen und spirituellen Dimensionen von schwerkranken Menschen und deren Angehörigen erfasst und in verschiedenen Settings (z. B. ambulanten Hospizdiensten, in stationären Hospizen, auf Palliativstationen, u. a.) auf sie eingegangen werden.

Nach Fülbier (o. J.) beschäftigt sich die Soziale Arbeit bei der palliativen Beratung mit sozialrechtlichen Fragestellungen und der psychosozialen Einzelfallhilfe bei schwierigen Problemkonstellationen und kann für die Gewinnung, Befähigung, Koordination, Beratung und Supervision von ehrenamtlichen Helfern zuständig sein (vgl. §39a Fünftes Sozialgesetzbuch SGB V).

5 Zusammenfassung und Fazit

In diesem Buchkapitel wurden sozialmedizinische und gesundheitswissenschaftliche Wahrnehmungen und Erklärungsmodelle auf die Fallgeschichte der Familie X übertragen. Für die einzelnen Familienmitglieder und die Familie als Ganzes wurden Wahrnehmungen zu den Themen Gesundheit und Krankheit, Determinanten der Gesundheit, Risiko- und Schutzfaktoren sowie zu Anpassungs- und Bewältigungsleistungen dargestellt. Zu diesen Wahrnehmungen wurden verschiedene sozialmedizinische und gesundheitswissenschaftliche Erklärungsansätze und Theorien herangezogen, um das Erleben und Verhalten der Familie X zu analysieren. Während relevante Ansätze, wie die Definitionen und Modelle von Gesundheit und Krankheit sowie Bewältigungstheorien, aufgegriffen wurden, konnte auf andere, wie beispielsweise die subjektiven Theorien von Gesundheit und Krankheit, nicht eingegangen werden. Hier war eine Verknüpfung zu der Fallgeschichte der Familie X nicht herzustellen, das heißt, es lagen keine Angaben darüber vor, wie die Familienmitglieder und insbesondere Frau X ihre Krankheit wahrnehmen und welche Bedeutung sie für sie hat. Daher soll an dieser Stelle auf die Bedeutung der subjektiven Sicht und Einordnung von Gesundheit und Krankheit, die durch historische und sozio-kulturelle Gegebenheiten beeinflusst werden, für die Bewältigung und auch Inanspruchnahme des Gesundheitssystems hingewiesen werden (vgl. Franke 2012).

Abschließend erscheint die Kenntnis der einzelnen Theorien, ihrer disziplinären Bezüge und Denktraditionen als hilfreich, um einer Simplifizierung in der praktischen Arbeit entgegenzutreten. Andererseits wird die Verknüpfung von wissenschaftlichem und praktischem Wissen als Prinzip integrativer Forschung bei komplexen Problemlagen, wie der chronischen Krisensituationen mit Mehrfachbelastung der Familie X, als notwendig angesehen, gerade um dieser Komplexität gerecht werden zu können.

Literatur

Antonovsky, Aaron (1979): Health, stress, and coping. New perspectives on mental and physical well-being. San Francisco: Jossey-Bass.
Antonovsky, Aaron (1997): Salutogenese. Zur Entmystifizierung der Gesundheit. (Dt. erweiterte Ausgabe von Alexa Franke). Tübingen: DGVT. (Original erschienen 1987: Unraveling the Mystery of Health. How People Manage Stress and Stay Well. San Francisco: Jossey-Bass).
Asen, Eia & Scholz, Michael (2012): Praxis der Multifamilientherapie. Heidelberg: Carl Auer Verlag.
Bengel, Jürgen, Meinders-Lücking, Frauke & Rottmann, Nina (2009): Schutzfaktoren bei Kindern und Jugendlichen. Stand der Forschung zu psychosozialen Schutzfaktoren der Gesundheit. Köln: Bundeszentrale für gesundheitliche Aufklärung (BZgA).
Bermejo, Isaac & von Wolff, Alessa (2009): Gesundheitliche Versorgung von MigrantInnen und transkulturelle Psychologie. In Heinrich-Böll-Stiftung (Hrsg.), Migration & Gesundheit. Dossier (S. 34-37). http://www.migration-boell.de/web/integration/47_2075.asp. Zugegriffen: 02.10.2014.
Bühler, Anneke & Heppekausen, Kathrin (2005): Gesundheitsförderung durch Lebenskompetenzprogramme in Deutschland. Gesundheitsförderung konkret Band 6. Köln: BZgA.
Conen, Marie Luise (2011): Wo keine Hoffnung ist, muss man sie erfinden (5. Aufl.). Heidelberg: Carl-Auer-Verlag.
Corbin, Juliet M. & Strauss, Anselm L. (2004/2010): Weiterleben lernen. Verlauf und Bewältigung chronischer Krankheit. Bern: Hans Huber.
Daminger, Christine (2015): Salutogenese als Analyseinstrument und Handlungsorientierung für die gesundheitsbezogene Soziale Arbeit. In Christine Daiminger, Peter Hammerschmidt & Juliane Sagebiel (Hrsg.), Gesundheit und Soziale Arbeit. Schriftenreihe Soziale Arbeit – Band 6 (S.55-74). Neu-Ulm: AG SPAK Bücher.
DGSMP Deutschen Gesellschaft für Sozialmedizin und Prävention (o.J.) Was ist eigentlich Sozialmedizin? http://www.dgsmp.de. Zugegriffen: 1.6.2015.
DGSF Deutsche Gesellschaft für Systemische Therapie, Beratung und Familientherapie (2009): Qualitätskriterien zur Praxis der Aufsuchenden Familientherapie. https://www.dgsf.org/zertifizierung/qualitaetskriterien. Zugegriffen: 27.6.2015.
DIMDI Deutsches Institut für Medizinische Dokumentation und Information (2005): Internationale Klassifikation der Funktionsfähigkeit, Behinderung und Gesundheit. http://www.dimdi.de. Zugegriffen: 15.10.2014.
Döring, Nina & Eichenberg, Christiane (2013): Von der E-Beratung zur M-Beratung: Chancen und Grenzen des Einsatzes von Mobilmedien. In Frank Nestmann, Frank Engel & Ursel Sickendiek (Hrsg.), Handbuch der Beratung Band 3: Neue Beratungswelten – Fortschritte und Kontroversen (S. 1601-1615). Tübingen: DgVT Verlag.
Franke, Alexa (2012): Modelle von Gesundheit und Krankheit. Bern: Hans Huber.
Fülbier, Ursula (o.J.): Stellungnahme zur Notwendigkeit von Sozialarbeit in der ambulanten Hospiz- und Palliativversorgung. http://www.dgp.de. Zugegriffen: 20.10.2014.
Gahleitner, Silke B. (2012): Ein Schlüssel zur beruflichen Identität. Forum sozialarbeit gesundheit 1, 6-9.

Hayward, Chris, Esser, Günter & Schneider, Anna (2013): Risiko- und Schutzfaktoren. In Gerd Lehmkuhl, Fritz Poustka, Martin Hoffmann & Hans Steiner (Hrsg.), Lehrbuch der Kinder- und Jugendpsychiatrie (S. 174-184). Göttingen: Hogrefe.
Homfeldt, Hans G. & Sting, Stephan (2005): Soziale Arbeit und Gesundheit. Vergessene Zusammenhänge und Forschungsaufgaben. Sozialextra 9, 41-44.
Hurrelmann, Klaus, Razum, Oliver (2012): Handbuch Gesundheitswissenschaften. Weinheim: Beltz.
Kinderschutz-Zentren (2003): Rahmenempfehlungen zu Qualitätsmerkmalen der Internet-Beratung für Eltern, Kinder, Jugendliche und für Mitarbeiter in sozialen und pädagogischen Berufsfeldern. Köln: Eigenverlag der Bundesarbeitsgemeinschaft der Kinderschutz-Zentren.
Kusch, Michael, Labouvie, Hildegard & Hein-Nau, Birgitt (2013): Klinische Psychoonkologie. Heidelberg, Berlin: Springer.
Lazarus, Richard S. & Folkman, Susan (1984): Stress, appraisal and coping. New York: Springer.
McCubbin, Marilyn & McCubbin, Hamilton I. (2003): Resilience in Families: A Conceptual Model of Adjustment, Adaptation and Well-Being. In Hamilton I. McCubbin, Anne Thompson & Marilyn McCubbin (Hrsg.), Family assessment inventories for research and practice (S. 10–50). Madinson: University of Wisconsin System.
Michel-Schwartze, Brigitta (2009): Fallarbeit: ein theoretischer und methodischer Zugang (S. 121-154). In Brigitta Michel-Schwartze (Hrsg.), Methodenbuch Soziale Arbeit. Basiswissen für die Praxis. Wiesbaden: VS Verlag für Sozialwissenschaften.
Mühlig, Stephan & Jacobi, Frank (2011): Psychoedukation. In H.U. Wittchen, J. Hoyer (Hrsg.), Klinische Psychologie & Psychotherapie (S. 477-490). Berlin: Springer.
Müller, Burkhard (2012): Sozialpädagogisches Können. Ein Lehrbuch zur multiperspektivischen Fallarbeit. Freiburg im Breisgau: Lambertus.
Nestmann, Frank (2008): Die Zukunft der Beratung in der sozialen Arbeit. Beratung Aktuell, Fachzeitschrift für Theorie und Praxis der Beratung 2, 1-25.
Nestmann, Frank, Engel, Frank & Sickendiek, Ursel (Hrsg.) (2007): Das Handbuch der Beratung. Band 1 und 2. Tübingen: DGVT Deutsche Gesellschaft für Verhaltenstherapie.
Nestmann, Frank, Engel, Frank & Sickendiek, Ursel (Hrsg.) (2013): Das Handbuch der Beratung. Band 3: Neue Beratungswelten: Fortschritte und Kontroversen. Tübingen: DGVT Deutsche Gesellschaft für Verhaltenstherapie.
Pantucek, Peter (2009): Soziale Diagnostik. Verfahren für die Praxis. Wien, Köln, Weimar: Böhlau.
Romer, Georg Bergelt, Corinna & Möller, Birgit (2014): Kinder krebskranker Eltern. Göttingen: Hogrefe.
Schaeffer, Doris & Moers, Martin (2008): Überlebensstrategien – ein Phasenmodell zum Charakter des Bewältigungshandelns chronisch Erkrankter. Pflege & Gesellschaft 13, 6-31.
Schuntermann, Michael F. (2013): Einführung in die ICF. Grundkurs – Übungen – offene Fragen. Heidelberg: Ecomed Medizin.
SGB (2014): Sozialgesetzbuch (43. Auflage). München: Beck im dtv.
van der Mei, Sicco H., von der Beek, Joachim & Dubowy, Karl O. (2013): S2k Leitlinie Pädiatrische Kardiologie: Familienorientierte Rehabilitation (FOR) bei Herz- und Kreislauferkrankungen im Kindes- und Jugendalter und spezielle Rehabilitation im Jugend- und jungen Erwachsenenalter (JEMAH-Patienten). http://www.awmf.org/leitlinien/detail/ll/023-031.html. Zugegriffen: 20.10.2014.
WHO Weltgesundheitsorganisation (1946): Verfassung der Weltgesundheitsorganisation.

WHO Weltgesundheitsorganisation (1986): Ottawa-Charta zur Gesundheitsförderung. http://www.euro.who.int/__data/assets/pdf_file/0006/129534/Ottawa_Charter_G.pdf. Zugegriffen: 24.6.2015.

WHO Weltgesundheitsorganisation (2001): International Classification of Functioning, Disability and Health. Genf: World health Organisation.

WHO Weltgesundheitsorganisation (2005): Mental Health Policy and Service Guidance Package: Child and Adolescent. Mental Health Policies and Plans. http://www.who.int/mental_health/policy/Childado_mh_module.pdf. Zugegriffen: 24.6.2015.

WHO Weltgesundheitsorganisation (2014): Mental health: strengthening our response. Fact sheet N°220. http://www.who.int/mediacentre/faczsheets/fs220/en. Zugegriffen: 24.6.2015.

Rassismustheoretische Perspektiven auf sozialpädagogische Fallarbeit

Iman Attia

1 Einleitung

Konkrete Fallarbeit ist nicht nur durch inter-/subjektive und soziale Aspekte geprägt. Hier werden auch diskursive Wissensformationen und gesellschaftliche Positionen aktualisiert und verhandelt. Sowohl Sozialarbeiter*innen als auch ihre Adressat*innen sind in Diskurse verstrickt, ihre Handlungsoptionen von sozialen, institutionellen und strukturellen Bedingungen gerahmt und in ständiger Wechselwirkung mit ihnen machtförmig verbunden. In der Interaktion treffen diese als antagonistische, überlappende oder geteilte Erfahrungs-, Wahrnehmungs- und Deutungshorizonte aufeinander. Welche der Perspektiven als wahr und relevant ausgehandelt und durchgesetzt wird und welche der Handlungsmöglichkeiten als angemessen und gut gilt, ist nicht nur vom persönlichen Geschick und der objektiven Richtigkeit einer Sichtweise abhängig, sondern insbesondere von Machtverhältnissen: Macht in der Beziehung zwischen Adressat*in und Sozialarbeiter*in, Macht durch die institutionelle Einbindung und den professionellen Auftrag, Macht in der Anrufung hegemonialer Diskurse und ihrer Irritation, Macht im gesellschaftlichen Verhältnis, das strukturiert und diskursiviert wird durch die Interrelation von Rasse[1], Ethnizität, Kultur, Religion, Klasse, Bildung, Geschlecht, Sexualität, Beeinträchtigung und Alter. Die unterschiedlichen Erfahrungs- und Deutungshorizonte sowie die Machtverhältnisse, in die sie eingeschrieben sind und die sie gleichzeitig beständig hervorbringen, sind in Entscheidungs- und Handlungsprozessen co-präsent.

---

1 Rasse wird nicht – wie sonst im Deutschen üblich – in Anführungszeichen gesetzt, da es sich dabei analog zu den anderen Machtverhältnissen um Konstruktionen mit realen Folgen handelt.

Familien of Color[2], die auf Unterstützung durch Soziale Arbeit angewiesen sind, erfahren nicht selten, dass ihr Anliegen auf dem Hintergrund unmarkierter und unreflektierter *weißer*[3] Perspektivierungen wahrgenommen und gedeutet werden. Ohne dass dies im Einzelnen intendiert oder bewusst sein muss, ragen *weiße* Positionen in Praktiken, Methoden und Konzepte Sozialer Arbeit hinein. Sie werden durch institutionalisierte Routinen und diskursive Verstrickungen der Akteur*innen handlungsleitend. Rassismuserfahrungen durch strukturelle Benachteiligung, gesellschaftliche Marginalisierung und diskursives Othering werden häufig vernachlässigt oder *weiß* gedeutet und in ihrer Tragweite unterschätzt. Familien of Color werden als Andere adressiert, ihre Lebensumstände kulturalisiert und spezifische Bedarfe vernachlässigt. Interventionen können so ins Leere laufen oder aber Familien of Color zusätzlich belasten.

Die vorliegende Falldarstellung lässt kaum Rückschlüsse auf den Fall zu: Die Beschreibung ist dermaßen von Verstrickungen in rassistische Diskurse bei gleichzeitiger Vernachlässigung von Rassismuserfahrungen durchzogen, dass die Darstellung selbst zum Fall wird. Im Folgenden wird daher die Falldarstellung als Fall erster Ordnung und der dargestellte Fall als Fall zweiter Ordnung analysiert und jeweils Handlungsansätze vorgeschlagen.

2 Rassismustheoretische Fokussierung[4]

Moderne Gesellschaften sind von Machtverhältnissen durchzogen und beanspruchen gleichzeitig, besonders egalitär zu sein. Die enge Verwobenheit von Kapitalismus, Rassismus und Sexismus ermöglich(t)en den materiellen Reichtum in post-/industriellen Gesellschaften und rechtfertig(t)en die moralische und politische Führerschaft, die der Westen für sich über Andere beansprucht. Transatlantische Versklavung und Kolonialismus, aber auch die verschiedenen Formen von Arbeitsmigration sowie die aktuellen Formen von Neokolonialismus und die Effekte des Neoliberalismus sind nicht nur die Kehrseite der Moderne, sondern ihre Bedingung. Während im

---

2 Der Oberbegriff schließt alle rassialisierten Subjektpositionen ein.
3 Im Unterschied zu Schwarz wird *weiß* kursiv und kleingeschrieben, um die üblicherweise unmarkierte *weiße* Position und das Machtverhältnis zwischen beiden hervorzuheben. Weder *weiß* noch Schwarz oder of Color beziehen sich auf Hautfarben oder auf Rassen. Vielmehr markieren sie Machtpositionen und thematisieren die Effekte von Rassismus (nach dem Motto: „Es gibt keine Rassen, aber sie töten."). Die Simplifizierung in der Gegenüberstellung folgt hegemonialen Diskursen.
4 Zur Einführung eignet sich Rommelspacher 2009, vertiefend Hall 1994.

Zusammenhang mit der transatlantischen Versklavung Indigene und Schwarze entmenschlicht oder verkindlicht wurden, um die Gewalt gegen sie zu rechtfertigen, geschieht dies seit der systematischen Kolonisierung Afrikas vor allem unter dem Vorwand, nicht-*Weiße* zu zivilisieren. Die Umcodierung von Aggression in Fürsorge ermöglicht es, die Widersprüche in der Selbstwahrnehmung und in der Relation zu Anderen zu glätten.

Insofern sind ökonomische und politische Verhältnisse mit diskursiven Formationen eng verwoben: Sie beziehen sich aufeinander, bringen sich gegenseitig hervor, legitimieren sich gegenseitig und entwickeln sich in Wechselwirkung weiter. Dies geschieht weder linear noch widerspruchsfrei – in den Brüchen und Widersprüchen liegen die Möglichkeiten der Transformation materieller Verhältnisse und der Dekonstruktion hegemonialer Diskurse – wenn auch in begrenztem Maße.

Subjekte werden in diesen gesellschaftlichen Verhältnissen positioniert, setzen sich damit auseinander, arbeiten sich darin ein und bringen sich in diesem Prozess als Subjekte hervor – in mehr oder weniger aktiver, widerständiger, erkennbarer Weise. Während weitgehend konforme Subjektpositionen und Subjektivierungsweisen unmarkiert bleiben, werden subalterne Positionen und widerständige Praktiken als abweichend und störend stigmatisiert: Sie fordern vom Rand her das Zentrum und von jenseits der Grenzen die Grenzziehung heraus. Gleichwohl sind sie als Andere konstitutiv für die beständige Bestätigung der eigenen Wahrhaftigkeit und der notwendigen Führung durch hegemoniale Positionen.

Rassismus ist eines der gesellschaftlichen Machtverhältnisse und mit den anderen vielfach verwoben. Wie alle gesellschaftlichen Machtverhältnisse wird Rassismus auf allen relevanten Ebenen wirksam: Rassismus strukturiert Gesellschaft, Rassismus ist in Routinen und Regelungen, Redeweisen und Handlungsmustern institutionalisiert, Rassismus wird als Wissen und Wahrheit diskursiviert, Rassismus wird in sozialen Beziehungen ausgehandelt, Rassismus positioniert Subjekte und wird von Subjekten angerufen.

Als gesellschaftliches Machtverhältnis ist Rassismus zeitlich und räumlich kontexualisiert. In spezifischen gesellschaftlichen Kontexten und in Verbindung mit anderen gesellschaftlichen Machtverhältnissen nimmt Rassismus unterschiedliche Formen an und wird spezifisch begründet. Dabei werden biologische, genetische, kulturelle, soziale, religiöse u. a. Aspekte in einer Weise verknüpft, die Rassen als homogene, essentielle und dichotome Entitäten begründet. Aus historischen Gründen wird der Rassebegriff zunehmend durch den der Ethnie, Kultur oder Religion ersetzt, die Verknüpfung der Aspekte verschiebt sich von einem Rasserassismus zu einem Kulturrassismus[5]. Rassismen greifen auf gemeinsame, eigene und miteinander verwobene Traditionen zurück und formieren sich in Wechselwirkung mit anderen gesellschaftlichen Machtverhältnissen immer wieder neu. Antisemitismus, kolonialer, antischwarzer, antiroma und antimuslimischer Rassismus werden mit Geschlechter- und Sexualitätsdiskursen verknüpft und in Klassenverhältnissen wirksam. Darin liegt die Komplexität von Rassismus begründet und häufig auch die Schwierigkeit, ihn als solchen zu erkennen. Die Vernachlässigung von Rassismus in seinen Wechselwirkungen mit anderen gesellschaftlichen Machtverhältnissen reduziert die Komplexität einer Situation, banalisiert Deutungsmuster und schränkt Handlungsoptionen ein.

3 Rassismus und Soziale Arbeit

Soziale Arbeit wird vielfach als Profession gedeutet, die angetreten sei, soziale Gerechtigkeit herzustellen. Vernachlässigt wird dabei, dass Soziale Arbeit historisch widersprüchlich in gesellschaftliche Verhältnisse und Diskurse verstrickt ist. Sie kann sowohl dazu beitragen, soziale Ungleichheit zu verdecken als auch sie zu legitimieren oder aber zu skandalisieren und ihre Effekte zu minimieren. Ihre Rolle im Nationalsozialismus (vgl. Lehnert 2003) und ihre Attraktivität für rechte Männer und Frauen (vgl. Buderus 1998) verweisen lediglich auf zugespitzte Möglichkeiten, Soziale Arbeit zu nutzen, um Rassismus durchzusetzen. Die Individualisierung von Problemlagen und ihre Pädagogisierung und Therapeutisierung sind anschlussfähig an Deutungsmuster, die hegemoniale Diskurse, gesellschaftliche Machtverhältnisse und Strukturen sozialer Ungleichheit vernachlässigen. In rassistisch strukturierten Verhältnissen wird die Individualisierung durch weitere, meist wenig bewusste und selten eindeutig intendierte Strategien ergänzt.

Die Kulturalisierung sozialer Verhältnisse und subjektiver Praktiken macht rechtliche, politische, gesellschaftliche und ökonomische Schieflagen unsichtbar. Sie verweist die Ursachen von Problemlagen und mögliche Interventionen in Kontexte außerhalb des eigenen nationalen und professionellen Handlungsspielraums

---

5 Der Unterschied zwischen beiden liegt weniger darin, dass Kultur ein neuer Bezugspunkt in rassistischen Diskursen ist. Kultur bzw. der vermeintlich lineare Kulturunterschied war auch im Rasserassismus die *zentrale Argumentation zur Legitimation von Gewalt in ihren verschiedenen Formen*. Allerdings versucht der Rasserassismus unterschiedliche Kulturen biologisch zu begründen und gerät damit mehr noch als der Kulturrassismus in die Bedrängnis, seine Zivilisierungsmission zu rechtfertigen. Vertreibung und Vernichtung sind die logischen Folgen des Rasserassismus.

(vgl. Kalpaka 2006). Kulturalisierung geht häufig mit der Leugnung von Rassismus und der Relativierung und Umdeutung von Rassismuserfahrungen einher. Rassismuserfahrungen, die Sozialarbeiter*innen berichtet werden, werden nicht gehört oder als Strategie interpretiert, *weiße* Deutsche zu beschuldigen und von eigenen Unzulänglichkeiten abzulenken (vgl. Melter 2006). Rassismus zwischen *weißen* Sozialarbeiter*innen und Sozialarbeiter*innen of Color, zwischen den Adressat*innen und zwischen ihnen und Sozialarbeiter*innen sind in professionellen Kontexten alltäglich (vgl. Aktaş 1993). Rassismus als Vorurteil zu deuten und auf eine sozialpsychologische Ebene zu reduzieren, führt selbst bei antirassistisch Engagierten dazu, Rassismus interaktiv zu reproduzieren (vgl. Weiß 2001). Struktureller und institutionalisierter Rassismus werden häufig nicht nur vernachlässigt (vgl. ebd.), sondern selbst in vermeintlich progressiven Kontexten angerufen, um eigene Vorstellungen von Gerechtigkeit und Fortschritt gegen die zu Anderen Gemachten durchzusetzen (Erdem 2009).

Die Strategien verweisen auf vielfältige Verstrickungen Sozialer Arbeit in Rassismus auch dann, wenn Rassismus nicht intendiert und konzeptionell angelegt ist. Sie verdeutlichen die Notwendigkeit, Rassismus jenseits rechter und offen rassistischer Zielsetzungen zu reflektieren, und zwar in alltäglichen, institutionalisierten, strukturellen und professionellen Kontexten.

In der (außerschulischen) Bildungsarbeit kann dies programmatisch geschehen (vgl. die Beiträge in Scharathow/Leiprecht 2009). Aber auch in genuinen Feldern der Sozialen Arbeit kann die Berücksichtigung von Rassismus als Dimension der komplexen Lebenslage von Familien of Color dazu beitragen, Soziale Arbeit zu professionalisieren (vgl. Jagusch/Sievers/Teupe 2012). Beratung kann nicht nur „als Ort neoliberaler Subjektivierung" (Duttweiler 2007: 261) fungieren, sondern durch den Einsatz rechtlicher und politischer Mittel genutzt werden, um Lebenslagen zu verbessern (vgl. Prasad 2011, Opferperspektive 2013). Dekonstruktion als Haltung und Verfahren eröffnet Sozialer Arbeit eine Perspektivierung auf die Komplexität gesellschaftlicher Verhältnisse in ihrer Bedeutung für Adressat*innen Sozialer Arbeit (vgl. einige Beiträge in Kessl/Plößer 2010, Attia 2013). Soziale Arbeit kann demnach herrschende Verhältnisse und hegemoniale Diskurse irritieren und zu ihrer Transformation beitragen – ebenso wie sie diese affirmieren kann.

4 Den Fall erster Ordnung dezentrieren und dekonstruieren

Dezentrierung und Dekonstruktion können mit Derrida (1990a, b, 2006) gedacht werden als Möglichkeiten, um herauszuarbeiten, welche unausgesprochenen Selbstverständnisse und Selbstverständlichkeiten in eine Beschreibung eingehen, von denen aus – als Zentrum – das Verhältnis zwischen Eigenem und Fremden konstruiert wird. Dezentrierung und Dekonstruktion zielen darauf, das Umgedeutete und Vernachlässigte offen zu legen, die Brüche und Widersprüche, Überlappungen und Projektionen zu nutzen, um die Grenzziehung zwischen Zentrum und Rand, Innen und Außen aufzuweichen und gleichzeitig die konstitutive Beziehung zwischen ihnen herauszustellen. Eine rassismustheoretisch informierte Dezentrierung und Dekonstruktion fokussiert auf jene Zentrierungen und Konstruktionen, die *Weißsein* in der Differenz zum Anderen hervorbringen, ohne dass *weiße* Positionierungen und *weiße* Perspektivierungen als solche markiert werden.

Die vorliegende Falldarstellung ist als Bericht verfasst. Die Form suggeriert Objektivität: Eine unsichtbare Person berichtet über eine Familie. Die berichtende Person, ihre Sichtweise auf den Fall, die Beziehung zwischen dem*der Berichtenden und dem*der Berichteten, der zeitliche und räumliche Kontext des Falls und des Berichts werden nicht expliziert. Das ist üblich in Berichten Sozialer Arbeit (und anderer Professionen), auf diese Aspekte, die implizit im Bericht enthalten sind, soll zunächst fokussiert werden. Denn der Bericht ist von diesen Dimensionen durchzogen, von einer spezifischen Perspektive aus geschrieben und in einem spezifischen Kontext verortet. Das Zentrum, von dem aus das Randständige diskursiviert wird, setzt sich als Instanz, die in der Lage und berechtigt sei, das Andere zu beschreiben und zu beurteilen – ohne dass dies explizit markiert oder gar reflektiert und in Frage gestellt werden müsste. Der Bericht hebt die Differenzen hervor, die zum Problem führen: das Abweichende, Vermeidende, Unselbstständige, Patriarchale, Orientalische, Gewalttätige, Konfliktreiche, Vermüllte, Altersunangemessene, Einengende, Ignorierende usw.[6] Die jeweiligen Antonyme sind mitgedacht, sie bilden das Zentrum, von dem aus die Situation beschrieben wird und zu dem hin die Intervention führen soll. Das Zentrum wird demnach als normal, emanzipiert, harmonisch, sauber usw. konstruiert, die Position, von der aus der Bericht geschrieben ist, zieht eine Grenze zwischen dem imaginären Eigenen und ihrem Anderen.

---

6 Hier und im Folgenden werden die in der Falldarstellung gewählten Begriffe nicht in Anführungszeichen gesetzt, wegen der besseren Lesbarkeit, aber auch weil sie den Bericht strukturieren und den Fall diskursiv hervorbringen.

Im Bericht werden verschiedene Grenzen entlang gesellschaftlicher Machtverhältnisse gezogen: Klasse, Geschlecht, Beeinträchtigung, Alter, Kultur und Rasse werden direkt angesprochen. Es stellt sich nun die Frage, in welcher Weise auf sie Bezug genommen wird, wie sie argumentativ eingeführt und perspektivisch genutzt werden. Und es stellt sich die Frage, wie das Eigene jenseits der Grenzziehung imaginiert wird, das sich als professionelle Instanz gibt und dabei auf partikulare Differenzierung und universalistische Normierung zugleich setzt.

Die Beschreibung der Familienmitglieder und der Familienkonstellation folgt einem bürgerlichen, heteronormativen, eurozentrischen Ideal, das als Zentrum fungiert, von dem aus der Fall beschrieben ist. Vom Zentrum aus wird in der vorliegenden Falldarstellung Familie implizit als Einheit von Vater-Mutter-Sohn-Tochter konstruiert, in einer geschiedenen Familie gehören die Kinder zur Mutter, während der Vater für den Unterhalt zahlt und die Kinder regelmäßig besucht. Erziehung zielt darauf, selbstständig zu werden und zunehmend die jeweils vorgegebenen Rollen zu übernehmen. Die Berufswahl der Kinder, insbesondere die des Sohnes, wird kritisch begleitet, wobei einige Berufe höheres Ansehen verdienen als andere. Krankheit ist ein tragisches Unglück, das von Trauer begleitet wird und besonderer Rücksichtnahme bedarf. Insgesamt liegt der Falldarstellung ein Konzept zugrunde, wonach Familie eine harmonische, liebevolle, unterstützende, ermutigende, lebensbejahende, verlässliche und gewährende Gemeinschaft in einem sauberen und aufgeräumten Umfeld ist. Haushaltshilfe, Pflegedienst und Soziale Arbeit unterstützen dort, wo Schicksalsschläge und Engpässe, durch eigenes, fremdes oder höheres Verschulden, zu einer Differenz zwischen vorgestelltem Ideal und vorgefundener Situation führen.

Dieses Familienkonzept als berechtigt vorausgesetzt, könnte es im dargestellten Fall dazu genutzt werden, jene Aspekte herauszuarbeiten, die bereits eingelöst sind, und jene Ansatzpunkte zu suchen, die gestärkt werden könnten, um eine gute Familie zu werden. In verschiedenen Konzepten Sozialer Arbeit werden Empowerment, Ressourcenorientierung und Hilfe zur Selbsthilfe als angemessene Methoden beschrieben (vgl. Herriger 2010), um positive Effekte bei den Adressat*innen zu erreichen und sich selbst als Unterstützungsinstanz zunehmend überflüssig zu machen. In der vorliegenden Falldarstellung scheinen entsprechende Konzepte nicht durch. Die Defizitorientierung des Berichts zielt auf eine größtmögliche Differenzierung zwischen gutem und schlechtem Familienleben. Der Bericht ist nicht nur als klientelisierender normativ aufgeladen, sondern auch als orientalisierender rassistisch verstrickt.

Der abwesende Vater wird in mehrfacher Hinsicht jenseits der Grenze zum Eigenen dargestellt. Der Orientale kümmert sich nicht um die Familie, ist über mehrere Monate nicht im Land und auch ansonsten wenig präsent und familiär unzuverlässig. Wie es dazu gekommen ist, wird nicht beschrieben, wohl aber assoziativ angedeutet: So ist er, der Orientale. Homogenisierung, Essentialisierung und Dichotomisierung strukturieren die Falldarstellung, sie wird durch die rassialisierende Bezeichnung des Vaters als Orientale eingeleitet[7]. Darauf wird im weiteren Verlauf grundlegend zurückgegriffen: Der Sohn hat „die patriarchale Sicht […] offenbar von seinem Vater übernommen", drangsaliert die Schwester, sie und die Mutter werden durchgängig als Opfer beschrieben, passiv, handlungsunfähig und mitleiderregend. Die Viktimisierung von Mutter und Tochter korrespondiert mit der Dämonisierung von Vater und Sohn.

Personen- und Problembeschreibungen schöpfen begrifflich und thematisch aus dem Orientdiskurs. Darin kreuzen sich Rassismus und Sexismus in spezifischen Weisen, sexuelle Phantasien sowie die Problematisierung von Geschlechterrollen und Geschlechterverhältnissen werden in den Orient projiziert (vgl. Lewis 1996, Yeğenoğlu 1998). Patriarchat und Sexismus werden ebenso externalisiert und orientalisiert wie Erotik und Sexualität. Die vorliegende Falldarstellung beruht auf der Verstrickung der*des Berichtenden in patriarchale und rassistische Diskurse: Der abwesende Vater beherrscht das Familiengeschehen, der Sohn ist sein Stellvertreter und Vollstrecker. Die Tochter wird als Opfer par excellence dargestellt: ausgeliefert, geschlagen, eingeengt. Diskurse über muslimische Familien, die hier als orientalische bezeichnet werden, werden performativ aktualisiert. Die Kulturalisierung wird als Rassialisierung deutlich: Auch ohne nennenswerten Kontakt zum Orientalen geht seine Kultur auf die Kinder über. Die Mutter dagegen wird an der Schnittstelle von Geschlecht, Klasse und Behinderung beschrieben: Sie versucht immerhin ihr Bestes, ist aber hoffnungslos überfordert, vernachlässigt den Haushalt und lässt ihre Kinder nicht los. Ihre Proletarisierung und Viktimisierung erklärt ihr (ehemaliges) Verhältnis zu einem Orientalen, ihr unmarkiertes *Weißsein* ist durch Klasse und Krankheit beschädigt.

Die Falldarstellung orientalisiert die Familie aus einer spezifischen Perspektive, die unmarkiert und unreflektiert bleibt. Der eurozentrisch, heteronormativ und bürgerlich zentrierte Blick durchzieht die Fallkonstruktion. Es ist nicht möglich, den Fall auf Grundlage dieser Konstruktion als Fall zu decodieren, heraus zu lesen, was der Fall aus einer nicht-*weißen*, nicht-heteronormativen, nicht-bürgerlichen Perspektive sein könnte. Auch die Auseinandersetzungen der Personen mit den verschiedenen Diskursformationen und Machtverhältnissen bleiben unterbelichtet. Die Darstellung geht nicht darauf ein, wie sich die Familienmitglieder subjektivieren

---

7 Vgl. zum Zusammenhang von Orientalismus und antimuslimischem Rassismus: Attia 2009, zum Wechselspiel von Geschlecht, Kultur, Religion und Klasse im antimuslimischen Rassismus: Shooman 2014.

und ihre Beziehungen untereinander und zu Anderen in ihrer Komplexität und Ambivalenz gestalten. Sie erscheinen als Marionetten und Opfer, selbst die Täter bleiben ihrer Kultur verhaftet und sind daran alternativlos gebunden. Rahmungen jenseits von Kultur dagegen, wie etwa rechtliche, ökonomische und politische, tragen nicht wesentlich zur Darstellung bei. Als materielle Bedingungen aber eröffnen sie spezifische Handlungsoptionen und erschweren andere.

Die Falldarstellung als Fall erster Ordnung weist auf Reflexions- und Handlungsbedarf auf mehreren Ebenen hin. Der*die Berichtende könnte eigene Verstrickungen in hegemoniale Diskurse reflektieren und dezentrieren. Die geleisteten und unterbliebenen Hilfen in der Familie könnten an Hand professioneller Kriterien überprüft und neu konzipiert werden. Die involvierten Institutionen könnten auf ihren allgemeinen Auftrag hin evaluiert werden, der im Zuge ihrer Modernisierung Kund*innen-, Ressourcen- und Netzwerkorientierung vorsieht. Auch könnten die Institutionen auf ihre interkulturelle Öffnung hin evaluiert werden, inwiefern entsprechende Strategien realisiert und im konkreten Fall eingesetzt wurden, wo Defizite bestehen und wie diese behoben werden können. Für die Bearbeitung des vorliegenden Falls wäre zu überprüfen, welche anderen Personen oder Zuständigkeitsbereiche innerhalb der Institution eher in der Lage wären, den Fall zu übernehmen. Insbesondere sollten Instanzen hinzu gezogen werden, die qualifiziert und professionell eine diversitätssensible und machtkritische Unterstützung (der Familie und der*des Sozialarbeiter*in) anbieten könnten.[8]

5 Eine andere Lesart auf den Fall zweiter Ordnung

Said (1994) und Hall (1994) analysieren post-/koloniale Otheringprozesse entlang kulturrassistischer Wissensformationen. Sie geben Impulse, wie hegemoniale Diskurse kritisch gelesen und durch marginalisierte Diskurse irritiert und in einen interrelationalen Kontext gesetzt werden können. Das kontrapunktische Lesen (Said), das Zurückschreiben (Said) und die Wieder-Erzählungen (Hall) legen Homogenisierungen und Essenzialisierungen offen und fokussieren auf die Interrelation zwischen den als jeweils essentiell und homogen konstruierten und einander dichotom gegenüber gestellten Kulturen. Die Konfrontation hegemonialer Diskurse mit marginalisierten, verdrängten und vergessenen Perspektiven auf ihn ermöglicht es, in den Diskurs einzutreten und ihn zu transformieren. Die genannten

---

8 Vgl. einführend zu interkultureller Öffnung: Barwig/Hinz-Rommel 1995 und zu Migrationspädagogik: Mecheril 2004.

Verfahren können genutzt werden, um den vorliegenden Fall anders zu lesen: Die orientalisierende Darstellung auf Grundlage eines bürgerlichen, heteronormativen und eurozentrischen Familienkonzepts wird kontrapunktisch gelesen und anders zu erzählen versucht. Da keine weiteren Perspektiven auf den Fall vorliegen, wird die Falldarstellung als Fall zweiter Ordnung gelesen. Auf Grundlage der dezentrierten und dekonstruierten Fallanalyse erster Ordnung werden jene Aussagen für die Fallbearbeitung zweiter Ordnung ausgeklammert, die in orientalisierende Diskurse verstrickt sind. Hierzu müssten in einem Praxis- oder Forschungskontext in professioneller und reflektierter Weise Daten erhoben und ausgewertet werden.

Gleichwohl sind in der Falldarstellung Schilderungen enthalten, an welchen professionelle Interventionen ansetzen können: Die Familie lebt unterhalb der Armutsgrenze, die Haushaltshilfe hinterlässt eine vermüllte Wohnung, die Sozialarbeiterin führt Gespräche zu Problemdefinitionen und Zukunftsvorstellungen der Familienmitglieder, Mutter, Sohn und Vater sind bereit, für die Familie Verantwortung zu übernehmen, die Tochter äußert Hilfebedarf, die Kinder machen Rassismuserfahrungen. Jeder dieser Aspekte begründet einen Arbeitsauftrag für professionell angelegte Soziale Arbeit. Einige erfordern eine rassismuskritisch geschulte Unterstützung wie etwa die Bearbeitung von Rassismuserfahrungen und das Erlernen von Strategien, um damit in unterschiedlichen Alltagssituationen umgehen zu können. Andere wiederum sollten von professionell geschulten Fachkräften erbracht werden können, wie etwa die Suche nach einer geeigneten Haushaltshilfe, das Erschließen zusätzlicher finanzieller Unterstützung oder das Einschalten eines Krisendienstes für suizidgefährdete Jugendliche. Wieder andere der genannten Handlungsfelder setzen eine fundierte Reflexion eigener Verstrickungen in hegemoniale Diskurse voraus. So kann etwa am Ansinnen des Vaters, die minderjährige Tochter nach dem Tod der Mutter zu sich zu nehmen, als Ressource angesetzt werden. Vater und Tochter könnten in der verbleibenden Zeit dahingehend unterstützt werden, um eine tragfähige Beziehung zu entwickeln. Zuvor müssten jedoch die Vorwürfe gegen den Vater überprüft werden, auf Grundlage der vorliegenden Falldarstellung kann sein möglicher Beitrag nicht eingeschätzt werden. Dabei muss berücksichtigt werden, dass er (ebenso wie seine Kinder) offensichtlich über Rassismuserfahrungen verfügt, die im Zuge der Überprüfung der gegenwärtigen Situation sowie der Entwicklung von Zukunftsperspektiven zu beachten sind. Die Rassismuserfahrungen des Vaters zu berücksichtigen und ihn in ihrer Aufarbeitung zu unterstützen bedeutet nicht, ihn oder sein Verhalten zu entschuldigen. Vielmehr kann er darin eine Vorbildfunktion für seine Kinder und eine Unterstützung in deren Verarbeitungsprozess einnehmen.

Darüber hinaus könnten weitere Handlungsfelder identifiziert werden, die der Komplexität der Situation gerecht und von Sozialer Arbeit angegangen werden können. Gleichzeitig könnten weitere Stärken und Ressourcen innerhalb der Familie, im sozialen Umfeld und in semi-/professionellen Kontexten mobilisiert werden. Insbesondere Beratungsstellen und Selbstorganisationen, die über Expertise zu Rassismuserfahrungen verfügen, sollten einbezogen werden. Das entbindet Institutionen der Regelversorgung nicht davon, ihre Arbeit zu verrichten, kann aber ihren Adressat*innen in der Zwischenzeit eine adäquate Alternative bieten.

6 Ansatzpunkte für rassismustheoretisch informierte Soziale Arbeit

Soziale Arbeit verfügt weder über eigene Theorien noch über ein Set an eigenen Methoden. In sozialarbeitswissenschaftlichen Kontexten wird dies als Defizit wahrgenommen und daran gearbeitet, die Profession zu einer Disziplin zu entwickeln. Im Unterschied dazu kann ein inter- und transdisziplinäres Professionsverständnis genutzt werden, um aus einem großen Fundus an Theorien und Methoden jene auszuwählen, die den jeweiligen Komplexitäten sozialer Problemlagen am ehesten dienlich sein können. Machtkritische Theorien im Kontext von Gender, Queer, Disability, Cultural und Postcolonial Studies profitieren davon, aus unterschiedlichen Theorien und Disziplinen zu schöpfen. Auch in Konzepten Sozialer Arbeit sind Ansatzpunkte zu finden, die Machtverhältnisse und/oder Komplexitäten berücksichtigen. Abschließend sollen einige in ihren Potentialen für rassismustheoretisch fundierte Soziale Arbeit vorgestellt werden.

Ressourcen von Personen, Gruppen und Netzwerken, die im Zuge der Intervention gestärkt und ausgebaut werden können, werden mittlerweile verschiedentlich und erfolgreich genutzt. Als Strategien Sozialer Arbeit wurden sie von Selbsthilfegruppen und sozialen Bewegungen (vgl. etwa Wagner 2009) angeregt und in Modellen von Empowerment (vgl. Herriger 2010) und sozialer Netzwerkarbeit (Nestmann 2005) konzeptionell verarbeitet. Die Sozialraumorientierung gründet auf den genannten Haltungen und Methoden (vgl. Hinte/Kreft 2005). Der Sozialraum wird als sozial produzierter gedeutet, der prozesshaft hervorgebracht wird, durch Gesellschaft strukturiert ist und Gesellschaft strukturiert (vgl. Werlen/Reutlinger 2005). Räume sind zeitlich und räumlich konstituiert, in ihnen spielen materielle, soziale, normative und kulturelle Dimensionen zusammen (vgl. Löw/Sturm 2005). Damit ist die Sozialraumorientierung als Arbeitsprinzip anschlussfähig an die im Kontext von Rassismus ausgeführten Überlegungen. Die Auseinandersetzung damit, welche Bedeutung und Reichweite die Erfahrung von Rassismus und transnationale, hybride, diasporische, postmigrantische Perspektiven für Sozialraumorientierung und andere Zugänge Sozialer Arbeit haben, befindet sich erst in den Anfängen (vgl. Bender u. a. 2012).

Nicht nur die Sozialraumorientierung, auch andere Ansätze, Konzepte und Modelle Sozialer Arbeit sind anschlussfähig und gleichzeitig überarbeitungsbedürftig, um Adressat*innen of Color in ihren Bedarfen und Potentialen wahrzunehmen und adäquate Unterstützung zu erarbeiten. Als Querschnittsaufgabe und als spezialisierte Qualifikation ist eine rassismustheoretische Perspektivierung Sozialer Arbeit mehr als überfällig.

Literatur

Aktaş, Gülşen (1993): „Türkische Frauen sind wie Schatten". Leben und Arbeiten im Frauenhaus. In: Hügel, Ika u. a. (Hrsg.): Entfernte Verbindungen. Rassismus – Antisemitismus – Klassenunterdrückung, S. 49-60. Berlin: Orlanda Frauenverlag.

Attia, Iman (2009): Die „westliche Kultur" und ihr Anderes. Zur Dekonstruktion von Orientalismus und antimuslimischem Rassismus, Bielefeld: transcript verlag.

Dies. (2013): Perspektivenwechsel durch Dekonstruktion. Islamdiskurs und (rassismus-) kritische Soziale Arbeit (überarbeitete Antrittsvorlesung an der Alice Salomon Hochschule Berlin 2009): In: Hünersdorf, Bettina/Hartmann, Jutta (Hrsg.): Was ist und wozu betreiben wir Kritik in der Sozialen Arbeit? Disziplinäre und interdisziplinäre Diskurse, S. 333-350. Wiesbaden VS Verlag.

Barwig, Klaus/Hinz-Rommel, Wolfgang (Hrsg.) (1995): Interkulturelle Öffnung sozialer Dienste, Freiburg i.B.: Lambertus.

Bender, Désirée/Duscha, Annemarie/Huber, Lena/Klein-Zimmer, Kathrin (Hrsg.) (2012): Transnationales Wissen und Soziale Arbeit, Weinheim, Basel: Juventa.

Buderus, Andreas (1998): Fünf Jahre Glatzenpflege auf Staatskosten. Jugendarbeit zwischen Politik und Pädagogik, Bonn: Pahl-Rugenstein.

Derrida, Jacques (1990a): Die différance. In: Engelmann, Peter (Hrsg.): Postmoderne und Dekonstruktion. Texte französischer Philosophen der Gegenwart, S. 76-113. Stuttgart: Reclam.

Ders. (1990b): Die Struktur, das Zeichen und das Spiel im Diskurs der Wissenschaften vom Menschen. In: Engelmann, Peter (Hrsg.): Postmoderne und Dekonstruktion. Texte französischer Philosophen der Gegenwart, S. 114-139. Stuttgart: Reclam.

Ders. (2006): Autoimmunisierungen, wirkliche und symbolische Selbstmorde. Ein Gespräch. In: Borradori, Giovanna: Jürgen Habermas – Jacques Derrida. Philosophie in Zeiten des Terrors, S. 117-178. Hamburg, Europäische Verlagsanstalt.

Duttweiler, Stefanie (2007): Beratung als Ort neoliberaler Subjektivierung. In: Anhorn, Roland/Bettinger, Frank/Stehr, Johannes (Hrsg.): Foucaults Machtanalytik und Soziale Arbeit. Eine kritische Einführung und Bestandsaufnahme, S. 261-275. Wiesbaden: VS Verlag.

Erdem, Esra (2009): In der Falle einer Politik des Ressentiments. Feminismus und die Integrationsdebatte. In: Hess, Sabine/Binder, Jana/Moser, Johannes (Hrsg.): no integration?! Kulturwissenschaftliche Beiträge zur Integrationsdebatte in Europa, S. 187-202. Bielefeld: transcript verlag.

Hall, Stuart (1994): Rassismus und kulturelle Identität, Hamburg: Argument Verlag.

Herriger, Norbert (2010): Empowerment in der Sozialen Arbeit. Eine Einführung, Stuttgart: Kohlhammer.

Hinte, Wolfgang/Kreft, Dieter (2005): Sozialraumorientierung. In: Kreft, Dieter/Mielenz, Ingrid (Hrsg.): Wörterbuch Soziale Arbeit, S. 869-872. Weinheim, München: Klinkhardt.

Jagusch, Birgit/Sievers, Britta/Teupe, Ursula (Hrsg.) (2012): Migrationssensibler Kinderschutz. Ein Werkbuch, Frankfurt/M.: IGFH (Internationale Gesellschaft für erzieherische Hilfen).

Kalpaka, Annita (2006): Pädagogische Professionalität in der Kulturalisierungsfalle – Über den Umgang mit „Kultur" in Verhältnissen von Differenz und Dominanz. In: Leiprecht, Rudolf/Kerber, Anne (Hrsg.): Schule in der Einwanderungsgesellschaft. Ein Handbuch, S. 387-405. Schwalbach/Ts.: Wochenschau Verlag.

Kessl, Fabian/Plößer, Melanie (Hrsg.) (2010): Differenzierung, Normalisierung, Andersheit. Soziale Arbeit als Arbeit mit den Anderen, Wiesbaden: VS Verlag.

Lehnert, Esther (2003): Die Beteiligung von Fürsorgerinnen an der Bildung und Umsetzung der Kategorie „minderwertig" im Nationalsozialismus, Frankfurt/M.: Mabuse Verlag.

Lewis, Reina (1996): Gendering Orientalism. Race, Feminity, and Representation, London, New York.

Löw, Martina/Sturm, Gabriele (2005): Raumsoziologie. In: Kessl, Fabian/Reutlinger, Christian/Maurer, Susanne/Frey, Oliver (Hrsg.): Handbuch Sozialraum, S. 31-48. Wiesbaden: VS Verlag.

Mecheril, Paul (2004): Einführung in die Migrationspädagogik, Weinheim, Basel: Beltz.

Melter, Claus (2006): Rassismuserfahrungen in der Jugendhilfe. Eine empirische Studie zu Kommunikationspraxen in der Sozialen Arbeit, Münster: Waxmann Verlag.

Nestmann, Frank (2005): Soziale Netzwerke – soziale Unterstützung. In: Otto, Hans-Uwe/Thiersch, Hans (Hrsg.): Handbuch Sozialarbeit/Sozialpädagogik, S. 1684-1692. München, Basel: Reinhardt Verlag.

Opferperspektive e. V. (Hrsg.) (2013): Rassistische Diskriminierung und rechte Gewalt. An der Seite der Betroffenen beraten, informieren, intervenieren, Münster: Dampfboot Verlag.

Prasad, Nivedita (2011): Mit Recht gegen Gewalt. Die UN-Menschenrechte und ihre Bedeutung für die Soziale Arbeit, Opladen, Farmington Hills: Verlag Barbara Budrich.

Rommelspacher, Birgit (2009): Was ist eigentlich Rassismus? In: Melter, Claus/Mecheril, Paul (Hrsg.): Rassismuskritik. Band 1: Rassismustheorie und -forschung, S. 25-38. Schwalbach/Ts.: Wochenschau Verlag.

Said, Edward W. (1994): Kultur und Imperialismus. Einbildungskraft und Politik im Zeitalter der Macht, Frankfurt/M.: S. Fischer Verlag.

Scharathow, Wiebke/Leiprecht, Rudolf (Hrsg.) (2009): Rassismuskritik. Band 2: Rassismuskritische Bildungsarbeit, Schwalbach/Ts.: Wochenschau Verlag.

Shooman, Yasemin (2014): „... weil ihre Kultur so ist". Narrative des antimuslimischen Rassismus, Bielefeld: transcript verlag.

Wagner, Leonie (Hrsg.) (2009): Soziale Arbeit und Soziale Bewegungen, Wiesbaden: VS Verlag.

Weiß, Anja (2001): Rassismus wider Willen. Ein anderer Blick auf eine Struktur sozialer Ungleichheit, Opladen: Leske + Budrich.

Werlen, Benno/Reutlinger, Christian (2005): Sozialgeographie. In: Kessl, Fabian/Reutlinger, Christian/Maurer, Susanne/Frey, Oliver (Hrsg.): Handbuch Sozialraum, S. 49-66. Wiesbaden: VS Verlag.

Yeğenoğlu, Meyda (1998): Colonial Fantasies. Toward a Feminist Reading of Orientalism, Cambridge: Cambridge University Press.

Sozialarbeitswissenschaftliche Fallarbeit: Zugänge unter Einbeziehung bezugswissenschaftlichen Wissens

Brigitta Michel-Schwartze

1 Einleitung

Sozialpädagog_innen arbeiten mit ihrer Klientel in der Regel auf der Basis einer grundlegenden professionellen Arbeitsorientierung, z. B. der systemischen Sozialen Arbeit, der Ressourcen- oder der Lebensweltorientierung.[1] Mit der Entscheidung für eine Arbeitsorientierung sind Vorentscheidungen für professionelles Handeln getroffen. Insbesondere lassen sich fachlich fundierte Kriterien für die Wahrnehmung von Personen und Situationen gewinnen. Gegebenenfalls wird Theoriewissen, beispielsweise über soziale Probleme oder somatische und psychische Krankheiten, ergänzend herangezogen, um Wahrnehmungskriterien entwickeln zu können. Darüber hinaus wird Erklärungswissen benötigt, um soziale Situationen angemessen deuten, diagnostizieren und im Fall intervenieren zu können. Hierfür greifen Professionelle dort, wo ihnen Handlungskonzepte nicht ausreichend erscheinen, auf Erkenntnisse aus den Bezugswissenschaften zurück.

Wie im Einleitungskapitel bereits herausgearbeitet, ist die *Disziplin* Soziale Arbeit eine transdisziplinäre Handlungswissenschaft, die als autopoietisches System den Theorietransfer aus benachbarten Basisdisziplinen selbstreferenziell vornimmt. Durch die professionstheoretische Orientierung sind für die *Disziplin* einerseits Rahmenkonzepte für die Entwicklung von Handlungstheorien Sozialer Arbeit ausgebildet, andererseits fundierte Orientierungen für die sozialarbeiteri-

---

1 Die Arbeitsorientierungen beruhen auf sozialarbeitswissenschaftlichen Theorien; implizite Komponente ist eine ethische Haltung. Zum Hintergrundwissen von Ethik, Orientierungen und Erkenntnistheorien vgl. den Beitrag von Schumacher in diesem Buch.

sche Praxis entwickelt worden². Dank der bezugswissenschaftlichen Studienanteile sind Professionelle der Sozialen Arbeit in der Lage, ihren Bedarf an ergänzendem Wissen im Einzelfall aus dem Theoriewissen der Bezugswissenschaften direkt zu entnehmen, um angemessene soziale Diagnosen erstellen und Interventionskonzepte erarbeiten zu können. Interventionsansätze werden bestimmt durch die Deutung der Fallproblematik. Hierfür werden Handlungsmodelle genutzt, die, oft durch Bezugswissenschaftler_innen angeregt,³ zu transdisziplinären Methoden geführt haben.⁴ Die Entscheidung über die jeweilige Intervention und deren Vorgehen wird im Einzelfall getroffen.

2 Beobachtung als zentrale Operation

Relevante Grundlage für das Erkennen von Problemlagen wie für Erkenntnis überhaupt ist die Beobachtung, die auf Wahrnehmung beruht. Aus so unterschiedlichen Disziplinen bzw. Disziplinbereichen wie der Wahrnehmungspsychologie, der soziologischen Systemtheorie, der Neurobiologie, der Vorurteilsforschung, der Kybernetik sowie aus der Beobachtertheorie des radikalen Konstruktivismus' erfahren wir, dass Wahrnehmung ein voraussetzungsreicher, höchst subjektiver Vorgang ist. Allerdings sind uns nicht die Prozesse, sondern die Ergebnisse unserer Wahrnehmungen bewusst.⁵

Beobachtung ist quasi als begriffene Wahrnehmung zu verstehen. Unsere Beobachtungen bilden keine externe Wirklichkeit ab, sondern wir erzeugen diese Wirklichkeit durch das, was wir in der Wahrnehmung begreifen, d. h. wofür wir einen Begriff haben.⁶ Anders gewendet: Nicht unsere Ideen passen sich der Wirklichkeit an, sondern wir passen die Wirklichkeit unseren Ideen, Eindrücken, Interpretationen an.⁷ Dies ist eine zentrale Erkenntnis für Sozialarbeiter_innen,

---

2   Für die systemische Orientierung: Pfeifer-Schaupp (1995); für die Lebensweltorientierung: Thiersch (1992); für eine systemisch-konstruktivistische Perspektive der Lebensweltorientierung: Kraus (2013); für Ressourcenorientierung/Empowermentkonzept: Herriger (2006); vgl. hierzu auch Sohns (2009).
3   Vgl. Maier 2009
4   Vgl. Köttig u. a. 2014
5   Vgl. Bateson (1987, S. 43)
6   Bereits Kant (1787/1997) hat in seiner Kritik der reinen Vernunft ja herausgearbeitet, dass nicht der Verstand seine Gesetze aus der Natur schöpft, sondern sie ihm vorschreibt.
7   Vgl. von Glasersfeld (2007)

deren Diagnosen und Interpretationen für ihre Klientel von existenzieller Bedeutung sind: Nicht die Realität der klientelen Lebenssituation bietet Anlässe für sozialarbeiterische Intervention, sondern das, was die zuständigen Fachkräfte in dieser Situation *erkannt* haben.[8] Nun ist das Verstehen im zwischenmenschlichen Kontakt durch Kommunikation wechselseitig beeinflussbar. Auf dieser Prämisse unterscheidet Watzlawick (1996) zwei Wirklichkeiten: eine Wirklichkeit erster Ordnung, mit der er jene Wirklichkeitsaspekte meint, „die sich auf den Konsensus der Wahrnehmung und vor allem auf experimentelle, wiederholbare und daher verifizierbare Nachweise beziehen"[9] und eine Wirklichkeit zweiter Ordnung, die „ausschließlich auf der Zuschreibung von Sinn und Wert an diese Dinge und daher auf Kommunikation"[10] beruht. In dieser Lesart wäre beispielsweise die Tötung eines Menschen der Wirklichkeit erster Ordnung zuzuschreiben; ob aber diese Tötung ein Mord oder Totschlag, ein Unfall mit Todesfolge oder eine Heldentat wäre, wird durch Kommunikation im sozialen Kontext entschieden und entspräche damit der Wirklichkeit zweiter Ordnung.

Gerade diese Zusammenhänge verweisen auf die Notwendigkeit, unbewusste Vorgänge von Beobachtung in das Bewusstsein zu heben, damit Fachkräfte der Sozialen Arbeit nicht nur ihre Klientel (als Beobachtung erster Ordnung), sondern auch sich selbst (in einer Beobachtung zweiter Ordnung)[11] beobachten können. Diese Selbstbeobachtung könnte beispielsweise mit der Frage beginnen: Warum fällt mir gerade dieses auf, warum nichts Anderes? Warum möchte ich gerade jenes ändern? Beobachtung zweiter Ordnung beinhaltet Reflexion.

2.1 Beobachtungsfokusse

Unsere Wirklichkeit bauen wir auf „aus Begriffen, Beziehungen und Begriffsstrukturen, die sich in unserer Erfahrung als viabel erweisen."[12] Wir gewinnen aus unseren Erfahrungen ein Resümé, das die Basis für unsere weiteren Beobachtungen bildet.

Die Beobachtung in der Sozialen Arbeit wird folglich bestimmt durch grundlegende Verständnisse von Basisbegriffen, von grundsätzlicher Einstellungen gegenüber der Klientel und der Tätigkeit in der Sozialen Arbeit sowie der eigenen

---

8   Zur Beobachtungstheorie vgl. den Beitrag von Hosemann in diesem Band. Zur Vertiefung des Themas der Beobachtung in der Sozialen Arbeit vgl. Kraus (2013)
9   Watzlawick (1996, S. 143)
10 A.a.O.
11 In Anlehnung an von Foerster (zuletzt 2002)
12 Von Glasersfeld (1988, S. 42) [viabel = lebensdienlich]

Person in diesem Kontext. Im Folgenden sollen als Beispiele für Verständnisse die Basisbegriffe *soziale Probleme* und grundsätzliche *Klientenleitbilder* sowie *Abweichung* und *Normalität* kurz problematisiert werden, bevor die methodischen Schritte zur Bearbeitung unseres Fallbeispiels dargelegt werden.

2.1.1 Verständnisse von sozialen Problemen

Für Soziale Arbeit ist die Definition von sozialen Problemen existenziell, denn sie ist die Instanz, die gesellschaftlich ergo sozial anerkannte Probleme zu lösen oder zu bearbeiten hat. Was aktuell als soziales Problem gilt, ist Ergebnis eines Aushandlungsprozesses. Beginn der Aushandlung ist die Skandalisierung eines Problems auf dem Hintergrund von Interessenlagen[13] mit einer plausiblen Definition. Die Thematisierung, Definition und Durchsetzung eines Problems als gesellschaftlich relevant findet auf mehreren Ebenen in unterschiedlichen politischen Arenen statt und wird dabei durch wirkmächtige Definitoren vorangetrieben.[14] In dem gesamten gesellschaftlichen Aushandlungsprozess von der ersten Thematisierung bis zum Entscheidungsprocedere ist Soziale Arbeit in den von ihr zu steuernden Bereichen beteiligt, und zwar insbesondere an den Definitionsprozessen: zunächst als *fordernde Definitorin* (in diesem Sinne: Anwältin Betroffener), dann als *anbietende Definitorin* mit ihrer Problemlösungskompetenz, als *nutznießende Definitorin* mit dem Ziel eines Profits durch Einsatz und Ausbau ihrer Kompetenzen sowie mit ihrer Lobbyarbeit auf der Ebene der *entscheidenden Definitoren*.[15]

Wenn Sozialpädagog_innen also soziale Probleme zu lösen haben, verdanken sie dies auch der Definitionsleistung und Durchsetzungsstärke ihrer Profession. Somit lautet die Frage „nicht .., was Soziale Probleme *sind*, sondern, was als Soziale Probleme beobachtet und beschrieben wird. Und *wie* schliesslich Beschreibungen sozialer Probleme zustande kommen"[16]. Das soziale Problem ist folglich ein soziales Konstrukt und stellt für Soziale Arbeit ein *appellgenerierendes Label*[17] dar.

Soziale Ungleichheit und Soziale Benachteiligung

Soziale Ungleichheit entspricht grundsätzlich dem Differenzierungsbedarf einer Gesellschaft, in der unterschiedliche Statuspositionen zu vergeben sind. Zum

---

13 Vgl. Steinert (1981)
14 Vgl. Sidler (1989), vgl. Schetsche (2008); vgl. auch Boettner/Michel-Schwartze (2016)
15 Die Kategorisierung der Definitoren folgt Sidler (1989), ähnlich auch Schetsche (2008)
16 Eugster (2000, S. 128, Hervorhebungen im Original)
17 Vgl. Eugster (a. a. O., S. 130, Hervorhebung im Original)

soziales Problem wird soziale Ungleichheit dort, wo Bevölkerungsgruppen durch Ungleichheit diskriminiert und benachteiligt werden. Verfestigte soziale Ungleichheiten sind nicht allein durch Sozialisation und persönliche Untüchtigkeit erklärbar, sondern sie werden produziert durch machtvolle Interessengruppen und Akteure, die damit Ergebnisse ihrer Entscheidungen legitimieren.[18] Nach der institutionellen Schichtungstheorie bringen selbst Wohlfahrtsstaaten „unterschiedliche Gefüge sozialer Ungleichheit"[19] hervor. Formen sozialer Ungleichheit und sozialer Benachteiligung sind funktional auch für Gesellschaften mit egalitärem Anspruch.[20]

Indikatoren für soziale Benachteiligungen sind der erschwerte Zugang zu gesellschaftlich anerkannten Werten wie Prestige, höherem Einkommen, Bildung, Eigentum sowie die erschwerte Überwindung von Grenzen der sozialen Schicht.[21] Eigene Anstrengungen scheitern auch daran, dass den Betroffenen soziale Bonität verwehrt bleibt. Die mit sozialer Benachteiligung einer gehende Diskriminierung umfasst negative Bewertung, Geringschätzung, Herabsetzung, Unterdrückung, Entwertung und beurteilt Menschen oder Menschengruppen aufgrund sozialer Vorurteile als Träger jener Eigenschaften, die als negativ oder sozial schädlich eingeschätzt werden.[22]

2.1.2 Klientenleitbilder

In der Sozialen Arbeit ist oft ein Bild von der Klientel anzutreffen, in welchem die Menschen als Dilettanten des eigenen Lebens betrachtet werden. Man beachte in diesem Zusammenhang neuere Versuche in der Disziplin Sozialer Arbeit, den Gegenstand *Mensch*, der soziale Probleme repräsentiert, als ein „prinzipiell von Überforderung bedrohtes Wesen" (Haupert), als „homo disoeconomicus" (Wagner) oder als „homo abusus" (Tillmann)"[23] zu beschreiben. Mit einem Beobachtungsfokus aus Zuschreibungen und Bewertungen konzentriert sich der professionelle Blick auf die Identifizierung von „Defiziten" der Betroffenen. Vor allem aber strebt die Beobachtung nach Bestätigung ihrer Perspektive. Das führt zu Ansprechformen und Interventionen, die den Menschen nicht gerecht werden, aber die Einschätzung der Fachkräfte perpetuieren.[24] Die Stärken und die Ressourcen der Betroffenen

---

18 Vgl. Scherr (2012, S. 8 f.)
19 Hradil (1998, S. 88)
20 Vgl. Scherr a. a. O.
21 Iben (2002, S. 853 f.)
22 Vgl. Daub (2002)
23 Zitiert nach Krieger (2016)
24 Vgl. zu entsprechenden Formen für den Umgang mit Arbeitslosen Michel-Schwartze 2012, für den Umgang mit psychisch Kranken je nach Kontext: Rosenhan (2007),

sowie deren berechtigte Bedürfnisse werden dabei in aller Regel missachtet; ein angemessener Respekt und die Anerkennung eines berechtigten Eigensinns bleibt ihnen dadurch verwehrt.

Ein ressourcenorientiertes Klientenbild allerdings ist infolge des neoliberalistischen Sozialstaatsum- bzw. -abbaus durch einen funktionalistischen „Kunden"-Begriff erodiert. Nach diesem marktorientierten Leitbild werden die Menschen auf der Beschreibungsebene hinsichtlich ihrer Funktionalität für den Arbeitsmarkt beurteilt und in Markt-, Beratungs- oder Betreuungskunden selektiert. Nach dem Ergebnis dieser Beurteilung werden dann Handlungsbedarfe und Integrationschancen ausgerichtet.[25] Wir sehen, wie kontextabhängig das Klientenbild ist und zu welchen Konsequenzen es führen kann, wenn es nicht professionell durch ethische Grundsätze abgesichert ist.

Wer die Klientel klassifiziert, sei erneut zur Beobachtung zweiter Ordnung ermuntert. Geht es darum, sich von der Klientel zu distanzieren? Steht im Vordergrund, die eigene Diagnose oder Problembeschreibung durchzusetzen? Wem nützt eine Defizitorientierung? Welchen Sinn macht für wen die Fokussierung negativer Zuschreibungen?

2.1.3 Verständnis von Normalität und Abweichung

Normalität kann als Vorschriftsmäßigkeit oder Durchschnittlichkeit, als statistisch gehäufte oder gemittelte Bedeutung, als gültige Definition einer (quantitativen oder qualitativen) Majorität oder allgemein akzeptierter Standard beobachtet werden.[26] Im Verhaltensbereich wird Normalität dann unterstellt, wenn als angemessen erwartetes Verhalten gezeigt bzw. beobachtet wird. Hier können sich bereits Unterschiede ergeben zwischen dem gezeigten Verhalten einerseits und dem beobachteten Verhalten andererseits. Denn wer sich angemessen, also normal zu verhalten glaubt, kann aus einer je aktuellen Beobachterperspektive als abweichend von der Normalität bewertet werden. Normalität und Abweichung stehen in Relation zueinander, verhalten sich wie zwei Enden einer Achse; eines ist ohne das andere nicht möglich. Veränderungen von Normalitäten beginnen im Allgemeinen mit einer Abweichung.

Über ihre *Relationalität* hinaus zeichnen sich Normalität und Abweichung aus durch

---

Michel-Schwartze (2014)

25 Vgl. die von der Bundesagentur für Arbeit per Auftrag an soziale Einrichtungen weitergereichten „Kundentypen"; hierzu Michel-Schwartze (2010, S. 229 ff.)
26 Vgl. Michel-Schwartze (2002), Krieger (2016)

- *Kontextgebundenheit*: An unterschiedlichen Orten gelten unterschiedliche Vorstellungen von Normalität. Beispielsweise herrschen in totalen Institutionen, etwa in Haftanstalten oder Pflegeheimen, auf die Funktion des Institutionsziels gerichtete Vorstellungen von Normalität und Abweichung, die in anderen gesellschaftlichen Kontexten absurd erscheinen können.
- *Zeitgebundenheit*: Vorstellungen von Normalität und Abweichung unterscheiden sich nicht nur in verschiedenen Kontexten voneinander; sie sind im Zeitablauf auch veränderbar, z. B. durch Reformen oder durch Anpassung an gewandelte soziale Rahmenbedingungen. Normalitätsvorstellungen differieren je nach historischem und kulturellem Kontext.
- *Relativität*: Was aus welcher Perspektive gerade normal ist oder von einer Normalität abweicht, entscheidet sich in den Augen der Person, die (als Beobachtende) die Definitionsmacht hat. Das ist beispielsweise in der Sozialen Arbeit der Fall, wenn Sozialarbeiter_innen über Eingriffsnotwendigkeiten entscheiden, weil sie eine Situation als von einer Normalität abweichend bewerten.

Auch diese Erkenntnis stellt eine basale Information für Professionelle der Sozialarbeit dar und ruft damit zur Beobachtung zweiter Ordnung auf: Was halte ich für normal? Aus welchem Grunde? Warum bewerte ich jene Beobachtung als abweichendes Verhalten oder als nicht angemessen? Welche theoretisch fundierten Erklärungen habe ich für diese Einschätzung? Wie ist meine Bewertung als Abweichung ethisch vertretbar? Welche Konsequenzen hat diese Beobachtung für mich, welche für die betroffenen und mitbetroffenen Menschen?

3 Fallarbeit: das Vier-Ebenen-Modell

Aus dem historischen Vorbild der Fallarbeit, der Einzelfallhilfe, wie auch deren Weiterentwicklungen[27] kann ein schrittweises Vorgehen von der Anamnese über die Diagnose zur Behandlung bzw. Intervention zur Evaluation gefolgert werden. Wenn aber vorher gehende Phasen als abgeschlossen gelten, unterbleiben häufig Überprüfungen und ggfls. Ergänzungen des Informationsstandes. Aus diesem Grunde spreche ich mich erneut anstelle eines Phasenmodells für ein Vorgehen auf vier Ebenen aus[28]. Denn das methodische Vorgehen auf einzelnen Arbeitsebenen kann

---

27 Vgl. hierzu vor allem Burkhard Müller (1993); Heiner/Meinhold/v.Spiegel/Staub-Bernasconi (1995)
28 Vgl. Michel-Schwartze (2002, 2009)

parallel erfolgen und wird zu keinem Zeitpunkt des Hilfeprozesses beendet, weil Ebenen keiner zeitlichen Begrenzung unterliegen. Reflexionen, Vervollständigungen des Informationsstandes und Ergänzungen oder Korrekturen von Interventionszielen und -methoden sollen damit jederzeit möglich sein. Die neben- und miteinander ausgeführten Ebenen werden nicht als erledigt betrachtet. Statt dessen greifen sie ineinander und bieten damit die Möglichkeit interdependenter Reflexion, wodurch sie zu weiterer Professionalität beitragen sollen.

Es handelt sich um die Ebenen

1. *Informationssammlung*
   Diese, traditionell als Anamnese bezeichnete, Ebene habe ich 2002 nominell und damit programmatisch neu gefasst. Auf dieser Arbeitsebene werden zum einen Sachverhalte erfasst. Zum anderen sollte differenziert werden zwischen Informationen, Hypothesen und Beobachtungen einerseits und Pseudo-Informationen wie Zuschreibungen und Unterstellungen andererseits.

2. *Diagnose/Problem- und Ressourcenanalyse*
   Der Begriff Diagnose beinhaltet die „genaue, aktenkundige Kenntnisnahme der Problemformulierungen, -erklärungen, bisherigen gescheiterten wie gelungenen Problemlösungsversuche der Adressat(inn)en ... ebenso ... theoretisch diagnostische Überlegungen der Professionellen."[29] In mehreren Bereichen der Sozialen Arbeit ist es darüber hinaus sinnvoll, den Begriff *Diagnose* zu verwenden, um gegenüber beteiligten Experten aus Nachbarprofessionen die Fachkompetenz der Sozialarbeitenden zu verdeutlichen.[30] Mit der ergänzenden (Wieder-) Aufnahme der Terminologie *Problem- und Ressourcenanalyse* wird hier zugleich auf einen relevanten Konflikt verwiesen: *Ressourcen* (als Kompetenzen und hilfreiche Kontakte) sollen erhalten, stabilisiert und für eine positive Entwicklung des Falles genutzt werden. Anderseits sind es die *Probleme*, die als Bedürftigkeit generierende und Hilfe begründende Interventionsanlässe eine Lebenssituation zum Fall für Soziale Arbeit qualifizieren. Sozialarbeitende haben folglich zwischen Problemproduktion einerseits und Ressourcenerhalt und -ausbau anderseits zu navigieren.

---

29 Staub-Bernasconi (2007, S. 289); vgl. auch den Beitrag von Teske in diesem Band sowie Geiser (2009)

30 Diesen relevanten Hinweis habe ich von einer Praktikerin auf der Tagung „Soziale Diagnostik" im Oktober 2014 in Olten erhalten, der ich hiermit für ihren Einwand gegen den Begriff Problemdefinition danken möchte.

3. *Intervention*
(von lat. intervenire = dazwischen- oder entgegentreten) umreißt die so genannten Maßnahmen, die einen ungünstigen Prozess beenden oder umleiten sollen zu einer gewünschten Entwicklung. Hierbei sind Interferenzen mit Informationssammlung, Diagnose und einer Überprüfung durch Evaluation zu beachten.

4. *Evaluation*
Ist hier als gemeinsame Bewertung (vorläufiger) Ergebnisse oder auch geplanter Lösungsschritte gemeint. Unter Rückgriff auf den lateinischen Ursprung des Wortes lässt sich dieser Begriff zweifach übersetzen: a) als evalescere = erstarken, zunehmen und b) als valere = gelten, Einfluss haben, gesund sein, Macht haben, stark sein, wert sein. Die Bewertung folgt auf der Basis der Intention, die Klientel zu stärken, ihr (neuen) Wert und Geltung zu verschaffen. Unter dieser Perspektive erfolgt eine Gültigkeitsprüfung der eingeleiteten (oder noch einzuleitenden) Maßnahmen.

4 Der Fall und seine Bearbeitung ...

Wir erfahren von der Familie X und deren **Lebenslage**[31], die sich einer Sozialarbeiterin beim Erstkontakt im Rahmen eines Hausbesuchs darstellen:

Frau X ist seit mindestens 5 Jahren schwerstkrank und hat nur noch eine geringe Lebenserwartung, sie lebt unterhalb einer nicht näher benannten Armutsgrenze von „öffentlichen Leistungen" mit ihren beiden jugendlichen Kindern in ländlicher Lage und erhält neben der ärztlichen Versorgung und den Dienstleistungen eines Pflegedienstes eine Unterstützung durch eine Haushaltshilfe, die zweimal wöchentlich für eine nicht genannte Stundenzahl Tätigkeiten im Haushalt versieht und von der Krankenversicherung bezahlt wird. Die Verantwortlichkeit für die Haushaltsarbeit liegt bei der 14jährigen Tochter. Frau X bemüht sich im Rahmen ihrer Möglichkeiten um Fürsorge für ihre Kinder, z. B. indem sie sie morgens weckt und ihnen die Schulbrote bereitet. „Dann und wann" erhält Frau X. Geldleistungen in unterschiedlicher Höhe von ihrem geschiedenen Ehemann für die gemeinsamen Kinder.

Die beiden Kinder besuchen dieselbe Gemeinschaftsschule und bewältigen den Schulweg offenbar ausschließlich gemeinsam. Sie werden aufgrund „ihres ... Aussehens von Mitschülern rassistisch und ausländerfeindlich beleidigt und wohl auch

---

31 Zum Begriff der Lebenslage als soziale, ökologische und organismische Lebensbedingungen, insbes. in Abgrenzung zur subjektiv begriffenen Lebenswelt, vgl. Kraus (2013, S. 141 ff.)

bedroht". Die Vierzehnjährige verlässt das Haus nicht mehr ohne die Begleitung ihres Bruders; wenn er bspw. wegen Krankheit nicht zur Schule geht, bleibt auch sie der Schule fern. Eigene Freundschaften scheint sie nicht zu pflegen. Die Sozialarbeiterin bezeichnet dies als Unselbstständigkeit. Aktuell meidet die Tochter seit Wochen die Schule und wird von ihrer Mutter krank gemeldet. Der 16jährige Sohn möchte seines Geschlechts wegen das Oberhaupt der Familie darstellen. Er vertritt ein patriarchales Weltbild und setzt dies innerhalb der Familie mit Gewalt gegen Mutter und Schwester durch. Das Haus wird als „nahezu vermüllt" bezeichnet, verbunden mit einer Schuldzuweisung an Frau X und die Tochter.

Eine gewissermaßen zentrale Randfigur der Familie ist der Vater der Kinder bzw. der geschiedene Ehemann von Frau X., dessen patriarchale Vorstellungen und Handlungsweisen der Sohn übernommen zu haben scheint. Herr X wird als „Orientale" bezeichnet, wobei offen bleibt, aus welcher Region des Orients er stammt: aus dem vorderen oder hinteren Orient, ob er einem muslimischen, hinduistischen, buddhistischen Kulturkreis entstammt.[32] Implizit werden mit seiner kulturellen Herkunft patriarchale Einstellungen und Handlungen verknüpft, als sei eine derartige „traditionelle Weltsicht" auf *den* Orient begrenzt.

Herr X. bewohnt eine eigene Wohnung in einem anderen Ort, er verbringe, so erfahren wir, mehrere Monate im Jahr in seinem Heimatland, komme ansonsten nach eigener Rationalität unangemeldet zu Besuch, „um nach dem Rechten zu sehen" und dann mit Schimpfen und Schlägen zu agieren, wenn ihm das Vorgefundene nicht gefalle. Aus Furcht vor einschneidenderen Gewalttaten wird ihm das Betreten der Wohnung offenbar nicht verwehrt; angedeutete Drohungen und deren mangelnde Einschätzbarkeit werden berichtet.

Über Faktoren der Lebenslage hinaus hat die Sozialarbeiterin Verhaltensmuster teils nach Beobachtungen, teils nach subjektiven Eindrücken und berichteten Begebenheiten beschrieben.

Gewalttätigkeiten scheinen in der Familie ein übliches Verhaltensmuster zu sein. Nach dem Bericht übt nicht nur der Vater und Ex-Ehemann **Gewalt** gegen seine todkranke ehemalige Frau und die Kinder aus; auch die Kinder werden gegen ihre schwerstkranke Mutter gewalttätig, der Sohn gegen seine Schwester. Die Gewalt drückt auch eine wechselseitige **Missachtung** jeder Person und ihrer Würde innerhalb der Familie aus. Neben dem Klima allgegenwärtiger Gewalt scheint eine Atmosphäre der Angst zu herrschen: **Angst** vor dem Ex-Ehemann

---

32 Zur Relevanz oder Irrelevanz der orientalischen Herkunft des Ex-Ehemannes und Vaters bzw. des Migrationshintergrundes der Familie vgl. die anderen Beiträge in diesem Band; insbes. den Text von Attia.

und Vater[33], Angst zwischen Mutter und Kindern, Angst vor dem Tod der Mutter, Angst vor der Gewalt bzw. Gewaltbereitschaft von Mitschülern, Angst vor dem Leben innerhalb wie außerhalb der Familie bestimmen das Lebensgefühl und das Handeln vor allem der Vierzehnjährigen, die Freundschaften und Schule meidet und sich vor dem noch unvorstellbaren Tod der Mutter fürchtet, weil der Vater sie dann zu sich holen möchte. Doch auch bei dem Sechzehnjährigen, der den *Schutz von Frauen und Kindern* zu seinem Beruf machen bzw. sein Leben als Legionär aufs Spiel setzen will, wäre die Hypothese erlaubt, dass er seine künftigen Heldentaten kontraphobisch plant[34].

4.1 ... auf der Ebene der Informationssammlung

Die Ebene der Informationssammlung ist die im Wortsinn Grund legende Ebene in der Fallarbeit. Mit Informationen sind hier beweisbare oder bereits belegte Sachverhalte gemeint. Informationen sind Tatsachen bzw. Fakten, die ja ihrem Wortstamm nach hergestellt sind.[35] Der Ursprung des Wortes Fakten verweist auf den Status eines Fakts als Produkt. Ein Faktum ist nicht Teil einer objektiven Wirklichkeit, sondern eine zum Sachverhalt formulierte Angelegenheit.[36] Für die Benennungen von Wahrgenommenem als Informationen existiert innerhalb der Sozialen Arbeit ein begriffliches System der Codierung, innerhalb dessen die Fachkräfte denken und kommunizieren. In der fachlichen Kommunikation wurden und werden Bedeutungen, Muster, Prognostizierungspotentiale erzeugt, die im konkreten Fall zur Kategorisierung genutzt werden (können/müssen). Dieses Codierungssystem zielt nicht nur auf die Verständigung der Fachkräfte untereinander, sondern auch auf eine kategorisierende Einordnung eines Falles. Hinter diesen relevanten Funktionen von Informationsproduktion steht eine starke Normativität der Sozialen Arbeit,[37] die zur zielgerichteten Etikettierung von Sachlagen führt. Beispielsweise ist mit Etiketten wie Erziehungsproblemen, Unselbstständigkeit oder Vermüllung für eine wahrgenommene Situation bereits eine Bewertung verbunden, die auf der

---

33 Diese Angst scheint auch eine einende Funktion auf Mutter und Kinder zu haben
34 Zur Realisierung kontraphobischer Motive vgl. Aufmuth (1996)
35 Fakten von lat. facere = tun, machen, herstellen
36 Im kybernetischen Sinne ist Information zunächst „irgendein Unterschied, der bei einem späteren Ereignis einen Unterschied ausmacht" (Bateson 1985, S. 488). Das ließe sich auch für Soziale Arbeit so formulieren, denn die Feststellung eines Faktums als Information bleibt nicht folgenlos.
37 Zu dieser Thematik vgl. Krieger (2016)

Bearbeitbarkeit durch Soziale Arbeit beruht. Eine Informationssammlung ist folglich nicht das Abbild einer objektiven Realität, sondern eine Sammlung von Codes, in denen Fakten (als Produkte von Wahrnehmungen und Einordnungen) erfasst und kategorisiert werden, um die Verantwortlichkeit Sozialer Arbeit zu deklarieren. Mit der Auswahl und Notierung der Informationen, mit der Perspektivierung fachlicher Beobachtungen, mit der laufenden (Nicht-) Reflexion und (Nicht-) Selektion von Unterstellungen, Zuschreibungen, Bewertungen werden die Weichen für das Vorgehen in der jeweiligen Fallgeschichte gestellt. Familie X ist ein Fall *für* Soziale Arbeit, so dass auf der Ebene der Informationssammlung die Basis für die Arbeit auf den weiteren Ebenen gelegt werden kann. Jede neue Information, jede weitere Beobachtung kann auf weitere Verläufe von Problemdefinition und Intervention, auch auf der Ebene der Evaluation zu neuen Erkenntnissen, zu Veränderungen, zu Korrekturnotwendigkeiten führen.

4.1.1 fallgenerierende Funktionen der Informationssammlung

Wie gezeigt ist Informationsfeststellung und Informationssammlung ein polyvalenter Prozess mit fallgenerierenden Funktionen, die sich im Fall der Familie X wie folgt darstellen und codieren lassen:

- *Festlegung von Eingriffspflichten und Eingriffsmöglichkeiten*: Die Codierung der Lebenslage der Familie X bietet Möglichkeiten und Pflichten für Sozialarbeitende, die Notwendigkeit von Eingriffen und deren Dringlichkeit zu identifizieren.
- *Verständigung*: Die zuständige Sozialarbeiterin kann sich über die Codierung der Informationen mit bereits tätigen oder noch einzubeziehenden sozialen Diensten über Zuständigkeiten und Eingriffspotenziale verständigen.
- *Eruierung von Wissensbedarf*: Vor einem Eingriff in die Lebenslage von Familie X kann die Sozialarbeiterin anhand terminologischer Standards ihr Fachwissen aktualisieren, um professionell Interventionen entscheiden und begründen zu können.
- *Ermittlung von Rechtsansprüchen*: Mit der professionellen Formulierung von Fallaspekten werden Rechtsvorschriften als Kodierungen des gesellschaftlichen Mandats der Sozialen Arbeit herangezogen, aus denen sich Rechtsansprüche auf Hilfeleistungen für die Familie X ableiten lassen.
- *Reduktion von Komplexität*: Die Unüberschaubarkeit der beschriebenen Lebenslage wird durch segmentierende und kategorisierende Codierungen in der Informationssammlung in überschaubare Situationen differenziert und damit in bearbeitungsfähige Sachverhalte transformiert, so dass trotz aller Vielschichtigkeit ein abgestufter Informationsstand für die Arbeit auf den weiteren Arbeitsebenen entsteht.

- *Sicherung und Bestätigung von Normen*: Mit der Informationssammlung werden Fakten produziert, die Normabweichungen markieren. Mit der Feststellung einer Abweichung wird zugleich die Norm bestätigt und gesichert.[38]

Eine Informationssammlung erfasst vielfach auch *Pseudo-Informationen*. Denn mit nachweisbaren Sachverhalten fließen Bewertungen, Zuschreibungen und Unterstellungen in die Dokumentation von Fällen ein, die den fachlichen Blick von Tatsachen in andere Richtungen zu lenken geeignet sind und damit einer professionellen Einschätzung und Intervention erheblich im Wege stehen, aber weitere Bearbeitungsoptionen eröffnen können.

Zu den Informationen treten darüber hinaus Beobachtungen, die nach dem ersten Eindruck durch Informationen, Bewertungen, Zuschreibungen, Unterstellungen sehr unterschiedlich ausfallen können. Beobachtungen sind, wie oben bereits skizziert, nicht voraussetzungsfrei. Insbesondere Verhaltensweisen sind schwerlich wertfrei zu beobachten. Milieufremdheit, Normalitätsvorstellungen, Emotionen ordnen („kanalisieren") unsere Blicke[39]. Mit anderen Worten: Beobachtungen sind höchst subjektiv![40] Beispielsweise sagt eine „Beobachtung" wie „Laila treibt sich herum" herzlich wenig über Laila aus, aber sehr viel über die beobachtende Person: über ihre Bereitschaft zu Ungenauigkeit (Was ist „herumtreiben"?) wie über ihre Bereitschaft zur Bewertung des beobachteten Verhaltens. Damit sind wir wiederum zur Beobachtung zweiter Ordnung, also zur Beobachtung unserer eigenen Beobachtungen, aufgerufen.

Fragestellungen wären: Zu welchen Konsequenzen werden meine Beobachtungen führen? Welche Ableitungen, welche Interventionsnotwendigkeiten schließe ich aus meinen Beobachtungen? Wären meine abgeleiteten Problemdefinitionen kurz-, mittel- oder langfristig hilfreich für die Betroffenen? Wenn ja, auf welche Weise?

4.1.2 Informationen über die Lebenslage

Aus der Gemengelage von Informationen, Beobachtungen, Zuschreibungen, Unterstellungen und Bewertungen eine Informationssammlung zu entwickeln, erfordert wegen der Vorläufigkeit und Ungenauigkeit des Wissens zunächst die Zusammenstellung der belegten oder belegbaren Kenntnisse der Lebenslage:

---

38 Interventionen werden also gegen Normverstöße eingesetzt, um das Leid Betroffener zu lindern (wenn es einer Normabweichung entspringt) und gleichzeitig die Norm zu sichern, der die Einstufung eines Problems als normabweichend zugrunde liegt. Die Informationssammlung erbringt eine vorbereitende Definitionsleistung.
39 Vgl. Bateson (1985, insbes. S. 186 f.), Zur Ordnung der Blicke vgl. Reich (1998)
40 Vgl. hierzu auch die Erkenntnisse von Kraus (2013)

- Familie X = Frau X und zwei jugendliche Kinder
- leben in Armut von öffentlichen Leistungen in ländlicher Lage
- Frau X ist an Krebs erkrankt und hat nur noch eine geringe Lebenserwartung,
- personelle Unterstützung für Frau X: Pflegedienst und 2 x wöchentlich Haushaltshilfe, finanziert durch die Krankenkasse
- erhält gelegentliche Geldzuweisungen durch den geschiedenen Ehemann für die Kinder[41]
- beide Kinder besuchen dieselbe Gemeinschaftsschule
- der Sohn droht die Schule demnächst ohne Abschluss zu beenden
- die Tochter verlässt ohne ihren Bruder nicht das Haus, geht ohne ihn auch nicht zur Schule
- Verantwortlichkeit für den Haushalt liegt bei der 14jährigen Tochter

Unterstellen wir, dass diese Informationen als bestätigt gelten können, wären Eingriffspflichten und Eingriffsmöglichkeiten für Soziale Arbeit ableitbar: die Prüfung von Ansprüchen auf weitere finanzielle und personelle Leistungen als die bisher bezogenen, die schulische Situation beider Kinder, die Prüfung und ggfls. Verbesserung der sozialen Infrastruktur der ländlichen Lage bieten mehrere Interventionsanlässe für Soziale Arbeit.

4.1.3 Beobachtungen

Was für das Informationsbündel aus der Lebenslage gilt, trifft noch stärker für die skizzierten Verhaltensmuster zu, die wir den **Beobachtungen** zurechnen wollen:

- die Gewalttätigkeiten innerhalb der Familie,
- das Klima von Angst und Missachtung, das einen Bedarf an „Hilfen zur Erziehung" [42] signalisiert,
- die Bedrohungen und Gewalttätigkeiten durch den geschiedenen Ehemann und Vater,
- die Schulabsenz der Tochter und der drohende Schulabgang des Sohnes ohne Abschluss,
- die Parentifizierung der Kinder[43]

---

41 Laut BMFSFJ zahlen nur 46 % unterhaltspflichtiger Väter regelmäßig und in voller Höhe Unterhalt.
42 Vgl. SGB VIII (§§ 27 ff.)
43 Parentifizierung (= Umkehrung der Eltern- Kind-Rolle) lässt sich beobachten in der Zuständigkeit der 14jährigen Tochter für den Haushalt und in der (vermutlich vom

enthalten mehrere Mandate für Soziale Arbeit. Die einer professionellen Fachlichkeit immanente Ethik[44] gebietet es, die schwerstkranke Frau und die Kinder vor Gewalttätigkeiten durch den geschiedenen Ehemann und Vater, die todkranke Mutter vor Gewalt durch ihre Kinder zu schützen.

Die bisher genannten Beobachtungen fokussieren so genannte Defizite der Familie X. Eine *Defizitorientierung* stilisiert die Klientel zu unmündigen, imperfekten Hilfebedürftigen und weist ihnen einen inferioren Status zu, während die ergänzende Orientierung an *Ressourcen*[45] der Klientel auch den Stellenwert eines autonomen Systems zutraut, dessen grundsätzlich eigene Fähigkeiten und Mittel zur Problemlösung aktuell durch innere oder äußere Barrieren blockiert ist.[46] Wer also ein Defizit wie beispielsweise den Mangel an Achtung zwischen den Familienmitgliedern thematisiert, sollte *die Fähigkeiten nicht missachten*, die im systemischen Verständnis zu einer Art Homöostase oder Homöodynamik in der Familie beitragen, die das Über-Leben innerhalb der schwierigen Lebenslage sichern. Auch problematisches Handeln bedarf einer Wertschätzung, insbesondere wenn es unter Absichten eingesetzt wird, um bspw. Situationen retten oder nicht eskalieren zu lassen.

Als ressourcenorientierte Beobachtung ließe sich daher über *Verantwortlichkeiten* berichten: Verantwortlichkeit kennzeichnet die Mutter, indem sie im Rahmen ihrer noch verbliebenen Kräfte fürsorgliches Handeln ihren Kindern gegenüber zeigt. Verantwortlichkeit lässt sich, wie bereits thematisiert, bei der Tochter für den Haushalt, bei dem Sohn für die Rolle des Familienoberhauptes beobachten, die er in Orientierung am väterlichen Vorbild zu realisieren versucht. Auch der Vater zeigt auf seine Weise Verantwortlichkeit, indem er Geldbeträge überweist, die Familie aufsucht, um „nach dem Rechten zu sehen" und eingreift, wenn er die vorgefundene Situation nicht gutheißen kann; ebenso ist seine Absicht, die Tochter nach dem Tode der Mutter zu sich zu nehmen, als verantwortliches Handeln zu werten. Unbestreitbar gebietet die professionelle Ethik, die Art, **wie** er seiner Verantwortlichkeit Ausdruck verleiht, zu korrigieren und zu unterbinden, aber ein gewisses Maß an Anerkennung sollte ihm nicht versagt werden, um mit ihm ins Gespräch zu kommen.

Vater übernommenen) Verantwortlichkeit des Sohnes für Mutter und Schwester; vgl. hierzu auch den Beitrag von Teske in diesem Band

44 Zur Position von Ethik in der Sozialen Arbeit vgl. die Beiträge von Schumacher und Tafferner in diesem Buch.
45 Zum Ressourcenbegriff vgl. Keupp (2003)
46 Vgl. Michel-Schwartze (2002, S. 89 f.)

4.1.4 Pseudo-Informationen:

Weitere Beobachtungen in der Falldarstellung sind kritisch zu hinterfragen. Während gewalttätiges Verhalten oder Schulabsenz, entsprechend definiert, sich belegen lassen, haben wir es bei dem „annähernd vermüllten Zustand" des Hauses oder der „Unselbstständigkeit" der Tochter mit Zuschreibungen und Bewertungen zu tun, die eher eine subjektive Beobachterperspektive als eine kriteriengeleitete Einschätzung widerzuspiegeln scheinen. Wie bereits ausgeführt, sind Beobachtungen von Zuschreibungen, Unterstellungen, Bewertungen, also von Pseudo-Informationen zu unterscheiden. Dazu gehört zum einen die Aussage, das Haus befinde sich „in einem annähernd vermüllten Zustand", weil weder Mutter noch Tochter in der Lage seien, „sich von Unwichtigem zu trennen". In dieser Aussage finden wir subjektive Wertungen. Natürlich sollte ein so genanntes Vermüllungssyndrom, das durch starke Vernachlässigungserscheinungen von Person(en) und Haushalt gekennzeichnet ist und mit gesundheitlichen Gefährdungen einher geht, durch Sozialarbeitende erkannt werden. Die Formulierung, Mutter und Tochter seien nicht in der Lage, „sich von Unwichtigem zu trennen" legt jedoch die Vermutung nahe, dass hier aus einer Beobachterperspektive berichtet wird, die für sich in Anspruch nimmt, über Wichtigkeit und Unwichtigkeit für die Betroffenen entscheiden zu können. Zudem stellt sich die Frage: Könnte ein Haushalt, in dem täglich ein Pflegedienst und zweimal wöchentlich eine Haushaltshilfe tätig sind, in einen gefährdenden Zustand von Vermüllung geraten? Insofern wäre zu prüfen, ob das Problem einer Vermüllung überhaupt existiert. Auch die so genannten Psycho-Spielchen der Mutter sollten kritisch hinterfragt werden, bevor sie in eine Beurteilung einzufließen drohen.

Vergleichbar verhält es sich mit der so genannten „Unselbstständigkeit" der Tochter, die sich auf die Beobachtung zu stützen scheint, dass die Jugendliche keine eigenen Freundschaften pflegt und nur in Begleitung ihres Bruders das Haus verlässt. Der Schutz des Bruders außerhalb des Hauses mag durch Angst vor Gewalttätigkeiten motiviert sein: Angst vor den Drohungen Gleichaltriger aus der Schule, Angst vor Gewalttätigkeiten des Bruders, der möglicherweise eigenständige außerhäusliche Unternehmungen seiner Schwester nicht zulässt, weil sie sich seiner Kontrolle entzögen. Das wäre zu überprüfen. Dennoch ist es fraglich, ob eine Vierzehnjährige, die für den 3-Personen-Haushalt mit einer schwerstkranken Mutter hauptverantwortlich ist und sich mit täglichem Pflegedienst sowie einer zweimal wöchentlich tätigen Haushaltshilfe abzustimmen hat, unselbstständig sein kann.

4.1.5 Einsatz von Hypothesen

Obige Bewertungen rufen erneut zur Beobachtung zweiter Ordnung auf. Gerade für den Fall einer bereits konstruierten „Diagnose" bietet sich als Instrument der

Selbst-Beobachtung für Sozialarbeiter_innen die **Existenzhypothese**[47] an. Dabei geht es um die Frage, ob das konstruierte Problem aus einer kriteriengeleiteten Perspektive existiert. Zur Überprüfung etwa der Hypothese, die Tochter sei unselbstständig, wäre hier zunächst eine **Operationalisierung**, das heißt eine Rückführung der Zuschreibung auf beobachtbare Handlungen, zu leisten. Hierzu wären die einer Unselbstständigkeit zuzuordnenden Handlungen zusammenzufassen, an denen sich beobachten ließe, dass die Tochter eine altersgemäße Selbstständigkeit vermissen lässt, denn im Sinne der konstruktivistischen Erkenntnistheorie, der wir uns verpflichtet haben, könnte auch alles anders sein. Deshalb wären weitere Handlungen in den Beobachtungsfokus aufzunehmen, die als Belege für (mangelnde) Autonomie gewertet werden könnten. Das könnten vor allem eigenständige Entscheidungen sein, die Konsequenzen für sie selbst, aber auch für Familienmitglieder haben. So sind beispielsweise Einkäufe und Einkaufsentscheidungen für die Familie, die Organisationen von Abläufen im Haushalt oder Absprachen mit dem Pflegedienst und/oder der Haushaltshilfe Management-Aufgaben für eine Vierzehnjährige, die sich vorrangig um ihre schulischen Belange und um ihre schwerstkranke Mutter zu kümmern hat. Sollte der Bruder zu Einkäufen als Begleitung benötigt werden, könnte dies auch bedeuten, dass das Heimtragen von Lebensmitteln die Kräfte der Vierzehnjährigen zu übersteigen drohen.

In einem zweiten Schritt wird eine Existenzhypothese durch **Quantifizierung** der operationalisierten Handlungen überprüft, denn um eine gültige Kontrolle der Problembeschreibung zu erhalten, reichen ein- oder zweimalige Zufallsbeobachtungen nicht aus. Also wäre zu beobachten, wie oft die selbstständigen oder unselbstständigen Handlungen beobachtet werden. Für die Beobachtung der Häufigkeiten wäre weiterhin ein **Beobachtungszeitraum oder** die Festlegung einer **Verhaltensstichprobe** erforderlich. Zur ihrer Selbstkontrolle könnte eine Sozialarbeiterin auch weitere Fachkräfte in die Beobachtung einbeziehen. Denn wenn ein Beobachtungsfokus durch eine Vor-Meinung bereits justiert ist, kann auch das hier skizzierte Instrument der Beobachtung zweiter Ordnung fehlgreifen. Kann die Hypothese nicht bestätigt werden, wird sie ggfls. neu formuliert oder aber es erübrigt sich eine Intervention in dieser Frage.

Unter den oben berichteten Beobachtungen verlangen die Beleidigungen und angedeuteten Bedrohungen durch Mitschüler Aufmerksamkeit, die als rassistisch apostrophiert werden. Dabei scheint die Fremd- und Selbstbeurteilung als *anders,* als *abweichend* zu einem folgenreichen Stigma, vielleicht auch zu einem spezifischen Selbstkonzept der Tochter und des Sohnes von Frau X geführt zu haben. In dieser Perspektive wären als Erklärungswissen a) soziologisches Wissen über die Stigma-Theorie und b) (sozial-) psychologisches Wissen über Erkenntnisse aus der Vorurteilsforschung

---

47 Vgl. hierzu und zum weiteren Vorgehen der Existenzhypothese: Trabandt (2009, S. 33 ff.)

sowie über das Selbstkonzept für das sozialarbeiterische Verständnis unabdingbar. Für Reflexionen bietet sich eine rassismustheoretische Perspektive an.[48] Hier finden wir einen deutlichen Hinweis auf das Erfordernis bezugswissenschaftlichen Wissens, das zum Verständnis der beschriebenen Situation der Betroffenen erforderlich ist.

4.1.6 Wissensbedarf

Dass Sozialarbeitende einen Vorrat an **Fachwissen und theoretischen Fundierungen** zur ersten Einschätzung benötigen, wird an diesem Fallbeispiel deutlich. Zur Formulierung weiterer Fragen sowie zur Differenzierung von Mandaten und Auftragslagen ist es erforderlich, über Wissen zu verfügen, um nach weiterem Wissen recherchieren zu können. Hier kommen nun jene Theorien und Erkenntnisse zum Einsatz, die den Bezugswissenschaften entnommen werden können:

- Ethik: eine ethische Werthaltung und ethisches Wissen über Menschenbilder, Menschenrechte und Menschenwürde,
- Handlungswissen: Gesprächsführung, Beratungskompetenz, Handlungs- und Interventionskonzepte
- Wissen aus der Sozialmedizin: Palliativmedizin und ihre Angebote
- Theoriewissen: soziologische Theorien über Armut samt ihrer materiellen und immateriellen Folgen für die Entwicklungschancen von Kindern, über kulturelles und soziales Kapital, über Identitätsentwicklung, geschlechtsspezifische Sozialisation, die Stigma-Theorie
- Theorien aus der Psychologie (z. B. über Entwicklungsphasen), Vulnerabilität und protektive Faktoren, Wissen über Erziehungsbedarfe, Identität und Selbstkonzepte, sozialpsychologisches Wissen über Familienformen, Erkenntnisse aus der Vorurteilsforschung, Erkenntnisse aus Lerntheorien[49]
- Sozialrecht: Kinder- und Jugendhilferecht, Krankenversicherungsrecht, Sozialhilferecht, Pflegeversicherungsrecht,
- Bürgerliches Recht/Familienrecht (Scheidung, Unterhalt, Sorge- und Aufenthaltsbestimmungsrecht, Recht über gewaltfreies Aufwachsen, Gewaltschutz- und Wegweisungsrecht),
- Wissenschaftlich fundierte Arbeitsorientierungen der Sozialen Arbeit: insbes. systemische Orientierung, Lebensweltorientierung, Ressourcenorientierung, Sozialraumorientierung

---

48 Vgl. hierzu den Beitrag von Attia in diesem Buch.
49 Z. B. „Lernen am Modell": durch elterliche Vorbilder erlernte Geschlechtsrollen

- Infrastrukturelle Kenntnisse über soziale Dienste der Region[50]: ambulante und stationäre Hospizdienste, Jugendhilfeeinrichtungen, weitere familienergänzende und familienersetzende Dienste und Einrichtungen, schulische Hilfen, sozialpädagogische Familienhilfe, intensive Einzelbetreuungen, Berufsorientierung ...

Implizit gehört systemisches Denken und Handeln zum (Denk-) Werkzeug von Sozialarbeitenden, denn wie das Fallbeispiel zeigt, sind die Probleme der einzelnen Betroffenen durch die familiäre Eingebundenheit entstanden und ohne das System Familie gar nicht denkbar. Zu all diesen Wissenserfordernissen sei auf die bezugswissenschaftlichen Beiträge in diesem Buch verwiesen.

4.1.7 Offen Fragen/Informationsbedarfe:

Erst das oben zusammengestellte Vor-Wissen ermöglicht es im gegebenen Fallbeispiel, die Facetten der Lebenslage der Familie X zu erkennen und vor allem nach Informationslücken und fehlendem Wissen zu fragen. Professionalität besteht auch darin, Desiderate im eigenen Wissensvorrat benennen zu können. Damit ist die Voraussetzung geschaffen, theoretische Fundierungen zu aktualisieren sowie nach übersehenen Informationen und nach erforderlichen Kenntnissen zu recherchieren. Fehlende oder nicht ausreichende Professionalität tendiert dazu, Nichtwissen durch Meinung zu ersetzen. Wissen aber gestattet erst die Realisierung von Wissenslücken, also auch die Beobachtung des eigenen Wissensstandes, um daraus geeignete Schlüsse zu ziehen.

Das (Zwischen-) Ergebnis einer Informationssammlung besteht darin, Fragen zu stellen nach Zusammenhängen, nach Wissensbeständen, die auf den anderen Arbeitsebenen benötigt werden. Der gegenwärtige Arbeitsstand lässt beispielsweise erkennen, dass über etwaige uns nicht näher bekannte Wissenslücken hinaus auch noch Bedarf an Informationen im Sinne eher praxisorientierter Fragen besteht, die für eine weitere Arbeit mit der Familie erforderlich sind:

- Welche öffentlichen Leistungen bezieht die Familie bisher (und welche nicht)?
- Welche weiteren Leistungsansprüche für die Mutter und die Kinder lassen sich ermitteln?
- Wer hat die elterliche Sorge/das Aufenthaltsbestimmungsrecht über die Kinder laut Scheidungsurteil? Wie wurde ggfls. ein Umgangsrecht geregelt?
- Inwieweit wurde eine Unterhaltspflicht im Scheidungsurteil festgelegt?

---

50 Zur Beeinflussbarkeit regionaler Angebote sozialer Dienste durch Soziale Arbeit vgl. den Beitrag von Rieger in diesem Band.

- Mit welcher Lebenserwartung der Mutter ist aus medizinischer Sicht zu rechnen? Welche Maßnahmen sollten daraufhin zu treffen sein? Und zwar: a) für Frau X und b) für ihre Kinder?
- Welche weiteren Personen (Verwandte, Bekannte, Freunde, Profis) gibt es, mit denen Frau X und ihre Kinder Kontakt haben?
- Infrastruktur: Angebote von ambulanten oder stationären Hospizdiensten, von Jugendhilfeeinrichtungen, insbesondere der Sozialpädagogischen Familienhilfe bzw. weiterer sozialer Angebote wie Möglichkeiten von Einzelbetreuung etc.
- Welche Erfahrungen haben die Familienmitglieder mit früheren (professionellen) Lösungsversuchen gemacht?

Auf der Ebene der Informationssammlung entscheidet sich, ob eine Intervention (dringend) erforderlich ist, um auf der nächsten Ebene eine Diagnose bzw. eine Problem- und Ressourcendefinition zu erarbeiten.

4.2 ... auf der Ebene der Diagnose

Soziale Diagnose ist ein Prozess, in welchem die Codierungen von Informationen aufgegriffen werden, um mit der Feststellung des Problems bzw. der Probleme zu beginnen. Doch *nicht das Problem, sondern dessen Definition strukturiert die weitere Diagnose* und damit die weitere Fallgeschichte. Mit der Definition wird eine Wirklichkeit konstruiert, die auch anders begriffen werden könnte. Und die Definition ist eine Frage der Perspektive. Insofern sollte die Feststellung der Problemlage nicht als einsame, sondern als gemeinsame Aufgabe mit der Klientel erarbeitet werden.

4.2.1 Auftragsklärung

Was innerhalb der Diagnose-Ebene und auf den weiteren Ebenen geschieht, kann nicht zwischen Sozialpädagogin und Klientel allein ausgehandelt werden, denn die Professionellen unterstehen nach Staub-Bernasconi (2007) einem Tripelmandat: 1. dem Mandat der Klientel, 2. dem Mandat der Gesellschaft, vermittelt über den Anstellungsträger, 3. der eigenen „professionellen Fachlichkeit"[51]. Derart unterschiedliche Auftragslagen sind nicht miteinander vereinbar. In dem Konglomerat von Inkompatibilitäten zu navigieren ist auf dieser Arbeitsebene die besondere Herausforderung an Sozialarbeitende.

Zunächst ist der Auftrag der Klientel zu ermitteln. Die Schwierigkeit, von einer Einzelperson einen kongruenten Auftrag zu erhalten, potenziert sich bei mehreren

---

51 B. Müller (1993)

Beteiligten. Den Aussagen der Frau X und ihrer Kinder können wir entnehmen, dass Frau X, ihre Tochter und ihr Sohn naturgemäß unterschiedliche Perspektiven, Blickrichtungen und Zeithorizonte auf ihre eigene und die gemeinsame Lebenssituation haben. Entsprechend unterscheiden sich auch ihre Bedürfnisse und ihre Wünsche, ergo ihre Aufträge an die Sozialarbeiterin. Hier wird es zunächst darum gehen, das Mandat jeder einzelnen dieser Personen zu ermitteln, ohne die Familie als System aus den Augen zu verlieren. Da die Probleme der einzelnen aus dem System resultieren, können sie auch nur im System gelöst werden[52].

Spätestens nach Erfassung der klientelen Aufträge werden sich Professionelle Rechenschaft ablegen über ihr *gesellschaftliches Mandat*. Mit Einbeziehen des gesellschaftlichen Auftrags mit seiner Doppelbindung an Hilfe einerseits, Kontrolle andererseits verschiebt sich der Blick auf die Auftragslage der Betroffenen, ohne sie zwingend zu relativieren. Denn mit dem gesellschaftlichen Auftrag geraten auch Ansprüche sowie Kodifikationen und Institutionen zu deren Befriedigung in den Fokus. Insbesondere nach dem Sozialgesetzbuch bestehen zahlreiche Chancen auf Hilfe für Familie X: Sozialhilfe, Pflegeleistungen, Krankenversicherung, erzieherische Hilfen, Hilfen zur Berufsausbildung, Ausbildungsförderung, Wohngeld, Kindergeld geraten zunächst in den Blick. Doch Professionelle haben mit jeder Hilfeleistung auch ihr Kontrollmandat zu reflektieren, nach welchem mit der Hilfe zugleich eine Kontrolle über die Annahme der Hilfe, über die Mitwirkungsbereitschaft ihrer Klientel[53], über die Angemessenheit der Ziel-Mittel-Relation, über die prognostizierbare Normalisierung[54] der Lebenslage verbunden ist.

Das Doppelmandat wird, wie bereits benannt, durch den Anstellungsträger der Sozialarbeitenden erweitert, der die intermediäre Funktion zwischen Gesellschaft und Professionellen wahrnimmt. Nun hat auch ein Träger grundsätzlich eine interessegeleitete Perspektive auf die Entwicklung der Fälle, die unter seinem Dach bearbeitet werden. Die Trägerperspektive richtet sich häufig auf Fragen nach der Relation zwischen dem abrechenbaren Einsatz von Ressourcen und den vorweisbaren Ergebnissen, konkretisiert an Fragen des Personaleinsatzes, eingesetzter Sachmittel, möglicher Optimierungspotenziale bei ermäßigtem Ressourceneinsatz. Dadurch bleibt die Mandatierung nicht auf die Dichotomie von Hilfe und Kontrolle beschränkt, sondern wird um einen weiteren Auftragsaspekt ausgedehnt:

---

52 Vgl. zu system(theroet)ischen Erkenntnissen bzgl. familialer Prozesse unter vielen anderen: Simon 1993, Haselmann 2009 und den Beitrag von Hosemann in diesem Buch.
53 Zur Mitwirkung als sanktionsbewehrte Pflicht nach dem Sozialgesetzbuch vgl. am Beispiel Arbeitsloser Michel-Schwartze (2008 und 2010)
54 Ob und inwieweit eine Normalisierung einer Lebenslage immer sinnvoll und möglich und für alle Beteiligten wünschenswert erscheint, sei hier ausgeklammert.

um den der Einsparung (bei öffentlichen Trägern) oder der Gewinnmaximierung (bei privaten Trägern).[55] Daraus resultieren entsprechende Dienstanweisungen an Sozialarbeitende, oft verbunden mit bürokratischen Vorgaben und so genannten Qualitätskontrollen. Professionelle sind hier wiederum zur Reflexion aufgerufen, um ihre relative Autonomie zu wahren und individuell eingeschätzte (solidarische, fachlich begründete) sowie per Anstellungsverhältnis bestehende *Eigen- und Berufsmandate* [56]nicht einschränken zu lassen.

In unserem Fallbeispiel könnte eine Auflistung der unterschiedlichen Mandate bzw. Aufträge so aussehen, wie in folgender Tabelle zusammengefasst. Gezeigt wird zugleich die Widersprüchlichkeit und problematische Vereinbarkeit der einzelnen Aufträge.

Mandatträger	Mandat
Frau X	mütterliche Fürsorge und Verantwortung, solange wie möglich; ruhiges Lebensende, ggfls. Wegweisung des geschiedenen Ehemannes
Tochter X	neue soziale Platzierung innerhalb und außerhalb der Familie, insbes. nach dem Tode der Mutter; danach nicht beim Vater leben, der Schule fernbleiben
Sohn X	Klarheit in der Beziehung zur Mutter (vielleicht auch in der Beziehung zum Vater), Verantwortung für die Schwester, Berufswahl
Gesellschaft	*Kodifizierungen:* Recht auf würdevolle Sterben, Recht auf Pflege und Selbstbestimmung, Recht auf gewaltfreies Aufwachsen, Recht auf Hilfen zur Erziehung und intensive Unterstützung einschl. Beteiligung der Betroffenen, Schulpflicht, Recht auf Berufsberatung, Förderung der Berufsausbildung ...
Träger der Sozialen Arbeit[55]	Öfftl. Träger: nur dringend erforderliche Hilfen gewähren, billigsten Anbieter sozialer Leistungen auswählen, Kosten möglichst auf andere Bereiche (Gesundheit, Berufsberatung...) abwälzen, Klientel nicht in vollem Umfang auf ihre Rechte aufklären, um Inanspruchnahme gering zu halten ... *Freie Träger*: zu Inanspruchnahme von Hilfen beraten, möglichst trägereigene Einrichtungen beauftragen, Hilfen ggfls. ausdehnen
Sozialarbeiterin	Mandate annehmen oder zurückweisen, ggfls. umdeuten, professionelle Grundsätze, Maximen und Orientierungen beachten, z.B: systemische Orientierung, Familie als Beziehungsgeflecht

Übersicht 1 Mandate

---

55 Umfasst bei gemeinnützigen freien Trägern die Aufrechterhaltung des Status' und der Ideologie der Gemeinnützigkeit

56 Zu entsprechenden Entwicklungen am Beispiel der Bewährungshilfe vgl. Kipp (2009).

57 Die hier genannten Mandate von Trägern hat Verf. nicht aus ihren finsteren Phantasien entwickelt, sondern aus Erfahrungen Studierender im Praktikum und von einzelnen PraktikerInnen gesammelt. Zur Reflexion ökonomischen Denkens vgl. den Beitrag von Kubon-Gilke in diesem Buch.

4.2.2 Problem- und Ressourcenanalyse

Im Rahmen der Diagnose geht es nicht allein um die Definition der Probleme, sondern auch um die Definition von Ressourcen. Ressourcenerschließung gilt als klassische Arbeitsweise, die bereits am Beginn des 20. Jahrhunderts zu entwickeln begonnen wurde und sich auf die körperliche, die sozioökonomische und die sozialökologische Ausstattungsprobleme der Menschen bezieht.[58] Im **Kontext** unserer Ressourcen-Diagnose sollen zunächst **Institutionen** gemeint sein, die über **Kompetenzen im Sinne von Zuständigkeit** für bestimmte Sachverhalte verfügen. Um nun Probleme und institutionelle Kompetenzen mit einander in Verbindung zu bringen, bietet sich ein Transfer der Falltypologie nach Burkhard Müller (1993) an: der „Fall von" als Sammlung „bürokratischer Sachverhalte" mit dem „Fall für" zur Identifizierung der zuständigen Institution[59]. Wir fokussieren mithin zunächst Ressourcen, die das gesellschaftliche System auf einer generellen Eben bereits zur Verfügung gestellt hat.

Stellen wir also (stellvertretend für die Sozialarbeiterin) die oben ermittelten Informationen in einer Tabelle zusammen, so dass dem Sachverhalt die jeweils zuständige Stelle zugeordnet werden kann, kann sich das folgende Bild ergeben:

Sachverhalt/Situation (Fall von...)	Zuständige Institution (Fall für ...)
Armut	Örtlicher Sozialhilfeträger
Gewalt gegen die sterbenskranke Frau X	Pflegedienst, Palliativmedizin, Hospizdienst, (ggfls. Polizei und Justiz)
Gewalt in der Familie	Jugendamt
Schulabsenz	Jugendamt
Parentifizierung der Kinder	Jugendamt, ggfls. Familientherapie
Eigenmächtige Eingriffe des geschiedenen Ehemannes/Vaters i.V. mit Ängsten der Mutter und der Kinder	Jugendamt, Familiengericht, ggfls. Familientherapie, evtl. Polizei
fraglicher Unterhaltspflicht	Scheidungsurteil prüfen/Familiengericht
Fragliches Sorge- und Aufenthaltsbestimmungsrecht	Je nach Festlegung im Scheidungsurteil: Familiengericht oder Jugendamt

Übersicht 2 Externe Ressourcen für Problemlösungen

---

58 Staub-Bernasconi (2007), vgl. Geiser (2009)
59 Vgl. hierzu Michel-Schwartze (2002 und 2009)

Diese Aufstellung reduziert die Komplexität des Falles bezüglich externer Ressourcenerschließung, ermöglicht einen Zugang zu institutionellen Kompetenzen und bietet der Sozialarbeiterin eine Möglichkeit zur Transparenz. Sie kann ermitteln, mit welchen Institutionen und welchen weiteren Professionellen sie zusammen arbeiten kann, darf oder muss. Sie weiß, dass sie zwar allzuständig, nicht aber allein zuständig ist für die Entwicklung der komplexen Lebenslage der Familie X. Diese Übersicht kann ggfls. auch dazu genutzt werden, um mit der Klientel auf dieser Ebene die Sachlage und die in Anspruch zu nehmenden Einrichtungen abzusprechen.

Da vermutlich Lösungen gewünscht werden, sollte mit der Familie auch über Lösungen gesprochen werden. Dabei wird es um die Frage gehen, wer sich welche Lösung auf welchem Wege vorstellt. Ideal hierfür wäre ein Vorgehen mit zirkulären Fragen im Familiensetting, das in der Familientherapie entwickelt wurde und sich dort bewährt hat.[60]

Darüber hinaus kann die Sozialarbeiterin mit den Betroffenen gemeinsam überlegen, wer welche Schritte zu welcher Institution unternehmen wird, also externe mit internen Ressourcen der Klientel zu verbinden, damit sie und die Familienmitglieder beim nächsten Treffen die Erledigung oder Nichterledigung des jeweiligen Problemaspektes besprechen können:

Gemeinsam definierter Problemaspekt	*Gemeinsam erarbeiteter Lösungsvorschlag*	*v. Klienten allein (ohne Hilfe) zu bewältigen*	*mit folgender Hilfe zu bewältigen*
...	...	...	...

Übersicht 3   Lösungskompetenzen

Mit diesem Instrument lassen sich, falls nicht eine Abwehrhaltung der Betroffenen dagegen spricht, klientele Eigenkompetenz und Selbstwertgefühle erhalten und stabilisieren, aber auch einfach notwendige Schritte abklären und Mandatierungen durch die Klientel ergänzen.

Nach Haye und Kleve (2003) lassen sich vier Dimensionen klienteler Ressourcen unterscheiden:

1. *Persönliche Ressourcen*: Begabungen, Gesundheit, soziale Fähigkeiten, Humor, Durchhaltevermögen u. v. m.

---

60   Vgl. Pfeifer-Schaupp (1995, S. 177 ff.); vgl. auch Haselmann (2009)

2. *Lebensweltlich-soziale Ressourcen*: vor allem hilfreiche soziale Kontakte zu Verwandten, Bekannten, Nachbarn, Freunden
3. *Soziale Ressourcen im Gemeinwesen*: Mitgliedschaften, hilfreiche Beziehungen zu Professionellen und Experten
4. *Sozio-ökonomische Ressourcen*: materielle, soziale, ökonomische Ausstattungen wie materielles Vermögen, Bildung, Arbeitsplatz, angemessener Wohnraum.[61]

Diese Ressourcenperspektive fordert zur Fokussierung des professionellen Blicks auf all jene persönlichen Kompetenzen und Kontakte der Familie X, die zur Problemlösung einen Beitrag leisten könnten. Das wären zunächst die als *persönliche Ressourcen* bezeichneten Kompetenzen: die Verantwortungsübernahmen der Familienmitglieder, das Haushaltsmanagement der Tochter, die Fürsorglichkeit der Mutter. Eine Perspektivierung der Blicke auf Fähigkeiten würde gewiss noch mehr Talente zutage fördern.

Unter dem Label der *lebensweltlich-sozialen Ressourcen* gilt es die persönlichen Bindungen und Beziehungen zu ermitteln. Das wäre auch insofern interessant, als Frau X und ihre Kinder scheinbar isoliert und abgeschieden leben und bis auf zeitweise anwesende Dienstleisterinnen (Pflegedienst und Haushaltshilfe) nur Kontakt zu dem gelegentlich auftretenden gewalttätigen Ex-Ehemann und Vater zu haben scheinen. Dies aber könnte auch anders sein; hierzu fehlen uns nur Informationen. Möglichkeiten, Personen im Umfeld zu eruieren, bieten Ressourcenkarten, z. B. die VIP-Karte[62]. Mit Hilfe dieser Instrumente lassen sich Kontakte, hilfreiche soziale Netzwerke oder wichtige Ansprechpartner oder problematische Kontakte ermitteln, wie folgendes Beispiel zeigt:

---

61 Vgl. Haye und Kleve (2003)
62 Vgl. Herwig-Lempp (2009)

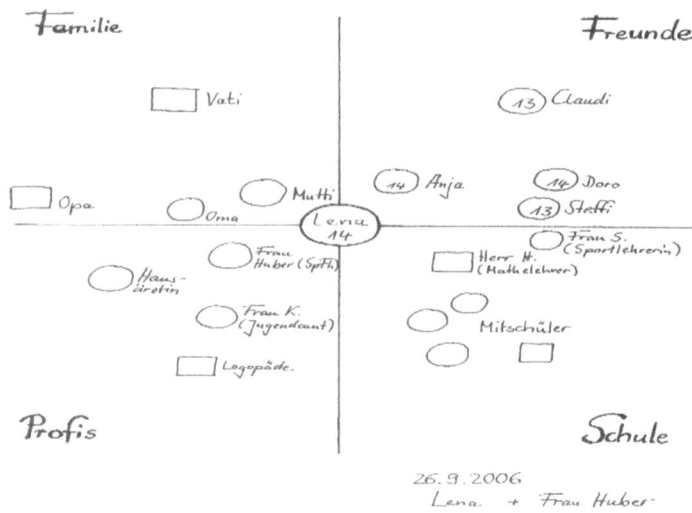

Grafik 1 VIP-Karte nach Herwig-Lempp (2009)

Die Übersicht sollte in mehrwöchigen Abständen wiederholt werden, weil Beziehungen fluid sind, die Wichtigkeit einzelner Personen zu- oder abnehmen, ihr Einfluss sich stärken oder verringern kann.

Erkennbar wird, dass mit der VIP-Karte zugleich die Professionellen erfasst werden, die im Konzept von Haye und Kleve unter dem Titel der *sozialen Ressourcen im Gemeinwesen* der Klientel firmieren. Diesen Effekt zeigt auch die folgende Übersicht, die für Menschen mit erkennbar verzweigteren sozialen Beziehungen zur Erfassung sozialer Netze skizziert wurde und nicht vier, sondern acht Felder umfasst:

Sozialarbeitswissenschaftliche Fallarbeit   269

Grafik 2   ECO-Mapping nach Früchtel, Budde, Cyprian (2009)

Eine weitere Ressourcenfindung kann mit Hilfe eines Genogramms[63] versucht werden, das zwar zunächst über die Vorfahren Aufschluss gibt (wodurch z. B. *soziale Vermächtnisse* entdeckt werden können), aber eben auch weitere Familienangehörige der unmittelbar vorherigen, der eigenen und der nächsten Generation in den Blick geraten lässt. Auch darin verbergen sich nicht selten Ressourcen. Genogramme lassen Fokussierungen auf Themen wie *Beziehungen*, *Herkunft* oder *Krankheiten* zu und bieten Anlässe, vieles im Gespräch zu entwickeln, was sonst ungesagt bliebe.

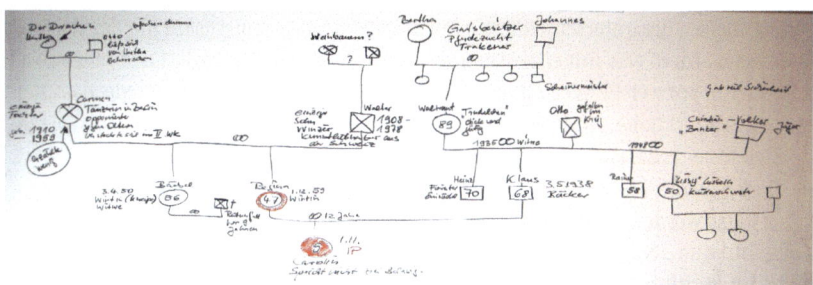

Grafik 3   Handgenogramm Systemische Praxis Richter, Laboe, veröffentlicht in Kühling/Richter (2009)

---

63   Vgl. hierzu und im Folgenden: Kühling und Richter (2009)

Über die Ressourcenfindung hinaus können Übersichten über (mehr oder weniger) hilfreiche soziale Beziehungen einen weiteren diagnostischen Zweck erfüllen: den Blick auf Mit-Beteiligte zu erweitern. So ließe sich in Erfahrung bringen, ob und inwieweit Personen im Hintergrund eine hilfreiche oder problematische Rolle für die Problementwicklung spielen: als tröstende, motivierende, anspornende, hilfreiche oder gar anstiftende Instanz.

Damit ließe sich auf der Basis des erfassten erweiterten Personenkreises der dritte, von Burkhard Müller vorgeschlagene Fall-Typus, der Fall MIT, in der hier vorgeschlagenen Transformierung einführen:

FALL MIT/Personen	Problemsicht/Perspektive
- Frau X	- ...
- Tochter X	- ...
- Sohn X	- ...
- Herr X	
- weitere Personen: Verwandte, Freunde, Bekannte, evtl. Profis ...	

Übersicht 4 Der Fall MIT

In der Informationssammlung hatten wir personenbezogen die Auftragslage erfasst. Diese Übersicht nun soll Aufschluss geben über individuelle Verständnisse der Problematik. Auch hier werden wir auf differente Einschätzungen treffen. Diese aber sind relevant für die nächste Ebene, die Intervention.

4.2.4 Zielsetzung für eine Intervention

Nach Erfassen der unterschiedlichen Perspektiven kann gemeinsam mit der Klientel überlegt werden, was mit einer Intervention erreicht werden soll. Die Fragen, was sich warum auf welche Weise ändern möge und woran man merken werde, dass sich etwas geändert habe, sind nur in einem Kommunikationsprozess zu beantworten.

Ziele einer Hilfe sind oft zunächst auf einem hohen Abstraktionsgrad formuliert; sie dienen grundsätzlich einer Inklusion oder Integration in die Gesellschaft. Fälschlicherweise werden diese Begriffe oft synonym gesetzt, doch mit der Erreichung des Ziels sind qua Terminologie zwei grundlegend verschiedene Vorstellungen intendiert: Integration meint die Anpassung der Person an gesellschaftliche Standards, Inklusion meint dagegen die Anpassung von Strukturen an die Möglichkeiten der exkludierten Personen.

Ziele lassen sich für den Verhaltensbereich oder für Rahmenbedingungen formulieren. Insbesondere die letztgenannten Veränderungen sollten geeignet sein, für Entlastungen zu sorgen, so dass Handlungen, die ja auf den Kontext bezogen sind, geändert werden können. Wie weit die Rahmenbedingungen umgestaltet werden sollen oder dürfen, ist vor allem mit den Betroffenen auszuhandeln. Hierbei geht es einerseits um die Frage, in wie weit die Klientel mit Eingriffen in ihr Leben einverstanden ist, und andererseits darum, Übergriffe durch das Hilfesystem, soweit nötig, zu vermeiden, um nicht die Lebenswelt der Betroffenen zu kolonialisieren.[64] Dennoch legen ethische, rechtliche sowie pädagogische Überlegungen das Ziel nahe, die scheinbar alltäglichen Gewalttätigkeiten in der Familie schnellstmöglich zu unterbinden.

Nun sollte jedes Ziel, auch wenn es einen hohen Plausibilisierungsgrad aufweist, eine Prüfung durchlaufen, die sich a) auf die Legitimität der Zielvorstellung und b) auf deren Realisierbarkeit bezieht:

Der erste Prüfvorgang fußt auf der von Trabandt (2009) vorgeschlagenen Begründungskette zur Überprüfung von Erziehungszielen, die induktiv von einem konkreten Ziel zur Änderung einzelnen Handelns über Begründungsfragen zu einem allgemeinen Erziehungsziel führt[65] und die von mir zur Legitimitätsprüfung von Interventionszielen auf vier Ebenen schematisiert wurde.[66] Statt des bereits für dieses Fallarbeitskonzept verwendeten Begriffs Ebenen soll für diese Zielabstufung der Terminus *Stufe* gewählt werden. Nach diesem Stufenschema werden insbesondere Interventionsziele auf der Verhaltensstufe zunächst konkret benannt, auf der zweiten Stufe begründet, auf der dritten Stufe durch eine gültige überprüfbare Norm bzw. eine Theorie fundiert und auf der vierten Stufe wären Ziele in nachhaltiger Wirksamkeit als legitim zu bestätigen. In eine Übersicht gebracht, würde unser präferiertes Ziel, die Gewalttätigkeiten innerhalb der Familie zu unterbinden, wie folgt stufenweise legitimiert:

---

64 Dieser auf Habermas (1988) zurückgehende Begriff in seiner Differenzierung zwischen Systemwelt und Lebenswelt wurde von der Fachwissenschaft der Sozialen Arbeit breit rezipiert und adaptiert. Habermas beobachtete, dass die „Subsysteme Wirtschaft und Staat infolge des kapitalistischen Wachstums immer komplexer werden und immer tiefer in die symbolische Reproduktion der Lebenswelt eindringen (a.a.O., Bd. 2 S. 539). Der Sozialarbeiter ist nach Habermas „nur ein anderer Experte, der den Klienten der wohlfahrtsstaatlichen Bürokratie nicht aus seiner Objektstellung befreit" (a.a.O., S. 544).
65 Vgl. Trabandt (2009, S. 42 ff.)
66 Vgl. Michel-Schwartze (2009a, S. 143)

Stufen des Interventionszieles	Interventionsziel „Gewaltlosigkeit" in der Familie X
Erste Stufe: Konkretes Verhalten	Die Gewalttätigkeiten in der Familie X werden sofort beendet.[65]
Zweite Stufe: Begründung	Die sterbenskranke Frau X wird zumindest in der ihr noch verbleibenden Lebenszeit zur Wahrung ihrer Menschwürde und aufgrund ihres körperlichen Zustandes vor Gewalt geschützt. Ihre Tochter und ihr Sohn werden vor körperlichen Übergriffen bewahrt und lernen, Gewalt nicht als legitimes Mittel zu akzeptieren und anzuwenden.
Dritte Stufe: Fundierung durch Norm(en) / durch wissenschaftlich fundierte Erkenntnisse	*Rechtsnormen:* Würde des Menschen, Schutz des Lebens, Ächtung von Gewalt in der Erziehung *Wissenschaftlich fundierte Erkenntnisse:* Schläge sind demütigend und erniedrigend. Geschlagene Kinder werden meist schlagende Erwachsene (Eine solche Entwicklung wäre unerwünscht.)
Vierte Stufe: nachhaltige Interventionswirkung	Frau X kann in Frieden sterben und ihre Kinder erlernen an Stelle von Gewaltanwendung gesellschaftlich akzeptierte Handlungsstrategien

Übersicht 5 Stufenschema zur Legitimation von Interventionszielen

Unser Interventionsziel ließe sich also begründen, durch allgemein gültige Normen und wissenschaftliche Erkenntnisse fundieren, mit einer nachhaltigen Interventionswirkung rechtfertigen und damit als legitim bestätigen. Doch wir müssen uns die Frage stellen, ob und inwieweit diese Zielstellung realitätsnah und damit tatsächlich umsetzbar ist. Denn der sofortige Verzicht auf Gewalt als Mittel zur Durchsetzung eigener Vorstellungen widerspricht den Sozialisationserfahrungen der Kinder und des Herrn X.

Ein anspruchsvolles Ziel, dessen Erreichbarkeit unmittelbare Veränderungen psychischer Qualitäten wie der Einstellung und des Selbstkonzeptes erfordert, darf zunächst als kaum durchführbar eingeschätzt werden. Herr X müsste sein Menschenbild revolutionieren, um sein bisheriges Handeln zu ändern. Die Kinder müssten lernen, die Mutter zu achten, was erst möglich ist, wenn sie gelernt haben, sich selbst zu achten. Dieser zweite Lernprozess ist auch an die Erkenntnis

---

67 Mit dieser Formulierung verbindet sich ein weiterer Hinweis: Ziele sind immer positiv zu formulieren (also nicht: Die Kinder und Herr X werden nicht mehr schlagen..). Positive Formulierungen erhöhen die Identifizierbarkeit mit dem Ziel.

geknüpft, dass Gewaltanwendung kein Zeichen von Stärke, sondern von Schwäche und Hilflosigkeit bzw. Unfähigkeit ist, argumentativ zu interagieren.

Zu einer weiteren Prüfung und als Korrektiv eines Interventionszieles bietet sich die aus dem Managementbereich stammende SMART-Formel[68] an. Das Akronym SMART lässt sich dechiffrieren in die Adjektive *spezifisch, messbar, attraktiv* bzw. *akzeptabel, realistisch* und *terminierbar*. Eine Übertragung dieser Begriffe auf das Ziel der sofortigen Beendigung von Gewalthandlungen in der Familie wird zeigen, dass diese Absicht zwar spezifisch formuliert, auch messbar und terminierbar wäre, aber für diejenigen, die schlagen, weder attraktiv noch akzeptabel noch realistisch. Ein Interventionsziel kann also legal und legitim sein sowie professionellen ethischen und theoretischen Anforderungen genügen, aber die Handlungsmöglichkeiten der Klientel übersteigen. Eine Intervention, die auf einer derart anspruchsvollen Zielsetzung beruht, wäre von Misserfolg bedroht. Ein Misserfolg aber bewirkt zugleich eine ungünstige Prognose für einen weiteren Interventionsversuch. Die Gewalttätigkeiten werden sich dann unterbinden lassen, wenn zugleich die Rahmenbedingungen, die das bisherige Handeln begünstigt haben, so verändert werden, dass sie nicht mehr möglich oder nicht mehr erforderlich sind. Diese Veränderungen sind Inhalt der Intervention.

4.3   ... auf der Ebene der Intervention

Am Beginn einer Intervention kann die Sozialarbeiterin auf der Basis der Fakten aus der Informationssammlung und ihrer Diagnose über ihr Eigenmandat reflektieren, bevor die Aushandlungen über Lösungsschritte mit weiteren Fachkräften wie mit den Betroffenen beginnen. Danach geht es um die Planung einzelner Maßnahmen der Intervention: um die Realisierungsmöglichkeiten der vereinbarten Ziele, die sich entweder auf Handlungen oder auf Kontexte oder auf beides richten. Bevor aber diese konkretisiert werden, sollte eine eigene fachliche Reflexion erfolgen.

4.3.1   Komponenten des Falles

Zur Reflexion bietet sich an, die relevanten Aspekte, aus denen der Fall sich zusammensetzt, in Komponenten zu operationalisieren, um sie erneut mit einander in Beziehung zu setzen. Vorgeschlagen wird hier die spezifizierte Betrachtung in vier Komponenten: eine rechtliche, eine ethische, eine Komponente der Probleme und Ressourcen und eine Komponente der Bedarfe. Interferenzen mit den Erkenntnissen aus den anderen Arbeitsebenen ermöglichen hier eine gezielte Reflexion.

---

68   Vgl. stellvertretend für viele andere Quellen: Michel-Schwartze (2009 b), S. 305 f.)

4.3.1.1 Rechtliche Komponente

Die Gesellschaft stellt Kodifizierungen in Form von Gesetzen und Hilfsprogrammen bereit. Nicht nur Rechtswissen und Interpretationsfähigkeit sind gefragt. Bedacht werden sollte, dass den Rechten der Betroffenen auch Risiken gegenüber stehen, die mit einer Klientifizierung verbunden sind.

Bei einer so hohen Anzahl zu klärender Rechtsfragen wie im Falle der Familie X empfiehlt sich wiederum die Anlegung einer tabellarischen Übersicht:

Rechtliche Komponente	Problemstellung	Interventionsstrategie
Sozialrecht, Unterhaltsrecht	Armutsbewältigung	Leistungs- und Unterhaltsansprüche prüfen
Sozialrecht	Nur noch geringe Lebenserwartung der schwerstkranken Frau X	Weitere Leistungsansprüche nach SGB V und XI prüfen
Familienrecht, Bürgerliches Recht	Gewalt in der Familie gegen Frau X und die Kinder	Erzieherische Hilfen für die Familie, ggfls. rechtliche Schritte gegen den Ex-Ehemann
Sozialrecht	Erzieherischer Bedarf	Hilfen zur Erziehung
Sorge- und Aufenthaltsbestimmungsrecht	Verbleib der Tochter und des Sohnes nach dem Tode der Mutter	Rechtslage und Scheidungsurteil prüfen
Schulrecht	Fraglicher Schulabschluss des Sohnes	ggfls. Wiederholung der Klasse, Berufsorientierung/ -beratung
Sozialrecht	Berufs(früh)orientierung des Sohnes	BFO-Programm des Landes, Berufsberatung der Arbeitsagentur
Schulpflicht	Schulabsenz der Tochter	ggfls. Einbeziehung der Schulsozialarbeit
Schulrecht und Sozialrecht	Beleidigungen und Bedrohungen auf dem Schulweg	ggfls. Einbeziehung der Schulsozialarbeit

Übersicht 6   Rechtliche Komponente

4.3.1.2 Ethische Komponente

Ethik meint Theorie des Ethos bzw. der Moral und Moral ist „eine kulturelle Barriere gegenüber der Verletzbarkeit der Menschen untereinander".[69] Sie findet sich in

---

69 Schmid Noerr (2002, S. 243)

übergreifenden Konzepten wie Menschenwürde und ist Bestandteil sozialarbeiterischer Fachkompetenz. Sozialarbeitende haben zwar die Lebenslage und auch die Lebenswelt ihrer Klientel zu beurteilen und ggfls. einzugreifen, doch sie benötigen auch hierfür verbindliche Kriterien. Ethische Prinzipien wie *gutes Leben, gerechtes Handeln* und *vernünftige Entscheidungen*[70] bewegen sich auf einem ebenso hohen Abstraktionsgrad wie die aus Moralvorstellungen abgeleiteten unbestimmten Rechtsbegriffe *Menschenrecht, Menschenwürde* oder *Kindeswohl*.[71] Hierzu bedarf es einiger Operationalisierungen, wie sie bspw. der DBSH 1997 vorgelegt hat. Die international vereinbarten Ethik-Prinzipien der IFSW und der IASSW bieten weitere Orientierungen,[72] die in der bereits genannten Quelle des DBSH ebenfalls operationalisiert werden. Ergänzt werden könnte das Ensemble an ethischen und klientenfördernden Prinzipien durch den kybernetischen (kybern-ethischen) Imperativ von Heinz von Foerster, nach welchem es sinngemäß darum geht, den Möglichkeitsraum zu erweitern helfen.[73] Ethik ist an ihren kulturellen Kontext gebunden, sollte „nicht individualistisch verkürzt oder mit Moralisieren verwechselt werden und ... muss auch fragen, „Unter welchen *Verhältnissen* handle ich?"[74]

4.3.1.3 Problem- und Ressourcenkomponente

Ging es in den ersten beiden Komponenten um die fachlichen Grundlagen der Sozialen Arbeit, die auf den Fall übertragen wurden, so konzentriert sich diese Komponente noch einmal auf die Erfassung der im jeweiligen Fall bekannt gewordenen und beobachteten Probleme, die für die Familie X definiert wurden, um sie in a) die Lebenslage und b) einen Verhaltensbereich zu differenzieren. Zugleich kann die Sozialarbeiterin auf die Ressourcenanalyse der Arbeitsebene der Diagnose zurückgreifen. So wird es ihr möglich, die von ihr per Ressourcenkarten erfragten und beobachteten persönlichen Kompetenzen und die eruierten sozialen Kontakte zusammenstellen. Ziel der Reflexion ist es, Ansatzpunkte für hilfreiche Maßnahmen zu finden, die nicht nur situations-, sondern auch personadäquat sind.

---

70 Vgl. Schwemmer (2004)
71 Vgl. Lorenz in diesem Buch.
72 IFSW = International Federation oft Social Workers, IASSW = International Association of Scools of Social Workers; die vereinbarten Prinzipien finden sich in: DBSH (1997)
73 von Foerster differenziert zwischen Moral einerseits (die als Herrschaftsinstrument bestimmte moralische Haltungen in Du-Botschaften befiehlt) und Ethik, die als eigene Haltung sich selbst verpflichtet; zuletzt (2003)
74 Schmid Noerr (a.a.O., S. 248 f.; Hervorhebung im Original)

Frage zur Reflexion: Konnten die Klientel und ich uns auf gemeinsame Problemdefinitionen einigen? Sind bei der Planung der Intervention die Ressourcen ausreichend berücksichtigt?

4.3.1.4 Komponente der Bedarfe

Den auf der Arbeitsebene der Diagnose ermittelten Handlungsbedarf bestimmen nicht die Professionellen allein, sondern auch die Betroffenen mit ihren Bedürfnissen. Insofern sind die Perspektiven des Klientensystems, die sich aus den Mandaten der Klientel erkennen lassen, mit einzubeziehen. Reflexionsfragen könnten lauten: Welche Bedarfe wurden aus den Problemen abgeleitet? Welche Bedürfnisse haben die Betroffenen geäußert? Zeigen sich Bedürfnisse und Bedarfe konsistent oder stehen sie in Widerspruch zueinander?

4.3.2 Maßnahmen zur Veränderung der Lebenssituation

Handlungen entstehen, wie bereits erwähnt, in einem Kontext und sind meist auf diesen Kontext bezogen. Um also Änderungen in den Handlungsweisen zu erreichen, bedarf es einiger Umgestaltung in jenen Rahmenbedingungen, die das veränderungswürdige Verhalten hervorrufen oder begünstigen. Das gilt auch für Frau X und ihre Kinder, die den Gewalttätigkeiten des Herrn X ausgeliefert sind, wenn er unangekündigt das Haus betritt. Der begünstigende Rahmen gilt auch für die Schläge, die die Kinder an die Mutter austeilen, die der Sohn der Tochter verabreicht, solange niemand vor Ort ist, um den Gewalttätigkeiten Einhalt zu gebieten. Die Installierung einer umfassenden häuslichen Hilfe, deren Anwesenheit neben ihrem Vorbildcharakter auch Gewaltakte verhindern könnte, ist allerdings wegen ihres Übergriffigkeitspotenzials problematisch und bedarf auf jeden Fall der uneingeschränkten Zustimmung der Klientel, denn Menschenwürde zu vertreten in einer Situation, in der die Lebenswelt der Betroffenen übergreifend kolonialisiert wird, wäre nicht ohne Widerspruch. Rahmenangebote, die einer Verbesserung der Situation dienen, sollten Schonräume und Entlastungen bieten.[75] Nach derartigen Möglichkeiten sollte auch bei Familie X Ausschau gehalten werden. Vor allem wird mit allen Beteiligten in Würdigung ihrer Leistungen zum Überleben der Familie beratend und (familien-)therapeutisch zu arbeiten sein.[76]

---

75 Vgl. Burkhard Müller (1993)
76 Weitere konkrete Vorschläge finden sich in den Beiträgen von Gosch (Sozialmedizin/Gesundheitswissenschaften), Hosemann (systemisches Arbeiten), Schäuble (Pädagogik), Teske (Psychologie), Tafferner (Theologie) sowie Lorenz (Recht)

Parallel zur Planung von Maßnahmen und deren kommunikativer Aushandlung mit der Klientel wie mit beteiligten Experten bieten sich Kontrollen der Entscheidungen vor ihrer Durchführung auf der Arbeitsebene der Evaluation an.

4.4 EVALUATION

Grundsätzlich ist eine Evaluation als Bewertung oder Auswertung nach Abschluss eines Projekts oder einer Maßnahme vorgesehen. Abschließend auswertende Überprüfungen richten sich naturgemäß auf Ergebnisse. Abläufe werden häufig erst dann in den Blick genommen, wenn die Ergebnisse unerwartet (meist: unerwartet schlecht) ausgefallen sind. Doch auch die Bilanzierungen von Hilfeprozessen können auseinander gehen. Nicht selten zeigen unterschiedliche Bewertungen von Resultaten, dass die Erwartungen Beteiligter voneinander abwichen oder dass sie verschiedene Zielvorstellungen hatten. Deshalb ist es sinnvoll, wenn ungleiche Vorstellungen von Zielen, Hoffnungen, Wirkfaktoren möglichst früh überprüft werden.[77]

4.4.1 Vorab-Evaluation

Gerade Ziele und Erwartungen gilt es abzugleichen, um anders geartete Hoffnungen rechtzeitig zu erkennen, Konflikte frühzeitig zu entschärfen oder entgegengesetzte Handlungsstrategien zu vermeiden. Sofern ein Konsens über das Ziel oder den Weg zu einem gemeinsam ausgehandelten Ziel erreicht werden konnte, wäre auch zu prüfen, wodurch der Konsens zustande kam. Beruht die Übereinkunft auf einem Missverständnis, auf einer immanenten Drohung, auf Erpressung oder vagen Versprechungen? Wurden evtl. übersteigerte Erwartungen geweckt, die nicht erfüllt werden können?

Aus diesen Gründen empfiehlt es sich, mindestens vier der folgenden Fragen zu beantworten, bevor bspw. eine Intervention begonnen bzw. durchgesetzt wird.

1. Stimmen die *Erwartungen* der Beteiligten überein? Wenn nein: Wie groß sind die Abweichungen? Lassen sich Differenzen ausräumen oder überbrücken?
2. Haben alle das gleiche *Ziel*? Wenn nein: Was wollen die Beteiligten erreichen?
3. Wenn ein *Konsens* ausgehandelt wurde: Wie kam die *Einigung* zustande?
4. *Passen* Ziel und Weg zu den Personen und ihren Lebenssituationen?
5. Welche *Bedeutung* haben das Ziel und die vorgesehenen Schritte für die Beteiligten?

---

77 Zu anderen Formen und Funktionen von Evaluation vgl. Christa (2009)

6. Sind die vorgesehenen Hilfeleistungen geeignet, erhoffte *Entlastungswirkungen* zu erbringen?

4.4.2 Umgang mit Problem-Resistenzen: Arbeiten mit Kausal- und Finalhypothesen

Insbesondere dann, wenn so genannte Rückfälle beobachtet werden bzw. wenn manche Situationen oder Reaktionen veränderungsresistent wirken, sollte mit Hypothesen nach den Gründen oder Motiven geforscht werden. Hypothesen sind hier, das sollte nicht vergessen werden, *Annahmen*, mit deren Hilfe wir den Sinn eines Handelns zu ergründen versuchen. Das könnte zum einen mit Hilfe von Kausalhypothesen, also der Suche nach den Ursachen, geschehen. Zum anderen könnten wir mit Finalhypothesen herauszufinden versuchen, was eine Person mit ihrem Handeln erreichen möchte.[78] Wir sollten uns jedoch nicht auf eine Hypothese beschränken, denn die Tendenz, Vermutungen für wahr zu halten, steigt, wenn wir nur eine einzelne Annahme formulieren. Lediglich eine Ursache zu vermuten könnte uns daran hindern, nach weiteren Gründen zu suchen. Ein breiter Strauß an Hypothesen dagegen kann uns die Übersicht verlieren lassen. Die Erfahrung zeigt, dass sich mit etwa drei Hypothesen zunächst gut arbeiten lässt, um mögliche Ursachen für ein Handeln zu bestätigen oder auszuschließen. Zur Selbstkontrolle könnten wir uns bemühen, besonders plausibel erscheinende Hypothesen zu widerlegen. Üblicherweise werden wir aber versuchen, eine Hypothese zu bestätigen.

Wir könnten als Beispiel den Sohn der Familie X wählen und fragen, aus welchen Gründen er seine todkranke Mutter und seine jüngere Schwester schlägt. Hinter dieser Frage steht das Ziel, eine angemessene Möglichkeit zu finden, sein Handeln zu ändern, so dass er in vergleichbaren Situationen Handlungsalternativen zum Schlagen entwickelt.

Unsere **Kausalhypothesen** könnten lauten:

Sohn X schlägt seine todkranke Mutter und seine Schwester, …
- weil er dieses Handeln von seinem Vater erlernt hat,
- weil das Schlagen von Frauen seinem Ideal von Männlichkeit entspricht,
- weil die Verantwortung für Mutter und Schwester für ihn zu hoch ist.

---

78 Vgl. zur Arbeit mit Kausal- und Finalhypothesen Trabandt (2009). Finalhypothesen entwickelte er in Anlehnung an Aristototeles' Ursachenlehre, der causa finalis = Zweckursache (vgl. a. a. O., S. 51)

Mit diesen Kausalhypothesen gehen wir möglichen Ursachen für sein Handeln, Mutter und Schwester zu schlagen, nach. Jede dieser Annahmen wäre zu widerlegen oder zu bestätigen. Grundsätzlich ist damit die Methode gemeint, mit der auch die Existenzhypothese auf der Ebene der Informationssammlung überprüft wurde: mit Operationalisierung, Quantifizierung, Beobachtung. Im vorliegenden Falle würden wir sie um Gespräche mit dem Sohn und mit kriteriengeleiteten Interpretationen der Beobachtungen ergänzen müssen. Jede bestätigte Hypothese führt uns zu einer Möglichkeit, gegen das Problem zu intervenieren: Im Falle des erlernten Handelns nach unserer ersten Hypothese könnten wir neue Lernprozesse bis hin zu einer Verhaltenstherapie initiieren. Können wir die zweite Hypothese bestätigen, wäre ebenfalls ein Lernprozess in Gang zu setzen, nur sollten hier die Akzente anders gesetzt werden, weil dieses Lernen stärker auf Menschenbilder, Geschlechtsrollen und Achtung fokussieren müsste. Bei Bestätigung der dritten Hypothese erweitert sich unsere Perspektive auf den Kontext der Familie und auf die Rolle, die der Sohn dort spielt. Zum Erfordernis von Lernprozessen käme nun die Notwendigkeit einer Entlastung von seiner Familienrolle hinzu. Dieses Bestätigungsergebnis setzt allerdings voraus, dass er sich durch die Verantwortung nicht lediglich privilegiert fühlt.

Von einem Handeln linear auf eine erkennbare Ursache zu schließen, unterstellt, dass ein Sachverhalt direkt zu einem erkennbaren Handeln führt. Das ist insofern trivial, als wir damit den *Sinn* ausklammern, den die qua Hypothese unterstellte Ursache für die beobachtete Person macht. Das Handeln ist aber in aller Regel an der Bedeutung ausgerichtet, welche die Ursache und/oder das Handlungsergebnis für die betroffene Person hat.

Eine Möglichkeit, *Motive* für unerwünschtes oder dysfunktionales Handeln zu erkunden, ist die **Finalhypothese**. Bei dieser Form geht es um die Frage, was die beobachtete Person erreichen möchte mit ihren Aktionen. Denn auch wenn uns der Sinn eines Verhaltens verborgen bleibt, so folgt es aus der Perspektive der handelnden Person doch meist einer Intention. Mit einer Finalhypothese also wollen wir uns einem zunächst nicht erkennbaren Zweck und dessen Hintergrund nähern, um herauszufinden, was mit dem Handeln erreicht werden soll. Die Arbeit mit Finalhypothesen ist infolge dessen komplexer als die Arbeit mit Kausalhypothesen, denn „Kausalhypothesen behaupten Sachverhalte, Finalhypothesen dagegen Absichten".[79]

Unsere Finalhypothesen könnten lauten:

Sohn X schlägt seine todkranke Mutter und seine jüngere Schwester,
- um seinen Vater nachzuahmen

---

79 Vgl. Trabandt (2009, S. 51)

- um sich mit dem Schlagen von Frauen seiner Männlichkeit zu vergewissern
- um über die Nachahmung des väterlichen Handelns die Rolle des Familienoberhaupts zu spielen.

Bei der Bestätigung oder Widerlegung einer Finalhypothese verschiebt sich unsere Perspektive. Der vorherige Blick auf Ursachen erweitert sich nun auf deren Bedeutung für die beobachtete Person einerseits, auf deren Handlungsabsichten andererseits.

Die erstgenannte Finalhypothese ist noch relativ simpel und soll zeigen, dass hier, im Gegensatz zur Kausalhypothese, in der Motivation des Sohnes die relevante Variante steckt: die *Absicht*, seinen Vater nachzuahmen. Dahinter steht die *Bedeutung*, die sein Vater als Vorbild für ihn hat, so dass ihm dessen Handeln als nachahmenswert erscheint. Der Vater als positive Autorität wäre also bei der Entwicklung eines intervenierenden Lernarrangements für den Sohn zu berücksichtigen. Die zweite Finalhypothese bezieht wiederum eine Bedeutung ein: den Sinn, den das Konzept von Männlichkeit für den Sohn macht. Die Hypothese vermutet eine Unsicherheit des Selbstbildes des Sohnes, soweit es seine Vorstellung von Männlichkeit betrifft. Daraus resultiert in dieser Hypothese die Annahme, er müsse sich durch das Schlagen seiner Mutter und seiner Schwester das Gefühl verschaffen oder bestätigen, ein Mann zu sein. Auch hier hätte eine Intervention das Lernen neuer Rollenbilder von Männern und Frauen in Relation zu der besonderen Bedeutung für das Selbstwertgefühl des Jungen zu beachten, das von der Erniedrigung und Misshandlung weiblicher Menschen abhängt. Die dritte Finalhypothese erweitert wiederum die Perspektive der Bedeutung des erlernten Verhaltens und der erlernten Konzepte von Männlichkeit und Weiblichkeit und fokussiert auf die Frage, was erlerntes Handeln und erlernte Geschlechtsrollenkonzepte in der subjektiven Sinngebung *im Kontext dieser Familie* bedeuten. Die Familie stellt einen Referenzrahmen, in welchem Gewalt gegen die jeweils schwächeren Mitglieder oder das schwächere Mitglied als akzeptabel gilt: der Ex-Ehemann und Vater gegen seine ehemalige Frau und die Kinder, der Sohn gegen Mutter und Schwester, die Tochter gegen die durch schwere Krankheit stark geschwächte Mutter. In der Wahrnehmung des Sohnes könnte die Bedeutung dieser Gewaltkette darin liegen, dass er in der Rolle des Oberhauptes akzeptiert wird, wenn er die gleichen Gewalthandlungen vornimmt, die sein Vorbild, der Vater, in dieser Rolle ausübt. Alternativen zu diesem Handlungsmodell scheint es nur in der Variante der verbalen Gewalt zu geben. Auch hier sind für die Entwicklung von Interventionsformen die (Be-) Deutungen des Handelns richtungsweisend.

4.4.3 Ergebnis- bzw. Abschluss-Evaluation

Spätestens am Ende erfolgter Maßnahmen stehen evaluative Fragen nach den Ergebnissen und deren Angemessenheit für die Beteiligten an. Darüber hinaus sollte nach nicht veränderten Bedingungen oder Verhaltensweisen gefragt werden. Gelten einige Veränderungswünsche nicht mehr, weil die bis dato unerwünschten Bedingungen unter anderen – geänderten – Sachlagen bestehen bleiben können oder gelten sie inzwischen als tolerierbar? Oder macht sich Resignation breit, weil einiges resistent gegen Interventionen zu sein scheint? Folgende Fragen könnten unter dieser Perspektive gestellt werden:

1. Was wurde verändert? Ist die Veränderung für die Beteiligten angemessen?
2. Was wurde nicht verändert? Hätte dieser Aspekt oder Teilaspekt geändert werden sollen? Ist eine weitere Arbeit oder Maßnahme hinsichtlich dieser Frage wichtig?
3. Was soll noch verändert werden? Warum? Wer möchte das? Mit welchem Ziel?
4. Was erscheint nicht veränderbar? Sollte es geändert werden? Wer möchte das? Mit welchem Ziel?

5 Schlussbemerkung

Der hier vorgestellte sozialarbeitswissenschaftlich fundierte Zugang zum Fall lässt beispielhaft erkennen, wie breit die Zuständigkeit Sozialer Arbeit gefächert ist und wie bezugswissenschaftliche Theorien und Erkenntnisse in die professionelle Deutung einbezogen werden (müssen), um zu adäquaten Interventionsvorschlägen finden zu können. Die Transdisziplinarität ermöglicht eine begründete Sammlung erforderlicher Informationen und Beobachtungen sowie eine fachlich basierte soziale Diagnose durch reflektierte und methodisch gesteuerte Problem- und Ressourcendefinitionen. Daraus ergeben sich Interventionsmöglichkeiten, die durch begleitende und abschließende Evaluationen bewertet werden können. Im hier vorgestellten methodischen Konzept wird dazu die (selbst-) verantwortliche Mitwirkung der Betroffenen durch spezielle Arbeitsschritte abgesichert. Dort, wo Prozesse zu stagnieren scheinen, können durch Einsatz von Hypothesen andere Deutungen der Situation weiterhelfen. Eine bewusste und kritische Selbstbeobachtung der Professionellen wird durch Reflexionsfragen unterstützt.

Literatur

Aufmuth, Ulrich (1992): Zur Psychologie des Bergsteigens. Frankfurt am Main: Fischer.
Bateson, Gregory (1985): Ökologie des Geistes: Anthropologische, psychologische, biologische und epistemologische Perspektiven. stw 571. Frankfurt/Main: Suhrkamp.
Blumer, Herbert (1975): Soziale Probleme als kollektives Verhalten. In: Hondrich, Karl-Otto (Hrsg.) (1975): Menschliche Bedürfnisse und soziale Sicherung: eine Einführung in die Sozialwissenschaften, S. 836-839. Reinbek bei Hamburg: Rowohlt.
Boettner, Johannes/Michel-Schwartze, Brigitta (2016): Soziale Arbeit als Konstrukteurin ihres Gegenstandes. In: Borrmann/Spatscheck/Pankofer/Sagebiel/Michel-Schwartze (Hrsg.): Die Wissenschaft Soziale Arbeit im Diskurs – Auseinandersetzungen mit den theoriebildenden Grundlagen Sozialer Arbeit. Reihe Theorie, Forschung und Praxis der Sozialen Arbeit. Leverkusen: Verlag Barbara Budrich.
Budde, Wolfgang/Früchtel, Frank: Eco-Maps und Genogramme als Netzwerkperspektive. In: sozialraum.de (1) Ausgabe 2/2009. URL: http://www.sozialraum.de/eco-maps-und-genogramme-als-netzwerkperspektive.php, Datum des Zugriffs: 10.04.2015.
Bundesministerium für Familie, Senioren, Frauen und Jugend (2002): Unterhaltszahlungen für minderjährige Kinder in Deutschland. Schriftenreihe des Bundesministeriums für Familie, Senioren, Frauen und Jugend, Band 228. Stuttgart: Kohlhammer 2002. http://www.bmfsfj.de/RedaktionBMFSFJ/Broschuerenstelle/Pdf-Anlagen/PRM-24073-SR-Band-228.
Christa, Harald (2009): Evaluation. In: Michel-Schwartze, Brigitta (Hrsg.) (2009): Methodenbuch Soziale Arbeit: Basiswissen für die Praxis. 2., überarbeitete und erweiterte Auflage. S. 317-341. Wiesbaden: VS Verlag.
bmfsfj.de/doku/Publikationen/spfh/10-Methoden-und-arbeitsansaetze-der-sozialpaedagogischen-familienhilfe/10-9/10-9-3-das-genogramm.html.
Daub, Ute (2002): Diskriminierung. In: Fachlexikon der Sozialen Arbeit. 5. Auflage, S. 223. Frankfurt am Main: Deutscher Verein für öffentliche und private Fürsorge.
Deutscher Berufsverband für Soziale Arbeit: Grundlagen für die Arbeit des DBSH e. V.: Ethik in der Sozialen Arbeit. http://www.dbsh.de/fileadmin/downloads/Ethik.Vorstellung-klein. pdf, abgerufen am 30.05.2015.
Eugster, Reto (2000): Die Genese des Klienten. Soziale Arbeit als System. Bern, Stuttgart, Wien: Haupt.
Foerster, Heinz von (2007): Das Konstruieren einer Wirklichkeit. In: Watzlawick, Paul (1996): Wie wirklich ist die Wirklichkeit? Wahn – Täuschung – Verstehen. 2. Auflage, S. 39-60. München: Pieper.
Foerster, Heinz von/Bröcker, Monika (2002): Teil der Welt. Fraktale einer Ethik – ein Drama in drei Akten. Heidelberg: Carl-Auer-Systeme-Verlag.
Geiser, Kaspar ([4]2009): Problem- und Ressourcenanalyse in der Sozialen Arbeit: Eine Einführung in die Systemische Denkfigur und ihre Anwendung. Freiburg i.Br.: Lambertus
Gildemeister, Regine (1983): Als Helfer überleben. Beruf und Identität in der Sozialarbeit/ Sozialpädagogik. Neuwied: Luchterhand.
Glasersfeld, Ernst von (2007): Einführung in den radikalen Konstruktivismus. In: Watzlawick, Paul (1996): Wie wirklich ist die Wirklichkeit? Wahn – Täuschung – Verstehen. 2. Auflage, S. 16-38. München: Pieper.
Greve, Jens/Schnabel, Annette (Hrsg.) (2011): Emergenz. Zur Analyse und Erklärung komplexer Strukturen. stw 1917. Berlin: Suhrkamp.

Haselmann, Sigrid (2009): Systemische Beratung und der systemische Ansatz in der Sozialen Arbeit. In: Michel-Schwartze, Brigitta (Hrsg.) (2009): Methodenbuch Soziale Arbeit: Basiswissen für die Praxis. 2., überarbeitete und erweiterte Auflage. S. 155-206. Wiesbaden: VS Verlag.

Haye, Britta/Kleve Heiko (2002/2003): Die sechs Schritte helfender Kommunikation: eine Handreichzung für die Praxis und Ausbildung Sozialer Arbeit. http://www.ash-berlin. eu/hsl/docs/3016/sechs_schritte.pdf, abgerufen am 01.04.2015.

Heiner, Maja/Meinhold, Marianne/v.Spiegel, Hiltrud/Staub-Bernasconi, Silvia (^{2}1995): Methodisches Handeln in der Sozialen Arbeit. Freiburg im Breisgau: Lambertus.

Heisenberg, Werner (1979/2006): Quantentheorie und Philosophie. Vorlesungen und Aufsätze. Stuttgart: Reclam.

Herriger, Norbert (2006): Empowerment in der Sozialen Arbeit: eine Einführung. 3. Auflage. Stuttgart: Kohlhammer.

Herwig-Lempp, Johannes (2009): Ressourcen im Umfeld: die VIP-Karte. In: Michel-Schwartze, Brigitta (Hrsg.) (2009): Methodenbuch Soziale Arbeit: Basiswissen für die Praxis. 2., überarbeitete und erweiterte Auflage. S. 207-226. Wiesbaden: VS Verlag.

Hollstein-Brinkmann, Heino/Staub-Bernasconi, Silvia (2005): Systemtheorien im Vergleich: Was leisten Systemtheorien für Soziale Arbeit? Versuch eines Dialogs. Wiesbaden: VS Verlag.

Hradil, Stefan (^{8}2001): Soziale Ungleichheit in Deutschland. Wiesbaden: VS Verlag.

Iben, Gerd (2002): Soziale Benachteiligung. In: Fachlexikon der Sozialen Arbeit. 5. Auflage, S. 853 f., Frankfurt am Main: Deutscher Verein für öffentliche und private Fürsorge.

Kant, Immanuel (1787/1997): Kritik der reinen Vernunft. Herausgegeben von Wilhelm Weischedel. Frankfurt am Main: Suhrkamp.

Keupp, Heiner (2003): Ressourcen als gesellschaftlich ungleich verteilte Handlungspotentiale. In: Schemmel, Heike/Schaller, Johannes (Hrsg.): Ressourcen: Ein Hand- und Lesebuch zur therapeutischen Arbeit. S. 555-573. Tübingen: DGVT Deutsche Gesellschaft f. Verhaltenstherapie.

Kipp, Angelo (2010): Neustrukturierung der Bewährungshilfe in Nordrhein-Westfalen. In: Michel-Schwartze, Brigitta (Hrsg.) (2010): „Modernisierungen" methodischen Handelns in der Sozialen Arbeit. S. 305-322. Wiesbaden: VS Verlag.

Köttig, Michaela, u. a. (2014): „Ich sehe was, was Du nicht siehst" – eine multiperspektivische Zusammenschau auf den Fall Faruk Zadek. In: Köttig, Michaela, u. a. (Hrsg.): Soziale Wirklichkeiten in der Sozialen Arbeit. Wahrnehmen – analysieren – intervenieren. Reihe Theorie, Forschung und Praxis der Sozialen Arbeit, Band 9. S. 33-48. Opladen, Berlin, Toronto: Verlag Barbara Budrich.

Kraus, Björn (2013): Erkennen und Entscheiden: Grundlagen und Konsequenzen eines erkenntnistheoretischen Konstruktivismus für die Soziale Arbeit. Weinheim und Basel: Beltz Juventa.

Kraus, Björn (2014): Gelebtes und erlebtes Leben. Zur erkenntnistheoretischen Differenz zwischen Lebenswelt und Lebenslage. In: Köttig, Michaela u. a. (Hrsg.): Soziale Wirklichkeiten in der Sozialen Arbeit: Wahrnehmen – analysieren – intervenieren. Reihe Theorie, Forschung und Praxis der Sozialen Arbeit. Band 9. S. 61-71. Opladen, Berlin, Toronto: Verlag Barbara Budrich.

Kraus, Björn (2016): Relationale Konstruktionen. Erkenntnistheoretische Perspektiven auf die soziale und materielle Konstitution individueller Lebenswelten. In: Borrmann/Spatscheck/Pankofer/Sagebiel/Michel-Schwartze (Hrsg.): Die Wissenschaft Soziale

Arbeit im Diskurs – Auseinandersetzungen mit den theoriebildenden Grundlagen Sozialer Arbeit. Reihe Theorie, Forschung und Praxis der Sozialen Arbeit. Leverkusen: Verlag Barbara Budrich.

Krieger, Wolfgang (2016): Normativität und Wissenschaft der Sozialen Arbeit: Systematisierende Zugänge zu einer normenkritischen Wissenschaftstheorie der Sozialen Arbeit. In: Borrmann/Spatscheck/Pankofer/Sagebiel/Michel-Schwartze (Hrsg.): Die Wissenschaft Soziale Arbeit im Diskurs – Auseinandersetzungen mit den theoriebildenden Grundlagen Sozialer Arbeit. Reihe Theorie, Forschung und Praxis der Sozialen Arbeit. Leverkusen: Verlag Barbara Budrich.

Luhmann, Niklas (1987): Soziale Systeme: Grundriß einer allgemeinen Theorie. Frankfurt am Main: Suhrkamp.

Maier, Konrad (2009): Für eine integrative, praktische Wissenschaft Sozialer Arbeit. In: Birgmeier, Bernd/Mührel, Erich (Hrsg.): Die Sozialarbeitswissenschaft und ihre Theorie(n): Positionen, Kontroversen, Perspektiven. S. 41-52. Wiesbaden: VS Verlag.

Michel-Schwartze, Brigitta (2002): Handlungswissen der Sozialen Arbeit: Deutungsmuster und Fallarbeit. Opladen: Leske + Budrich.

Michel-Schwartze, Brigitta (2008): Die strukturelle Devianz des beschäftigungsorientierten Fallmanagements: Wie viel Case Management steckt im Fallmanagement? In: Müller, Matthias/Ehlers, Corinna: Case Management als Brücke. Reihe Praxis, Theorie, Innovation Band IV. Berliner Beiträge zu Bildung, Gesundheit und Sozialer Arbeit. S. 293-316. Berlin/Milow/Strasburg: Schibri-Verlag.

Michel-Schwartze, Brigitta (2009a): Fallarbeit: ein theoretischer und methodischer Zugang. In: Michel-Schwartze, Brigitta (Hrsg.) (2009): Methodenbuch Soziale Arbeit: Basiswissen für die Praxis. 2., überarbeitete und erweiterte Auflage. S. 121-154. Wiesbaden: VS Verlag.

Michel-Schwartze, Brigitta (2009b): Konzeptionsentwicklung als Steuerungsmethode. In: Michel-Schwartze, Brigitta (Hrsg.): Methodenbuch Soziale Arbeit: Basiswissen für die Praxis. 2., überarbeitete und erweiterte Auflage. S. 293-316. Wiesbaden: VS Verlag.

Michel-Schwartze, Brigitta (2010a): Wirklichkeitskonstruktionen durch beschäftigungsorientiertes Fallmanagement – eine Wegweisung für Soziale Arbeit? In: Michel-Schwartze, Brigitta (Hrsg.) (2010): „Modernisierungen" methodischen Handelns in der Sozialen Arbeit. S. 323-346. Wiesbaden: VS Verlag.

Michel-Schwartze, Brigitta (2010b): Kontinuum Beschäftigungsförderung: Beobachtungen einer Abhängigkeit. In: Krieger, Wolfgang (Hrsg.): Systemische Impulse: Theorieansätze, neue Konzepte und Anwendungsfelder systemischer Sozialer Arbeit. Reihe Systemische Impulse für die Soziale Arbeit, Hrsg. Wolfgang Krieger, Band 1, S. 252-267. Stuttgart: ibidem.

Michel-Schwartze (2014): Ver-rückte Perspektiven: Systemische Blicke auf die berufliche Rehabilitation psychisch kranker und behinderter Menschen. In: Beschäftigungsförderung und Betriebliche Soziale Arbeit: Sozialpädagogisch-systemische Perspektiven im Kontext von Erwerbstätigkeit. Reihe Systemische Impulse für die Soziale Arbeit Band 3, S. 169-188. Stuttgart: ibidem.

Müller, Burkhard (1993): Sozialpädagogisches Können: ein Lehrbuch zur multiperspektivischen Fallarbeit. Freiburg i.Br.: Lambertus.

Obrecht, Werner (2005): Ontologischer, Sozialwissenschaftlicher und Sozialarbeitswissenschaftlicher Systemismus – ein integratives Paradigma der Sozialen Arbeit. In: Hollstein-Brinkmann, Heino /Staub-Bernasconi, Silvia: Systemtheorien im Vergleich

Was leisten Systemtheorien für Soziale Arbeit? Versuch eines Dialogs. Wiesbaden: VS Verlag, S. 93-172.

Pfeifer-Schaupp, Hans-Ulrich (1995): Jenseits der Familientherapie. Systemische Konzepte in der sozialen Arbeit, Freiburg (Lambertus).

Reich, Kersten (1998): Die Ordnung der Blicke: Perspektiven des interaktionistischen Konstruktivismus. Band 1: Beobachtung und die Unschärfen der Erkenntnis. Neuwied, Kriftel und Berlin: Luchterhand.

Rosenhan, David L. (2007): Gesund in kranker Umgebung. In: Watzlawick, Paul (1996): Wie wirklich ist die Wirklichkeit? Wahn – Täuschung – Verstehen. S. 111-137. München: Pieper.

Scherr, Albert (2012): Diskriminierung: Die Verwendung von Differenzen zur Herstellung und Verfestigung von Ungleichheiten. Vortrag 36. Kongress der Deutschen Gesellschaft für Soziologie. Plenum Diversity und Intersektionalität. URL: www.portal-intersektionalität.de (Zugriff am 24.06.2015).

Schetsche, Michael (2008): Empirische Analyse sozialer Probleme: Das wissenssoziologische Programm. Wiesbaden: VS Verlag.

Schmid Noerr, Gunzelin (2002): Soziale Arbeit und Ethik – eine europäische Perspektive. In: Hamburger, Franz, u. a. (Hrsg.): Gestaltung des Sozialen – eine Herausforderung für Europa. Bundeskongress Soziale Arbeit 2001, S. 243-264. Opladen: Leske + Budrich.

Schrapper, Christian: Keine Hilfe ohne Kontrolle – keine Kontrolle ohne Hilfe?" Thesen zu einem Spannungsverhältnis sozialpädagogischer Kindeschutzarbeit. In: „Soziale Arbeit", Heft 12/2008, S. 466-472.

Schwemmer, Oswald (2004): Ethik. In: Mittelstraß, Jürgen (Hrsg.): Enzyklopädie Philosophie und Wissenschaftstheorie. Band 1. Sonderausgabe. S.592-599. Stuttgart, Weimar: J.B. Metzler.

Seithe, Mechthild (²2012): Schwarzbuch Soziale Arbeit. Wiesbaden: VS Verlag für Sozialwissenschaften.

Sidler, Nikolaus (1989): Am Rande leben, abweichen, arm sein: Konzepte und Theorien zu sozialen Problemen. Freiburg i.Br.: Lambertus.

Sidler, Nikolaus (1999): Problemsoziologie: eine Einführung. Freiburg i.Br.: Lambertus.

Sohns, Armin (2009): Empowerment als Leitlinie Sozialer Arbeit. In: Michel-Schwartze, Brigitta (Hrsg.) (2009): Methodenbuch Soziale Arbeit: Basiswissen für die Praxis. 2., überarbeitete und erweiterte Auflage. S. 75-101. Wiesbaden: VS Verlag.

Staub-Bernasconi, Silvia (2007): Soziale Arbeit als Handlungswissenschaft: Systemtheoretische Grundlagen und professionelle Praxis. Bern Stuttgart Wien: Haupt UTB.

Staub-Bernasconi, Silvia (2009): Soziale Arbeit als Handlungswissenschaft. In: Birgmeier, Bernd/Mührel, Eric (Hrsg.): Die Sozialwissenschaft und ihre Theorie(n): Positionen, Kontroversen, Perspektiven. Wiesbaden: VS Verlag.

Staub-Bernasconi (2011): Der transformative Dreischritt als „Brücke" zwischen den allgemeinen, bezugswissenschaftlichen Disziplinen und wissenschafts- sowie kontextbasierter professioneller Problemlösungen. In: Kraus, Björn, et al.: Soziale Arbeit zwischen Generalisierung und Spezialisierung: Das Ganze und seine Teile. Reihe Theorie, Forschung und Praxis Sozialer Arbeit. Band 3. S. 165-179. Opladen, Berlin, Farmington Hills: Verlag Barbara Budrich.

Thiersch, Hans (1992): Lebensweltorientierte Soziale Arbeit. Weinheim und München: Juventa.

Trabandt, Henning (2009): Pädagogische Interventionen in der Sozialen Arbeit. In: Michel-Schwartze, Brigitta (Hrsg.) (2009): Methodenbuch Soziale Arbeit: Basiswissen für die Praxis. 2., überarbeitete und erweiterte Auflage. S. 27-73. Wiesbaden: VS Verlag.

Watzlawick, Paul (1996): Bausteine ideologischer „Wirklichkeiten". In: Watzlawick, Paul (1996): Wie wirklich ist die Wirklichkeit? Wahn – Täuschung – Verstehen. S. 192-228. München: Pieper.

Autorinnen und Autoren

Iman Attia, Dr. phil., Professorin an der Alice Salomon Hochschule, Arbeitsschwerpunkte: Orientalismus und antimuslimischer Rassismus, Interrelation gesellschaftlicher Machtverhältnisse, postkoloniale Theorie, historisch-politische Bildung.
attia@ash-berlin.eu

Lutz Finkeldey, Prof. Dr. phil., Soziologe – Hochschule für Angewandte Wissenschaft und Kunst – Hildesheim/Holzminden/Göttingen (HAWK) – Fakultät für Soziale Arbeit und Gesundheit. Aktuelles Forschungsprojekt: Das Bekannte und das Fremde. Eine soziologische Skizze zu Vorurteilen, Erfahrungen, Wahrheiten. Lehrschwerpunkte: Praxis und Theorie der Kinder- und Jugendhilfe, Generationenverhältnis, Verstehen.
lutz.finkeldey@hawk-hhg.de

Angela Gosch, Dipl.-Psych., Dr. phil., Professorin an der Hochschule München, Fakultät für angewandte Sozialwissenschaften (FK 11) Studiengänge Soziale Arbeit, Bildung und Erziehung in der Kindheit, Duale Pflege, Diagnostik, Beratung und Intervention (MA). Schwerpunkte: (Entwicklungs-)Psychologie, Gesundheit und Krankheit sowie Prävention und Gesundheitsförderung im Kindes- und Jugendalter, psychosoziale Diagnostik, Beratung und Interventionen. Psychologische Psychotherapeutin.
gosch@hm.edu

Dagmar Hosemann, Prof. Prof. h.c. Dr. phil., Dipl.-Pädagogin, Sozialpädagogin (grad.), Professorin für Theorie, Geschichte und Methoden der Sozialen Arbeit mit den Schwerpunkten: Systemische Beratung, Lösungsorientierte Kurzberatung, Management und Organisationsentwicklung, Qualifikationen in Organisationsentwicklung, Supervision, Coaching und Familientherapie.
dagmar.hosemann@eh-darmstadt.de

Gisela Kubon-Gilke, Prof. Dr., Evangelische Hochschule Darmstadt, z.Zt. Vizepräsidentin der EHD, Privatdozentin an der TU Darmstadt, Schwerpunkte in Forschung und Lehre: angewandte Theorie auf den Gebieten Ökonomie, Sozial- und Arbeitsmarktpolitik sowie normative Grundfragen der Ökonomik.
gisela.kubon-gilke@eh-darmstadt.de

Annegret Lorenz, Prof. Dr. jur., Hochschule Ludwigshafen, Fachbereich Sozial- und Gesundheitswesen, Forschungs- und Lehrschwerpunkte: Familien-, Betreuungs-, Kindschafts- und Ausländerrecht.
Annegret.lorenz@hs-lu.de

Brigitta Michel-Schwartze, Prof. em. Dr. phil., Hochschule Neubrandenburg, Schwerpunkte: Grundlagen und Methoden Sozialer Arbeit, soziale Probleme/ soziale Dienste, professionelles Handeln; Forschungen zu Prävention von und Intervention gegen Langzeitarbeitslosigkeit.
bmichel@hs-nb.de

Günter Rieger, Dr. phil., Dipl.-Soz.päd. (BA), Politikwissenschaftler (MA), Sozialarbeiter im Strafvollzug und in der Sozialpsychiatrie, seit 1999 Professor an der Dualen Hochschule Baden-Württemberg Stuttgart (DHBW Stuttgart), Schwerpunkt Sozialarbeitspolitik.
guenter.rieger@dhbw-stuttgart.de

Barbara Schäuble, Sozialarbeiterin und Soziologin, Professorin für diversitybewusste Ansätze in Theorie und Praxis sozialer Arbeit an der Alice Salomon Hochschule Berlin: Theorie und Empirie der Sozialen Arbeit, Organisations-, Professionsforschung in der Sozialen Arbeit, Nutzer*innenforschung, Bildungstheorie, Diversity,

Diskriminierung, Soziale Ungleichheit und Exklusion, Migrations- Rassismus- und Antisemitismus- und Rechtsextremismusforschung.
schaeuble@ash-berlin.eu

Thomas Schumacher, Prof. Dr. phil., Katholische Stiftungsfachhochschule München, Forschungsschwerpunkte: Ethik in der Sozialen Arbeit und das Profil Sozialer Arbeit als Wissenschaft und Profession.
thomas.schumacher@ksfh.de

Andrea Tafferner, Prof. Dr. theol., Professorin an der Katholischen Hochschule NRW (KatHO NRW), Abteilung Münster; Arbeits- und Forschungsschwerpunkte: Theologische und ethische Grundlagen von Sozialer Arbeit und Heilpädagogik, Spiritualität im Sozial- und Gesundheitswesen.
a.tafferner@katho-nrw.de

Irmgard Teske, Prof. Dipl.-Psych., Hochschule Ravensburg-Weingarten, Arbeitsschwerpunkte: Arbeit mit Familien, Zusammenarbeit von Sozialarbeitenden mit bürgerschaftlich Engagierten, Gemeinwesenarbeit.
teske@hs-weingarten.de

The manufacturer's authorised representative in the EU is Springer Nature Customer Service Centre GmbH, Europaplatz 3, 69115 Heidelberg, Germany. If you have any concerns regarding our products, please contact ProductSafety@springernature.com

Printed and bound by CPI Group (UK) Ltd, Croydon, CR0 4YY

23/03/2026

02076666-0012